# 合格ガイド

## 1級　原価計算

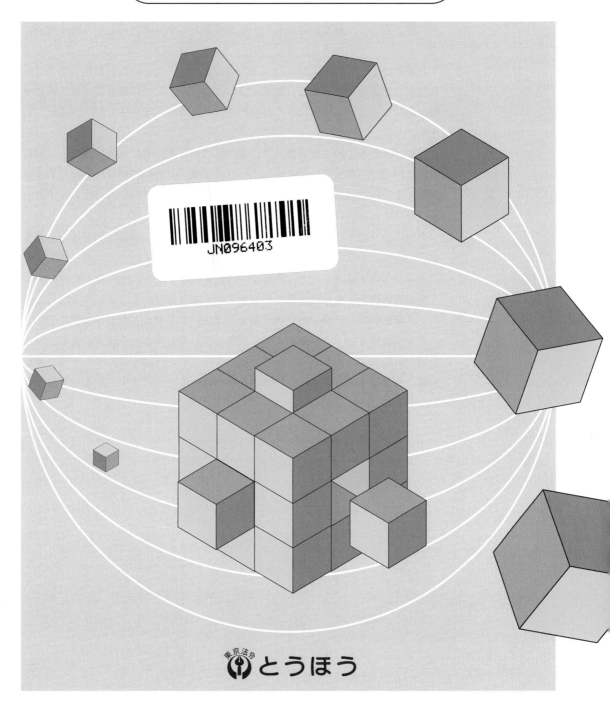

JN096403

東京法令 とうほう

# まえがき

　　この問題集は，全商簿記実務検定1級原価計算の合格をめざす皆さんのために作成されたものです。

　　「原価計算」とは，具体的には，財務会計としての原価計算と管理会計としての原価計算に大別できます。従来はこの二つを総称して工業簿記としていましたが，正しくは財務会計としての原価計算のみを工業簿記というのが普通です。

　　財務会計としての原価計算は工業簿記とよばれ，企業の外部利害関係者に財務諸表を報告するのが主な目的です。財務会計としての原価計算では，特に実際原価計算（費目別原価計算・部門別原価計算・製品別原価計算）が重視されます。

　　管理会計としての原価計算は，企業内部の利害関係者に原価管理目的・利益管理目的のデータを提供するのが主な目的です。企業の管理者層の中でも，ロアーとよばれる課長クラスのビジネスパーソンが原価管理をおこない，そのためには標準原価計算が用いられます。また，ミドルとよばれる部長クラスのビジネスパーソンが利益管理をおこない，そのために直接原価計算が用いられます。いわゆるトップとよばれる役員をつとめるビジネスパーソンは，ロアーやミドルからのデータをもとに企業全体の経営戦略を練ることになるわけです。

　　簿記実務検定1級原価計算への対策として本書を用いることによって，こうした「原価計算」の全体像を過不足なく網羅して学ぶことができます。

　　まずは基礎をしっかり固めて，「原価計算」のシステムを理解しましょう。難問や奇問にとらわれることなく，教科書をしっかり読み込んで，本書で原価計算の演習をすることで，合格は勝ち取れることと思います。頑張ってください。

執筆者一同

# もくじ

# Ⅰ 原価と原価計算

## 第1章 工業簿記と原価計算

### 1．製造業と簿記

● 商品売買業の経営活動

● 製造業の経営活動

工業簿記は，複式簿記の原理を製造業に適用したものである。

工業簿記の特色は製造活動について記録・計算・整理することである。

### 2．工業簿記と原価計算

原　　　価……製品を製造するためにかかった材料，賃金・給料，諸経費などの費用をいう。

原価計算……製品の製造に要した原価を正確に計算する手続きをいう。

原価計算表……原価を集計した表をいう。

● 商業簿記との違い

(1)　工業簿記は，内部活動を処理する勘定科目が多く設けられている。

(2)　工業簿記は，内部活動に関する勘定科目間の振替記入が多い。

(3)　工業簿記は，補助簿や計算表が多く用いられ，補助元帳を統制する統制勘定が設けられる。

工業簿記と原価計算が相互に密接に結びつくことによって，製造業の経営活動について，その経営成績や財政状態を明らかにすることができるとともに，企業の将来の経営計画をたてるための重要な資料を提供することができる。

## 基本問題

解答p.2

**1** 　次のそれぞれの取引は，①購買活動，②製造活動，③販売活動のいずれの活動になるか。その番号を記入しなさい。
(1)　材料￥200,000を買い入れ，代金は掛けとした。
(2)　本月分の賃金￥500,000を現金で支払った。
(3)　製品の製造のため電力料￥350,000を消費した。
(4)　製品￥800,000が完成した。
(5)　機械装置の減価償却費￥100,000を製品に負担させた。
(6)　水道光熱費￥400,000が当座預金から引き落とされた。
(7)　製品￥1,000,000が完成した。
(8)　製品￥700,000を掛けで売り渡した。

| (1) | (2) | (3) | (4) | (5) | (6) | (7) | (8) |
|-----|-----|-----|-----|-----|-----|-----|-----|
|     |     |     |     |     |     |     |     |

**2** 　次の各文は工業簿記の特色をあらわしたものである。正しいものに○印を，誤っているものに×印を記入しなさい。
(1)　商業簿記になかった内部活動のみを記録・計算する。
(2)　損益勘定などのような集合勘定が，決算以外にも多く設けられる。
(3)　内部活動の記録・計算においては，勘定間の振替記入は絶対におこなわない。
(4)　内部活動を記録・計算するための補助簿や計算表が多く用いられる。
(5)　電力料の支払いは，外部取引だから，記録・計算しない。
(6)　原価計算のために，特殊な勘定科目が多く用いられる。

| (1) | (2) | (3) | (4) | (5) | (6) |
|-----|-----|-----|-----|-----|-----|
|     |     |     |     |     |     |

**3** 　次の各取引のうち，外部活動には○印を，内部活動には×印を記入しなさい。
(1)　材料￥400,000を，掛けで買い入れた。
(2)　製品の製造のために材料￥340,000を消費した。
(3)　賃金￥850,000を現金で支払った。
(4)　製品￥1,200,000が完成した。
(5)　水道光熱費￥130,000を現金で支払った。
(6)　機械装置の減価償却費￥720,000を製品に負担させた。
(7)　製品￥900,000を掛けで売り渡した。

| (1) | (2) | (3) | (4) | (5) | (6) | (7) |
|-----|-----|-----|-----|-----|-----|-----|
|     |     |     |     |     |     |     |

**4** 次の各文の　　　　のなかに，下記の語群のなかから，もっとも適当なものを選び，その番号を記入しなさい。

(1) 製造業では，購買活動や販売活動のような　ア　活動のほかに，製造活動という　イ　活動がある。商業簿記が　ウ　業を営む企業に適用されるのに対して，製造業を営む企業には工業簿記が適用される。工業簿記の特色としては　イ　活動によって生じた取引を処理するために，商業簿記では用いられない多くの　エ　が設けられることがあげられる。

(2) 商業簿記では電力料や減価償却費などは，　オ　となるが，工業簿記では，このうち製造に要したものは製品の　カ　となる。

語群　1. 費　　用　　2. 勘定科目　　3. 外　　部　　4. 経　　営　　5. 原　　価
　　　6. 材　　料　　7. 商品売買　　8. 内　　部

| | (1) | | | (2) | |
|---|---|---|---|---|---|
| ア | イ | ウ | エ | オ | カ |
| | | | | | |

## 応用問題

解答p.2

**1** 次の各文の　　　　のなかに，下記の語群のなかから，もっとも適当なものを選び，その番号を記入しなさい。

(1) 工業簿記では，材料の加工から，製品の完成にいたるまでの　ア　活動も　イ　の原理によって記録する。そのため　ア　活動を分析して，製品の製造に要した材料，賃金，電力料などの費用，すなわち　ウ　を計算することが必要になる。この　エ　に要した原価を算定する手続きを　オ　といい，原価を集計した表を　カ　という。

語群　1. 原価計算表　　2. 複式簿記　　3. 内　　部　　4. 外　　部　　5. 費　　用
　　　6. 原　　価　　7. 原価計算　　8. 製　　品　　9. 商　　品

(2) 製造業の内部の　キ　活動を　ク　・　ケ　・　コ　するには，そのために商業簿記にはない特別の勘定を設け，原価計算によって計算された金額をこれに記入する。このようにすれば，　キ　活動が勘定によって明らかにされるばかりではなく，　サ　の原理によって　ク　・　ケ　・　コ　された結果が正しいかどうかを確かめることができる。

語群　1. 販　　売　　2. 製　　造　　3. 記　　録　　4. 決　　算　　5. 計　　算
　　　6. 外　　部　　7. 整　　理　　8. 貸借平均

(3) 工業簿記は商業簿記とは異なり，製造活動を処理する勘定科目が多く設けられるとともに，勘定間の　シ　記入がひんぱんにおこなわれる。また，補助簿や計算表が多く用いられ，　ス　を統制する統制勘定が設けられる。このような工業簿記と　セ　が密接に結びつくことによって，製造業の経営活動についてその　ソ　や　タ　を明らかにすることができるとともに，企業の将来の経営計画をたてるための重要な資料を提供することができる。

語群　1. 財政状態　　2. 買掛金元帳　　3. 補助元帳　　4. 原価計算　　5. 振　　替
　　　6. 原価計算表　　7. 経営成績　　8. 決　　算

| (1) | | | | | | (2) | |
|---|---|---|---|---|---|---|---|
| ア | イ | ウ | エ | オ | カ | キ | ク |
| | | | | | | | |

| (2) | | | (3) | | | | |
|---|---|---|---|---|---|---|---|
| ケ | コ | サ | シ | ス | セ | ソ | タ |
| | | | | | | | |

2　次の図の，それぞれの経営活動の（　）のなかに入る語句を記入しなさい。
　●商品売買業の経営活動

　●製造業の経営活動

## 検定問題

解答p.3

1　次の文の◻️のなかに，下記の語群のなかから，もっとも適当なものを選び，その番号を記入しなさい。　　　　　（第41回一部修正）

　商品売買業では，商品の仕入れや販売などの外部活動がおこなわれるが，製造業では，このほかに　ア　という内部活動をおこなうことが大きな特徴である。この内部活動における原価を正確に計算する手続きが　イ　である。

語群　1．製造活動　　2．月次決算　　3．外部活動　　4．原価計算　　5．固定費
　　　6．複式簿記　　7．販売活動　　8．購買活動

| ア | イ |
|---|---|
| | |

# 第2章 原価と原価計算

## 学習の要点 ● ● ●

### 1. 原価の意味

原価には，次の2つの意味がある。

(1) 製造原価……製品を製造するために要した費用

(2) 総 原 価……製造原価＋販売費及び一般管理費

- 工業簿記や原価計算で原価という場合は，ふつうは製造原価を意味する。
- 非原価項目……費用のなかで原価に含めない項目のこと。

  例 支払利息，手形売却損，有価証券評価損，固定資産売却損，火災損失など。

### 2. 原価の分類

(1) 発生形態による分類

原価の3要素
- **材料費**……素材費，買入部品費，工場消耗品費など
- **労務費**……賃金，給料など
- **経 費**……減価償却費，地代・家賃などの不動産賃借料，修繕料，電力料，ガス代，水道料など

(2) 製品との関連による分類

① **製造直接費**……特定の製品について個別に発生し，その製品に直接に集計することができる原価要素のこと。製造直接費を集計する手続きを**賦課**という。

（勘定科目➡仕掛品）

② **製造間接費**……各種の製品について共通して発生し，特定の製品の原価として直接に集計することができない原価要素のこと。製造間接費をある一定の基準で各製品に割り当てる計算の手続きを**配賦**という。

（勘定科目➡製造間接費）

**原価の構成**

(3) 操業度との関連による分類

① **固 定 費**……操業度の増減にかかわりなく，発生額が一定している原価要素のこと。

  例 減価償却費（定額法），保険料，支払家賃など。

② **変 動 費**……操業度の増減によって，比例的に増減する原価要素のこと。

  例 直接材料費，出来高払賃金など。

③　**準固定費**……ある範囲内の操業度では発生高が一定で，その範囲をこえると急増し，ふたたび一定範囲内の操業度で発生高が固定する原価要素のこと。

例　監督者の給料など。

④　**準変動費**……操業度が零（0）の場合でも一定額が発生し，そのうえ操業度の増減にともなって比例的に発生高が増減する原価要素のこと。

例　電力料，水道料など。

## 3．原価計算の目的
(1)　財務諸表の作成に必要な資料を提供すること。
(2)　製品の販売価格計算に必要な資料を提供すること。
(3)　原価管理に必要な資料を提供すること。
(4)　利益管理に必要な資料を提供すること。

## 4．原価計算の手続き

費目別計算　⟶　部門別計算　⟶　製品別計算

## 5．原価計算の期間
ふつう1か月を計算期間とし，これを原価計算期間という。

## 6．原価計算の種類
(1)　生産形態の違いによる分類

①　**個別原価計算**……種類の異なる製品を個別に製造する製造業（機械製造業・造船業など）に適用される方法。個々の製品ごとに特定製造指図書が発行される。この製造指図書には一連の番号（指図書番号）がつけられ，指図書番号別に原価計算表が作成されて，製品別に製造原価が集計される。

②　**総合原価計算**……同じ規格の製品を連続して製造する製造業（製糖業・製粉業・製紙業・化学工業）などに適用される方法。総合原価計算で発行される製造指図書は，継続製造指図書といわれ，これは製品を一定期間継続して製造することを命令するものである。

$$製品1単位あたりの製造原価 = \frac{一定期間の完成品原価}{一定期間の完成品数量}$$

(2)　原価計算をおこなう目的の違いによる分類

①　**実際原価計算**……製品の製造のために消費した実際原価によって，製品の原価を計算する方法。

②　**標準原価計算**……すべての原価要素の消費量を科学的・統計的に調査し，能率測定の尺度となるような原価標準をあらかじめ定めておき，この原価標準によって製品の原価を計算する方法。原価管理を有効におこなうために用いられる。

(3)　原価要素を集計する範囲の違いによる分類

①　**全部原価計算**……製造のために消費したすべての原価要素を集計する原価計算

②　**部分原価計算**……製造のために消費した原価要素の一部を集計する原価計算

**7．サービス業における原価計算**

労務費と経費が主な原価となり，基本的に在庫をもたない。

## 基本問題

解答p.3

**1**　次の図は原価の構成関係を示したものである。（　　）のなかに，適当な語を記入しなさい。

| ア | イ | ウ | エ | オ |
|---|---|---|---|---|
|  |  |  |  |  |

| カ | キ |
|---|---|
|  |  |

**2**　次の図は，操業度との関連による原価の分類である。ア～エの（　　）のなかに費用の名称を記入し，オ～クの（　　）のなかにどのような項目があるかを記入しなさい。

（　ア　）　　　（　イ　）　　　（　ウ　）　　　（　エ　）
（　オ　）　　　（　カ　）　　　（　キ　）　　　（　ク　）

| ア | イ | ウ | エ |
|---|---|---|---|
|  |  |  |  |
| オ | カ | キ | ク |
|  |  |  |  |

**3** 次の各文の□□のなかに，下記の語群のなかから，もっとも適当なものを選び，その番号を記入しなさい。

(1) 原価要素は，その発生形態によって，［ア］・［イ］・［ウ］に，また，その発生が特定の製品に直接に生じたか，間接に生じたかによって［エ］・［オ］に分類される。

(2) 製造直接費を特定の製品に集計する手続きを［カ］といい，製造間接費を一定の基準で各製品に割り当てる手続きを［キ］という。

(3) 保険料や減価償却費のように，操業度にかかわらず変化しない原価要素を［ク］といい，直接材料費のように，操業度の増減に比例して増減する原価要素を［ケ］という。

(4) 製造業では，ふつう1か月を計算期間として原価の計算をおこなうが，この計算期間を［コ］という。

語群
1. 固定費　2. 直接費　3. 製造間接費　4. 配賦　5. 経費
6. 材料費　7. 製造原価　8. 原価計算期間　9. 総原価　10. 変動費
11. 会計期間　12. 賦課　13. 労務費　14. 製造直接費　15. 間接費

| (1) | | | | | (2) | | (3) | | (4) |
|---|---|---|---|---|---|---|---|---|---|
| ア | イ | ウ | エ | オ | カ | キ | ク | ケ | コ |
| | | | | | | | | | |

**4** 次の図は原価の構成関係を示したものである。（　）のなかに，適当な語またはあてはまる金額を計算して記入しなさい。

| | | |
|---|---|---|
| | （　）¥35,000 | |
| 直接材料費　¥70,000 | 製造直接費¥148,000 | 総原価（¥　） |
| 直接労務費　（¥　） | | |
| （　）¥6,000 | （¥　） | |
| 間接材料費　¥15,000 | | |
| 間接労務費　¥25,000 | （　）（¥　） | |
| （　）¥40,000 | | |

**5** 次の資料によって，(1)製造直接費，(2)製造間接費，(3)製造原価，(4)総原価を求めなさい。

資料
直接材料費　¥4,000　　直接労務費　¥5,000　　直接経費　¥3,000
間接材料費　¥3,000　　間接労務費　¥2,000　　間接経費　¥1,000
販売費及び一般管理費　¥1,500

| (1) ¥ | (2) ¥ | (3) ¥ | (4) ¥ |
|---|---|---|---|

**6**　次の各文の ☐ のなかに，下記の語群のなかから，もっとも適当なものを選び，その番号を記入しなさい。

(1)　原価計算のおもな目的には，① ☐ ア ☐ の作成に必要な資料を提供すること，②製品の ☐ イ ☐ の計算に必要な資料を提供すること，③ ☐ ウ ☐ に必要な資料を提供すること，④ ☐ エ ☐ に必要な資料を提供することなどがある。

(2)　原価計算の手続きは， ☐ オ ☐ 計算 → ☐ カ ☐ 計算 → ☐ キ ☐ 計算の3つの段階に分けておこなわれる。

(3)　種類・規格の異なる特定製品を生産する製造業に適用される原価計算の方法を ☐ ク ☐ といい，同種または異種の製品を連続的に大量生産する製造業に適用される原価計算の方法を ☐ ケ ☐ という。

(4)　原価計算は，その目的の違いによって，実際の原価によって計算する ☐ コ ☐ と，科学的・統計的調査による消費数量と標準となる価格によって計算する標準原価計算とに分類される。

語群
| | | | | |
|---|---|---|---|---|
|1．販 売 価 格|2．製 造 原 価|3．製 品 別|4．利 益 管 理|5．個 別 原 価 計 算|
|6．全 部 原 価 計 算|7．財 務 諸 表|8．総 原 価|9．原 価 管 理|10．費 目 別|
|11．実 際 原 価 計 算|12．部 門 別|13．総 合 原 価 計 算|14．部 分 原 価 計 算| |

| (1) | | | | (2) | | | (3) | | (4) |
|---|---|---|---|---|---|---|---|---|---|
| ア | イ | ウ | エ | オ | カ | キ | ク | ケ | コ |
| | | | | | | | | | |

**7**　次の各項目のうち，製造原価になるものをすべてあげなさい。

| | | | |
|---|---|---|---|
|1．工場の電力料|2．機械の減価償却費|3．配 当 金|4．材 料 費|
|5．火 災 損 失|6．役 員 の 賞 与|7．製品の発送費|8．広 告 料|
|9．支 払 利 息|10．工場長の給料| | |

| 製造原価になるもの | |
|---|---|
| | |

## 応用問題

解答p.4

**1**　次の資料によって，製造直接費・製造間接費・製造原価・製品単価・総原価・販売価格を計算しなさい。

資料
| | | |
|---|---|---|
|間 接 経 費　¥ 8,000|直 接 材 料 費　¥104,000|販売費及び一般管理費　¥40,000|
|直 接 労 務 費　¥61,000|直 接 経 費　¥ 5,000|間 接 労 務 費　¥ 9,000|
|間 接 材 料 費　¥13,000|営 業 利 益　¥ 60,000|完成品数量　40個|

| 製造直接費　¥ | 製造間接費　¥ | 製造原価　¥ |
|---|---|---|
| 製品単価　¥ | 総 原 価　¥ | 販売価格　¥ |

**2**　次の各文の□□□のなかに，下記の語群のなかから，もっとも適当なものを選び，その番号を記入しなさい。

(1) ①　原価要素のうち，操業度との関連で，その発生額が比例的に増減する原価を［　ア　］という。これには［　イ　］や出来高払賃金などがある。

　　②　商品売買業では，商品の仕入れや販売などの外部活動がおこなわれるが，製造業では，このほかに［　ウ　］という内部活動をおこなうことが大きな特徴である。この内部活動を記録し，計算・整理する手続きが［　エ　］である。

語群 1．購 買 活 動　　2．変 動 費　　3．減価償却費　　4．工 業 簿 記　　5．直接材料費
　　 6．商 業 簿 記　　7．製 造 活 動　　8．固 定 費

(2) ①　原価計算のおもな目的には，財務諸表の作成，製品の［　オ　］の決定，ならびに［　カ　］に必要な資料を提供することなどがある。

　　②　製品の製造のために要した原価要素の実際消費量に，実際の取得価額または［　キ　］等を掛けて製造原価を計算する方法を［　ク　］という。

語群 1．販 売 価 格　　2．販 売 管 理　　3．実際原価計算　　4．標 準 原 価　　5．原 価 管 理
　　 6．標準原価計算　　7．見 積 原 価　　8．予 定 価 格

(3) ①　製造業では，販売価格の決定や原価管理を効果的におこなうため，ふつう，［　ケ　］を計算期間として，製品の製造原価を計算する。この期間を［　コ　］という。

　　②　同種または異種の製品を反復・連続して大量に製造する企業，たとえば，製紙業・［　サ　］・化学工業などに適用される原価計算の方法を［　シ　］という。

　　③　原価計算の手続きのうち，原価要素を材料費・労務費・［　ス　］に分類して，その消費高を計算する手続きを，原価の［　セ　］という。

　　④　サービス業においては材料費ではなく，労務費と［　ソ　］がおもな原価となる。

語群 1．部 門 費　　2．個別原価計算　　3．原価計算期間　　4．経 費　　5．製 粉 業
　　 6．1 か 月　　7．部門別計算　　8．造 船 業　　9．費目別計算　　10．会 計 期 間
　　 11．1 年　　12．総合原価計算

| (1) | | | | (2) | | | |
|---|---|---|---|---|---|---|---|
| ア | イ | ウ | エ | オ | カ | キ | ク |
|  |  |  |  |  |  |  |  |

| (3) | | | | | | |
|---|---|---|---|---|---|---|
| ケ | コ | サ | シ | ス | セ | ソ |
|  |  |  |  |  |  |  |

## 検定問題

**1** 次の各文の下線を引いてある語が正しいときは○印を，誤っているときは正しい語を記入しなさい。 （第43回一部修正）

(注) 正しい語を書きなおしたときは，たとえ同じ意味を示す語を記入した場合も誤答となる。

(1) 原価計算における原価とは，一般的に製品を製造するために要した製造直接費と製造間接費の合計額，すなわち<u>総原価</u>を意味する。これは販売価格の決定などのため，ふつう1か月を単位
ア
として計算される。この期間を<u>販売期間</u>という。
イ

(2) 原価計算には，原価管理を効果的におこなう目的で，あらかじめ製品単位あたりの標準原価を計算しておき，実際の生産量に対する標準原価と<u>実際原価</u>とを比較して，その差異を分析する方
ウ
法がある。これを<u>実際原価計算</u>という。
エ

(3) 各種の製品の製造について共通に発生し，特定の製品の原価として直接集計することのできない製造費用を<u>製造間接費</u>という。これをある一定の基準によって，各種の製品に割り当てる手続
オ
きを<u>賦課</u>という。
カ

(4) 種類の異なる製品を個々に生産する製造業で用いられる原価計算の方法を<u>総合原価計算</u>とい
キ
う。この場合，特定の製品ごとに<u>製造指図書</u>が発行され，これにもとづいて製品の製造がおこな
ク
われる。

| (1) | | (2) | |
|---|---|---|---|
| ア | イ | ウ | エ |
| | | | |

| (3) | | (4) | |
|---|---|---|---|
| オ | カ | キ | ク |
| | | | |

**2** 次の各文の _____ のなかに，下記の語群のなかから，もっとも適当なものを選び，その番号を記入しなさい。

(1) 工場長の給料や電力料などのように，特定の製品の原価として直接集計することができない原価要素を ___ア___ という。これを一定の基準によって，各製品に割り当てる手続きを ___イ___ という。 （第50回一部修正）

(2) 財務諸表作成などのために，製品の製造に要したすべての原価要素を集計する原価計算の方法を ___ウ___ という。これに対し，製品の製造に要した原価要素の一部を集計する原価計算の方法もあり，代表的なものに直接原価計算がある。直接原価計算においては，利益計画に役立つ資料を提供するために，原価要素のうち ___エ___ だけを集計して原価を算出する。 （第58回）

語群 1．製造間接費　2．全部原価計算　3．部分原価計算　4．棚卸計算法　5．賦　　課
6．変　動　費　7．仕　損　じ　8．配　　　賦

| (1) | | (2) | |
|---|---|---|---|
| ア | イ | ウ | エ |
| | | | |

**3**　次の各文の □□□ のなかに，下記の語群のなかから，もっとも適当なものを選び，その番号を記入しなさい。　　　　　　　　　　　　　　　　　　　（第54回一部修正）

(1)　一定期間における製造数量・作業時間・機械運転時間などによって示された一定の生産設備の利用度を ［　ア　］ という。この利用度に比例して発生額が増減する原価要素を ［　イ　］ という。

(2)　工業簿記では，購買活動や販売活動だけでなく，材料の消費から製品の完成にいたるまでの ［　ウ　］ も複式簿記の原則によって記録する。この活動をより正確に記録するためには，費目別計算・部門別計算・製品別計算をおこなう必要がある。この手続きを ［　エ　］ という。

語群
1．製 造 活 動　　2．操 業 度　　3．月 次 決 算　　4．配 賦 率　　5．変 動 費
6．外 部 活 動　　7．固 定 費　　8．原 価 計 算

| (1) | | (2) | |
|---|---|---|---|
| ア | イ | ウ | エ |
| | | | |

**4**　次の文の □□□ のなかに，下記の語群のなかから，もっとも適当なものを選び，その番号を記入しなさい。　　　　　　　　　　　　　　　　　　　　　　　　　（第84回）

　原価は集計される原価の範囲によって2つに区分される。1つめは，製品を製造するために消費したすべての原価要素を製品の原価として集計する ［　ア　］ であり，財務諸表の作成や，製品の販売価格の設定に必要な資料を提供する目的に適している。2つめは，原価要素の一部を集計して，製品の原価を計算する ［　イ　］ であり，原価管理や利益計画に必要な資料を提供する目的に適している。この代表的な計算方法が直接原価計算である。

語群
1．標 準 原 価 計 算　　2．部 分 原 価 計 算　　3．実 際 原 価 計 算　　4．全 部 原 価 計 算

| ア | イ |
|---|---|
| | |

**5**　次の各文の □□□ のなかに，下記の語群のなかから，もっとも適当なものを選び，その番号を記入しなさい。　　　　　　　　　　　　　　　　　　　（第57回一部修正）

(1)　原価計算の手続きは ［　ア　］ 計算・部門別計算・製品別計算の3つの段階からなるが，製品別計算はさらに，生産形態の違いにもとづき，種類の異なる特定の製品を製造指図書別に製造する場合に用いられる個別原価計算と，同じ種類または異なる種類の製品を連続して製造する場合に用いられる ［　イ　］ に分けることができる。

(2)　原価計算の目的の1つに，原価管理に必要な資料を提供することがあげられる。そのための有効な方法として，科学的・統計的調査にもとづいて原価の達成目標を設定し，これによって算出された原価と ［　ウ　］ を比較して差異を求め，その原因を分析する ［　エ　］ がある。

語群
1．標 準 原 価 計 算　　2．部 分 原 価 計 算　　3．標 準 原 価　　4．費 目 別　　5．直 接 原 価 計 算
6．総 合 原 価 計 算　　7．工 程 別　　8．実 際 原 価

| (1) | | (2) | |
|---|---|---|---|
| ア | イ | ウ | エ |
| | | | |

## 第3章 製造業における簿記の特色としくみ

### 学習の要点 ●●●

**1. 製造業における特有な勘定**

(1) 原価要素の勘定……**材料・労務費・経費**

(2) 原価を集計する勘定……**仕掛品・製造間接費**

(3) 製品の増減をあらわす勘定……**製品**

**2. 工業簿記の勘定間の振替**

$\underline{A}$　製造直接費の賦課を示す。

　　　　　**賦課**……製造直接費をある特定の製品に集計する手続き

$\underline{B}$　製造間接費の配賦を示す。

　　　　　**配賦**……製造間接費を各製品にある一定の基準で配分する手続き

$\underline{C}$　販売費及び一般管理費の振替を示す。

$\underline{D}$　製品の完成から損益勘定までの振替を示す。

## 基本問題

解答p.5

**1**　次の取引の仕訳を示しなさい（購買活動）。

(1)　材料￥100,000を掛けで仕入れた。

(2)　労務費￥50,000を小切手を振り出して支払った。

(3)　経費￥40,000を現金で支払った。

|  | 借　　　　方 | 貸　　　　方 |
|---|---|---|
| (1) |  |  |
| (2) |  |  |
| (3) |  |  |

**2**　次の取引の仕訳を示しなさい（製造活動）。

(1)　材料を直接材料費として￥80,000　間接材料費として￥15,000消費した。

(2)　労務費を直接労務費として￥40,000　間接労務費として￥5,000消費した。

(3)　経費を直接経費として￥6,000　間接経費として￥30,000消費した。

(4)　製造間接費￥50,000を仕掛品勘定に振り替えた。

(5)　製品が完成し，その製造原価は￥150,000である。

|  | 借　　　　方 | 貸　　　　方 |
|---|---|---|
| (1) |  |  |
| (2) |  |  |
| (3) |  |  |
| (4) |  |  |
| (5) |  |  |

**3**　次の取引の仕訳を示しなさい（販売活動）。
(1)　製品を¥200,000で売り渡し，代金は掛けとした。
(2)　当月に販売した製品の製造原価¥120,000を売上原価として計上した。

|  | 借　　　　方 | 貸　　　　方 |
|---|---|---|
| (1) |  |  |
| (2) |  |  |

**4**　次の資料から，材料勘定に記入をおこない，締め切りなさい。ただし，勘定記入は相手科目・金額を示すこと。
資　料
ⅰ　材料の月初棚卸高は¥30,000である。
ⅱ　材料¥450,000を買い入れ，代金は掛けとした。
ⅲ　直接材料として¥380,000，間接材料として¥40,000消費した。

```
                        材        料
        ---------------------|---------------------
        ---------------------|---------------------
        ---------------------|---------------------
```

**5**　次の連続した取引の仕訳を示しなさい。
(1)　材料を直接材料として¥400,000，間接材料として¥70,000消費した。
(2)　労務費を直接労務費として¥180,000，間接労務費として¥30,000，販売費及び一般管理費として¥20,000消費した。
(3)　経費を直接経費として¥50,000，間接経費として¥60,000，販売費及び一般管理費として¥30,000消費した。
(4)　製造間接費¥160,000を各製品に配賦し，仕掛品勘定に振り替えた。
(5)　製品が完成し，その製造原価は¥790,000であった。
(6)　製品を¥1,000,000で売り渡し，代金は掛けとした。
(7)　当月に販売した製品の製造原価¥790,000を売上原価として計上した。
(8)　売上原価勘定の残高¥790,000を損益勘定に振り替えた。
(9)　販売費及び一般管理費勘定の残高¥50,000を損益勘定に振り替えた。
(10)　売上勘定の残高¥1,000,000を損益勘定に振り替えた。

|      | 借　　　　方 | 貸　　　　方 |
|------|------------|------------|
| (1)  |            |            |
| (2)  |            |            |
| (3)  |            |            |
| (4)  |            |            |
| (5)  |            |            |
| (6)  |            |            |
| (7)  |            |            |
| (8)  |            |            |
| (9)  |            |            |
| (10) |            |            |

**6**　**5**の問題で明らかになった金額を次の原価の構成の図にあてはめなさい。ただし，この問題では投入（消費）した材料費・労務費・経費はすべて製品となり，¥1,000,000で販売したものとする。

| 直接材料費<br>（¥　　　） | 製造間接費<br>（¥　　　） | 販売費及び一般管理費<br>（¥　　　） | 営業利益<br>（¥　　　） | 販売価格<br>¥1,000,000 |
|---|---|---|---|---|
| 直接労務費<br>（¥　　　） | 製造直接費<br>（¥　　　） | 製造原価<br>（¥　　　） | 総原価<br>（¥　　　） | |
| 直接経費<br>（¥　　　） | | | | |

## 応用問題

解答p.7

**1** 次の取引の仕訳を示し，各勘定に記入して締め切りなさい。

ただし， ⅰ 勘定記入は取引番号・相手科目・金額を示すこと。

ⅱ 損益勘定は，締め切らなくてよい。

(1) 材料￥800,000を買い入れ，代金は約束手形を振り出して支払った。

(2) 材料を直接材料として￥620,000，間接材料として￥80,000消費した。

(3) 労務費￥440,000を小切手を振り出して支払った。

(4) 労務費を直接労務費として￥260,000，間接労務費として￥150,000，販売費及び一般管理費
として￥50,000消費した。

(5) 経費￥180,000を小切手を振り出して支払った。

(6) 経費を間接経費として￥130,000，販売費及び一般管理費として￥40,000消費した。

(7) 製造間接費￥360,000を仕掛品勘定に振り替えた。

(8) 製品が完成し，その製造原価は￥1,100,000であった。

(9) 製品を￥1,170,000で売り渡し，代金は掛けとした。

(10) 売り渡した製品の製造原価は￥800,000であった。

(11) 売上勘定の残高￥1,170,000を損益勘定に振り替えた。

(12) 売上原価勘定の残高￥800,000と販売費及び一般管理費勘定の残高￥90,000を損益勘定に振り
替えた。

| | 借　　　　　方 | 貸　　　　　方 |
|---|---|---|
| (1) | | |
| (2) | | |
| (3) | | |
| (4) | | |
| (5) | | |
| (6) | | |
| (7) | | |
| (8) | | |
| (9) | | |
| (10) | | |
| (11) | | |
| (12) | | |

| 材　　　料 | |
|---|---|
| 前 月 繰 越　*40,000* | |
| | |

| 労　務　費 | |
|---|---|
| | 前 月 繰 越　*50,000* |
| | |

| 経　　　費 | |
|---|---|
| 前 月 繰 越　*20,000* | |
| | |
| | |

| 仕　掛　品 | |
|---|---|
| 前 月 繰 越　*80,000* | |
| | |
| | |
| | |
| | |

| 製 造 間 接 費 | |
|---|---|
| | |
| | |
| | |

| 製　　　品 | |
|---|---|
| 前 月 繰 越　*130,000* | |
| | |

| 売 上 原 価 | |
|---|---|
| | |

| 販売費及び一般管理費 | |
|---|---|
| | |
| | |

| 売　　　上 | |
|---|---|
| | |

| 損　　　益 | |
|---|---|
| | |
| | |

学習の要点
「工業簿記の勘定間の振替」
を参考にして考えよう。

**2** 　次の資料から，下記の勘定に記入して締め切りなさい。ただし，勘定記入は相手科目・金額を示すこと。

<u>資　料</u>

（1）　材　料
　前月繰越高　¥60,000　　　当月仕入高(掛け)　¥780,000　　　次月繰越高　¥70,000
　　ただし，消費高のうち¥540,000は製造直接費で，残額は製造間接費である。

（2）　労務費
　前月未払高　¥53,000　　　当月支払高(小切手払い)　¥360,000　　　当月未払高　¥58,000
　　ただし，消費高のうち¥250,000は製造直接費で，残額は製造間接費である。

（3）　経　費
　前月前払高　¥15,000　　　当月支払高(現金払い)　¥200,000　　　当月未払高　¥12,000
　　ただし，消費高のうち¥40,000は製造直接費で，残額は製造間接費である。

（4）　仕掛品　前月繰越高　¥110,000　　　次月繰越高　¥240,000

（5）　製　品　前月繰越高　¥270,000　　　次月繰越高　¥210,000

|  材　　料  |
| --- |
|  |

|  労　務　費  |
| --- |
|  |

|  経　　費  |
| --- |
|  |

|  仕　掛　品  |
| --- |
|  |

|  製　造　間　接　費  |
| --- |
|  |

|  製　　品  |
| --- |
|  |

|  売　上　原　価  |
| --- |
|  |

**3** 次の資料によって，⑴仕訳を示し，⑵仕掛品勘定と損益勘定に記入し，仕掛品勘定を締め切りなさい。ただし，勘定記入は相手科目・金額を示すこと。

資　料

①　　　　　　　　　　　　月初棚卸高　　　　月末棚卸高

材　　　料　　　¥ 420,000　　　¥ 340,000

仕　掛　品　　　¥ 660,000　　　¥ 820,000

製　　　品　　　¥ 520,000　　　¥ 740,000

②　材料仕入高(掛け)　¥ 1,680,000

③　当月消費高

材　　　料　消費高のうち製造直接費は¥ 1,520,000であり，残額は製造間接費である。

労　務　費　¥ 1,580,000

　　　　　　　うち，製造直接費は¥ 1,060,000　製造間接費は¥ 360,000であり，残額は販売費及び一般管理費である。

経　　　費　¥ 840,000

　　　　　　　うち，製造間接費は¥ 580,000であり，残額は販売費及び一般管理費である。

④　製品売上高(掛け)　¥ 4,500,000

(1)

| | 借　　　　方 | 貸　　　　方 |
|---|---|---|
| ② | | |
| ③ | | |
| | | |
| | | |
| ④ | | |

(2)

仕　掛　品　　　　　　　　　　　　損　　益

**4** 次の諸勘定を完成しなさい。

材　　料

| | | | |
|---|---|---|---|
| 前 月 繰 越 | (　　　) | (　　　) | (　　　) |
| 買 掛 金 | 506,000 | 次 月 繰 越 | 171,000 |
| | (　　　) | | (　　　) |

労　　務　　費

| | | | |
|---|---|---|---|
| 当 座 預 金 | 812,000 | 前 月 繰 越 | 88,000 |
| 次 月 繰 越 | 95,000 | (　　　) | (　　　) |
| | 907,000 | | 907,000 |

経　　費

| | | | |
|---|---|---|---|
| 前 月 繰 越 | 64,000 | (　　　) | (　　　) |
| 当 座 預 金 | (　　　) | 次 月 繰 越 | 41,000 |
| | (　　　) | | (　　　) |

仕　　掛　　品

| | | | |
|---|---|---|---|
| 前 月 繰 越 | 96,000 | (　　　) | (　　　) |
| 材　　料 | (　　　) | 次 月 繰 越 | 111,000 |
| (　　) | (　　) | | |
| (　　) | (　　) | | |
| | (　　　) | | (　　　) |

製　造　間　接　費

| | | | |
|---|---|---|---|
| 材　　料 | (　　　) | (　　　) | (　　　) |
| 労 務 費 | 170,000 | | |
| (　　) | 229,000 | | |
| | 530,000 | | 530,000 |

製　　品

| | | | |
|---|---|---|---|
| 前 月 繰 越 | 184,000 | (　　　) | (　　　) |
| (　　) | (　　) | 次 月 繰 越 | 160,000 |
| | 1,630,000 | | 1,630,000 |

売　上　原　価

| | | | |
|---|---|---|---|
| (　　) | (　　) | (　　) | (　　) |

売　　上

| | | | |
|---|---|---|---|
| (　　) | 1,860,000 | 売 掛 金 | 1,860,000 |

販売費及び一般管理費

| | | | |
|---|---|---|---|
| 労 務 費 | 42,000 | (　　) | (　　) |
| 経　　費 | (　　) | | |
| | 98,000 | | 98,000 |

損　　益

| | | | |
|---|---|---|---|
| 売 上 原 価 | 1,470,000 | (　　) | (　　) |
| (　　) | (　　) | | |

**5** 東京製作所は，A製品（製造指図書#1）・B製品（製造指図書#2）・C製品（製造指図書#3）を製造している。次の資料によって，必要な仕訳を示し，製造間接費勘定と仕掛品勘定に記入して締め切りなさい（勘定記入は相手科目・金額を記入のこと）。また，各製品の製造原価を計算しなさい。

ただし，月初仕掛品はなかった。

資　料

(1) 材料消費高　製造指図書#1　¥200,000　　#2　¥180,000　　#3　¥150,000
　　　　　　　　間接材料費　　¥30,000

(2) 労務費消費高　製造指図書#1　¥300,000　　#2　¥250,000　　#3　¥100,000
　　　　　　　　　間接労務費　　¥80,000

(3) 経費消費高　製造指図書#1　¥60,000　　#2　¥40,000　　間接経費　¥20,000

(4) 製造間接費は製造指図書#1に50％，#2に40％，#3に10％の割合で配賦した。

(5)　製造指図書＃1および＃3が完成した。

| | 借　　　方 | 貸　　　方 |
|---|---|---|
| (1) | | |
| (2) | | |
| (3) | | |
| (4) | | |
| (5) | | |

製 造 間 接 費

仕 　掛 　品

| A製品（＃1） | |
|---|---|
| 直接材料費　　¥ | |
| 直接労務費 | |
| 直 接 経 費 | |
| 製造間接費 | |
| 製 造 原 価　　¥ | |

| B製品（＃2） | |
|---|---|
| 直接材料費　　¥ | |
| 直接労務費 | |
| 直 接 経 費 | |
| 製造間接費 | |
| 製 造 原 価　　¥ | |

| C製品（＃3） | |
|---|---|
| 直接材料費　　¥ | |
| 直接労務費 | |
| 直 接 経 費 | |
| 製造間接費 | |
| 製 造 原 価　　¥ | |

> この問題で用いる原価計算の方法は，
> 製造指図書ごとに原価を計算し，
> 製造間接費を配賦するので
> 個別原価計算といいます。

# Ⅱ 原価の費目別計算

## 第1章 材料費の計算と記帳

### 学習の要点 ●●●

#### 1．材料費の分類

①素材費(または原料費)，②買入部品費，③燃料費，④工場消耗品費，⑤消耗工具器具備品費などに分類される。

#### 2．材料の購入と記帳

材料購入に要した付随費用(買入手数料・引取運賃・保険料など)は，材料の購入原価に含める。

> 材料の購入原価＝材料の購入代価＋付随費用

#### 3．材料の保管

倉庫に保管された材料は材料の種類ごとに材料台帳(材料棚札)に記入し，適正な在庫を確保する。材料は保管や受け払いのさいに破損・滅失することがある。これを**棚卸減耗**という。材料の実地棚卸高(実際有高)が帳簿残高より少ない場合の差額は，**棚卸減耗損**として，月末または会計期末に会計処理をおこなう。

> 当月棚卸減耗損＝(当月帳簿棚卸数量－当月実地棚卸数量)×仕入単価

#### 4．材料出庫と記帳

#### 5．材料消費高の計算

(1) 消費数量の計算

①　**継続記録法**……材料の受け入れ，払い出しのつど，材料元帳などに数量を記入，その払出数量を消費数量とする。

②　**棚卸計算法**……出庫のつど払い出しの記録はおこなわず，月末に実地棚卸をおこない次の式で消費数量を計算する。

> 消費数量＝(前月繰越数量＋受入数量)－月末棚卸数量

(2)　消費単価の計算

①　**原　価　法**……次のいずれかの方法によって消費単価を計算する。

先入先出法・移動平均法・総平均法

②　**予定価格法**……将来の一定期間の購入原価を予定しておき，これを消費単価として，消費高を計算する。

## 6．予定価格法による記帳

(1)　消費材料勘定を設けない方法

①（借）仕　掛　品　*600*　（貸）素　　　　材　*850*
　　　　製 造 間 接 費　*250*

②（借）材料消費価格差異　*50*　（貸）素　　　　材　*50*
③（借）売　上　原　価　*50*　（貸）材料消費価格差異　*50*

(2)　消費材料勘定を設ける方法……消費材料勘定の貸借差額は，材料消費価格差異勘定に振り替え，その残高は，会計年度末に，原則として売上原価勘定に振り替える。

①（借）仕　掛　品　*600*　（貸）消　費　材　料　*850*
　　　　製 造 間 接 費　*250*
②（借）消　費　材　料　*900*　（貸）素　　　　材　*900*

③（借）材料消費価格差異　*50*　（貸）消　費　材　料　*50*
④（借）売　上　原　価　*50*　（貸）材料消費価格差異　*50*

(3)　材料消費価格差異の内容

　　材料の実際消費高が予定消費高よりも多いときに生じる差異は，予定していた消費高よりも余分に消費してしまったという不利な差異なので，不利差異という。不利差異は材料消費価格差異勘定の借方に記入されるため，借方差異ともいう。

　　一方，実際消費高が予定消費高よりも少ないときに生じる差異は，予定していた消費高よりも節約できたという有利な差異なので，有利差異という。有利差異は材料消費価格差異勘定の貸方に記入されるため，貸方差異ともいう。

材料消費価格差異＝予定消費高－実際消費高

## 基本問題

解答p.11

**1**　次の各文の￣￣￣のなかに，下記の語群のなかから，もっとも適当なものを選び，その番号を記入しなさい。

(1)　製品の主要な構成部分となる材料を￣ア￣といい，たとえば家具製造業の木材や造船業における鋼材などがある。一方，外部から買い入れ，加工されずにそのまま製品の一部に取り付けられる材料を￣イ￣という。これには自動車におけるタイヤやシートなどがある。

(2)　材料の購入原価は，購入代価に買入手数料や引取運賃などの￣ウ￣を加算する。

(3)　材料の消費数量の計算方法には，2つの方法がある。ひとつは，材料の入出庫のつど，材料元帳に記録する方法で，￣エ￣という。もうひとつの方法は，￣オ￣といい，月末に実地棚卸をおこない，次の式によって消費数量を計算する。

消費数量 = (￣カ￣ + ￣キ￣) − ￣ク￣

(4)　材料の実地棚卸高が帳簿残高より少ない場合は，その不足額は￣ケ￣として処理される。

語群　1．継続記録法　　2．月末棚卸数量　　3．買入部品　　4．付随費用　　5．素　　材
　　　6．前月繰越数量　7．棚卸計算法　　8．移動平均法　　9．受入数量　　10．棚卸減耗損

| (1) | | (2) | (3) | | | | | | (4) |
|---|---|---|---|---|---|---|---|---|---|
| ア | イ | ウ | エ | オ | カ | キ | ク | | ケ |
| | | | | | | | | | |

**2**　次の取引の仕訳を示しなさい。

(1)　素材￥600,000を掛けで買い入れ，引取費用￥20,000を現金で支払った。

(2)　買入部品￥280,000を買い入れ，代金は小切手を振り出して支払った。

(3)　材料を次のとおり買い入れ，代金のうち￥100,000は約束手形を振り出して支払い，残額は掛けとした。

燃　　　料　￥100,000　　工場消耗品　￥80,000　　消耗工具器具備品　￥90,000

(4)　素材￥400,000と買入部品￥200,000を製造指図書＃2のために消費した。

(5)　素材￥70,000を機械修理用に消費した。

(6)　期末棚卸の結果，素材の実地棚卸高が帳簿残高より￥7,000少ないことがわかった。

| | 借　　　方 | 貸　　　方 |
|---|---|---|
| (1) | | |
| (2) | | |
| (3) | | |
| (4) | | |
| (5) | | |
| (6) | | |

**3**　次の取引の仕訳を示しなさい。

　8月17日　素材を次のとおり買い入れ，代金は掛けとした。

　　　　　　　素　　　材　　　400個　　@¥560　　¥224,000

　　19日　工場の外壁修理用に，素材を次のとおり消費した。

　　　　　　　素　　　材　　　100個　　@¥580　　¥ 58,000

　　24日　買入部品および工場消耗品を次のとおり買い入れ，代金は小切手を振り出して支払った。

　　　　　　　買 入 部 品　　　300個　　@¥350　　¥105,000

　　　　　　　工場消耗品　　　200個　　〃〃150　　¥ 30,000

　　25日　A製品（製造指図書＃1）の注文を受け，素材200個と買入部品100個を次のとおり消費した。

　　　　　　　素　　　材　　　200個　　@¥580　　¥116,000

　　　　　　　買 入 部 品　　　100個　　〃〃350　　¥ 35,000

　　27日　工場消耗品の消費高¥60,000を計上した。（間接材料）

| | 借　　　　方 | 貸　　　　方 |
|---|---|---|
| 8/17 | | |
| 19 | | |
| 24 | | |
| 25 | | |
| 27 | | |

**4**　次の各文の　　　　のなかに，下記の語群のなかから，もっとも適当なものを選び，その番号を記入しなさい。

(1)　材料の消費数量を計算する方法のうち，材料の受け入れ・払い出しのつど，材料元帳などに数量を記入して，その払出数量を消費数量とする方法を　　ア　　という。

(2)　外部から買い入れ，加工されずにそのまま製品の一部に取り付けられる材料を　　イ　　という。たとえば自動車のタイヤやシートがそうであり，ふつうその消費高は直接材料費となる。

語群　1．棚卸計算法　　2．燃　　　料　　3．継続記録法　　4．買 入 部 品

| (1) | (2) |
|---|---|
| ア | イ |
| | |

**5** 次のK素材の受け払いの資料から，材料元帳へ先入先出法・移動平均法によって記入し，締め切りなさい。また，それぞれの場合の消費高を計算しなさい。

資　料

| 9月 1日 | 繰　越 | 100個 | @¥300 | 9月 6日 | 受　入 | 150個 | @¥320 |
|---|---|---|---|---|---|---|---|
| 　 11日 | 払　出 | 200個 | | 　 16日 | 受　入 | 100個 | @¥330 |
| 　 21日 | 払　出 | 80個 | | 　 29日 | 払　出 | 50個 | |

材　料　元　帳

（先入先出法）　　　　　　　　　　　〈品名〉K素材　　　　　　　　　　　　単位：個

| 令和<br>○年 | 摘　　　要 | 受　　入 | | | 払　　出 | | | 残　　高 | | |
|---|---|---|---|---|---|---|---|---|---|---|
| | | 数量 | 単価 | 金　額 | 数量 | 単価 | 金　額 | 数量 | 単価 | 金　額 |
| | | | | | | | | | | |
| | | | | | | | | | | |
| | | | | | | | | | | |
| | | | | | | | | | | |
| | | | | | | | | | | |
| | | | | | | | | | | |
| | | | | | | | | | | |
| | | | | | | | | | | |
| | | | | | | | | | | |
| | | | | | | | | | | |
| | | | | | | | | | | |

消費高　¥＿＿＿＿＿＿

（移動平均法）　　　　　　　　　　　〈品名〉K素材　　　　　　　　　　　　単位：個

| 令和<br>○年 | 摘　　　要 | 受　　入 | | | 払　　出 | | | 残　　高 | | |
|---|---|---|---|---|---|---|---|---|---|---|
| | | 数量 | 単価 | 金　額 | 数量 | 単価 | 金　額 | 数量 | 単価 | 金　額 |
| | | | | | | | | | | |
| | | | | | | | | | | |
| | | | | | | | | | | |
| | | | | | | | | | | |
| | | | | | | | | | | |
| | | | | | | | | | | |
| | | | | | | | | | | |
| | | | | | | | | | | |

消費高　¥＿＿＿＿＿＿

6　次のW素材の受け払いの資料から，材料元帳へ先入先出法・総平均法によって記入し，締め切りなさい。また，それぞれの場合の消費高を計算しなさい。

資　料

| | | | | | |
|---|---|---|---|---|---|
| 10月1日　繰　越　70個　@¥400 | | | 10月2日　受　入　230個　@¥450 | | |
| 　　8日　払　出　150個 | | | 　　17日　受　入　200個　@¥460 | | |
| 　　24日　払　出　250個 | | | | | |

## 材　料　元　帳

（先入先出法）　　　　　　　　　　　〈品名〉W素材　　　　　　　　　　　　単位：個

| 令和○年 | 摘　　要 | 受　　入 | | | 払　　出 | | | 残　　高 | | |
|---|---|---|---|---|---|---|---|---|---|---|
| | | 数量 | 単価 | 金　額 | 数量 | 単価 | 金　額 | 数量 | 単価 | 金　額 |
| | | | | | | | | | | |
| | | | | | | | | | | |
| | | | | | | | | | | |
| | | | | | | | | | | |
| | | | | | | | | | | |
| | | | | | | | | | | |
| | | | | | | | | | | |
| | | | | | | | | | | |
| | | | | | | | | | | |
| | | | | | | | | | | |

消費高　¥＿＿＿＿＿＿＿

（総平均法）　　　　　　　　　　　〈品名〉W素材　　　　　　　　　　　　単位：個

| 令和○年 | 摘　　要 | 受　　入 | | | 払　　出 | | | 残　　高 | | |
|---|---|---|---|---|---|---|---|---|---|---|
| | | 数量 | 単価 | 金　額 | 数量 | 単価 | 金　額 | 数量 | 単価 | 金　額 |
| | | | | | | | | | | |
| | | | | | | | | | | |
| | | | | | | | | | | |
| | | | | | | | | | | |
| | | | | | | | | | | |
| | | | | | | | | | | |

消費高　¥＿＿＿＿＿＿＿

**7** 次の資料によって，⑴消費材料勘定を設けない場合と，⑵設ける場合の仕訳を示し，下記の勘定に記入しなさい。なお，勘定記入は相手科目・金額を示すこと。

資　料
① 素材¥1,000,000を買い入れ，代金は掛けとした。
② 予定価格による素材の消費高は，製造指図書＃5¥700,000　機械修理用¥80,000とした。
③ 素材の実際消費高は¥777,000であった。
④ 予定価格による消費高と実際消費高との差異について処理した。
⑤ 会計期末に，材料消費価格差異勘定の貸方残高¥3,000を売上原価勘定に振り替えた。

⑴ 消費材料勘定を設けない場合

| | 借　　　方 | 貸　　　方 |
|---|---|---|
| ① | | |
| ② | | |
| ③・④ | | |
| ⑤ | | |

素　　材

仕　掛　品

製　造　間　接　費

材料消費価格差異

売　上　原　価

⑵ 消費材料勘定を設ける場合

| | 借　　　方 | 貸　　　方 |
|---|---|---|
| ① | | |
| ② | | |
| ③ | | |
| ④ | | |
| ⑤ | | |

素　　材

消　費　材　料

仕　掛　品

製　造　間　接　費

材料消費価格差異

売　上　原　価

## 応用問題

解答p.15

1　個別原価計算を採用している石川製作所の下記の資料によって，6月中の次の取引の仕訳を示しなさい。

ただし，i　前月繰越高は，次のとおりである。

|  |  |  |  |
|---|---|---|---|
| 素　材 | 300kg | @¥1,520 | ¥456,000 |
| 工場消耗品 | 600個 | 〃〃　70 | ¥ 42,000 |

ⅱ　素材の消費高は仕入単価が変動するため，1kgあたり¥1,500の予定価格を用いて計算し，消費材料勘定を設けて記帳している。なお，実際消費高の計算は総平均法によっている。

ⅲ　工場消耗品の消費数量の計算は棚卸計算法によっている。

6月6日　素材および工場消耗品を次のとおり買い入れ，代金は掛けとした。

|  |  |  |  |
|---|---|---|---|
| 素　材 | 1,700kg | @¥1,500 | ¥2,550,000 |
| 工場消耗品 | 6,200個 | 〃〃　70 | ¥ 434,000 |

12日　素材を次のとおり買い入れ，代金は掛けとした。

|  |  |  |  |
|---|---|---|---|
| 素　材 | 2,600kg | @¥1,480 | ¥3,848,000 |

30日①　当月の素材消費数量は4,200kg（製造指図書＃1用4,000kg　機械修理用200kg）であった。よって，素材の予定消費高を計上した。

②　工場消耗品の月末棚卸数量は500個であった。よって，消費高を計上した。

③　当月の素材実際消費高を計上した。なお，消費数量は4,200kgである。

④　素材の予定消費高と実際消費高との差額を，材料消費価格差異勘定に振り替えた。

|  | 借　　　　　方 | 貸　　　　　方 |
|---|---|---|
| 6月6日 |  |  |
| 12日 |  |  |
| 30日① |  |  |
| 〃日② |  |  |
| 〃日③ |  |  |
| 〃日④ |  |  |

2 次の諸勘定を完成しなさい。ただし，素材については予定価格を用いて計算し，消費材料勘定を
設けて記帳している。

|  素 材 | | | |
|---|---|---|---|
| 前 月 繰 越 | 120,000 | (         ) | (         ) |
| 買　掛　金 | 1,280,000 | 棚卸減耗損 | 15,000 |
| | | 次 月 繰 越 | 130,000 |
| | (         ) | | (         ) |
| (     ) | (         ) | | |

|  工 場 消 耗 品 | | | |
|---|---|---|---|
| 前 月 繰 越 | 10,000 | (     ) | (         ) |
| 買　掛　金 | 150,000 | (     ) | (         ) |
| | 160,000 | | (         ) |
| (     ) | 18,000 | | |

|  仕 掛 品 | | | |
|---|---|---|---|
| 前 月 繰 越 | 345,000 | (         ) | (         ) |
| (     ) | (         ) | 次 月 繰 越 | 450,000 |
| 賃　　金 | 755,000 | | |
| (     ) | (         ) | | |
| | (         ) | | (         ) |
| (     ) | (         ) | | |

|  製 造 間 接 費 | | | |
|---|---|---|---|
| 消 費 材 料 | 138,000 | (     ) | (         ) |
| 工 場 消 耗 品 | (         ) | | |
| 賃　　金 | 130,000 | | |
| 減 価 償 却 費 | 25,000 | | |
| 棚 卸 減 耗 損 | (         ) | | |
| | 450,000 | | (         ) |

|  消 費 材 料 | | | |
|---|---|---|---|
| (     ) | (         ) | (     ) | (         ) |
| (     ) | (         ) | | |
| | (         ) | | (         ) |

|  製 品 | | | |
|---|---|---|---|
| 前 月 繰 越 | 200,000 | 売 上 原 価 | 2,100,000 |
| (     ) | (         ) | (     ) | (         ) |
| | (         ) | | (         ) |
| 前 月 繰 越 | 400,000 | | |

|  棚 卸 減 耗 損 | | | |
|---|---|---|---|
| 素　　材 | 15,000 | (     ) | (         ) |

|  材料消費価格差異 | | | |
|---|---|---|---|
| | | (     ) | (         ) |

**3**　ある原価計算期間の材料に関する資料は次のとおりであった。この資料から必要な仕訳をおこない，下記の勘定に記入しなさい。なお，勘定は締め切らなくてよい。

　　ただし，ｉ　前月繰越高は次のとおりである。

　　　　　　　　　素　　材　　　400個　　@¥600　　¥240,000
　　　　　　　　　買入部品　　　300〃　　〃〃200　　¥ 60,000

　　　　ⅱ　材料の消費高の計算は，材料１個につき¥630　買入部品１個につき¥220の予定価格を用いて計算し，消費材料勘定を設けて記帳している。

　　　　ⅲ　勘定記入は相手科目と金額のみ示すこと。

（1）　当月材料仕入高（掛け）

　　　　素　　材　　　1,200個　　@¥640　　¥768,000
　　　　買入部品　　　500〃　　〃〃250　　¥125,000

（2）　予定価格による消費数量

　　　　直接材料　　素　　材　　　1,200個　　　買入部品　　　550個
　　　　間接材料　　素　　材　　　100〃

（3）　当月実際価格による消費高

　　　　消費単価の計算は，素材は移動平均法により，買入部品は先入先出法による。

（4）　予定価格による消費高と実際価格による消費高との差額を材料消費価格差異勘定に振り替えた。

（5）　各材料の実地棚卸数量は，次のとおりであった。

　　　　素　　材　　　280個　　　買入部品　　　250個

|     | 借　　　　方 | 貸　　　　方 |
|-----|------------|------------|
| (1) |            |            |
| (2) |            |            |
| (3) |            |            |
| (4) |            |            |
| (5) |            |            |

素　　　　材

| 前月繰越 | 240,000 | | |
|---|---|---|---|

買　入　部　品

| 前月繰越 | 60,000 | | |
|---|---|---|---|

消　費　材　料

棚　卸　減　耗　損

仕　掛　品

製　造　間　接　費

材料消費価格差異

# 検定問題

解答p.17

**1** 次の取引の仕訳を示しなさい。

(1) 月末における買入部品Aの帳簿棚卸高は，次の材料元帳に示されているとおりであり，実地棚卸高は890個　@¥2,000であった。よって，買入部品勘定を修正した。　　　（第56回一部修正）

### 材　料　元　帳

〈品名〉買入部品A　　　　　　　　　　　　　　　　　　　　　単位：個

| 令和〇年 | | 摘　要 | 受　　入 | | | 払　　出 | | | 残　　高 | | |
|---|---|---|---|---|---|---|---|---|---|---|---|
| | | | 数量 | 単価 | 金　額 | 数量 | 単価 | 金　額 | 数量 | 単価 | 金　額 |
| 5 | 31 | 払　出 | | | | 230 | 2,000 | 460,000 | 900 | 2,000 | 1,800,000 |

(2) 当月の素材の消費高について，次の資料を得たので，予定価格による消費高と実際価格による消費高との差額を材料消費価格差異勘定に振り替えた。ただし，消費材料勘定を設けている。　　　（第41回）

素材消費数量　　800個　　予定価格　　@¥850　　実際価格　　@¥880

(3) 会計期末にあたり，材料消費価格差異勘定の残高を売上原価勘定に振り替えた。なお，材料消費価格差異勘定の前月繰越高は¥35,000（借方）であり，当月の素材の実際消費高は予定消費高より¥17,000少なかった。　　　（第58回）

(4) 月末における素材の帳簿棚卸数量は300個であり，実地棚卸数量は290個であった。よって，素材勘定を修正した。ただし，消費単価の計算は先入先出法によっている。　　　（第59回）

素材の月初棚卸高　　　200個　　　@¥440　　　¥　88,000
素材の当月仕入高　　4,800〃　　　〃〃500　　　¥2,400,000

(5) 当月の素材の消費高について，次の資料を得たので，予定価格による消費高と実際価格による消費高との差額を材料消費価格差異勘定に振り替えた。ただし，素材勘定だけで処理する方法によること。　　　（第60回）

実際消費数量　　650個　　予定価格　　@¥360　　実際価格　　@¥380

(6) 愛知製作所は，月末に素材の予定価格による消費高¥290,000と実際価格による消費高¥278,000との差額を材料消費価格差異勘定に振り替えたとき，誤って，次のように処理していたのでこれを訂正した。ただし，消費材料勘定を設けている。　　　（第45回）

（借）　材料消費価格差異　　12,000　　　（貸）　素　　　　　材　　12,000

(7) 月末における素材の帳簿棚卸数量は600個であり，実地棚卸数量は575個であった。よって，素材勘定を修正した。ただし，消費単価の計算は総平均法によっている。　　　（第67回）

素材の月初棚卸高　　　800個　　　@¥400　　　¥　320,000
素材の当月仕入高　　3,200〃　　　〃〃450　　　¥1,440,000

| | 借　　　　　方 | 貸　　　　　方 |
|---|---|---|
| (1) | | |
| (2) | | |
| (3) | | |
| (4) | | |
| (5) | | |
| (6) | | |
| (7) | | |

**2**　次の取引の仕訳を示しなさい。

(1)　月末に素材の実際消費高¥490,000を計上した。ただし，素材の消費高は予定価格法により，消費材料勘定を設けて処理している。　　　　　　　　　　　　　　　　　　　　　　（第54回）

(2)　神奈川工業株式会社は，会計期末にあたり，材料消費価格差異勘定の残高を売上原価勘定に振り替えた。なお，材料消費価格差異勘定の前月繰越高は¥7,000（借方）であり，当月の素材の実際消費高は予定消費高より¥6,000少なく，この額は材料消費価格差異勘定に振り替えられている。　　　　　　　　　　　　　　　　　　　　　　　　　　　　　　　　　（第84回）

(3)　個別原価計算を採用している沖縄製作所の月末における買入部品の実地棚卸数量は520個であった。よって，次の買入部品に関する当月の資料にもとづいて買入部品勘定の残高を修正した。ただし，消費単価の計算は先入先出法によっている。　　　　　　　　　　　　　（第83回）

>  前 月 繰 越 高　　　500個　　　@¥4,570　　　¥2,285,000
>  当 月 仕 入 高　　1,000〃　　　〃〃4,600　　　¥4,600,000
>  当 月 消 費 数 量　　970〃

(4)　当月の素材の消費高について，次の資料を得たので，予定価格による消費高と実際価格による消費高との差額を材料消費価格差異勘定に振り替えた。ただし，素材勘定だけで処理する方法によること。　　　　　　　　　　　　　　　　　　　　　　　　　　　　　　　　　（第55回）

>  素材消費数量　　700個　　予 定 価 格　　@¥830　　実 際 価 格　　@¥800

(5)　当月の素材の払出数量は，製造指図書＃1に2,000個　製造指図書＃2に1,600個　機械修理用として200個であったので，素材の消費高を計上した。なお，消費単価の計算は総平均法による。　　　　　　　　　　　　　　　　　　　　　　　　　　　　　　　　　　　　　（第57回）

>  素材の月初棚卸高　　　800個　　　@¥600　　　¥ 480,000
>  素材の当月仕入高　　4,000〃　　　〃〃630　　　¥2,520,000

|     | 借　　　　　方 | 貸　　　　　方 |
|-----|----------------|----------------|
| (1) |                |                |
| (2) |                |                |
| (3) |                |                |
| (4) |                |                |
| (5) |                |                |

**3**　次の各文の　　　　　のなかに，下記の語群のなかから，もっとも適当なものを選び，その番号を記入しなさい。　　　　　　　　　　　　　　　　　　　　　　　　（第50回一部修正）

(1)　材料の消費数量を計算する方法のうち，材料の受け払いのつど材料元帳に記入する　ア　によると，帳簿上の消費数量と残高数量がわかる。この残高数量と実際数量を照合することによって　イ　を知ることができる。

(2)　材料の消費単価の計算方法のうち，あらかじめ将来の一定期間（ふつう1会計期間）の購入原価を予想しておき，これを消費単価とする方法を　ウ　という。

(3)　材料の予定消費高と実際消費高の差額を　エ　といい，予定消費高が実際消費高より多い場合，　エ　は　オ　に生じる。

語群　1．継続記録法　　2．実地棚卸　　3．借　　方　　4．帳簿棚卸　　5．予定価格法
　　　6．棚卸計算法　　7．棚卸減耗　　8．貸　　方　　9．原 価 法　　10．材料消費価格差異

| (1) | | (2) | (3) | |
|-----|-----|-----|-----|-----|
| ア | イ | ウ | エ | オ |
|  |  |  |  |  |

# 第2章 労務費の計算と記帳

## 学習の要点 ● ● ●

### 1. 労務費の分類

①賃金，②給料，③雑給，④従業員賞与手当，⑤退職給付費用，⑥法定福利費などに分類される。

### 2. 支払賃金の計算と記帳

月給制の場合，経験年数や職制などによって定められた月額の基本賃金に，割増賃金や諸手当を加算して，支払賃金総額を計算する。実際に支払う正味支払額は，支払賃金から所得税や健康保険料などの社会保険料を控除した金額である。

> 支払賃金総額＝基本賃金＋割増賃金(早出・残業などの超過勤務手当)＋諸手当
> 正味支払額＝支払賃金総額－(所得税預り金＋健康保険料預り金など)

### 3. 消費賃金の計算と記帳

賃金勘定には，その借方に当月支払高を，貸方に前月未払高（前月繰越高）と当月消費高を記入する。賃金勘定の残高はふつう貸方に生じるが，これは当月未払高を示す。

> 当月賃金消費高＝当月賃金支払高－前月賃金未払高＋当月賃金未払高

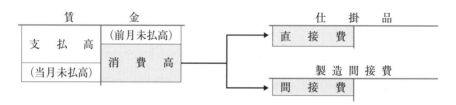

### 4. 予定賃率による記帳

(1) 消費賃金勘定を設けない方法

① (借) 仕 掛 品 *500*　(貸) 賃　金 *730*
　　製造間接費 *230*

② (借) 賃率差異 *10*　(貸) 賃　金 *10*
③ (借) 売上原価 *10*　(貸) 賃率差異 *10*

(2) 消費賃金勘定を設ける方法……消費賃金勘定の貸借差額は賃率差異勘定に振り替え，その残高は，会計年度末に原則として売上原価勘定に振り替える。

① (借) 仕 掛 品 500 　(貸) 消費賃金 730
　 製造間接費 230

② (借) 消費賃金 740 　(貸) 賃　金 740

③ (借) 賃率差異 10 　(貸) 消費賃金 10

④ (借) 売上原価 10 　(貸) 賃率差異 10

### 5．その他の労務費の計算と記帳

(1) 給料・雑給……支払額を消費高とし，製造間接費として処理する。

(2) 従業員賞与手当……諸手当(住居手当・家族手当等)は，毎月の支払額，賞与は支払予定額の月割額を消費高とし，製造間接費として処理する。

(3) 退職給付費用……計上する金額を見積もり，その月割額を消費高とし，製造間接費として処理する。

(4) 法定福利費……健康保険料などの社会保険料の事業主負担分を消費高とし，製造間接費として処理する。

## 基本問題
解答p.18

**1** 次の各文の □□□ のなかに，下記の語群のなかから，もっとも適当なものを選び，その番号を記入しなさい。

(1) 製造活動に従事する従業員に対して支払われる給与を □ア□ という。

(2) 工場長・技師・工場事務員などに支払われる給与を □イ□ という。

(3) 賃金消費高の計算のために，作業時間票（または作業時間報告書）が作成される。これに製造指図書番号のあるものは □ウ□ となり，仕掛品勘定の借方に振り替える。一方，製造指図書番号のないものは □エ□ となり，製造間接費勘定の借方に振り替える。

(4) 賃金の消費高の計算は，次の式によっておこなわれる。

当月賃金消費高＝当月賃金支払高 － □オ□ ＋ □カ□

(5) 賃金の予定消費高と実際消費高に差額が生じるときは，月末に □キ□ 勘定に振り替える。

語群
1. 消費賃金　　2. 給　　料　　3. 前月賃金未払高　　4. 直接労務費　　5. 賃率差異
6. 労　務　費　　7. 間接労務費　　8. 退職給付費用　　9. 賃　　金　　10. 雑　　給
11. 法定福利費　　12. 諸　手　当　　13. 当月賃金未払高

| (1) | (2) | (3) | | (4) | | (5) |
|---|---|---|---|---|---|---|
| ア | イ | ウ | エ | オ | カ | キ |
| | | | | | | |

**2** 次の資料によって，(1)賃金の支払いおよび消費に関する仕訳を示し，(2)賃金勘定に記入して締め切りなさい（日付・相手科目・金額を示すこと）。また，(3)当月賃金未払高を計算しなさい。

資　料

| | | |
|---|---|---|
| 11月1日 | 前月賃金未払高 | ¥　190,000 |
| 25日 | 当月賃金支払高 | ¥2,950,000 |
| | 控除額　所得税　　　　¥276,000 | |
| | 　　　　健康保険料　　¥162,000　¥　438,000 | |
| | 　　　　正味支払高（小切手振り出し）　¥2,512,000 | |
| 30日 | 当月賃金消費高　¥2,900,000（うち直接賃金¥2,320,000） | |

(1)

| | 借　　　　　方 | 貸　　　　　方 |
|---|---|---|
| 11/25 | | |
| 11/30 | | |

(2)

賃　　　　　金

| | |
|---|---|
| | 11/1　前月繰越　190,000 |

(3) 当月賃金未払高　¥

**3** 次の勘定記録から，下記(1)〜(6)の金額を求めなさい。

賃　　　　　金

| | | | |
|---|---|---|---|
| 諸　　口 | 1,040,000 | 前月繰越 | 140,000 |
| | | 消費賃金 | 980,000 |

消　費　賃　金

| | | | |
|---|---|---|---|
| 賃　　金 | 980,000 | 諸　　口 | 1,000,000 |

仕　　掛　　品

| | |
|---|---|
| 消費賃金　700,000 | |

製　造　間　接　費

| | |
|---|---|
| 消費賃金　300,000 | |

| | | | |
|---|---|---|---|
| (1) | 当月賃金支払総額　¥ | (2) | 当月予定賃金消費高　¥ |
| (3) | 当月実際賃金消費高　¥ | (4) | 前月賃金未払高　¥ |
| (5) | 当月賃金未払高　¥ | (6) | 当月賃率差異　¥ |

**4**　次の取引の仕訳を示しなさい。

(1)　個別原価計算を採用している鹿児島工業株式会社の本月分の賃金支払帳は次のとおりであった。よって，正味支払高を小切手を振り出して支払った。

賃　金　支　払　帳

| 支払賃金総額 | 控　　　除　　　額 | | | 正味支払高<br>(小切手払い) | 領収印 |
| --- | --- | --- | --- | --- | --- |
| | 所　得　税 | 健康保険料 | 合　　　計 | | |
| 6,295,000 | 630,000 | 420,000 | 1,050,000 | 5,245,000 | |

(2)　個別原価計算を採用している鹿児島工業株式会社は，健康保険料の事業主負担分￥420,000（消費高）を計上した。

(3)　個別原価計算を採用している鹿児島工業株式会社は，健康保険料の事業主負担分￥420,000と従業員負担分￥420,000を小切手を振り出して支払った。

(4)　製造指図書番号が記載されている作業時間票の合計金額が￥4,500,000　製造指図書番号が記載されていない作業時間票の合計金額が￥1,840,000であることが判明し，賃金の消費高を計上した。ただし，消費賃金勘定を設けていないものとする。

(5)　当月の賃金の消費高について，次の資料を得たので，予定消費高と実際消費高との差額を賃率差異勘定に振り替えた。ただし，消費賃金勘定を設けている。
　　　予定消費高　￥1,950,000　実際消費高　￥1,900,000

(6)　個別原価計算を採用している石川製作所は，当月の従業員賞与手当の消費高￥250,000を計上した。

(7)　個別原価計算を採用している京都工業株式会社は，従業員に対する賞与手当￥1,500,000を小切手を振り出して支払った。

| | 借　　　　　方 | 貸　　　　　方 |
| --- | --- | --- |
| (1) | | |
| (2) | | |
| (3) | | |
| (4) | | |
| (5) | | |
| (6) | | |
| (7) | | |

**5** 次の資料によって，⑴消費賃金勘定を設けない場合と，⑵設ける場合の仕訳を示し，下記の勘定に記入しなさい。ただし，勘定記入は相手科目・金額を示すこと。

① 賃金の予定賃率による消費高は，次のとおりである。

直接賃金　　　¥3,640,000

間接賃金　　　¥1,300,000

② 月末の実際賃金消費高は¥4,920,000であった。

③ 予定賃率による消費高との差額を処理した。

⑴ 消費賃金勘定を設けない場合

| | 借　　　　　方 | 貸　　　　　方 |
|---|---|---|
| ① | | |
| ②・③ | | |

賃　　　金

仕　掛　品

製　造　間　接　費

賃　率　差　異

⑵ 消費賃金勘定を設ける場合

| | 借　　　　　方 | 貸　　　　　方 |
|---|---|---|
| ① | | |
| ② | | |
| ③ | | |

賃　　　金

消　費　賃　金

仕　掛　品

製　造　間　接　費

賃　率　差　異

**6** 次の資料によって，⑴賃金の支払いおよび消費に関する仕訳を示し，⑵消費賃金勘定に必要な記入をおこない，締め切りなさい。なお，勘定記入は日付・相手科目・金額を示すこと。

6月23日　賃金を次のとおり小切手を振り出して支払った。

賃金総額　￥1,200,000

うち，控除額　所得税　￥150,000　健康保険料　￥100,000

6月30日①　当月の賃金予定消費高を作業時間1時間につき￥1,000の予定賃率と次の作業時間により計上した。

直接作業時間　1,100時間　　間接作業時間　80時間

〃日②　当月の賃金実際消費高￥1,239,000を計上した。

〃日③　賃金の予定消費高と実際消費高との差額を，賃率差異勘定に振り替えた。

⑴

|  | 借　　　方 | 貸　　　方 |
|---|---|---|
| 6月23日 | | |
| 30日① | | |
| 30日② | | |
| 30日③ | | |

⑵
消　費　賃　金

**7** 次の従業員の健康保険料負担分について，仕訳を示し，下記の勘定に記入しなさい。ただし，勘定記入は相手科目・金額を示すこと。

①　賃金￥2,500,000から所得税￥250,000　健康保険料￥150,000を差し引き，小切手を振り出して支払った。

②　月末に，工場の健康保険料の事業主負担分￥150,000を製造間接費として計上した。

③　翌月に，従業員から預かっている健康保険料￥150,000と事業主負担分の健康保険料￥150,000をともに現金で納付した。

|  | 借　　　方 | 貸　　　方 |
|---|---|---|
| ① | | |
| ② | | |
| ③ | | |

健康保険料預り金　　　　　　　　　　　　　健康保険料

**8** 次の連続した取引の仕訳を示し，下記の勘定に記入をおこない，締め切りなさい(決算日3月31日)。

　　ただし，ⅰ　会計期間は原価計算期間と一致するものとする。

　　　　　　ⅱ　勘定記入は日付・相手科目・金額を示すこと。

3月31日　工場の従業員に対する退職給付費用について，月末に当月分の消費高¥60,000を計上した。

　〃　　　決算をむかえ，退職給付引当金¥720,000を計上した。

4月10日　工場従業員Bが退職し，退職金として¥300,000を現金で支給した。

|  | 借　　　　　方 | 貸　　　　　方 |
|---|---|---|
| 3/31 |  |  |
| 〃 |  |  |
| 4/10 |  |  |

退 職 給 付 費 用

|  |  |  |  |
|---|---|---|---|
|  |  | (残高) | 660,000 |
|  |  |  |  |
|  |  |  |  |

退 職 給 付 引 当 金

|  |  |  |  |
|---|---|---|---|
|  |  | 前期繰越 | 2,160,000 |
|  |  |  |  |
|  |  |  |  |

**9** 次の連続した取引の仕訳を示し，下記の勘定に記入して締め切りなさい（勘定記入は相手科目・金額を示すこと）。

(1) 月末に工場の従業員に対する賞与の月割額¥600,000を計上した。

(2) 半年分の賞与¥3,600,000を現金で支払った。

|  | 借　　　　　方 | 貸　　　　　方 |
|---|---|---|
| (1) |  |  |
| (2) |  |  |

従 業 員 賞 与 手 当

|  |  |  |  |
|---|---|---|---|
|  |  | 前月繰越 | 3,000,000 |
|  |  |  |  |
|  |  |  |  |

## 応用問題

解答p.21

**1**　次の連続した取引の仕訳を示し，下記の勘定に記入して締め切りなさい。

　　ただし，ⅰ　賃金の前月未払高が¥280,000ある。

　　　　　　ⅱ　賃金の消費高の計算には，作業時間1時間につき¥850の予定賃率を用いている。

　　　　　　ⅲ　勘定記入は日付・相手科目・金額を示すこと。

5月25日　5月分の賃金を，次のとおり小切手を振り出して支払った。

　　　　賃金総額　¥1,330,000

　　　　　うち，控除額　所　得　税　¥120,000　　健康保険料　¥75,000

　　31日　①　当月の作業時間は，次のとおりであった。よって，当月の賃金予定消費高を計上した。ただし，すべて賃金勘定で処理している。

| 直接作業時間 | 製造指図書#1 | 700時間 |
|---|---|---|
| | 製造指図書#2 | 600時間 |
| 間接作業時間 | | 250時間 |

　　　　②　当月の賃金未払高が¥320,000であったので，賃金の予定消費高と実際消費高との差額を賃率差異勘定に振り替えた。

| | | 借　　　　方 | 貸　　　　方 |
|---|---|---|---|
| 5月25日 | | | |
| 31日 | ① | | |
| | ② | | |

賃　　金

| | | | |
|---|---|---|---|
| | | | |
| | | | |
| | | | |

2　次の取引の仕訳を示しなさい。

(1) 個別原価計算を採用している鹿児島製作所は，月末に工場の従業員に対する退職給付費用の月割額¥760,000を製造間接費として計上した。

(2) 賃金の7月分の予定消費高と実際消費高は，次のとおりであった。よって，この差額を賃率差異勘定に振り替えた。ただし，消費賃金勘定が設けてある。

　　　　予定消費高　¥620,000　　　　実際消費高　¥630,000

(3) 賃金消費高を計算するために，作業時間票を集計したところ，次のとおりであった。ただし，1時間につき¥500の予定賃率を用い，消費賃金勘定を設けている。

　　　　製造指図書#1　900時間　　　製造指図書#2　700時間　　　間接作業　350時間

(4) 当月分の従業員の賃金¥850,000と諸手当¥105,000から，次の控除額を差し引き，小切手を振り出して支払った。ただし，諸手当は賃金勘定に含めない方法で処理している。

　　　　控除額　所得税　¥62,000　　　健康保険料　¥13,000

(5) 個別原価計算を採用している徳島製作所は，月末に工場の従業員に対する賞与の月割額を計上した。ただし，下半期(半年分)の賞与の支払予定額は¥270,000である。

(6) 賃金の予定消費高と実際消費高の差額を，消費賃金勘定から賃率差異勘定に振り替えた。

　　　　ただし，㋐　予定賃率　作業時間1時間につき¥250
　　　　　　　　　㋑　作業時間　2,100時間
　　　　　　　　　㋒　実際消費高　¥520,000　　であった。

(7) 決算にあたり，賃率差異勘定¥4,400(借方残高)を売上原価勘定に振り替えた。

| | 借　　　　方 | 貸　　　　方 |
|---|---|---|
| (1) | | |
| (2) | | |
| (3) | | |
| (4) | | |
| (5) | | |
| (6) | | |
| (7) | | |

# 検定問題

解答p.21

**1**　次の取引の仕訳を示しなさい。

(1)　徳島産業株式会社は，会計期末にあたり，賃率差異勘定の残高を売上原価勘定に振り替えた。なお，賃率差異勘定の前月繰越高は¥*10,000*（貸方）であり，当月の賃金の予定消費高¥*1,250,000*と実際消費高¥*1,285,000*との差額は，賃率差異勘定に振り替えられている。(第83回)

(2)　会計期末にあたり，賃率差異勘定の残高を売上原価勘定に振り替えた。なお，賃率差異勘定の前月繰越高は¥*3,000*（貸方）であり，当月の賃金の実際消費高は予定消費高より少なく，この差額の¥*2,000*は賃率差異勘定に振り替えられている。(第75回)

(3)　本月分の賃金支払帳は次のとおりであった。よって，正味支払高を小切手を振り出して支払った。ただし，諸手当は賃金勘定に含めないで処理している。(第82回)

## 賃 金 支 払 帳

| 番号 | 氏 名 | 支 払 高 | | | 控 除 額 | | | 正味支払高 |
|---|---|---|---|---|---|---|---|---|
| | | 基本賃金 | 諸 手 当 | 合　計 | 所 得 税 | 健康保険料 | 合　計 | |
| | | *1,276,000* | *256,000* | *1,532,000* | *125,000* | *56,000* | *181,000* | *1,351,000* |

| | 借　　　　方 | 貸　　　　方 |
|---|---|---|
| (1) | | |
| (2) | | |
| (3) | | |

**2**　佐賀製作所の下記の勘定記録と資料により，間接労務費の実際発生額を求めなさい。ただし，会計期間は原価計算期間と一致しているものとする。(第91回一部修正)

| 仕　　掛　　品 | | | |
|---|---|---|---|
| 前期繰越 | 385,000 | 製　　品 | 10,788,000 |
| 素　材 | (　　) | 次月繰越 | 425,000 |
| 賃　金 | (　　) | | |
| 外注加工賃 | 361,000 | | |
| 製造間接費 | 3,198,000 | | |
| | (　　) | | (　　) |

| 製　造　間　接　費 | | | |
|---|---|---|---|
| 素　材 | 241,000 | 仕　掛　品 | 3,198,000 |
| 工場消耗品 | (　　) | | |
| 賃　金 | (　　) | | |
| 給　料 | 1,340,000 | | |
| 退職給付費用 | 412,000 | | |
| 健康保険料 | 148,000 | | |
| 水道料 | 240,000 | | |
| 減価償却費 | 185,000 | | |
| | (　　) | | (　　) |

資　料

①賃　　金　実際平均賃率　作業時間 1 時間につき¥*900*
　　　　　　直接作業時間　直接作業時間4,100時間　　間接作業時間400時間

¥

**3**　岡山工業株式会社では，従業員Aと従業員Bによって当月からX製品（製造指図書＃１）とY製品（製造指図書＃２）の製造をおこなっている。下記の資料から次の金額を求めなさい。（第75回）

　a．実際個別賃率によるX製品（製造指図書＃１）の直接労務費

　b．実際平均賃率によるX製品（製造指図書＃１）の直接労務費

　c．予定賃率によるX製品（製造指図書＃１）の直接労務費

資　料

①　当社は作業時間１時間につき，従業員Aに¥1,200　従業員Bに¥1,600の賃金を支払っている。

②　当月実際作業時間

| | 直接作業時間 | | 間接作業時間 | 総作業時間 |
|---|---|---|---|---|
| | 製造指図書＃１ | 製造指図書＃２ | | |
| 従業員A | 75時間 | 95時間 | 10時間 | 180時間 |
| 従業員B | 125時間 | 85時間 | 10時間 | 220時間 |

③　当社の１年間の予定賃金総額は¥6,804,000　予定総作業時間は4,860時間である。

| a | ¥ | b | ¥ | c | ¥ |
|---|---|---|---|---|---|
| | | | | | |

**4**　次の取引の仕訳を示しなさい。

(1)　水戸産業株式会社は，会計期末にあたり，賃率差異勘定の残高を売上原価勘定に振り替えた。なお，賃率差異勘定の前月繰越高は¥5,000（貸方）であり，当月の賃金の実際消費高は予定消費高より少なく，この差額の¥3,000は賃率差異勘定に振り替えられている。　（第90回）

(2)　岩手製作所は，月末に工場の従業員に対する賞与の月割額を計上した。なお，半年分の賞与の支払予定額は¥3,480,000である。　（第89回一部修正）

(3)　沖縄工業株式会社は，本月分の賃金を次のとおり小切手を振り出して支払った。ただし，諸手当は賃金勘定に含めないで処理する。　（第94回）

　　賃金総額　¥2,173,000　　諸手当　¥462,000

　　うち，控除額　　所得税　¥154,000　　健康保険料　¥91,000

| | 借　　　　　方 | 貸　　　　　方 |
|---|---|---|
| (1) | | |
| (2) | | |
| (3) | | |

# 第3章　経費の計算と記帳

## 学習の要点 ●●●

### 1．経費の分類

　製品の製造のために要した原価のうち，材料費・労務費以外のものを経費という。このうち，特定の製品の原価として記録・計算・整理できる経費を直接経費といい，記録・計算・整理できない経費を間接経費という。

　経費は消費高の計算方法の違いによって，支払経費・月割経費・測定経費に分類される。

| 分類 | 費目 | 内容 | 直接経費 | 間接経費 |
|---|---|---|:---:|:---:|
| 支払経費 | 外注加工賃 | 外部に加工させた場合に支払う加工料 | ○ | |
| | 厚生費 | 従業員の保健や衛生，慰安などに要した費用 | | ○ |
| | 修繕料 | 工場の建物や機械などの修繕の費用 | | ○ |
| | 旅費交通費 | 従業員の出張などのときの費用 | | ○ |
| | 通信費 | 電話料金・郵便料金など | | ○ |
| | 保管料 | 材料を保管するときの倉庫代金 | | ○ |
| | 雑費 | その他の少額の費用 | | ○ |
| 月割経費 | 特許権使用料 | 他人の特許権を使用した場合に支払う使用料 | ○ | |
| | 減価償却費 | 工場の建物や機械などの減価償却費 | | ○ |
| | 賃借料 | 工場の建物や機械などの賃借料 | | ○ |
| | 保険料 | 工場の建物や機械などの保険料 | | ○ |
| | 租税公課 | 工場の建物や機械の固定資産税など | | ○ |
| | 棚卸減耗損 | 保管中の材料の減耗費 | | ○ |
| 測定経費 | 電力料 | 工場で使用する電気代 | | ○ |
| | ガス代 | 工場で使用するガス代 | | ○ |
| | 水道料 | 工場で使用する水道代 | | ○ |

### 2．経費消費高の計算

(1)　支払経費……毎月の支払高をその月の消費高とする。ただし，前払分や未払分があるときは，支払高に加減する。

(2)　月割経費……1年分または数か月分を単位として支払われたり，計上されたりするもので，これを月割にして各月の消費高とする。

(3)　測定経費……毎月，測定計器で計量した消費量に料率を掛けて消費高とする。

## 基本問題

解答p.22

**１**　次の経費を支払経費・月割経費・測定経費に分類し，解答欄に番号を記入しなさい。

| | | |
|---|---|---|
| 1．租 税 公 課 | 2．外 注 加 工 賃 | 3．特 許 権 使 用 料 |
| 4．電 力 料 | 5．雑　　　　費 | 6．保 　険 　料 |
| 7．賃 　借 　料 | 8．棚 卸 減 耗 損 | 9．旅 費 交 通 費 |
| 10．厚 　生 　費 | 11．修 　繕 　料 | 12．通 　信 　費 |

| 支払経費と<br>なるもの | | 月割経費と<br>なるもの | | 測定経費と<br>なるもの | |
|---|---|---|---|---|---|
| | | | | | |

**２**　次の取引の仕訳を示しなさい。

(1)　製品Bに対する特許権使用料の月割額￥50,000を計上した。

(2)　保険料の月割額￥80,000を工場80%，営業部20%の割合で計上した。

(3)　本月分の電力料について，次の資料を得たので，その消費高を計上した。

　　　　支 払 高　　　￥890,000　　　測 定 高　　　￥900,000

(4)　当月分の修繕料について，次の資料を得たので，その消費高を計上した。

　　　　当月支払高　　￥ 53,000　　　前月未払高　　￥ 5,500　　　当月未払高　　￥ 12,000

(5)　当月分の厚生費について次の資料を得たので，工場6，営業部4の割合で計上した。

　　　　当月支払高　　￥140,000　　　前月未払高　　￥ 32,000　　　当月未払高　　￥ 12,000

(6)　減価償却費￥1,080,000（年間）のうち，当月消費高を計上した。

(7)　棚卸減耗損￥90,000（年間）のうち，当月消費高を計上した。

(8)　外注加工賃の当月支払高は￥705,000　前月前払高は￥280,000　当月前払高は￥300,000であった。

(9)　ガス代の当月支払高は￥310,000　当月測定高は￥335,000であった。

(10)　個別原価計算を採用している岐阜製作所は，当月分の水道料￥100,000を計上した。ただし，このうち20%は販売部の消費高として，販売費及び一般管理費勘定で処理する。

| | 借　　　　　　　方 | 貸　　　　　　　方 |
|---|---|---|
| (1) | | |
| (2) | | |
| (3) | | |
| (4) | | |
| (5) | | |
| (6) | | |
| (7) | | |
| (8) | | |
| (9) | | |
| (10) | | |

## 応用問題

解答p.23

**1** 次の原価計算期末（10月31日）の資料によって，元帳へ記入するための仕訳を示しなさい。

資　料
① 外注加工賃　当月支払高　¥110,000　前月前払高　¥35,000　当月前払高　¥27,000
② 減価償却費　年間推定額　¥720,000
③ 棚卸減耗損　年間推定額　¥48,000
④ 修　繕　料　当月支払高　¥80,000　前月未払高　¥14,000　当月未払高　¥18,000
⑤ 通　信　費　当月支払高　¥56,000　前月前払高　¥19,000　当月未払高　¥14,000
⑥ 電　力　料　当月支払高　¥160,000　当月測定高　¥170,000

| | 借　　　　方 | 貸　　　　方 |
|---|---|---|
| 10/31 | | |

**2** 次の取引の仕訳を示しなさい。

(1) 個別原価計算を採用している浪速工業株式会社は，次の資料にもとづいて消費高を計上した。なお，外注加工賃は製造指図書＃4のために消費された経費である。

資　料
① 外注加工賃　前期未払高　¥28,000　当期支払高　¥120,000　当期未払高　¥20,000
② 通　信　費　前期前払高　¥ 8,000　当期支払高　¥ 68,000　当期前払高　¥11,000
③ 修　繕　料　前期未払高　¥30,000　当期支払高　¥ 90,000　当期前払高　¥40,000

(2) 個別原価計算を採用している和歌山製作所は，月末に工場の機械に対する減価償却費の月割額を消費高として計上した。ただし，1年分の減価償却費は¥792,000である。

(3) 個別原価計算を採用している秋田製作所は，次の資料にもとづいて消費高を計上した。なお，外注加工賃は製造指図書＃4のために消費された経費である。

資　料
① 外注加工賃　前期前払高　¥ 30,000　当期支払高　¥100,000　当期未払高　¥ 10,000
② 電　力　料　当期支払高　¥100,000　当期測定高　¥120,000
③ 減価償却費　当期消費高　¥ 30,000

| | 借　　　　方 | 貸　　　　方 |
|---|---|---|
| (1) | | |
| (2) | | |
| (3) | | |

**3** 富山製作所の次の勘定記録と資料から，次の金額を計算しなさい。

a．当期材料費 b．当期労務費 c．当期経費

<br>

製 造 間 接 費

| | | | |
|---|---|---|---|
| 素　　　材 | 180,000 | 仕 掛 品 （　　　　） | |
| 燃　　　料 | 130,000 | | |
| 工場消耗品 | 40,000 | | |
| 賃　　　金 | 300,000 | | |
| 給　　　料 | 350,000 | | |
| 健康保険料 | 39,000 | | |
| 減価償却費 | （　　　） | | |
| 保　険　料 | （　　　） | | |
| 電　力　料 | （　　　） | | |
| 水　道　料 | （　　　） | | |
| 棚卸減耗損 | 3,000 | | |
| （　　　） | | （　　　） | |

仕 掛 品

| | | | |
|---|---|---|---|
| 前 期 繰 越 | 100,000 | 製　　　品 （　　　　） | |
| 素　　　材 | 2,000,000 | 次 月 繰 越 | 240,000 |
| 賃　　　金 | 530,000 | | |
| 外注加工賃 | （　　　） | | |
| 製造間接費 | （　　　） | | |
| （　　　） | | （　　　） | |

<u>資　料</u>

①外注加工賃　前期未払高　¥ 70,000　当期支払高　¥540,000

　　　　　　　当期未払高　¥ 50,000

②保　険　料　前月前払高　¥ 35,000　当月支払高　¥110,000

　　　　　　　当月前払高　¥ 30,000

③電　力　料　当期支払高　¥190,000　当期測定高　¥194,000

④減価償却費　当期消費高　¥250,000

⑤水　道　料　基本料金　¥ 18,000

　　　　　　　当期使用料　¥ ☐ （当期使用量2,100㎥　単価1㎥あたり¥130）

| a | ¥ | b | ¥ | c | ¥ |
|---|---|---|---|---|---|
| | | | | | |

# 検定問題

解答p.24

**1**　次の取引の仕訳を示しなさい。

(1)　個別原価計算を採用している佐賀製作所は，次の資料にもとづいて消費高を計上した。なお，外注加工賃は製造指図書＃4のために消費された経費である。　　　　　　（第85回一部修正）

資　料

　①　外注加工賃　前期前払高　¥ 35,000　当期支払高　¥110,000　当期未払高　¥ 27,000
　②　電　力　料　当期支払高　¥260,000　当期測定高　¥270,000
　③　減価償却費　当期消費高　¥102,000

(2)　個別原価計算を採用している大阪製作所は，当月分の外注加工賃の消費高を計上した。ただし，当月支払高は¥495,000であり，前月前払高¥60,000　当月未払高¥80,000がある。なお，外注加工賃は製造指図書＃7の加工のために消費した。　　　　　　　　　　（第58回）

(3)　個別原価計算を採用している島根製作所は，次の資料にもとづいて消費高を計上した。ただし，外注加工賃と特許権使用料はA製品（製造指図書＃1）のために消費された経費である。

（第89回一部修正）

資　料

　①　外注加工賃　前期未払高　¥ 70,000　当期支払高　¥540,000
　　　　　　　　　当期未払高　¥ 50,000
　②　特許権使用料　当期消費高　¥160,000
　③　電　力　料　当期支払高　¥190,000　当期測定高　¥194,000
　④　減価償却費　当期消費高　¥250,000

|  | 借　　　　方 | 貸　　　　方 |
|---|---|---|
| (1) | | |
| (2) | | |
| (3) | | |

**2**　次の資料から，製造原価報告書に記載する当期経費の金額を求めなさい。ただし，会計期間は原価計算期間と一致しているものとする。　　　　　　　　　　　　　　　　　（第83回一部修正）

　　　外注加工賃　前期未払高　¥ 56,000　当期支払高　¥403,000　当期未払高　¥71,000
　　　電　力　料　当期支払高　¥169,000　当期測定高　¥179,000
　　　水　道　料　基本料金　¥ 12,000
　　　　　　　　　当期使用量　1,900㎥　単価1㎥あたり¥120

| ¥ |
|---|

**3**　静岡製作所における下記の勘定記録と資料により，製造原価報告書および損益計算書に記載する次の金額を求めなさい。ただし，会計期間は原価計算期間と一致しているものとする。（第57回一部修正）

　　　　　　a. 当期労務費　　b. 当期経費　　c. 当期製品製造原価　　d. 売上原価

```
            仕　掛　品                          製 造 間 接 費
前期繰越    350,000 │製　品  (       )    工場消耗品 (       )│仕 掛 品 (       )
消費材料    (     ) │次期繰越  380,000    給　料    570,000 │
賃　金      (     ) │                     従業員賞与手当 230,000│
外注加工賃  860,000 │                     電 力 料  450,000 │
製造間接費  (     ) │                     修 繕 料  180,000 │
          (     )   │      (       )      減価償却費 960,000 │
                                              (       )      (       )
```

```
         材料消費価格差異
消費材料  20,000 │売上原価  20,000
```

資　料

① 素　　　材　　期首棚卸高　¥ 370,000　　当期仕入高 ¥2,850,000　　期末棚卸高 ¥300,000
② 工場消耗品　　期首棚卸高　¥ 140,000　　当期仕入高 ¥ 640,000　　期末棚卸高 ¥100,000
③ 賃　　　金　　前期未払高　¥ 60,000　　当期支払高 ¥1,480,000　　当期未払高 ¥ 70,000
④ 製　　　品　　期首棚卸高　¥2,150,000　　期末棚卸高 ¥2,300,000

| a | 当 期 労 務 費　¥ | b | 当 期 経 費　¥ |
|---|---|---|---|
| c | 当期製品製造原価　¥ | d | 売 上 原 価　¥ |

**4**　島根製作所の下記の勘定記録と資料により，製造原価報告書に記載する次の金額を求めなさい。ただし，会計期間は原価計算期間と一致しているものとする。　　　　　（第41回一部修正）

　　　　　a. 当期材料費
　　　　　b. 当期労務費
　　　　　c. 当期経費
　　　　　d. 当期製品製造原価

```
              仕　掛　品
前 期 繰 越    360,000 │製　品        (       )
素 　 　 材  1,748,000 │次 期 繰 越    433,000
賃 　 　 金  1,004,000 │
外 注 加 工 賃  202,000 │
製 造 間 接 費  (     ) │
            (       )   │      (       )
```

資　料

ⅰ　工場消耗品　　期首棚卸高　¥150,000　　ⅴ　雑　　　費　　前期未払高　¥ 15,000
　　　　　　　　　当期仕入高　355,000　　　　　　　　　　　　当期支払高　128,000
　　　　　　　　　期末棚卸高　123,000　　　　　　　　　　　　当期未払高　 17,000
ⅱ　従業員賞与手当 当期消費高　¥190,000　　ⅵ　電 力 料　　当期支払高　¥267,000
ⅲ　退職給付費用　当期消費高　¥ 30,000　　　　　　　　　　　当期測定高　288,000
ⅳ　保 険 料　　前期前払高　¥ 47,000　　ⅶ　減価償却費　　当期消費高　¥ 57,000
　　　　　　　　　当期支払高　135,000
　　　　　　　　　当期前払高　 49,000

| a | 当 期 材 料 費　¥ | b | 当 期 労 務 費　¥ |
|---|---|---|---|
| c | 当 期 経 費　¥ | d | 当期製品製造原価　¥ |

# Ⅲ 原価の部門別計算と製品別計算

## 第1章　個別原価計算

### 1　原価計算表と仕掛品勘定

**学習の要点 ●●●**

#### 1．個別原価計算

　**個別原価計算**は，種類の異なる特定の製品を個別に製造する企業で用いられる。したがって，製品ごとに発生した原価を把握し，それを集計して製品原価を算定する。

　　　例　造船業・精密機械の製造業・建設業など。

#### 2．個別原価計算の特色と手続き

- 顧客の注文に応じた受注生産で，**特定製造指図書**をその注文に応じて発行する。
- 製造指図書番号ごとに原価計算表を作成して，それに製造原価を集計する。
- 製造間接費の配賦については，**部門別計算をおこなわない方法**と**部門別計算をおこなう方法**とがある。
- 月末仕掛品原価の計算は，未完成品の原価計算表を集計しておこなう。

#### 3．原価元帳（原価計算表をつづった帳簿）と仕掛品勘定の関係

　下記関係図では，製造指図書＃1を3月10日に着手，4月20日に完成したと仮定している。

仕　　掛　　品

| 月 初 仕 掛 品 1,000 | 完 成 品 2,400 |
| 〔当月製造費用〕 | |
| 直 接 材 料 費 300 | |
| 直 接 労 務 費 500 | |
| 直 接 経 費 100 | |
| 製 造 間 接 費 500 | 月 末 仕 掛 品 0 |

製造指図書＃1　　原　価　計　算　表　　着手3月10日　完成4月20日

| 直接材料費 | 直接労務費 | 直接経費 | 製造間接費 | 摘　要 | 金　額 |
|---|---|---|---|---|---|
| （3月）　100 | 300 | 100 | 500 | 直接材料費 | 400 |
| （4月）　300 | 500 | 100 | 500 | 直接労務費 | 800 |
| 400 | 800 | 200 | 1,000 | 直接経費 | 200 |
| | | | | 製造間接費 | 1,000 |
| | | | | 製造原価 | 2,400 |
| | | | | 完成品数量 | 10個 |
| | | | | 製品単価 | ¥　240 |

## 基本問題

解答p.25

**1** 次の原価計算表から，下記の仕掛品勘定を完成しなさい。

製造指図書＃101　　　　　原　価　計　算　表　　　着手　4月10日　完成　5月20日

| 直接材料費 | 直接労務費 | 直接経費 | 製造間接費 | 集　　計 摘　要 | 金　額 |
|---|---|---|---|---|---|
| （4月）　*1,000* | *2,000* | *1,000* | *1,000* | 直接材料費 | *5,000* |
| （5月）　*4,000* | *6,000* | *2,000* | *3,000* | 直接労務費 | *8,000* |
| *5,000* | *8,000* | *3,000* | *4,000* | 直接経費 | *3,000* |
|  |  |  |  | 製造間接費 | *4,000* |
|  |  |  |  | 製造原価 | *20,000* |
|  |  |  |  | 完成品数量 | 100個 |
|  |  |  |  | 製品単価 | ¥　*200* |

製造指図書＃102　　　　　原　価　計　算　表　　　着手　5月20日　　　　未完成

| 直接材料費 | 直接労務費 | 直接経費 | 製造間接費 | 集　　計 摘　要 | 金　額 |
|---|---|---|---|---|---|
| （5月）　*3,000* | *4,000* | *2,000* | *5,000* | 直接材料費 | —— |
|  |  |  |  | 直接労務費 | —— |
|  |  |  |  | 直接経費 | —— |
|  |  |  |  | 製造間接費 | —— |
|  |  |  |  | 製造原価 | —— |
|  |  |  |  | 完成品数量 | ——個 |
|  |  |  |  | 製品単価 | ¥　—— |

仕　　掛　　品

| 5/1 | 前月繰越 | （　　　） | 5/20 | 製　　品 | （　　　） |
|---|---|---|---|---|---|
|  | 材　　料 | （　　　） | 31 | 次月繰越 | （　　　） |
|  | 労　務　費 | （　　　） |  |  |  |
|  | 経　　費 | （　　　） |  |  |  |
|  | 製造間接費 | （　　　） |  |  |  |
|  | （　　　） | （　　　） |  | （　　　） | （　　　） |

**2**　次の原価計算表および仕掛品勘定の（　　　）の中に適当な金額を記入し，＃ 101 が完成したときの仕訳を示しなさい。

製造指図書＃ 101　　　　原　価　計　算　表　　着手　9月20日　完成　10月15日

| 直接材料費 | 直接労務費 | 直接経費 | 製造間接費 | 集　　計 摘　要 | 金　額 |
|---|---|---|---|---|---|
| （9月）　2,000 | 5,000 | 2,000 | 5,000 | 直接材料費 | （　　　　） |
| （10月）　6,000 | 7,000 | 1,000 | 5,000 | 直接労務費 | （　　　　） |
| （　　　） | （　　　） | （　　　） | （　　　） | 直接経費 | （　　　　） |
|  |  |  |  | 製造間接費 | （　　　　） |
|  |  |  |  | 製造原価 | （　　　　） |
|  |  |  |  | 完成品数量 | 100個 |
|  |  |  |  | 製品単価 | （¥　　　） |

製造指図書＃ 102　　　　原　価　計　算　表　　着手　10月5日　　未完成

| 直接材料費 | 直接労務費 | 直接経費 | 製造間接費 | 集　　計 摘　要 | 金　額 |
|---|---|---|---|---|---|
| （10月）　10,000 | 15,000 | 4,000 | 10,000 | 直接材料費 | ── |
|  |  |  |  | 直接労務費 | ── |
|  |  |  |  | 直接経費 | ── |
|  |  |  |  | 製造間接費 | ── |
|  |  |  |  | 製造原価 | ── |
|  |  |  |  | 完成品数量 | ──個 |
|  |  |  |  | 製品単価 | ¥　── |

仕　　掛　　品

| | | | |
|---|---|---|---|
| 10/1 前月繰越（　　） | 10/15 製　　品（　　） |
| 材　　料（　　） | 31 次月繰越（　　） |
| 労務費（　　） |  |
| 経　　費（　　） |  |
| 製造間接費（　　） |  |
| （　　） | （　　） |

| | 借　　方 | 貸　　方 |
|---|---|---|
| 10月15日 | | |

**3** 次の資料によって，⑴仕掛品勘定および製造間接費勘定を完成しなさい。また，⑵製造指図書 ＃1の原価計算表を完成し，⑶製造指図書＃2の仕掛品原価を求めなさい。

ただし，月初仕掛品は，製造指図書＃1のみである。

① 素　材　前月繰越　¥10,000　　　当月仕入高　¥160,000　　　月末棚卸高　¥20,000
　　　　　　消費高内訳　＃1　¥80,000　　　＃2　¥50,000　　　月残額　間接材料費

② 賃　金　前月未払高　¥40,000　　　当月支払高　¥190,000　　　当月未払高　¥50,000
　　　　　　消費高内訳　＃1　¥70,000　　　＃2　¥80,000　　　残額　間接賃金

③ 経　費　前月前払高　¥20,000　　　当月支払高　¥100,000　　　当月未払高　¥30,000
　　　　　　消費高内訳　＃2　¥10,000　　　残額　間接経費

④ 製造間接費は＃1に60%，＃2に40%の割合で配賦する。

⑤ 製造指図書＃1が完成し，＃2は未完成である。

⑴

**仕　掛　品**

| | | | |
|---|---|---|---|
| 10/1 前月繰越 (　　　) | ⑤ 製　　品 (　　　) |
| ① 素　　材 (　　　) | 10/31 次月繰越 (　　　) |
| ② 賃　　金 (　　　) | |
| ③ 経　　費 (　　　) | |
| ④ 製造間接費 (　　　) | |
| (　　　) | (　　　) |

**製　造　間　接　費**

| | | | |
|---|---|---|---|
| ① 素　　材 (　　　) | ④ 仕　掛　品 (　　　) |
| ② 賃　　金 (　　　) | |
| ③ 経　　費 (　　　) | |
| (　　　) | (　　　) |

⑵

製造指図書＃1　　　　　　　　原　価　計　算　表　　　着手　9月20日　完成　10月15日

| 直接材料費 | 直接労務費 | 直接経費 | 製造間接費 | 集　　計 | |
|---|---|---|---|---|---|
| | | | | 摘　要 | 金　額 |
| （9月）　30,000 | 40,000 | 15,000 | 25,000 | 直接材料費 | |
| （10月） | | | | 直接労務費 | |
| | | | | 直接経費 | |
| | | | | 製造間接費 | |
| | | | | 製造原価 | |
| | | | | 完成品数量 | 100個 |
| | | | | 製品単価 | ¥ |

⑶

| 製造指図書＃2の仕掛品原価　　　¥ |
|---|

## 応用問題

解答p.27

1　個別原価計算を採用している金沢製作所の下記の原価元帳によって，当月の仕掛品勘定・製品勘定を完成しなさい。

**原　価　元　帳**

| 摘　　　要 | 原価計算表＃1 | 原価計算表＃2 | 原価計算表＃3 | 原価計算表＃4 |
|---|---|---|---|---|
| 月 初 仕 掛 品 | —— | 20,000 | 10,000 | —— |
| 直 接 材 料 費 | —— | 25,000 | 40,000 | 15,000 |
| 直 接 労 務 費 | —— | 35,000 | 50,000 | 25,000 |
| 製 造 間 接 費 | —— | 40,000 | 30,000 | 20,000 |
| 製 造 原 価 | 100,000 | 120,000 | 130,000 | 60,000 |
| 備　　　考 | 前月に完成，前月製品勘定に記入済み 当月引渡 | 前月製造着手 当月完成 当月引渡 | 前月製造着手 当月完成 月末在庫 | 当月製造着手 当月未完成 |

**仕　　掛　　品**

| | | | |
|---|---|---|---|
| 前 月 繰 越 | （　　　） | 製　　　品 | （　　　） |
| 材　　　料 | （　　　） | 次 月 繰 越 | （　　　） |
| 労 務 費 | （　　　） | | |
| 製造間接費 | （　　　） | | |
| | （　　　） | | （　　　） |

**製　　　　品**

| | | | |
|---|---|---|---|
| 前 月 繰 越 | （　　　） | 売 上 原 価 | （　　　） |
| 仕 掛 品 | （　　　） | 次 月 繰 越 | （　　　） |
| | （　　　） | | （　　　） |

**2** 個別原価計算を採用している徳島製作所は，製品A（製造指図書＃１）と製品B（製造指図書＃２）を製造している。下記の資料によって，次の各問いに答えなさい。

(1) 製造指図書＃１および＃２の製造原価を求めなさい。

(2) 仕掛品勘定を完成しなさい。

資　料

① 材料費

| | | 素　　材 | 工場消耗品 |
|---|---|---|---|
| 月 初 棚 卸 高 | | ¥ 125,000 | ¥ 30,000 |
| 当 月 仕 入 高 | | 850,000 | 120,000 |
| 月 末 棚 卸 高 | | 135,000 | 40,000 |
| 消費高<br>う　ち<br>直接費 | ＃1 | 300,000 | —— |
| | ＃2 | 320,000 | —— |

② 賃　金

| | | |
|---|---|---|
| 前 月 未 払 高 | | ¥ 40,000 |
| 当 月 正 味 支 払 高 | | 780,000 |
| 所得税その他控除額 | | 20,000 |
| 当 月 未 払 高 | | 30,000 |
| 消費高<br>う　ち<br>直接費 | ＃1 | 360,000 |
| | ＃2 | 340,000 |

③ 経　費

| | | |
|---|---|---|
| 当 期 消 費 高 | | ¥ 350,000 |
| 消費高<br>う　ち<br>直接費 | ＃1 | 70,000 |
| | ＃2 | 50,000 |

④ 製造間接費は＃１と＃２に３：２の割合で配賦する。

⑤ 製造指図書＃１は当月に完成し，製造指図書＃２は未完成である。

⑥ 月初仕掛品原価　　製造指図書＃１　¥225,000

| (1) | 製 造 指 図 書 ＃ 1 の 製 造 原 価　　¥ |
|---|---|
| | 製 造 指 図 書 ＃ 2 の 製 造 原 価　　¥ |

(2)

仕　　掛　　品

| | | | |
|---|---|---|---|
| 前 月 繰 越 （　　　　） | 製　　　品 （　　　　） |
| 素　　　材 （　　　　） | 次 月 繰 越 （　　　　） |
| 賃　　　金 （　　　　） | |
| 経　　　費 （　　　　） | |
| 製 造 間 接 費 （　　　　） | |
| 　　　　　（　　　　） | 　　　　（　　　　） |

## 2　製造間接費の配賦

### 学習の要点 ● ● ●

#### 1．製造間接費の配賦

　製造間接費は，各製品に共通して発生する原価要素であるため，特定の製品の原価に直接負担させることができない。したがって，一定の基準を設定し，その割合に応じて各指図書に**配賦**することになる。

#### 2．製造間接費の配賦方法

(1)　価額法……各製造指図書に集計された直接費を基準に製造間接費を配賦する方法

〔直接材料費法・直接労務費法・製造直接費法など〕

①　**直接材料費法**……直接材料費を基準として配賦する方法

$$配賦率 = \frac{1\ 原価計算期間の製造間接費総額}{1\ 原価計算期間の直接材料費総額} \times 100\,(\%)$$

$$配賦額 = 製造指図書別の直接材料費 \times 配賦率$$

②　**直接労務費法**……直接労務費を基準として配賦する方法

$$配賦率 = \frac{1\ 原価計算期間の製造間接費総額}{1\ 原価計算期間の直接労務費総額} \times 100\,(\%)$$

$$配賦額 = 製造指図書別の直接労務費 \times 配賦率$$

③　**製造直接費法**……製造直接費を基準として配賦する方法

$$配賦率 = \frac{1\ 原価計算期間の製造間接費総額}{1\ 原価計算期間の製造直接費総額} \times 100\,(\%)$$

$$配賦額 = 製造指図書別の製造直接費 \times 配賦率$$

(2)　時間法……製品の製造に要した時間を基準として配賦する方法

〔直接作業時間法・機械運転時間法など〕

①　**直接作業時間法**……直接作業時間を基準として配賦する方法

$$配賦率 = \frac{1\ 原価計算期間の製造間接費総額}{1\ 原価計算期間の直接作業総時間数}$$

$$配賦額 = 製造指図書別の直接作業時間数 \times 配賦率$$

②　**機械運転時間法**……機械運転時間を基準として配賦する方法

$$配賦率 = \frac{1\ 原価計算期間の製造間接費総額}{1\ 原価計算期間の機械運転総時間数}$$

$$配賦額 = 製造指図書別の機械運転時間数 \times 配賦率$$

## 基本問題

解答p.28

**1** 次の資料から，直接材料費法によって，(1)製造間接費の配賦率を求め，(2)製造間接費配賦表を完成しなさい。また，(3)各製品(＃1～＃3)への配賦の仕訳を示しなさい。

　資　料

　　① 製造間接費総額　¥480,000

　　② 直接材料費総額　¥600,000

　　　内訳：＃1　¥300,000　　＃2　¥200,000　　＃3　¥100,000

(1) 製造間接費の配賦率の計算式

| 配　賦　率＝ | ％ |
|---|---|

(2)
### 製 造 間 接 費 配 賦 表
令和○年5月分

| 令和<br>○年 | | 製造指図書番号 | 配　賦　率 | 配　賦　基　準 | 配　賦　額 | 備　　考 |
|---|---|---|---|---|---|---|
| 5 | 31 | ＃1 | ％ | | | |
| | 〃 | ＃2 | ％ | | | |
| | 〃 | ＃3 | ％ | | | |
| | | | | | | |

(3)

| 借　　　　方 | 貸　　　　方 |
|---|---|
| | |

**2** 次の資料から，直接材料費法によって，(1)製造間接費の配賦率を求め，(2)製造間接費配賦表を完成しなさい。また，(3)各製品(＃1～＃3)への配賦の仕訳を示しなさい。

　資　料

　　① 製造間接費総額　¥630,000

　　② 直接材料費総額　¥900,000

　　　内訳：＃1　¥400,000　　＃2　¥300,000　　＃3　¥200,000

(1) 製造間接費の配賦率の計算式

| 配　賦　率＝ | ％ |
|---|---|

(2)

### 製 造 間 接 費 配 賦 表
令和○年5月分

| 令和○年 | | 製造指図書番号 | 配 賦 率 | 配 賦 基 準 | 配 賦 額 | 備　　考 |
|---|---|---|---|---|---|---|
| 5 | 31 | ＃　1 | ％ | | | |
| | 〃 | ＃　2 | ％ | | | |
| | 〃 | ＃　3 | ％ | | | |
| | | | | | | |

(3)

| 借　　　　　方 | 貸　　　　　方 |
|---|---|
| | |

---

**3**　次の資料から，直接労務費法によって，(1)製造間接費の配賦率，(2)各製品への配賦額を求めなさい。

資　料
　①　製造間接費総額　￥*1,200,000*
　②　直接労務費総額　￥　*800,000*
　　　内訳：＃1　￥*300,000*　　＃2　￥*100,000*　　＃3　￥*400,000*

(1)　製造間接費の配賦率の計算式

　　　　　　　　　　　　　　　　　　　　　　　　　　| 配 賦 率＝　　　　　　　％ |

(2)　各製品への配賦額の計算式
　　　＃1　　　　　　　　　　　　　　　　配 賦 額　￥
　　　＃2　　　　　　　　　　　　　　　　配 賦 額　￥
　　　＃3　　　　　　　　　　　　　　　　配 賦 額　￥

---

**4**　次の資料から，機械運転時間法によって，各製品への配賦額を求めなさい。

資　料
　①　製 造 間 接 費 総 額　￥*1,200,000*
　②　機械運転時間の総時間　150時間
　　　内訳：＃1　80時間　　＃2　40時間　　＃3　30時間

各製品への配賦額の計算式
　　　＃1　　　　　　　　　　　　　　　　配 賦 額　￥
　　　＃2　　　　　　　　　　　　　　　　配 賦 額　￥
　　　＃3　　　　　　　　　　　　　　　　配 賦 額　￥

## 応用問題

解答p.29

**1**　個別原価計算を採用している和歌山製作所の下記の資料から，(1)～(4)の配賦方法によって，配賦率と製造指図書別の配賦額および製造原価を求めなさい。

資料　　　　　　　　　　　原　価　元　帳

| 摘　　要 | #1 | #2 | #3 | 合　　計 |
|---|---|---|---|---|
| 直 接 材 料 費 | ¥ 30,000 | ¥ 30,000 | ¥ 20,000 | ¥ 80,000 |
| 直 接 労 務 費 | 20,000 | 20,000 | 10,000 | 50,000 |
| 直 接 経 費 | 10,000 | 5,000 | 5,000 | 20,000 |
| 製 造 間 接 費 | ( ア ) | ( イ ) | ( ウ ) | 60,000 |
| 計：製 造 原 価 | ( エ ) | ( オ ) | ( カ ) | 210,000 |
| 機 械 運 転 時 間 | 150 時間 | 80 時間 | 70 時間 | 300 時間 |
| 直 接 作 業 時 間 | 50 時間 | 40 時間 | 30 時間 | 120 時間 |

(1)　直接労務費法

| 配　賦　率 | % | |
|---|---|---|
| 指 図 書 番 号 | 配　　賦　　額 | 製 造 原 価 |
| #　1 | ア ¥ | エ ¥ |
| #　2 | イ ¥ | オ ¥ |
| #　3 | ウ ¥ | カ ¥ |

(2)　製造直接費法

| 配　賦　率 | % | |
|---|---|---|
| 指 図 書 番 号 | 配　　賦　　額 | 製 造 原 価 |
| #　1 | ア ¥ | エ ¥ |
| #　2 | イ ¥ | オ ¥ |
| #　3 | ウ ¥ | カ ¥ |

(3)　機械運転時間法

| 配　賦　率 | ／ 1 時間あたり | |
|---|---|---|
| 指 図 書 番 号 | 配　　賦　　額 | 製 造 原 価 |
| #　1 | ア ¥ | エ ¥ |
| #　2 | イ ¥ | オ ¥ |
| #　3 | ウ ¥ | カ ¥ |

(4)　直接作業時間法

| 配　賦　率 | ／ 1 時間あたり | |
|---|---|---|
| 指 図 書 番 号 | 配　　賦　　額 | 製 造 原 価 |
| #　1 | ア ¥ | エ ¥ |
| #　2 | イ ¥ | オ ¥ |
| #　3 | ウ ¥ | カ ¥ |

## 3　製造間接費の予定配賦

### 1．製造間接費の予定配賦

　製造間接費の予定配賦は，原則として，**予定配賦率**に製造指図書別の実際配賦基準数値を掛けてそれぞれの製品に配賦していく方法である。これは，実際配賦の場合には実際発生額を月末でなければ把握できないため製品原価の計算が遅れることや，各月の製造数量の変動により製造原価が異なるといった欠点があるためである。

### 2．予定配賦率と配賦基準数値

(1)　予定配賦率の計算

$$予定配賦率 = \frac{一定期間（ふつうは１年間）の製造間接費予定総額}{一定期間（ふつうは１年間）の予定配賦基準の数値}$$

　　＊予定配賦基準の数値 ⇨ 予定直接作業時間や予定機械運転時間などが用いられる。

(2)　各指図書の予定配賦額

$$各指図書の予定配賦額 = 予定配賦率 × 製造指図書別の実際配賦基準数値$$

### 3．予定配賦の勘定記入と仕訳

①　各指図書に予定配賦
　　（借）仕　掛　品　　　　90　　（貸）製 造 間 接 費　　90
②　月末実際発生額
　　（借）製 造 間 接 費　　100　　（貸）材　　　　料　　20
　　　　　　　　　　　　　　　　　　　　労　　務　　費　　30
　　　　　　　　　　　　　　　　　　　　経　　　　費　　50
③　差異を製造間接費配賦差異勘定に振り替える
　　（借）製造間接費配賦差異　　10　　（貸）製 造 間 接 費　　10
④　会計期末に製造間接費配賦差異勘定の残高を売上原価勘定に振り替える
　　（借）売　上　原　価　　10　　（貸）製造間接費配賦差異　　10

## 基本問題

解答p.30

**1** 次の資料から予定配賦率を求め，各製造指図書への予定配賦額を求めなさい。

資 料
① 年間製造間接費予定額 ￥1,800,000
② 年間予定直接作業時間 12,000時間
③ 当月製造指図書の実際直接作業時間 製造指図書＃1 300時間 製造指図書＃2 200時間

| 予 定 配 賦 率 ￥ | ＃1の配賦額 ￥ | ＃2の配賦額 ￥ |
|---|---|---|
| | | |

**2** 次の連続した取引の仕訳を示しなさい。

(1) 下記の製造間接費予定配賦表を作成し，各指図書への予定配賦をおこなった。
　　　年間製造間接費予定額 ￥9,000,000 年間予定直接作業時間 2,500時間
　　　当月実際直接作業時間 製造指図書＃21 80時間 製造指図書＃22 60時間

(2) 製造間接費の当月実際発生額は，次のとおりであった。
　　　工場消耗品 ￥130,000 健康保険料 ￥70,000 電 力 料 ￥93,000
　　　水 道 料 〃100,000 保 険 料 〃30,000 減価償却費 〃82,000

(3) 予定配賦額と当月実際発生額との差額を，製造間接費配賦差異勘定に振り替えた。

(4) 会計期末に，製造間接費配賦差異勘定の借方残高￥25,000を売上原価勘定に振り替えた。

| | 借 方 | 貸 方 |
|---|---|---|
| (1) | | |
| (2) | | |
| (3) | | |
| (4) | | |

### 製造間接費予定配賦表

| 令和○年 | 製造指図書番号 | 予定配賦率 | 配 賦 基 準 | 予定配賦額 | 備 考 |
|---|---|---|---|---|---|
| 省略 | | | | | |
| | | | | | |

## 応用問題

**1** 次の原価計算表を完成しなさい。ただし，賃金の消費高の計算には予定賃率を用いている。1 年間の予定賃金総額は￥*6,000,000*　1 年間の年間予定作業時間は15,000時間である。また，製造間接費は直接作業時間を基準として予定配賦している。年間製造間接費予定額は￥*10,500,000*　年間予定作業時間は15,000時間である。

製造指図書＃101

### 原　価　計　算　表

| 直接材料費 | 直　接　賃　金 | | | 製　造　間　接　費 | | | 集　　　　計 | |
| --- | --- | --- | --- | --- | --- | --- | --- | --- |
| | 作業時間 | 賃　率 | 金　額 | 作業時間 | 配賦率 | 金　額 | 摘　要 | 金　額 |
| *350,000* | 100 | | | | | | 直接材料費 | |
| *120,000* | 200 | | | | | | 直接労務費 | |
| ―― | 400 | | | | | | 製造間接費 | |
| | | | | | | | 製造原価 | |
| | | | | | | | 完成品数量 | 10台 |
| | | | | | | | 製品単価 | ￥ |

**2** 次の取引の仕訳を示しなさい。

(1) 月末に，製造間接費の予定配賦額と実際発生額との差額を製造間接費配賦差異勘定に振り替えた。なお，当月の製造間接費勘定の記入状況は次のとおりである。

### 製　造　間　接　費

| 素　　　　材 | 180,000 | 仕　掛　品 | 1,500,000 |
| --- | --- | --- | --- |
| 賃　　　　金 | 430,000 | | |
| 従業員賞与手当 | 290,000 | | |
| 諸　　　口 | 640,000 | | |

(2) 月末に，製造間接費の予定配賦額￥*750,000*と実際発生額￥*720,000*との差額を製造間接費配賦差異勘定に振り替えた。

(3) 会計期末に，製造間接費配賦差異勘定の残高を売上原価勘定に振り替えた。ただし，この会計期間中の製造間接費の予定配賦額の合計は￥*1,750,000*　実際発生額の合計は￥*1,780,000*であった。

(4) 会計期末に，製造間接費配賦差異勘定の残高を売上原価勘定に振り替えた。ただし，この会計期間中の製造間接費の予定配賦額の合計は￥*1,500,000*　実際発生額の合計は￥*1,470,000*であった。

| | 借　　　　方 | 貸　　　　方 |
| --- | --- | --- |
| (1) | | |
| (2) | | |
| (3) | | |
| (4) | | |

**3** 奈良製作所は，個別原価計算を採用し，Ａ製品（製造指図書＃１）とＢ製品（製造指図書＃２）を製造している。下記の資料によって，次の各問いに答えなさい。

(1) １月中の取引の仕訳を示しなさい。

(2) 賃金勘定・仕掛品勘定に記入して締め切りなさい（日付・相手科目・金額を示すこと）。

(3) Ａ製品（製造指図書＃１）の原価計算表を完成しなさい。

ただし， i　前月繰越高は，次のとおりである。

素　　　　材　　2,000個　　＠￥750　　　￥1,500,000

工場消耗品　　　400〃　　　〃〃200　　￥　80,000

賃　　　　金（未払高）　　　　　　　　￥400,000

仕　掛　品（製造指図書＃１）　　　　￥1,118,000（原価計算表に記入済み）

ii　素材の消費高の計算は移動平均法により，工場消耗品の消費数量の計算は棚卸計算法によっている。

iii　賃金の消費高の計算には，作業時間１時間につき￥600の予定賃率を用いている。

iv　製造間接費は直接作業時間を基準に予定配賦している。なお，年間製造間接費予定額は￥13,500,000　年間予定直接作業時間は15,000時間である。

取　引

1月8日　素材および工場消耗品を次のとおり買い入れ，代金は掛けとした。

素　　　　材　　3,000個　　＠￥800　　￥2,400,000

工場消耗品　　1,500〃　　　〃〃200　　￥300,000

9日　製造経費を次のとおり小切手を振り出して支払った。

電　力　料　￥260,000　　保　険　料　￥360,000　　雑　　費　￥　35,000

12日　素材を次のとおり消費した。

製造指図書＃１　2,000個　　製造指図書＃２　1,500個

25日　賃金を次のとおり現金で支払った。

賃金総額　￥1,168,000

うち，控除額　所得税　￥146,000　　健康保険料　￥82,000

31日　① 工場消耗品の月末棚卸数量は900個であった。よって，消費高を計上した。

② 当月の賃金予定消費高を次の作業時間によって計上した。ただし，消費賃金勘定を設けている。

製造指図書＃１　700時間　製造指図書＃２　560時間　間接作業　500時間

③ 健康保険料の事業主負担分￥82,000を計上した。

④ 当月の製造経費消費高を計上した。

電　力　料　￥286,000　　　　保　険　料　￥　60,000

減価償却費　　194,000　　　　雑　　費　　　30,000

⑤ 製造間接費を次のとおり予定配賦した。

製造指図書＃１　700時間　　製造指図書＃２　560時間

⑥ Ａ製品（製造指図書＃１）2,000個が完成した。

⑦ 当月の賃金実際消費高を計上した。

作業時間数　1,760時間　　　実際平均賃率　作業時間１時間につき￥620

⑧ 賃金の予定消費高と実際消費高との差額を，賃率差異勘定に振り替えた。

⑨ 製造間接費の予定配賦による配賦差異を，製造間接費配賦差異勘定に振り替えた。

(1)

| | 借　　　方 | 貸　　　方 |
|---|---|---|
| 1月8日 | | |
| 9日 | | |
| 12日 | | |
| 25日 | | |
| 31日 ① | | |
| ② | | |
| ③ | | |
| ④ | | |
| ⑤ | | |
| ⑥ | | |
| ⑦ | | |
| ⑧ | | |
| ⑨ | | |

(2)

賃　　　金

| | 1/1前月繰越　400,000 |
|---|---|

仕　掛　品

| 1/1前月繰越　1,118,000 | |
|---|---|

(3)　製造指図書＃1　　　　原　価　計　算　表

| 直接材料費 | 直接労務費 | 製　造　間　接　費 | | | 集　　　　計 | |
|---|---|---|---|---|---|---|
| | | 時　間 | 配賦率 | 金　額 | 摘　要 | 金　額 |
| 638,000 | 192,000 | 320 | 900 | 288,000 | 直接材料費 | |
| | | | | | 直接労務費 | |
| | | | | | 製造間接費 | |
| | | | | | 製造原価 | |
| | | | | | 完成品数量 | 2,000個 |
| | | | | | 製品単価 | ¥ |

**4** 東京製作所（決算年1回　12月31日）は，個別原価計算を採用し，A製品（製造指図書＃1），B製品（製造指図書＃2）およびC製品（製造指図書＃3）を製造している。下記の資料によって，次の各問いに答えなさい。

(1) 製造間接費を予定配賦したときの仕訳を示しなさい。

(2) A製品（製造指図書＃1）の原価計算表を完成しなさい。

(3) 仕掛品勘定・製造間接費勘定・製造間接費配賦差異勘定を完成しなさい。

　　ただし，ⅰ　月初仕掛品はなかった。

　　　　　　ⅱ　製造間接費は機械運転時間を基準として予定配賦している。

**資　料**

　a．年間製造間接費予定額・年間予定機械運転総時間

| 年間製造間接費予定額 | ￥7,500,000 |
|---|---|
| 年間予定機械運転総時間 | 3,000時間 |

　b．製造部門の当月機械運転時間

| | 製造指図書＃1 | 80時間 |
|---|---|---|
| 機械運転時間 | 製造指図書＃2 | 70時間 |
| | 製造指図書＃3 | 50時間 |

　c．当月実際製造間接費の発生額

| 間接材料 | ￥20,000 | 間接賃金 | ￥80,000 | 減価償却費 | ￥260,000 |
|---|---|---|---|---|---|
| 棚卸減耗損 | 30,000 | 保険料 | 25,000 | 電力料 | 75,000 |

　d．完成品数量　A製品（製造指図書＃1）100個

(1)

| 借　　方 | 貸　　方 |
|---|---|
| | |

(2) 製造指図書＃1

**原　価　計　算　表**

| 直接材料費 | 直接労務費 | 製　造　間　接　費 | | | 集　　　　　計 | |
|---|---|---|---|---|---|---|
| | | 時　間 | 配賦率 | 金　額 | 摘　要 | 金　額 |
| 70,000 | 110,000 | | | | 直接材料費 | |
| | | | | | 直接労務費 | |
| | | | | | 製造間接費 | |
| | | | | | 製造原価 | |
| | | | | | 完成品数量 | 100個 |
| | | | | | 製品単価 | ￥ |

(3)

**仕　掛　品**

| 素　　材 | 285,000 | （　　　　） | （　　　） |
|---|---|---|---|
| 賃　　金 | 230,000 | 次月繰越　（　　） | |
| 外注加工賃 | 19,000 | | |
| （　　　） | （　　　） | | |
| | （　　　） | （　　　） | |

**製　造　間　接　費**

| （　　　） | （　　　） | （　　　） | （　　　） |
|---|---|---|---|
| （　　　） | （　　　） | | |
| | | （　　　） | （　　　） |

**製造間接費配賦差異**

| 次月繰越 | （　　） | （　　　） | （　　　） |
|---|---|---|---|

## 検定問題
解答p.35

**1** 茨城製作所の下記の勘定記録と資料により，次の金額を求めなさい。ただし，会計期間は原価計算期間と一致しているものとする。 （第74回一部修正）

　　a．直接労務費　　b．製造間接費の実際発生額　　c．（　c　）にあてはまる勘定科目

| 仕　　掛　　品 | | | |
|---|---|---|---|
| 前 期 繰 越 | 619,000 | 製　　　品 | 5,726,000 |
| 素　　　材 | 2,212,000 | 次 期 繰 越 | （　　） |
| 賃　　　金 | （　　） | | |
| 外注加工賃 | 384,000 | | |
| 製造間接費 | （　　） | | |
| | （　　） | | （　　） |

| 製 造 間 接 費 | | | |
|---|---|---|---|
| 工場消耗品 | （　　） | 仕 掛 品 | （　　） |
| 賃　　　金 | 287,000 | 製造間接費配賦差異 | 13,000 |
| 給　　　料 | 342,000 | | |
| 電 力 料 | （　　） | | |
| 減価償却費 | 180,000 | | |
| | （　　） | | （　　） |

| 製造間接費配賦差異 | | | |
|---|---|---|---|
| 製造間接費 | 13,000 | （　c　） | 13,000 |

#### 資　料
　①工場消耗品　期首棚卸高　￥ 19,000　当期仕入高　￥ 275,000　期末棚卸高　￥ 31,000
　②賃　　金　前期未払高　￥302,000　当期支払高　￥2,267,000　当期未払高　￥284,000
　③電 力 料　当期支払高　￥127,000　当期測定高　￥ 125,000

| a | ￥ | b | ￥ | c | |
|---|---|---|---|---|---|

**2** 宮城製作所の下記の勘定記録と資料により，次の金額を求めなさい。ただし，会計期間は原価計算期間と一致しているものとする。 （第80回一部修正）

　　a．直接労務費　　b．製造間接費の実際発生額

| 仕　　掛　　品 | | | |
|---|---|---|---|
| 前 期 繰 越 | 715,000 | 製　　　品 | 8,829,000 |
| 素　　　材 | （　　） | 次 期 繰 越 | 570,000 |
| 賃　　　金 | 3,910,000 | | |
| 外注加工賃 | （　　） | | |
| 製造間接費 | 1,955,000 | | |
| | （　　） | | （　　） |

| 売 上 原 価 | | | |
|---|---|---|---|
| 製　　　品 | 8,829,000 | 製造間接費配賦差異 | 20,000 |
| | | 損　　　益 | （　　） |
| | （　　） | | （　　） |

#### 資　料
　①素　　材　期首棚卸高　￥546,000　当期仕入高　￥2,402,000　期末棚卸高　￥482,000
　②工場消耗品　期首棚卸高　￥ 37,000　当期仕入高　￥ 256,000　期末棚卸高　￥ 41,000
　③賃　　金　前期未払高　￥853,000　当期支払高　￥4,563,000　当期未払高　￥795,000
　④給　　料　当期消費高　￥620,000
　⑤外注加工賃　前期前払高　￥ 87,000　当期支払高　￥ 345,000　当期前払高　￥ 79,000
　⑥電 力 料　当期支払高　￥165,000　当期測定高　￥ 174,000
　⑦減価償却費　当期消費高　￥294,000

| a | ￥ | b | ￥ |
|---|---|---|---|

**3**　広島製作所の下記の勘定記録と資料により，次の金額を求めなさい。ただし，会計期間は原価計
　算期間と一致しているものとする。　　　　　　　　　　　　　　　　　　　　　　（第82回一部修正）
　　　ａ．製造直接費　　ｂ．製造間接費の実際発生額

資　料

　①素　　　材　期首棚卸高　¥337,000　当期仕入高　¥2,415,000　期末棚卸高　¥402,000
　②賃　　　金　前期未払高　¥297,000　当期支払高　¥3,190,000　当期未払高　¥364,000
　③外注加工賃　前期前払高　¥ 65,000　当期支払高　¥ 284,000　当期未払高　¥ 73,000
　④電　力　料　当期支払高　¥162,000　当期測定高　¥ 164,000

| a | ¥ | b | ¥ |
|---|---|---|---|

**4**　佐賀製作所の下記の勘定記録と資料により，次の金額を求めなさい。ただし，会計期間は原価計
　算期間と一致しているものとする。　　　　　　　　　　　　　　　　　　　　　　（第91回一部修正）
　　　ａ．間接労務費の実際発生額　　ｂ．製造間接費配賦差異の金額

資　料

　①素　　　材　期首棚卸高　¥700,000　当期仕入高　¥3,800,000　期末棚卸高　¥675,000
　②工場消耗品　期首棚卸高　¥ 32,000　当期仕入高　¥ 276,000　期末棚卸高　¥ 36,000
　③賃　　　金　実際平均賃率　作業時間1時間につき¥900
　　　　　　　　直接作業時間4,100時間　間接作業時間400時間
　④水　道　料　当期の消費額は¥240,000である。
　⑤製造間接費配賦額は，直接作業時間1時間につき¥780の予定配賦率を用いている。

| a | ¥ | b | ¥ |
|---|---|---|---|

## **4**　仕損品・作業くずの処理

### 学習の要点 ● ● ●

#### 1．仕損品と仕損費

　一定の基準に合格しなかったものを仕損品という。また，仕損品が生じたために，その補修や代品の製造にかかった費用を仕損費という。

（1）　補修によって合格品となる場合

> 補修指図書に集計された製造原価　⇨　仕損費

　（借）仕　　損　　費　*100*　　（貸）素　　　　　材　*20*
　　　　　　　　　　　　　　　　　　　賃　　　　　金　*30*
　　　　　　　　　　　　　　　　　　　製 造 間 接 費　*50*

（2）　補修によって合格品とならない場合，新たに代品を製造する。

　①　全部が仕損じとなった場合

> 旧製造指図書に集計された製造原価－仕損品評価額　⇨　仕損費

　（借）仕　　損　　品　*100*　　（貸）仕　　掛　　品　*500*
　　　　仕　　損　　費　*400*

　②　一部が仕損じとなった場合

> 新製造指図書に集計された製造原価－仕損品評価額　⇨　仕損費

　（借）仕　　損　　品　*100*　　（貸）素　　　　　材　*100*
　　　　仕　　損　　費　*400*　　　　　賃　　　　　金　*200*
　　　　　　　　　　　　　　　　　　　製 造 間 接 費　*200*

　また，仕損品の補修や代品の製造のために，新たに製造指図書を発行しない場合には，仕損品の補修や代品製造に必要な製造原価の見積額を仕損費とする。

#### 2．作業くずの処理

　製造中に生じた材料の削りくずや残りくずなどを，作業くずという。

　①　作業くずの発生が製造指図書ごとに把握できる場合
　　　発生した製造指図書の直接材料費または製造原価から差し引く。
　　（借）仕　　掛　　品　*90*　　（貸）素　　　　　材　*100*
　　　　作　業　く　ず　*10*
　　　または
　　（借）仕　　掛　　品　*100*　　（貸）素　　　　　材　*100*
　　（借）作　業　く　ず　*10*　　（貸）仕　　掛　　品　*10*

　②　作業くずの発生が製造指図書ごとに把握できない場合
　　　製造間接費から差し引く。
　　（借）作　業　く　ず　*10*　　（貸）製 造 間 接 費　*10*

　③　作業くずの発生がわずかな場合は，評価しないで売却時に雑益勘定で処理
　　（借）現 金 な ど　*10*　　（貸）雑　　　　　益　*10*

## 基本問題

解答p.36

**1** 次の取引の仕訳を示しなさい。

(1) 製造指図書＃1の製品のうち5個が仕損じとなったので，補修指図書＃1-1を発行して補修した。その補修費用は，素材￥20,000　賃金￥30,000　製造間接費配賦額￥50,000である。

(2) 上記の仕損費￥100,000を製造指図書＃1に賦課した。

(3) 製造指図書＃2の全部の製品が仕損じとなり，補修しても合格品とならないため代品を製造した。＃2の製造原価は￥150,000であり，仕損品の評価額は￥50,000であった。なお，この仕損費は新製造指図書＃2-1に賦課した。

(4) 製造指図書＃3の一部の製品が仕損じとなり，補修しても合格品とならないため代品を製造した。新製造指図書＃3-1に集計された製造原価は￥60,000であり，仕損品の評価額は￥20,000であった。なお，仕損費は製造間接費とした。

(5) 製造指図書＃4の製造中に作業くずが発生した。これを￥10,000として評価し，製造原価から差し引いた。

(6) 上記(5)の作業くずを￥10,000で売却し，代金は現金で受け取った。

(7) 製造中に作業くずが発生したが，金額がわずかであるため評価をしないでおいた。のちにこれを￥5,000で売却し，代金は現金で受け取った。

(8) 個別原価計算を採用している大阪製作所では，製造指図書＃1の製造中に作業くずが発生した。よって，これを￥23,000と評価し，製造指図書＃1の製造原価から差し引いた。

| | 借　　　方 | 貸　　　方 |
|---|---|---|
| (1) | | |
| (2) | | |
| (3) | | |
| (4) | | |
| (5) | | |
| (6) | | |
| (7) | | |
| (8) | | |

## 応用問題

解答p.36

**1** 次の資料によって，製造指図書別原価計算表を完成しなさい。ただし，記入不要な（　）には──を示すこと。また，製造間接費は直接労務費の120％を配賦している。

資　料

① 月初仕掛品はない。

② 製造指図書＃ 1 の一部に補修可能な仕損品が生じたため，補修指図書＃ 1 − 1 を発行して補修をおこなった。

③ 製造指図書＃ 2 の全部が補修不可能な仕損品となったため，新たに製造指図書＃ 2 − 1 を発行してその代品を製造した。この仕損品の評価額は¥50,000である。

④ 製造指図書＃ 3 の一部に補修不可能な仕損品が生じたため，新たに製造指図書＃ 3 − 1 を発行してその代品を製造した。この仕損品の評価額は¥10,000である。

⑤ 製造指図書＃ 4 は未完成である。

### 製造指図書別原価計算表

| 摘　　　要 | ＃ 1 | ＃ 2 | ＃ 3 | ＃ 4 | ＃ 1 − 1 | ＃ 2 − 1 | ＃ 3 − 1 |
|---|---|---|---|---|---|---|---|
| 直接材料費 | 10,000 | 12,000 | 14,000 | 7,000 | 4,000 | 12,000 | 6,000 |
| 直接労務費 | 20,000 | 25,000 | 30,000 | 15,000 | 5,000 | 20,000 | 10,000 |
| 製造間接費 | (　　　) | (　　　) | (　　　) | (　　　) | (　　　) | (　　　) | (　　　) |
| 合　　計 | (　　　) | (　　　) | (　　　) | (　　　) | (　　　) | (　　　) | (　　　) |
| 仕損品評価額 | (　　　) | (　　　) | (　　　) | (　　　) | (　　　) | (　　　) | (　　　) |
| 仕　損　費 | (　　　) | (　　　) | (　　　) | (　　　) | (　　　) | (　　　) | (　　　) |
| 差引：計 | (　　　) | (　　　) | (　　　) | (　　　) | (　　　) | (　　　) | (　　　) |
| 備　　　考 | 完　成 | ＃2−1に賦課 | 完　成 | 未 完 成 | ＃1に賦課 | 完　成 | ＃3に賦課 |

**2** 次の取引の仕訳を示しなさい。

(1) 製造指図書＃203の製品の一部が仕損じとなり，補修指図書＃203−1 を発行して補修した。この補修指図書に集計された原価は，素材¥80,000　賃金¥110,000　製造間接費配賦額¥30,000であった。

(2) 個別原価計算を採用している福島製作所では，A製品（製造指図書＃ 1）とB製品（製造指図書＃ 2）を製造している過程で作業くずが発生し，これを¥16,000と評価した。なお，この作業くずは製造指図書別に発生額を区別することができない。

(3) 製造指図書＃ 5 の全部が仕損じとなり，新たに製造指図書を発行して，代品を製造することにした。ただし，製造指図書＃ 5 に集計された製造原価は¥370,000であり，仕損品の評価額は¥45,000である。

| | 借　　　　　方 | 貸　　　　　方 |
|---|---|---|
| (1) | | |
| (2) | | |
| (3) | | |

## 検定問題

解答p.37

**1** 次の取引の仕訳を示しなさい。

(1) 個別原価計算を採用している愛媛製作所では，製造指図書#5の製品が仕損じとなった。よって，補修製造指図書#5-1を発行して補修をおこない，補修のために消費した素材¥25,000および賃金¥78,000を仕損費勘定に計上した。（第87回）

(2) 個別原価計算を採用している福岡工業株式会社では，製造指図書#9の製造中に作業くずが発生した。よって，これを¥26,000と評価し，製造指図書#9の製造原価から差し引いた。

（第88回）

(3) 個別原価計算を採用している福島製作所は，補修指図書#3-1に集計された製造原価¥7,000を仕損費勘定に計上していたが，本日，これを製造指図書#3に賦課した。　（第89回）

(4) 個別原価計算を採用している奈良工業株式会社は，補修指図書#26-1に集計された製造原価¥112,000を仕損費勘定に計上していたが，本日，これを製造指図書#26に賦課した。　（第92回）

(5) 個別原価計算を採用している岐阜産業株式会社において，製造指図書#15の製品全部が仕損じとなり，新たに製造指図書#15-1を発行し代品の製造を開始したので，本日，仕損費を計上した。ただし，製造指図書#15に集計された製造原価は¥860,000であり，仕損品の評価額は¥89,000である。　（第85回）

(6) 福島製作所は，発生がわずかであったため評価しないでおいた作業くずを¥2,000で売却し，代金は現金で受け取った。　（第84回）

(7) 個別原価計算を採用している佐賀製作所では，X製品（製造指図書#1）とY製品（製造指図書#2）を製造している過程で作業くずが発生し，これを¥30,000と評価した。なお，この作業くずは製造指図書別に発生額を区別することができない。　（第79回）

(8) 個別原価計算を採用している和歌山製作所では，製造指図書#3の製品が仕損じとなった。よって，補修指図書#3-1を発行して補修をおこない，補修のために消費した素材¥42,000と賃金¥57,000を仕損費に計上した。　（第78回）

| | 借　　　　　方 | 貸　　　　　方 |
|---|---|---|
| (1) | | |
| (2) | | |
| (3) | | |
| (4) | | |
| (5) | | |
| (6) | | |
| (7) | | |
| (8) | | |

## 第2章　部門別計算

### 1　部門別計算の手続き

#### 1．部門別計算の意味

　工場の規模が大きくなると工場内に専門の部門が設定される。この部門ごとに製造間接費を集計し，部門ごとの配賦基準を設けて各製品に配賦する。部門ごとに製造間接費を集計することを**部門別計算**といい，集計した金額を部門費という。

- 正確な製品原価の計算……各部門に適する配賦基準を適用することができる。
- 有効な原価管理……各責任者(部門)の原価が明確になる。

#### 2．製造部門と補助部門

製造部門 ⇨ 製造作業に直接たずさわっている部門。

　　　　　例　機械加工部・組立部・塗装部・鋳造部・鍛造部など。

補助部門 ⇨ 直接には製造にかかわっていないが，製造部門を補助する役割をもつ部門。

- (1)　補助経営部門……例　動力部・運搬部・修繕部・検査部など。
- (2)　工場管理部門……例　材料部・労務部・企画部・工場事務部など。

- **直接配賦法**……補助部門から直接に製造部門に配賦する方法。
- **相互配賦法**……補助部門にいったん配賦したのち，製造部門に配賦する方法。

## 基本問題

解答p.37

**1** 次の資料によって部門費配分表を完成し，製造間接費を部門費配分表にもとづいて，各部門に配分する仕訳を示しなさい。

資　料

| 費　　目 | 製造部門 | | 補助部門 | | |
|---|---|---|---|---|---|
| | 第1製造部門 | 第2製造部門 | 動力部門 | 修繕部門 | 工場事務部門 |
| 床面積 | 1,000㎡ | 800㎡ | 100㎡ | 50㎡ | 50㎡ |
| 従業員数 | 40人 | 40人 | 5人 | 10人 | 5人 |
| kW数×運転時間数 | 100kW×50時間 | 200kW×20時間 | 50kW×10時間 | 40kW×10時間 | 10kW×10時間 |

### 部　門　費　配　分　表

| 費　　目 | 配賦基準 | 金　　額 | 製造部門 | | 補助部門 | | |
|---|---|---|---|---|---|---|---|
| | | | 第1部門 | 第2部門 | 動力部門 | 修繕部門 | 工場事務部門 |
| 間接材料費 | | 30,000 | 10,000 | 10,000 | 3,000 | 7,000 | —— |
| 間接賃金 | | 70,000 | 20,000 | 30,000 | 5,000 | 5,000 | 10,000 |
| 部門個別費合計 | | 100,000 | 30,000 | 40,000 | 8,000 | 12,000 | 10,000 |
| 部門共通費 | | | | | | | |
| 間接賃金 | 従業員数 | 60,000 | | | | | |
| 建物減価償却費 | 床面積 | 40,000 | | | | | |
| 保険料 | 床面積 | 10,000 | | | | | |
| 電力料 | kW数×運転時間数 | 80,000 | | | | | |
| 部門共通費合計 | | 190,000 | | | | | |
| 部門費合計 | | 290,000 | | | | | |

| 借　　　　　方 | 貸　　　　　方 |
|---|---|
| | |

2　次の資料によって部門費配分表を完成し，製造間接費を部門費配分表にもとづいて，各部門に配分する仕訳を示しなさい。

資　料

| 費　　　目 | 製 造 部 門 | | 補 助 部 門 | | |
|---|---|---|---|---|---|
| | 第1製造部門 | 第2製造部門 | 動 力 部 門 | 修 繕 部 門 | 工場事務部門 |
| 床 面 積 | 1,500㎡ | 1,200㎡ | 200㎡ | 50㎡ | 50㎡ |
| 従 業 員 数 | 100人 | 80人 | 10人 | 5人 | 5人 |
| k W 数 ×<br>運転時間数 | 200kW×50時間 | 200kW×40時間 | 50kW×20時間 | 40kW×20時間 | 10kW×20時間 |

部 門 費 配 分 表

| 費　　　目 | 配賦基準 | 金　　額 | 製 造 部 門 | | 補 助 部 門 | | |
|---|---|---|---|---|---|---|---|
| | | | 第1部門 | 第2部門 | 動力部門 | 修繕部門 | 工場事務部門 |
| 間接材料費 | | 49,000 | 20,000 | 15,000 | 5,000 | 9,000 | —— |
| 間 接 賃 金 | | 160,000 | 60,000 | 50,000 | 10,000 | 10,000 | 30,000 |
| 部門個別費合計 | | | | | | | |
| 部 門 共 通 費 | | | | | | | |
| 間 接 賃 金 | 従業員数 | 100,000 | | | | | |
| 建物減価償却費 | 床 面 積 | 240,000 | | | | | |
| 保 険 料 | 床 面 積 | 30,000 | | | | | |
| 電 力 料 | kW数×<br>運転時間数 | 160,000 | | | | | |
| 部門共通費合計 | | 530,000 | | | | | |
| 部 門 費 合 計 | | 739,000 | | | | | |

| 借　　　　　方 | 貸　　　　　方 |
|---|---|
| | |
| | |
| | |
| | |

**3** 次の資料から，(1)直接配賦法によって部門費振替表を完成し，(2)補助部門費の振替の仕訳を示しなさい。

資　料

補助部門費の配賦基準

| 部　　門　　費 | 配　賦　基　準 | 第1製造部門 | 第2製造部門 |
|---|---|---|---|
| 動　力　部　門　費 | kW数×運転時間数 | 100kW×30時間 | 100kW×20時間 |
| 修　繕　部　門　費 | 修　繕　回　数 | 3　回 | 2　回 |
| 工　場　事　務　部　門　費 | 従　業　員　数 | 15人 | 10人 |

(1)

部　門　費　振　替　表

直接配賦法　　　　　　　　　　　　　令和○年8月分

| 部　門　費 | 配賦基準 | 金　　額 | 製造部門 | | 補助部門 | | |
|---|---|---|---|---|---|---|---|
| | | | 第1部門 | 第2部門 | 動力部門 | 修繕部門 | 工場事務部門 |
| 部 門 費 合 計 | | 100,000 | 50,000 | 40,000 | 5,000 | 3,000 | 2,000 |
| 動 力 部 門 費 | kW数×運転時間数 | | | | | | |
| 修 繕 部 門 費 | 修繕回数 | | | | | | |
| 工場事務部門費 | 従業員数 | | | | | | |
| 配 賦 額 合 計 | | | | | | | |
| 製造部門費合計 | | | | | | | |

(2)

| 借　　　　方 | 貸　　　　方 |
|---|---|
| | |
| | |
| | |

**4** 次の資料によって，補助部門費の振替の仕訳を示しなさい。ただし，直接配賦法による。

資　料

| 部　門　費 | 金　額 | 配　賦　基　準 | 第1製造部門 | 第2製造部門 |
|---|---|---|---|---|
| 動 力 部 門 費 | ¥140,000 | kW数×運転時間数 | 200kW×20時間 | 100kW×30時間 |
| 工 場 事 務 部 門 費 | ¥80,000 | 従業員数 | 30人 | 20人 |

| 借　　　　方 | 貸　　　　方 |
|---|---|
| | |
| | |

**5** 次の資料から，(1)相互配賦法によって部門費振替表を完成し，(2)補助部門費の振替の仕訳を示しなさい。

<u>資　料</u>

補助部門費の配賦基準

| 部 門 費 | 配賦基準 | 第1製造部門 | 第2製造部門 | 動力部門 | 修繕部門 | 工場事務部門 |
|---|---|---|---|---|---|---|
| 動 力 部 門 費 | kW数×運転時間数 | 100kW×30時間 | 100kW×20時間 | —— | 50kW×10時間 | —— |
| 修 繕 部 門 費 | 修繕回数 | 15 回 | 10 回 | 3 回 | —— | 2 回 |
| 工場事務部門費 | 従業員数 | 20 人 | 20 人 | 5 人 | 5 人 | —— |

(1)

部 門 費 振 替 表

相互配賦法
令和○年9月分

| 部 門 費 | 配賦基準 | 金 額 | 製造部門 第1部門 | 製造部門 第2部門 | 補助部門 動力部門 | 補助部門 修繕部門 | 補助部門 工場事務部門 |
|---|---|---|---|---|---|---|---|
| 部 門 費 合 計 | | 200,000 | 90,000 | 89,000 | 11,000 | 6,000 | 4,000 |
| 動 力 部 門 費 | kW数×運転時間数 | | | | —— | | —— |
| 修 繕 部 門 費 | 修繕回数 | | | | | —— | |
| 工場事務部門費 | 従業員数 | | | | | | —— |
| 第 1 次 配 賦 額 | | | | | | | |
| 動 力 部 門 費 | 省略 | | | | | | |
| 修 繕 部 門 費 | | | | | | | |
| 工場事務部門費 | | | | | | | |
| 第 2 次 配 賦 額 | | | | | | | |
| 製造部門費合計 | | | | | | | |

(2)

| 借　　　方 | 貸　　　方 |
|---|---|
| | |
| | |
| | |

## 応用問題

解答p.41

**1** 次の資料によって，下記の問いに答えなさい。

(1) 相互配賦法によって，部門費振替表を完成しなさい。

(2) 第1製造部門費と第2製造部門費の配賦率を求めなさい。なお，配賦基準は直接作業時間による。

(3) 製造指図書＃1の原価計算表を完成しなさい。

資 料

① 補助部門費の配賦基準

| | 配 賦 基 準 | 第1製造部門 | 第2製造部門 | 修繕部門 | 工場事務部門 |
|---|---|---|---|---|---|
| 修 繕 部 門 費 | 修 繕 回 数 | 15 回 | 10 回 | ―― | 5 回 |
| 工場事務部門費 | 従 業 員 数 | 100 人 | 100 人 | 50 人 | ―― |

② 当月直接作業時間　　第1製造部門　600時間（うち＃1　100時間）
　　　　　　　　　　　　第2製造部門　300時間（うち＃1　50時間）

(1)

部 門 費 振 替 表

相互配賦法　　　　　　　　　　　　　令和〇年9月分

| 部 門 費 | 配賦基準 | 金 額 | 製 造 部 門 | | 補 助 部 門 | |
|---|---|---|---|---|---|---|
| | | | 第1部門 | 第2部門 | 修繕部門 | 工場事務部門 |
| 部 門 費 合 計 | | 1,200,000 | 600,000 | 500,000 | 60,000 | 40,000 |
| 修 繕 部 門 費 | 修繕回数 | | | | ―― | |
| 工場事務部門費 | 従業員数 | | | | | ―― |
| 第1次配賦額 | | | | | | |
| 修 繕 部 門 費 | 省 | | | | | |
| 工場事務部門費 | 略 | | | | | |
| 第2次配賦額 | | | | | | |
| 製造部門費合計 | | | | | | |

(2) 第1製造部門費の配賦率 〔￥　　　　　　　　　〕

　　第2製造部門費の配賦率 〔￥　　　　　　　　　〕

(3) 製造指図書＃1

原 価 計 算 表

| 直接材料費 | 直接労務費 | 製 造 間 接 費 | | | | 集 | 計 |
|---|---|---|---|---|---|---|---|
| | | 部門 | 時間 | 配賦率 | 金 額 | 摘 要 | 金 額 |
| 120,000 | 180,000 | | | | | 直接材料費 | |
| | | | | | | 直接労務費 | |
| | | | | | | 製造間接費 | |
| | | | | | | 製 造 原 価 | |
| | | | | | | 完成品数量 | 200個 |
| | | | | | | 製 品 単 価 | ￥ |

## 2 製造部門費の予定配賦

### 学習の要点 ● ● ●

#### 1．製造部門費の予定配賦

製造部門ごとに予定配賦率を定めて，各製品に配賦することを製造部門費の予定配賦という。

#### 2．予定配賦率の設定

各部門での適当な配賦基準を用いて予定配賦率を決定する。

$$予定配賦率 = \frac{1\,会計期間の各製造部門費予定総額}{1\,会計期間の予定配賦基準}$$

予定配賦額 = 各製造部門の予定配賦率 × 各製造指図書の実際配賦基準

#### 3．各勘定での体系図

① （借）仕　掛　品 *200* 　（貸）第 1 製造部門費 *100*
　　　　　　　　　　　　　　　　　　第 2 製造部門費 *100*
② （借）製造部門費配賦差異 *20* 　（貸）第 1 製造部門費 *20*
③ （借）第 2 製造部門費 *10* 　（貸）製造部門費配賦差異 *10*
会計期末④（借）売　上　原　価 *10* 　（貸）製造部門費配賦差異 *10*

## 基本問題

解答p.42

**1** 次の連続した取引の(1)から(4)の仕訳を示しなさい。

(1) 次の資料から各部門の予定配賦率を求め，各製造指図書に配賦した。

〔年間製造間接費予定額・年間予定直接作業時間〕

|  | 第1製造部門 | 第2製造部門 |
|---|---|---|
| 年間製造間接費予定額 | ¥3,200,000 | ¥2,700,000 |
| 年間予定直接作業時間 | 8,000時間 | 9,000時間 |
| 予定配賦率 | （　　／時間） | （　　／時間） |

〔製造部門の当月直接作業時間〕

|  | 第1製造部門 | 第2製造部門 |
|---|---|---|
| 製造指図書#1 | 300時間 | 500時間 |
| 製造指図書#2 | 400時間 | 700時間 |

(2) 製造間接費を各部門に配賦した。

| 第1製造部門費 | ¥220,000 |
|---|---|
| 第2製造部門費 | ¥260,000 |
| 動 力 部 門 費 | ¥80,000 |
| 修 繕 部 門 費 | ¥50,000 |
| 工場事務部門費 | ¥40,000 |

(3) 補助部門費を次の割合で，製造部門に配賦した。

|  |  | 第1製造部門 | 第2製造部門 |
|---|---|---|---|
| 動 力 部 門 費 | ¥80,000 | 50% | 50% |
| 修 繕 部 門 費 | ¥50,000 | 60% | 40% |
| 工場事務部門費 | ¥40,000 | 45% | 55% |

(4) 第1製造部門費と第2製造部門費の配賦差異を，それぞれ製造部門費配賦差異に振り替えた。

|  | 借　　　方 | 貸　　　方 |
|---|---|---|
| (1) |  |  |
| (2) |  |  |
| (3) |  |  |
| (4) |  |  |

**2** 次の連続した取引の仕訳を示し，下記の勘定に記入をおこない，締め切りなさい（取引番号・相手科目・金額を示すこと）。

(1) 次の資料から各部門の予定配賦率を求め，各製造指図書に配賦した。

〔年間製造間接費予定額・年間予定直接作業時間〕

| | 第 1 製造部門 | 第 2 製造部門 |
|---|---|---|
| 年間製造間接費予定額 | ￥7,000,000 | ￥8,000,000 |
| 年間予定直接作業時間 | 5,000時間 | 4,000時間 |
| 予定配賦率 | （　　／時間） | （　　／時間） |

〔製造部門の当月直接作業時間〕

| | 第 1 製造部門 | 第 2 製造部門 |
|---|---|---|
| 製造指図書＃ 1 | 250時間 | 180時間 |
| 製造指図書＃ 2 | 200時間 | 160時間 |

(2) 製造間接費を各部門に配賦した。

| | | | |
|---|---|---|---|
| 第 1 製造部門費 | ￥500,000 | 動 力 部 門 費 | ￥100,000 |
| 第 2 製造部門費 | ￥550,000 | 修 繕 部 門 費 | ￥ 90,000 |
| | | 工場事務部門費 | ￥ 80,000 |

(3) 補助部門費を次の割合で，製造部門に配賦した。

| | 第 1 製造部門 | 第 2 製造部門 |
|---|---|---|
| 動 力 部 門 費 | 45% | 55% |
| 修 繕 部 門 費 | 40% | 60% |
| 工場事務部門費 | 50% | 50% |

(4) 製造部門費の配賦差異を，製造部門費配賦差異勘定に振り替えた。

| | 借　　　方 | 貸　　　方 |
|---|---|---|
| (1) | | |
| (2) | | |
| (3) | | |
| (4) | | |

第 1 製 造 部 門 費

第 2 製 造 部 門 費

工 場 事 務 部 門 費

製造部門費配賦差異

**3**　兵庫製作所は，個別原価計算を採用し，A製品（製造指図書＃１）とB製品（製造指図書＃２）を製
　　造している。下記の資料によって，次の各問いに答えなさい。
(1)　部門費振替表を直接配賦法によって完成しなさい。
(2)　A製品（製造指図書＃１）の原価計算表を完成しなさい。
(3)　第１製造部門費および第２製造部門費の配賦差異を製造部門費配賦差異勘定に振り替える仕
　　訳を示しなさい。

資　料
　①　年間製造間接費予定額・年間予定直接作業時間

| | 第１製造部門 | 第２製造部門 |
|---|---|---|
| 年間製造間接費予定額 | ￥　9,000,000 | ￥　7,800,000 |
| 年間予定直接作業時間 | 7,500時間 | 6,000時間 |

　②　製造部門の当月直接作業時間

| 製造指図書 | 第１製造部門 | 第２製造部門 |
|---|---|---|
| ＃１ | 500時間 | 400時間 |
| ＃２ | 300時間 | 500時間 |

　③　製造間接費の各部門への当月配分額

| | | | |
|---|---|---|---|
| 第１製造部門費 | ￥1,000,000 | 動力部門費 | ￥　150,000 |
| 第２製造部門費 | ￥　900,000 | 工場事務部門費 | ￥　100,000 |

　④　補助部門費の配賦基準

| 部門費 | 配賦基準 | 第１製造部門 | 第２製造部門 |
|---|---|---|---|
| 動力部門費 | kW数×運転時間数 | 18kW×200時間 | 15kW×160時間 |
| 工場事務部門費 | 従業員数 | 30人 | 20人 |

　⑤　完成品数量　　A製品（製造指図書＃１）　　200個

(1)
部門費振替表
令和○年５月分
直接配賦法

| 部門費 | 配賦基準 | 金額 | 製造部門 | | 補助部門 | |
|---|---|---|---|---|---|---|
| | | | 第１部門 | 第２部門 | 動力部門 | 工場事務部門 |
| 部門費合計 | | | | | | |
| 動力部門費 | kW数×運転時間数 | | | | | |
| 工場事務部門費 | 従業員数 | | | | | |
| 配賦額合計 | | | | | | |
| 製造部門費合計 | | | | | | |

(2)　製造指図書＃ 1

原　価　計　算　表

| 直接材料費 | 直接労務費 | 製 造 間 接 費 | | | | 集 | 計 | |
| --- | --- | --- | --- | --- | --- | --- | --- |
| | | 部　門 | 時　間 | 配賦率 | 金　　額 | 摘　　要 | 金　　額 |
| 350,000 | 780,000 | | | | | 直接材料費 | |
| | | | | | | 直接労務費 | |
| | | | | | | 製造間接費 | |
| | | | | | | 製造原価 | |
| | | | | | | 完成品数量 | 200個 |
| | | | | | | 製品単価 | ￥ |

(3)

| 借　　　　　方 | 貸　　　　　方 |
| --- | --- |
| | |

---

**4**　次の山口製作所の一連の仕訳を示しなさい。

(1)　第 1 製造部門の予定配賦率は直接作業時間 1 時間につき￥*400*　第 2 製造部門の予定配賦率は直接作業時間 1 時間につき￥*300*である。当月の直接作業時間は次のとおりであり，よって製造部門費を予定配賦した。

| | | 第 1 製造部門 | 第 2 製造部門 |
| --- | --- | --- | --- |
| 直接作業時間 | 製造指図書＃ 1 | 800時間 | 700時間 |
| | 製造指図書＃ 2 | 500時間 | 600時間 |

(2)　製造間接費を各部門に配分し，補助部門費を各製造部門に配賦した結果，第 1 製造部門費の実際発生額は￥*533,000*　第 2 製造部門費は￥*383,500*であった。よって，第 1 製造部門費および第 2 製造部門費の配賦差異を，製造部門費配賦差異勘定に振り替えた。

(3)　会計期末に製造部門費配賦差異勘定の残高￥*7,200*（借方）を売上原価勘定に振り替えた。

| | 借　　　　方 | 貸　　　　方 |
| --- | --- | --- |
| (1) | | |
| (2) | | |
| (3) | | |

## 応用問題

解答p.44

**1** 宮崎製作所は，個別原価計算を採用し，A製品（製造指図書＃1）とB製品（製造指図書＃2）を製造している。下記の資料によって，次の各問いに答えなさい。

(1) 1月中の取引の仕訳を示しなさい。

(2) 部門費振替表を直接配賦法によって完成しなさい。

(3) A製品（製造指図書＃1）の原価計算表を完成しなさい。

(4) 月末仕掛品原価を求めなさい。

ただし，i 前月繰越高は，次のとおりである。

| | | | |
|---|---|---|---|
| 素　　　　材 | 250個 | @¥3,120 | ¥ 780,000 |
| 工場消耗品 | 170〃 | 〃〃 300 | ¥ 51,000 |
| 仕　掛　品（製造指図書＃1） | | | ¥1,637,000（原価計算表に記入済み） |

ii 素材の消費高の計算は移動平均法により，工場消耗品の消費数量の計算は棚卸計算法によっている。

iii 賃金の消費高の計算には，作業時間1時間につき¥1,100の予定賃率を用いている。

iv 製造間接費は部門別計算をおこない，直接作業時間を基準として予定配賦している。

| | 第1製造部門 | 第2製造部門 |
|---|---|---|
| 年間製造間接費予定額 | ¥ 6,525,000 | ¥ 4,370,000 |
| 年間予定直接作業時間 | 14,500時間 | 11,500時間 |

v 製造間接費勘定を設けている。

**取　引**

1月8日 素材および工場消耗品を次のとおり買い入れ，代金は掛けとした。

| | | | |
|---|---|---|---|
| 素　　　　材 | 750個 | @¥3,160 | ¥2,370,000 |
| 工場消耗品 | 400〃 | 〃〃 300 | ¥ 120,000 |

12日 B製品（製造指図書＃2）の注文を受け，素材900個を消費して製造を開始した。

20日 製造経費を次のとおり小切手を振り出して支払った。

電力料 ¥264,000　保険料 ¥144,000　雑費 ¥28,000

25日 賃金を次のとおり小切手を振り出して支払った。

賃金総額 ¥2,550,000 （うち，控除額 所得税¥153,000 健康保険料¥112,000）

31日 ① 工場消耗品の月末棚卸数量は80個であった。よって，消費高を計上した。（間接材料）

② 当月の賃金予定消費高を次の作業時間によって計上した。ただし，消費賃金勘定を設けている。

製造指図書＃1 1,310時間　　製造指図書＃2 820時間　　間接作業 120時間

③ 健康保険料の事業主負担分¥112,000を計上した。

④ 当月の製造経費消費高を計上した。

電力料 ¥269,000　保険料 ¥24,000　減価償却費 ¥180,000　雑費 ¥29,000

⑤ 当月の直接作業時間は次のとおりであった。よって，製造部門費を予定配賦した。

| | | 第1製造部門 | 第2製造部門 |
|---|---|---|---|
| 直接作業時間 | 製造指図書＃1 | 760時間 | 550時間 |
| | 製造指図書＃2 | 420時間 | 400時間 |

⑥ 製造間接費を次の部門費配分表によって各部門に配分した。

### 部 門 費 配 分 表
令和○年1月分

| 費　　目 | 配賦基準 | 金　　額 | 製 造 部 門 | | 補 助 部 門 | |
|---|---|---|---|---|---|---|
| | | | 第1部門 | 第2部門 | 動力部門 | 工場事務部門 |
| 部 門 費 合 計 | | 893,000 | 385,000 | 260,000 | 160,000 | 88,000 |

⑦ 補助部門費を次の配賦基準によって各製造部門に配賦した。

| | 配 賦 基 準 | 第1製造部門 | 第2製造部門 |
|---|---|---|---|
| 動 力 部 門 費 | kW数×運転時間数 | 15kW×400時間 | 20kW×200時間 |
| 工場事務部門費 | 従 業 員 数 | 6人 | 5人 |

⑧ A製品（製造指図書＃1）95個が完成した。

⑨ 当月の賃金実際消費高¥2,484,000を計上した。

⑩　賃金の予定消費高と実際消費高との差額を，賃率差異勘定に振り替えた。
⑪　第1製造部門費および第2製造部門費の配賦差異を，製造部門費配賦差異勘定に振り替えた。

(1)

| | | 借　　　方 | 貸　　　方 |
|---|---|---|---|
| 1月8日 | | | |
| 12日 | | | |
| 20日 | | | |
| 25日 | | | |
| 31日 | ① | | |
| | ② | | |
| | ③ | | |
| | ④ | | |
| | ⑤ | | |
| | ⑥ | | |
| | ⑦ | | |
| | ⑧ | | |
| | ⑨ | | |
| | ⑩ | | |
| | ⑪ | | |

(2)

### 部 門 費 振 替 表

直接配賦法　　　　　　　　　　令和○年1月分

| 部　門　費 | 配 賦 基 準 | 金　　額 | 製 造 部 門 | | 補 助 部 門 | |
|---|---|---|---|---|---|---|
| | | | 第1部門 | 第2部門 | 動 力 部 門 | 工場事務部門 |
| 部 門 費 合 計 | | | | | | |
| 動 力 部 門 費 | kW数×運転時間数 | | | | | |
| 工場事務部門費 | 従 業 員 数 | | | | | |
| 配 賦 額 合 計 | | | | | | |
| 製造部門費合計 | | | | | | |

(3) 製造指図書# 1

### 原 価 計 算 表

| 直接材料費 | 直接労務費 | 製 造 間 接 費 | | | | 集 　　 計 | |
|---|---|---|---|---|---|---|---|
| | | 部 門 | 時 間 | 配賦率 | 金 　 額 | 摘 　 要 | 金 　 額 |
| 1,482,000 | 110,000 | 第1 | 100 | 450 | 45,000 | 直接材料費 | |
| | | | | | | 直接労務費 | |
| | | | | | | 製造間接費 | |
| | | | | | | 製 造 原 価 | |
| | | | | | | 完成品数量 | 95個 |
| | | | | | | 製 品 単 価 | ¥ |

(4)　月 末 仕 掛 品 原 価　　¥

## 検定問題

解答p.46

**1**　和歌山製作所は，個別原価計算を採用し，A製品（製造指図書＃1）とB製品（製造指図書＃2）を製造している。下記の資料によって，次の各問いに答えなさい。　　　　　（第62回一部修正）
(1)　製造部門費を予定配賦したときの仕訳を示しなさい。
(2)　部門費振替表を相互配賦法によって完成しなさい。
(3)　第1製造部門費および第2製造部門費の配賦差異を，製造部門費配賦差異勘定に振り替える仕訳を示しなさい。
(4)　A製品（製造指図書＃1）の原価計算表を完成しなさい。
　　ただし，i　月初仕掛品はなかった。
　　　　　　ii　賃金の消費高の計算には，作業時間1時間につき¥1,000の予定賃率を用いている。
　　　　　　iii　製造間接費は部門別計算をおこない，直接作業時間を基準として予定配賦している。

資料　a．年間製造間接費予定額・年間予定直接作業時間

|  | 第1製造部門 | 第2製造部門 |
|---|---|---|
| 年間製造間接費予定額 | ¥12,844,000 | ¥8,820,000 |
| 年間予定直接作業時間 | 16,900時間 | 14,700時間 |

b．製造部門の当月直接作業時間

|  |  | 第1製造部門 | 第2製造部門 |
|---|---|---|---|
| 直接作業時間 | 製造指図書＃1 | 950時間 | 840時間 |
| | 製造指図書＃2 | 450時間 | 390時間 |

c．補助部門費の配賦基準

| | 配賦基準 | 第1製造部門 | 第2製造部門 | 動力部門 | 修繕部門 |
|---|---|---|---|---|---|
| 動力部門費 | kW数×運転時間数 | 20kW×600時間 | 16kW×500時間 | —— | 10kW×100時間 |
| 修繕部門費 | 修繕回数 | 8回 | 6回 | 2回 | —— |

d．完成品数量　A製品（製造指図書＃1）　60個

(1)

| 借　　　　方 | 貸　　　　方 |
|---|---|
| | |

(2)

### 部　門　費　振　替　表

相互配賦法　　　　　　　　　　令和○年6月分

| 部　門　費 | 配　賦　基　準 | 金　額 | 製造部門 | | 補助部門 | |
|---|---|---|---|---|---|---|
| | | | 第1部門 | 第2部門 | 動力部門 | 修繕部門 |
| 部 門 費 合 計 | | 1,800,000 | 911,000 | 622,000 | 147,000 | 120,000 |
| 動 力 部 門 費 | kW数×運転時間数 | | | | —— | |
| 修 繕 部 門 費 | 修　繕　回　数 | | | | | —— |
| 第 1 次 配 賦 額 | | | | | | |
| 動 力 部 門 費 | kW数×運転時間数 | | | | | |
| 修 繕 部 門 費 | 修　繕　回　数 | | | | | |
| 第 2 次 配 賦 額 | | | | | | |
| 製造部門費合計 | | | | | | |

(3)

| 借　　　　方 | 貸　　　　方 |
|---|---|
| | |

(4)　製造指図書＃1

### 原　価　計　算　表

| 直接材料費 | 直接労務費 | 製　造　間　接　費 | | | | 集　　　計 | |
|---|---|---|---|---|---|---|---|
| | | 部　門 | 時　間 | 配賦率 | 金　額 | 摘　要 | 金　額 |
| 2,168,000 | | 第1 | | | | 直接材料費 | |
| | | 第2 | | | | 直接労務費 | |
| | | | | | | 製造間接費 | |
| | | | | | | 製造原価 | |
| | | | | | | 完成品数量 | 60個 |
| | | | | | | 製品単価 | ¥ |

# 第3章　総合原価計算

## 1　総合原価計算

### 学習の要点 ●●●

#### 1．総合原価計算の内容

同じ種類または異なる種類の製品を連続して大量生産・市場見込み生産する製造業（製糖業・製粉業・製菓業など）に適用される原価の計算方法である。

総合原価計算は，製品の種類や等級別に区別可能かどうかによって，次のように分類される。

| | |
|---|---|
| 単純総合原価計算 | 同じ種類の製品を大量に製造する製造業に適用される。 |
| 等級別総合原価計算 | 同じ種類の製品であるが，等級で区別できる製品を大量に製造する製造業に適用される。 |
| 組別総合原価計算 | 種類の異なる製品を大量に製造する製造業に適用される。 |

また，いくつかの製造工程がある場合には，これらに加えてさらに**工程別総合原価計算**（p.123参照）がおこなわれる。

## 2　単純総合原価計算

### 学習の要点 ●●●

#### 1．単純総合原価の計算方法

単純総合原価計算表を作成して以下の計算をおこなう。

当月製造費用＝当月材料消費高＋当月労務費消費高＋当月経費消費高

総製造費用＝月初仕掛品原価＋当月製造費用

完成品原価＝総製造費用（月初仕掛品原価＋当月製造費用）－月末仕掛品原価

$$製品単価＝\frac{完成品原価}{完成品数量}$$

## 2．月末仕掛品の評価

　当月総製造費用のうち，どれだけを月末仕掛品原価とするか計算することを**月末仕掛品の評価**という。月末仕掛品の評価をする場合には，原価要素を**素材費**(直接材料費)と**加工費**(間接材料費・労務費・経費)に分けて計算する。

　素材費については，通常製造着手の時点(作業工程の始点)で完成に必要な量がすべて投入されるので，完成品数量と同様に100%消費されたものとして計算する。

　加工費については，通常作業工程の進行とともに消費されるので，**月末仕掛品の完成品換算数量**を計算する必要がある。

・素材費　　　　　　　　　　　　　　　　　・加工費

```
          仕掛品素材費                                      仕掛品加工費
 開始 ------------------→ 完成           開始 ------------------→ 完成
 0%        50%       100%               0%        50%       100%
         〔加工進捗度〕                          〔加工進捗度〕
```

　＊ただし，素材費が製造の進行程度に応じて投入される場合には，加工費と同様に月末仕掛品の完成品換算数量を計算する。

> 月末仕掛品の完成品換算数量＝月末仕掛品数量×加工進捗度*(%)

　＊加工進捗度……原価投入の観点からみた完成程度

## 3．月末仕掛品原価の計算

(1) 平均法

　　平均法は，月初仕掛品と当月に製造を開始した分が，ともに平均的に完成品と月末仕掛品に配分されるという仮定にもとづいて計算される。

●素材を製造着手(工程の始点)のときにすべて投入(消費)する場合

> 月末仕掛品素材費＝(月初仕掛品素材費＋当月素材費)×$\dfrac{月末仕掛品数量}{完成品数量＋月末仕掛品数量}$
>
> 月末仕掛品加工費＝(月初仕掛品加工費＋当月加工費)×$\dfrac{月末仕掛品の完成品換算数量}{完成品数量＋月末仕掛品の完成品換算数量}$
>
> 月末仕掛品原価＝月末仕掛品素材費＋月末仕掛品加工費

```
                      仕  掛  品
   ┌─────────────────────┬─────────────────────┐
   │  前月繰越           │   90(18+72)         │
   │  (月初仕掛品) 20  ╳  │   完 成 高          │
   │                     │                     │
   │  当月製造費用 80    │   10(2+8) 次月繰越  │
   │                     │   (月末仕掛品)      │
   └─────────────────────┴─────────────────────┘
```

●素材を製造の進行に応じて投入（消費）する場合

月末仕掛品素材費 ＝（月初仕掛品素材費＋当月素材費）× $\dfrac{\text{月末仕掛品の完成品換算数量}}{\text{完成品数量＋月末仕掛品の完成品換算数量}}$

月末仕掛品加工費 ＝（月初仕掛品加工費＋当月加工費）× $\dfrac{\text{月末仕掛品の完成品換算数量}}{\text{完成品数量＋月末仕掛品の完成品換算数量}}$

月末仕掛品原価 ＝ 月末仕掛品素材費＋月末仕掛品加工費

●素材の投入（消費）割合と加工費の発生割合が等しいとき，素材費と加工費を区別しないで計算する。

月末仕掛品原価 ＝（月初仕掛品原価＋当月製造費用）× $\dfrac{\text{月末仕掛品の完成品換算数量}}{\text{完成品数量＋月末仕掛品の完成品換算数量}}$

（まとめて計算）

(2)　先入先出法

先入先出法は，月初仕掛品が先に加工されて完成したと考え，当月の製造着手分が完成品と月末仕掛品に配分されるという仮定にもとづいて計算される。

●素材を製造着手（工程の始点）のときにすべて投入（消費）する場合

月末仕掛品素材費 ＝ 当月素材費× $\dfrac{\text{月末仕掛品数量}}{\text{完成品数量－月初仕掛品数量＋月末仕掛品数量}}$

月末仕掛品加工費 ＝ 当月加工費× $\dfrac{\text{月末仕掛品の完成品換算数量}}{\text{完成品数量－月初仕掛品の完成品換算数量＋月末仕掛品の完成品換算数量}}$

月末仕掛品原価 ＝ 月末仕掛品素材費＋月末仕掛品加工費

●素材を製造の進行に応じて投入（消費）する場合

月末仕掛品素材費 ＝ 当月素材費× $\dfrac{\text{月末仕掛品の完成品換算数量}}{\text{完成品数量－月初仕掛品の完成品換算数量＋月末仕掛品の完成品換算数量}}$

月末仕掛品加工費 ＝ 当月加工費× $\dfrac{\text{月末仕掛品の完成品換算数量}}{\text{完成品数量－月初仕掛品の完成品換算数量＋月末仕掛品の完成品換算数量}}$

月末仕掛品原価 ＝ 月末仕掛品素材費＋月末仕掛品加工費

●素材の投入（消費）割合と加工費の発生割合が等しいとき，素材費と加工費を区別しないで計算する。

月末仕掛品原価 ＝ 当月製造費用× $\dfrac{\text{月末仕掛品の完成品換算数量}}{\text{完成品数量－月初仕掛品の完成品換算数量＋月末仕掛品の完成品換算数量}}$

（まとめて計算）

## 4．記帳方法

単純総合原価計算は製品が同じ種類であるため，材料・労務費・経費を消費するとき，直接費と間接費に分ける必要がない。すべて直接費（仕掛品勘定）として処理し，製造間接費勘定を使用しない。

*の仕訳 （借）製 品 600 （貸）仕 掛 品 600

## 基本問題

解答p.48

**1** 単純総合原価計算を採用している工場の次の取引について，仕訳を示しなさい。
(1) 当月の材料消費高は素材¥650,000 工場消耗品¥120,000であった。
(2) 当月の給料消費高¥150,000を計上した。
(3) 月末に，健康保険料の事業主負担分¥80,000を計上した。
(4) 月末に，電力料測定高¥73,000 減価償却費月割額¥25,000を計上した。

| | 借　　　　　方 | 貸　　　　　方 |
|---|---|---|
| (1) | | |
| (2) | | |
| (3) | | |
| (4) | | |

**2** 単純総合原価計算を採用している岡山製作所の次の資料によって，(1)当月製造費用，(2)当月総製造費用，(3)完成品原価，(4)製品単価の金額を求めなさい。

資　料
① 当月製造費用　材料費　¥650,000　② 月初仕掛品原価　¥210,000
　　　　　　　　労務費　¥460,000　③ 月末仕掛品原価　¥150,000
　　　　　　　　経　費　¥130,000　④ 完成品数量　2,000個

| (1) | 当 月 製 造 費 用　　　　¥ | (2) | 当 月 総 製 造 費 用　　　　¥ |
|---|---|---|---|
| (3) | 完 成 品 原 価　　　　¥ | (4) | 製 品 単 価　　　　¥ |

**3** 次の資料によって，単純総合原価計算表を完成し，(1)～(5)の計算式を示しなさい。
　　ただし，ⅰ　素材は製造着手のときにすべて投入され，加工費は製造の進行に応じて消費される
　　　　　　　　ものとする。
　　　　　　ⅱ　月末仕掛品原価の計算は平均法による。

資　料
　①　月初仕掛品原価　素　材　費　　¥160,000　　　加　工　費　　¥86,000
　②　当月製造費用　　素　材　費　　¥812,000　　　工場消耗品　　¥55,000
　　　　　　　　　　　労　務　費　　　400,000　　　経　　　費　　　188,000
　③　当月完成品数量　1,500個
　④　月末仕掛品数量　　300個（加工進捗度40％）

### 単 純 総 合 原 価 計 算 表
令和〇年1月分

| 摘　　　要 | 素　材　費 | 加　工　費 | 合　　　計 |
|---|---|---|---|
| 材　料　費 | | | |
| 労　務　費 | ——— | | |
| 経　　　費 | ——— | | |
| 計 | | | |
| 月初仕掛品原価 | | | |
| 計 | | | |
| 月末仕掛品原価 | | | |
| 完 成 品 原 価 | | | |
| 完 成 品 数 量 | 1,500個 | 1,500個 | 1,500個 |
| 製 品 単 価 | ¥ | ¥ | ¥ |

| | | 式 | ¥ |
|---|---|---|---|
| (1) | 月末仕掛品素材費 | 式 | ¥ |
| (2) | 月末仕掛品加工費 | 式 | ¥ |
| (3) | 月 末 仕 掛 品 原 価 | 式 | ¥ |
| (4) | 完 成 品 原 価 | 式 | ¥ |
| (5) | 製 品 単 価 | 式 | ¥ |

4　次の資料によって，単純総合原価計算表を完成し，(1)～(5)の計算式を示しなさい。

ただし，ⅰ　素材は製造着手のときにすべて投入され，加工費は製造の進行に応じて消費されるものとする。

ⅱ　月末仕掛品原価の計算は先入先出法によること。

**資料**

① 当月製造費用　素　材　費　¥2,618,000　　工場消耗品　¥ 57,400

　　　　　　　　労　務　費　 917,000　　経　　　費　 504,000

② 月初仕掛品数量　840個（加工進捗度50%）

　　　　　　　　素　材　費　¥388,500　　加　工　費　¥132,300

③ 当月完成品数量　6,300個

④ 月末仕掛品数量　700個（加工進捗度40%）

### 単純総合原価計算表
令和○年10月分

| 摘　要 | 素　材　費 | 加　工　費 | 合　計 |
|---|---|---|---|
| 材　料　費 | | | |
| 労　務　費 | ——— | | |
| 経　　費 | ——— | | |
| 計 | | | |
| 月初仕掛品原価 | | | |
| 計 | | | |
| 月末仕掛品原価 | | | |
| 完成品原価 | | | |
| 完成品数量 | 6,300個 | 6,300個 | 6,300個 |
| 製品単価 | ¥ | ¥ | ¥ |

| | | 式 | |
|---|---|---|---|
| (1) | 月末仕掛品素材費 | 式 | ¥ |
| (2) | 月末仕掛品加工費 | 式 | ¥ |
| (3) | 月末仕掛品原価 | 式 | ¥ |
| (4) | 完成品原価 | 式 | ¥ |
| (5) | 製品単価 | 式 | ¥ |

## 応用問題

解答p.50

1　単純総合原価計算を採用している秋田製作所の次の取引について，仕訳を示しなさい。

(1) 素材1,600個　@¥400　¥640,000を製品の製造のために消費した。

(2) 工場消耗品¥43,000を製品の製造のために消費した。

(3) 賃金¥700,000を製品の製造のために消費した。

(4) 電力料¥37,200と減価償却費¥34,000を製品の製造のために消費した。

|     | 借　　　方 | 貸　　　方 |
|-----|-----------|-----------|
| (1) |           |           |
| (2) |           |           |
| (3) |           |           |
| (4) |           |           |

**2**　前記**1**の仕訳および下記の資料から，(1)単純総合原価計算表を完成しなさい。また，(2)製品が完成したときの仕訳を示しなさい。

資　料
①　月初仕掛品原価　￥*105,800*(うち，素材費￥*80,000*　加工費￥*25,800*)
②　素材は製造着手のときにすべて投入され，加工費は製造の進行に応じて消費されるものとする。
③　月末仕掛品原価の計算は平均法による。
④　当月製造量は，完成品数量2,600個　月末仕掛品数量400個(加工進捗度50％)である。

(1)
### 単純総合原価計算表

| 摘　　　　　要 | 素　材　費 | 加　工　費 | 合　　　計 |
|-------------|-----------|-----------|-----------|
| 材　料　費 |           |           |           |
| 労　務　費 | ―― |           |           |
| 経　　費 | ―― |           |           |
| 計 |           |           |           |
| 月初仕掛品原価 |           |           |           |
| 計 |           |           |           |
| 月末仕掛品原価 |           |           |           |
| 完成品原価 |           |           |           |
| 完成品数量 | 個 | 個 | 個 |
| 製品単価 | ￥ | ￥ | ￥ |

(2)

| 借　　　方 | 貸　　　方 |
|-----------|-----------|
|           |           |

**3**　前記**1**・**2**の仕訳から，仕掛品勘定に記入して締め切りなさい（相手科目・金額を示すこと）。

### 仕　掛　品

| 前月繰越 | *105,800* |   |   |
|---------|-----------|---|---|
|         |           |   |   |
|         |           |   |   |
|         |           |   |   |
|         |           |   |   |
|         |           |   |   |

**4** 岩手製作所の次の資料によって,

(1) 単純総合原価計算表を完成しなさい。

(2) 製品が完成したときの仕訳を示しなさい。

(3) 月末仕掛品原価を先入先出法によって計算するといくらになるか計算しなさい。

ただし, ⅰ 素材は製造着手のときにすべて投入され,加工費は製造の進行に応じて消費されるものとする。

ⅱ 月末仕掛品原価の計算は平均法による。

**資 料**

① 当月製造費用 素 材 費 ¥3,652,000 工場消耗品 ¥ 82,000

労 務 費 1,310,000 経 費 566,000

② 月 初 仕 掛 品 1,200個(加工進捗度50%)

素 材 費 ¥ 548,000 加 工 費 ¥298,000

③ 月末仕掛品数量 1,000個(加工進捗度40%)

④ 完 成 品 数 量 9,000個

(1)
単 純 総 合 原 価 計 算 表
令和○年8月分

| 摘　　　　要 | 素　材　費 | 加　工　費 | 合　　　計 |
|---|---|---|---|
| 材　料　費 | | | |
| 労　務　費 | ——— | | |
| 経　　　費 | ——— | | |
| 計 | | | |
| 月初仕掛品原価 | | | |
| 計 | | | |
| 月末仕掛品原価 | | | |
| 完 成 品 原 価 | | | |
| 完 成 品 数 量 | 個 | 個 | 個 |
| 製 品 単 価 | ¥ | ¥ | ¥ |

(2)

| 借　　　　方 | 貸　　　　方 |
|---|---|
| | |

(3)

| 先入先出法による月末仕掛品原価　　　¥ |
|---|

**5** 次の資料によって,(1)と(2)のケースにもとづき単純総合原価計算表を完成しなさい。

**資 料**

① 月初仕掛品原価 素 材 費 ¥ 53,000 加 工 費 ¥ 26,000

② 当月製造費用 素 材 費 ¥640,000

加 工 費 工場消耗品 ¥ 30,000 労 務 費 ¥480,000

経 費 220,000

③　当月完成品数量　4,000個
④　月末仕掛品数量　　500個（加工進捗度40%）

ケース

(1)　i　素材は製造着手のときにすべて投入され，加工費は製造の進行に応じて消費されるものとする。
　　 ii　月末仕掛品原価の計算は平均法による。

(2)　i　素材費・加工費ともに製造の進行に応じて消費されるものとする。
　　 ii　月末仕掛品原価の計算は平均法による。

(1)
### 単 純 総 合 原 価 計 算 表
令和○年11月分

| 摘　　　要 | 素　材　費 | 加　工　費 | 合　　計 |
|---|---|---|---|
| 材　料　費 | | | |
| 労　務　費 | ——— | | |
| 経　　　費 | ——— | | |
| 計 | | | |
| 月初仕掛品原価 | | | |
| 計 | | | |
| 月末仕掛品原価 | | | |
| 完成品原価 | | | |
| 完成品数量 | 4,000個 | 4,000個 | 4,000個 |
| 製品単価 | ¥ | ¥ | ¥ |

(2)
### 単 純 総 合 原 価 計 算 表
令和○年11月分

| 摘　　　要 | 素　材　費 | 加　工　費 | 合　　計 |
|---|---|---|---|
| 材　料　費 | | | |
| 労　務　費 | ——— | | |
| 経　　　費 | ——— | | |
| 計 | | | |
| 月初仕掛品原価 | | | |
| 計 | | | |
| 月末仕掛品原価 | | | |
| 完成品原価 | | | |
| 完成品数量 | 4,000個 | 4,000個 | 4,000個 |
| 製品単価 | ¥ | ¥ | ¥ |

## 検定問題

解答p.53

**1** 次の取引の仕訳を示しなさい。

(1) 単純総合原価計算を採用している長野製作所は，月末に工場の従業員に対する賞与の月割額を計上した。なお，半年分の賞与の支払予定額は￥3,180,000である。 (第85回)

(2) 単純総合原価計算を採用している茨城工業株式会社は，月末に当月分の特許権使用料￥270,000および工場の建物に対する減価償却費￥190,000を消費高として計上した。 (第87回)

(3) 単純総合原価計算を採用している岩手製作所は，月末に工場の従業員に対する賞与の月割額を計上した。なお，半年分の賞与の支払予定額は￥3,480,000である。 (第89回)

(4) 単純総合原価計算を採用している富山製作所では，月末に特許権使用料の月割額を計上した。ただし，1年分の特許権使用料は￥4,800,000である。 (第93回)

(5) 単純総合原価計算を採用している新潟製作所は，月末に工場の機械に対する減価償却費の月割額を消費高として計上した。ただし，1年分の減価償却費は￥264,000である (第92回)

(6) 単純総合原価計算を採用している秋田工業株式会社は，月末に工場の建物に対する保険料の月割額を消費高として計上した。ただし，1年分の保険料は￥564,000である。 (第74回)

(7) 単純総合原価計算を採用している高知製作所は，当月分の修繕料の消費高を計上した。ただし，前月未払高は￥4,000であり，当月支払高は￥72,000 当月未払高は￥6,000である。 (第67回)

(8) 単純総合原価計算を採用している長崎製造株式会社は，月末に特許権使用料￥190,000および工場の建物に対する保険料￥35,000を消費高として計上した。 (第63回)

| | 借　　　　　方 | 貸　　　　　方 |
|---|---|---|
| (1) | | |
| (2) | | |
| (3) | | |
| (4) | | |
| (5) | | |
| (6) | | |
| (7) | | |
| (8) | | |

**2**　栃木製作所は，単純総合原価計算を採用し，A製品を製造している。下記の資料と仕掛品勘定によって，

(1)　単純総合原価計算表を完成しなさい。　　　　　　　　　　　　　　（第80回一部修正）

(2)　仕掛品勘定の電力料（アの金額）を求めなさい。

　　　ただし，ⅰ　素材は製造着手のときにすべて投入され，加工費は製造の進行に応じて消費されるものとする。

　　　　　　　ⅱ　月末仕掛品原価の計算は平均法による。

資　料

　　a．生産データ　月初仕掛品　　　500個（加工進捗度40%）

　　　　　　　　　　当月投入　　2,500個

　　　　　　　　　　合　　計　　3,000個

　　　　　　　　　　月末仕掛品　　 400個（加工進捗度60%）

　　　　　　　　　　完成品　　　2,600個

　　b．月初仕掛品原価

　　　　素　材　費　¥1,150,000

　　　　加　工　費　¥ 208,000

　　c．当月製造費用

　　　　素　材　費　¥6,350,000

　　　　加　工　費　¥3,200,000

仕　　掛　　品

| | | | |
|---|---|---|---|
| 前 月 繰 越 | （　　　） | 製　　品 | （　　　） |
| 素　　材 | （　　　） | 次月繰越 | （　　　） |
| 工場消耗品 | 561,000 | | |
| 賃　　金 | 1,750,000 | | |
| 従業員賞与手当 | 513,000 | | |
| 健康保険料 | 70,000 | | |
| 減価償却費 | 160,000 | | |
| 電 力 料 | （ ア ） | | |
| 雑　　費 | 12,000 | | |
| | （　　　） | | （　　　） |

(1)
### 単 純 総 合 原 価 計 算 表
#### 令和○年 6 月分

| 摘　　　　要 | 素　材　費 | 加　工　費 | 合　　計 |
|---|---|---|---|
| 材　料　費 | | | |
| 労　務　費 | ——— | | |
| 経　　　費 | ——— | | |
| 計 | | | |
| 月初仕掛品原価 | 1,150,000 | 208,000 | 1,358,000 |
| 計 | | | |
| 月末仕掛品原価 | | | |
| 完 成 品 原 価 | | | |
| 完 成 品 数 量 | 個 | 個 | 個 |
| 製 品 単 価 | ¥ | ¥ | ¥ |

(2)

| 仕掛品勘定の電力料<br>（ア）の金額 | ¥ |
|---|---|

**3** 京都工業株式会社は，単純総合原価計算を採用し，A製品を製造している。下記の資料と仕掛品勘定によって，

(1) 単純総合原価計算表を完成しなさい。　　　　　　　　　　　　　　　　　（第62回一部修正）

(2) 仕掛品勘定の保険料（アの金額）を求めなさい。

　　ただし，ⅰ　素材は製造着手のときにすべて投入され，加工費は製造の進行に応じて消費されるものとする。

　　　　　　ⅱ　月末仕掛品原価の計算は先入先出法による。

資　料
　　a．生産データ　月初仕掛品　　　800個（加工進捗度45%）
　　　　　　　　　　当月投入　　3,400個
　　　　　　　　　　　合　計　　4,200個
　　　　　　　　　　月末仕掛品　　600個（加工進捗度50%）
　　　　　　　　　　完成品　　　3,600個

　　b．月初仕掛品原価
　　　　素材費　　¥1,008,000
　　　　加工費　　¥  396,000

　　c．当月製造費用
　　　　素材費　　¥4,437,000
　　　　加工費　　¥4,071,000

| 仕　　掛　　品 | | | |
|---|---|---|---|
| 前月繰越 | （　　　） | 製　品 | （　　　） |
| 素　材 | （　　　） | 次月繰越 | （　　　） |
| 工場消耗品 | 680,000 | | |
| 消耗工具器具備品 | 28,000 | | |
| 賃　金 | 1,850,000 | | |
| 給　料 | 320,000 | | |
| 退職給付費用 | 126,000 | | |
| 健康保険料 | 94,000 | | |
| 電力料 | 372,000 | | |
| 保険料 | （　ア　） | | |
| 減価償却費 | 480,000 | | |
| 雑　費 | 23,000 | | |
| （　　　） | | （　　　） | |

(1)
## 単純総合原価計算表
### 令和○年6月分

| 摘　　　要 | 素　材　費 | 加　工　費 | 合　　　計 |
|---|---|---|---|
| 材　料　費 | | | |
| 労　務　費 | ——— | | |
| 経　　　費 | ——— | | |
| 計 | | | |
| 月初仕掛品原価 | 1,008,000 | 396,000 | 1,404,000 |
| 計 | | | |
| 月末仕掛品原価 | | | |
| 完成品原価 | | | |
| 完成品数量 | 個 | 個 | 個 |
| 製品単価 | ¥ | ¥ | ¥ |

(2)

| 仕掛品勘定の保険料<br>（ア）の金額 | ¥ |
|---|---|

**4**　山梨製作所は，単純総合原価計算を採用し，A製品を製造している。下記の資料と仕掛品勘定によって，

(1)　単純総合原価計算表を完成しなさい。　　　　　　　　　　　　　　　　（第91回一部修正）

(2)　仕掛品勘定の特許権使用料（アの金額）を求めなさい。

　　ただし，i　素材は製造着手のときにすべて投入され，加工費は製造の進行に応じて消費されるものとする。

　　　　　　ii　月末仕掛品原価の計算は平均法による。

資　料

　a．生産データ　　月初仕掛品　　　800個（加工進捗度50％）

　　　　　　　　　　当月投入　　　3,950個

　　　　　　　　　　合　　計　　　4,750個

　　　　　　　　　　月末仕掛品　　　750個（加工進捗度40％）

　　　　　　　　　　完成品　　　　4,000個

　b．月初仕掛品原価

　　　素材費　　¥1,502,000

　　　加工費　　¥　410,000

　c．当月製造費用

　　　素材費　　¥6,478,000

　　　加工費　　¥4,836,000

| 仕 掛 品 | | | |
|---|---|---|---|
| 前月繰越 | （　　） | 製　品 | （　　） |
| 素　材 | （　　） | 次月繰越 | （　　） |
| 工場消耗品 | 684,000 | | |
| 賃　金 | 2,204,000 | | |
| 従業員賞与手当 | 1,136,000 | | |
| 健康保険料 | 260,000 | | |
| 特許権使用料 | （　ア　） | | |
| 減価償却費 | 213,000 | | |
| 電力料 | 97,000 | | |
| 雑　費 | 56,000 | | |
| （　　） | | （　　） | |

(1)

**単 純 総 合 原 価 計 算 表**

令和○年 6 月分

| 摘　　　　要 | 素　材　費 | 加　工　費 | 合　　　計 |
|---|---|---|---|
| 材　料　費 | 6,478,000 | 684,000 | 7,162,000 |
| 労　務　費 | | 3,600,000 | 3,600,000 |
| 経　　　費 | | 552,000 | 552,000 |
| 計 | 6,478,000 | 4,836,000 | 11,314,000 |
| 月初仕掛品原価 | 1,502,000 | 410,000 | 1,912,000 |
| 計 | 7,980,000 | 5,246,000 | 13,226,000 |
| 月末仕掛品原価 | 1,260,000 | 366,000 | 1,626,000 |
| 完 成 品 原 価 | 6,720,000 | 4,880,000 | 11,600,000 |
| 完 成 品 数 量 | 4,000個 | 4,000個 | 4,000個 |
| 製 品 単 価 | ¥1,680 | ¥1,220 | ¥2,900 |

(2)

| 仕掛品勘定の特許権使用料<br>（ア）の金額 | ¥186,000 |
|---|---|

5　静岡工業株式会社は，単純総合原価計算を採用し，A製品を製造している。次の資料によって，単純総合原価計算表を完成しなさい。　　　　　　　　　　　　　　　　　　　（第65回一部修正）

　ただし， ⅰ　素材は製造着手のときにすべて投入され，加工費は製造の進行に応じて消費されるものとする。

　　　　　 ⅱ　月末仕掛品原価の計算は平均法による。

**資　料**

a．月初仕掛品原価　¥228,000（素材費　¥144,000　加工費　¥84,000）

b．当月製造費用

　①材　料　費

　　素材の消費高は，1個あたり¥400の予定価格を用いて計算し，9,340個を消費した。

　　工場消耗品の消費高は¥146,000であった。（間接材料）

　②労　務　費

　　賃金の消費高は作業時間1時間につき¥1,050の予定賃率を用いて計算しており，当月の作業時間は2,800時間であった。また，健康保険料の事業主負担分¥117,000を計上している。

　③経　　　費

　　当月の製造経費について，次の資料を得たので，消費高を計上した。

　　電　力　料　当月支払高　¥269,000　当月測定高　¥280,000

　　保　険　料　6か月分　　¥618,000

　　減価償却費　年間見積高　¥5,400,000

　　修　繕　料　前月前払高　¥24,000　当月支払高　¥125,000　当月未払高　¥10,000

c．生産データ　月初仕掛品　　400個（加工進捗度50%）

　　　　　　　　当月投入　　7,600個

　　　　　　　　合　　計　　8,000個

　　　　　　　　月末仕掛品　　400個（加工進捗度45%）

　　　　　　　　完　成　品　7,600個

### 単 純 総 合 原 価 計 算 表
令和○年6月分

| 摘　　　　要 | 素　材　費 | 加　工　費 | 合　　　計 |
|---|---|---|---|
| 材　料　費 | 3,736,000 | 146,000 | 3,882,000 |
| 労　務　費 | ——— | 3,057,000 | 3,057,000 |
| 経　　　費 | ——— | 992,000 | 992,000 |
| 計 | 3,736,000 | 4,195,000 | 7,931,000 |
| 月初仕掛品原価 | 144,000 | 84,000 | 228,000 |
| 計 | 3,880,000 | 4,279,000 | 8,159,000 |
| 月末仕掛品原価 | 194,000 | 99,000 | 293,000 |
| 完 成 品 原 価 | 3,686,000 | 4,180,000 | 7,866,000 |
| 完 成 品 数 量 | 7,600個 | 7,600個 | 7,600個 |
| 製 品 単 価 | ¥485 | ¥550 | ¥1,035 |

6　九州工業株式会社は，単純総合原価計算を採用し，Ａ製品を製造している。次の資料によって，仕掛品勘定を完成しなさい。　　　　　　　　　　　　　　　　　　　　　（第83回一部修正）

　　ただし，ｉ　素材は製造着手のときにすべて投入され，加工費は製造の進行に応じて消費されるものとする。

　　　　　ｉi　月末仕掛品原価の計算は先入先出法による。

資　料
　ａ．月初仕掛品原価　￥972,000（素材費　￥600,000　加工費　￥372,000）
　ｂ．当月製造費用
　①材　料　費
　　素材の消費高は，１個あたり￥3,000の予定価格を用いて計算し，2,100個を消費した。
　　工場消耗品の消費高は￥441,000であった。（間接材料）
　②労　務　費
　　賃金の消費高は作業時間１時間につき￥1,260の予定賃率を用いて計算しており，当月の作業時間は2,700時間であった。また，健康保険料の事業主負担分￥159,000を計上している。
　③経　　　費
　　当月の製造経費について，次の資料を得たので，消費高を計上した。
　　電　力　料　￥269,000　保　険　料　￥76,000　減価償却費　￥931,000
　ｃ．生産データ　月初仕掛品　　　200個（加工進捗度60%）
　　　　　　　　　当月投入　　　2,100個
　　　　　　　　　合　計　　　　2,300個
　　　　　　　　　月末仕掛品　　　300個（加工進捗度50%）
　　　　　　　　　完成品　　　　2,000個

| 仕 | 掛 | 品 | |
|---|---|---|---|
| 前 月 繰 越 | ( 972,000 ) | ( 製品 )( 11,260,000 ) | |
| 素　　　　材 | ( 6,300,000 ) | 次 月 繰 越 ( 1,290,000 ) | |
| 工場消耗品 | ( 441,000 ) | | |
| 賃　　　　金 | ( 3,402,000 ) | | |
| 健康保険料 | ( 159,000 ) | | |
| 諸　　　口 | ( 1,276,000 ) | | |
| | ( 12,550,000 ) | ( 12,550,000 ) | |

| **3** | **等級別総合原価計算** |
|---|---|

## 学習の要点 ●●●

### 1．等級別総合原価計算

　同じ製造工程から同じ種類の製品を連続して製造するが，その製品が形状・重量・品質などによっていくつかの等級に区別される製造業(衣料品製造業・製粉業・醸造業など)で適用される原価計算の方法である。

### 2．等級別総合原価計算の手続き

(1)　製品の形状・重量・品質などによって各等級製品の原価配分の基準となる比率である等価係数を定める。

　　等価係数とは，等級の異なる製品を同じ等級に換算するために用いる一定の数値をいう。

(2)　等価係数に各等級製品の完成品数量を乗じて積数を求める。

$$積数＝等価係数×各等級製品の完成品数量$$

(3)　1原価計算期間の完成品の総合原価を積数の比で各等級製品に按分(比例配分)する。

$$各等級製品の製造原価＝\frac{総合原価}{積数合計}×各等級製品の積数$$

(4)　各等級製品の製造原価をそれぞれの完成品数量で割って製品単価(単位原価)を計算する。

$$各等級製品の製品単価(単位原価)＝\frac{各等級製品の製造原価}{各等級製品の完成品数量}$$

### 3．記帳方法

　等級製品ごとに製品勘定を設け，各等級製品の製造原価を仕掛品勘定から各等級の製品勘定に振り替える。仕掛品勘定は1つで，製品勘定のみ等級製品ごとに多数設けるのが特徴である。

　*の仕訳 (借)1級製品 100　(貸)仕 掛 品 240
　　　　　　　 2級製品　80
　　　　　　　 3級製品　60

## 基本問題

解答p.58

**1** 次の資料によって，(1)等級別総合原価計算表を完成し，(2)等級別製品が完成したときの仕訳を示しなさい。

資　料
  a．月初仕掛品原価　¥425,300
  b．当月製造費用　材料費　¥1,076,000　　労務費　¥448,000　　経　費　¥575,700
  c．月末仕掛品原価　¥305,000
  d．完成品数量　1級製品　6,000個　　2級製品　8,000個　　3級製品　4,000個
  e．単位重量　1級製品　200kg　　2級製品　160kg　　3級製品　120kg
  f．等価係数は，各製品1個あたりの重量を基準としている。

(1)
### 等級別総合原価計算表

| 等級別製品 | 重　　量 | 等価係数 | 完成品数量 | 積　　数 | 等級別製造原価 | 製品単価 |
|---|---|---|---|---|---|---|
| 1 級製品 | kg | | 個 | | | ¥ |
| 2 級製品 | kg | | 個 | | | ¥ |
| 3 級製品 | kg | | 個 | | | ¥ |
| | | | | | | |

(2)

| 借　　　　　方 | 貸　　　　　方 |
|---|---|
| | |
| | |

**2** 次の資料によって，等級別総合原価計算表を完成しなさい。

資　料
  a．仕掛品評価額　月初仕掛品　¥350,000　　月末仕掛品　¥376,000
  b．当月製造費用　材料費　¥378,000　　労務費　¥542,000　　経　費　¥284,000
  c．完成品数量　1級製品　140個　　2級製品　260個　　3級製品　320個
  d．等価係数は，各製品1個あたりの重量を基準としている。

### 等級別総合原価計算表

| 等級別製品 | 重　　量 | 等価係数 | 完成品数量 | 積　　数 | 等級別製造原価 | 製品単価 |
|---|---|---|---|---|---|---|
| 1 級製品 | 120kg | | 個 | | | ¥ |
| 2 級製品 | 100kg | | 個 | | | ¥ |
| 3 級製品 | 60kg | | 個 | | | ¥ |
| | | | | | | |

## 応用問題

解答p.59

**1** 次の資料によって，⑴等級別総合原価計算表を完成し，⑵等級別製品が完成したときの仕訳を示しなさい。ただし，等価係数は各製品1個あたりの容積を基準としている。

資 料

a．完成品の総合原価 ¥515,000 b．当月完成品数量 1級製品 600個
　　　　　　　　　　　　　　　　　　　　　　　　　　2級製品 700個
　　　　　　　　　　　　　　　　　　　　　　　　　　3級製品 800個

(1)
等級別総合原価計算表

| 等級別製品 | 容 積 | 等 価 係 数 | 完成品数量 | 積 数 | 等級別製造原価 | 製品単価 |
|---|---|---|---|---|---|---|
| 1 級 製 品 | 24m³ | | 個 | | | ¥ |
| 2 級 製 品 | 20m³ | | 個 | | | ¥ |
| 3 級 製 品 | 16m³ | | 個 | | | ¥ |
| | | | | | | |

(2)

| 借　　　　方 | 貸　　　　方 |
|---|---|
| | |
| | |
| | |

**2** 次の資料によって，⑴等級別総合原価計算表を完成し，⑵仕掛品勘定および各製品勘定を完成し，⑶等級別製品が完成したときの仕訳を示しなさい。ただし，等価係数は各製品1個あたりの容積を基準としている。

資 料

a．等級別製品1個あたりの容積　　　　　b．当月完成品数量
　　1級製品 27m³　　　　　　　　　　　　　1級製品 2,000個
　　2級製品 18m³　　　　　　　　　　　　　2級製品 4,000個

(1)
等級別総合原価計算表

| 等級別製品 | 容 積 | 等 価 係 数 | 完成品数量 | 積 数 | 等級別製造原価 | 製品単価 |
|---|---|---|---|---|---|---|
| 1 級 製 品 | m³ | | 個 | | | ¥ |
| 2 級 製 品 | m³ | | 個 | | | ¥ |
| | | | | | | |

(2)

仕　掛　品

| 前 月 繰 越 | 28,800 | （　　　）（　　　　　） |
|---|---|---|
| 素　　　材 | 517,200 | 次 月 繰 越　　32,400 |
| 賃　　　金 | 344,400 | |
| 諸　　　口 | 183,600 | |
| | （　　　） | （　　　　　） |

1　級　製　品

| （　　　）（　　　　） | |
|---|---|

2　級　製　品

| （　　　）（　　　　） | |
|---|---|

(3)

| 借　　　　方 | 貸　　　　方 |
|---|---|
|  |  |

**3**　東京製作所は，等級別総合原価計算を採用し，1級製品・2級製品を製造している。なお，同社では単純総合原価計算によって総合原価を計算した後，等級別製品の原価を計算している。下記の資料によって，

(1)　当月の完成品の総合原価を求めなさい。

(2)　等級別総合原価計算表を完成しなさい。

　　ただし，i　素材は製造着手のときにすべて投入され，加工費は製造の進行に応じて消費されるものとする。

　　　　　　ii　月末仕掛品原価の計算は先入先出法による。

　　　　　　iii　等価係数は，各製品1個あたりの重量を基準としている。

資　料

　a．月初仕掛品原価

　　素　材　費　¥ 492,000

　　加　工　費　¥ 324,000

　b．当月製造費用

　　素　材　費　¥2,740,500

　　加　工　費　¥2,793,000

　c．完成品数量　3,000個（1級製品　1,650個　2級製品　1,350個）

　d．1個あたりの重量

| 1級製品の1個あたりの重量 | 300 g |
|---|---|
| 2級製品の1個あたりの重量 | 180 g |

　e．生産データ　月初仕掛品　　　600個（加工進捗度60%）

　　　　　　　　　当月投入　　3,150個

　　　　　　　　　合　計　　　3,750個

　　　　　　　　　月末仕掛品　　　750個（加工進捗度40%）

　　　　　　　　　完　成　品　3,000個

(1)

| 完成品の総合原価　　　¥ |
|---|

(2)

等級別総合原価計算表
令和○年1月分

| 等級別製品 | 重　　　量 | 等 価 係 数 | 完成品数量 | 積　　　数 | 等級別製造原価 | 製 品 単 価 |
|---|---|---|---|---|---|---|
| 1 級 製 品 | 300g |  | 1,650個 |  |  | ¥ |
| 2 級 製 品 | 180g |  | 1,350個 |  |  | ¥ |
|  |  |  |  |  |  |  |

# 検定問題

解答p.60

1 次の取引の仕訳を示しなさい。

(1) 等級別総合原価計算を採用している長崎産業株式会社において，次のとおり製品が完成した。ただし，当月の完成品総合原価は¥1,170,000であり，等価係数には各製品の1個あたりの重量を用いている。　　　　　　　　　　　　　　　　　　　　　　　　　　　　　　（第54回）

| 製　品 | 1個あたりの重量 | 当月完成品数量 |
|---|---|---|
| 1 級 製 品 | 450g | 700個 |
| 2 級 製 品 | 300g | 900個 |

(2) 等級別総合原価計算を採用している秋田製作所は，月末に工場の建物に対する減価償却費の月割額を消費高として計上した。ただし，1年分の減価償却高は¥936,000である。　　（第84回）

(3) 等級別総合原価計算を採用している岐阜製作所において，1級製品2,000個と2級製品3,000個が完成した。ただし，完成品の総合原価は¥2,100,000であり，等価係数は次の各製品1個あたりの重量を基準としている。　　　　　　　　　　　　　　　　　　　　　　　　（第78回）
　　　　1級製品　300 g　　2級製品　150 g

(4) 等級別総合原価計算を採用している青森製作所は，工場の従業員に対する退職給付費用について，月末に当月分の消費高¥380,000を計上した。　　　　　　　　　　　　　　　　（第80回）

(5) 等級別総合原価計算を採用している宮城工業株式会社は，月末に等級別総合原価計算表を次のとおり作成し，等級別に製造原価を計上した。　　　　　　　　　　　　　　　　　　（第89回）

### 等 級 別 総 合 原 価 計 算 表
#### 令和○年1月分

| 等級別製品 | 重　　　量 | 等 価 係 数 | 完成品数量 | 積　　　数 | 等級別製造原価 | 製 品 単 価 |
|---|---|---|---|---|---|---|
| 1 級製品 | 120g | 1.2 | 800個 | 960 | 1,584,000 | ¥ 1,980 |
| 2 級製品 | 100g | 1.0 | 1,000個 | 1,000 | 1,650,000 | ¥ 1,650 |
| 3 級製品 | 80g | 0.8 | 600個 | 480 | 792,000 | ¥ 1,320 |
|  |  |  |  | 2,440 | 4,026,000 |  |

(6) 等級別総合原価計算を採用している鳥取工業株式会社において，1級製品4,800個と2級製品4,000個が完成した。ただし，この完成品の総合原価は¥4,800,000であり，等価係数は次の各製品1個あたりの重量を基準としている。　　　　　　　　　　　　　　　　　　（第94回）
　　　　1級製品　300 g　　2級製品　240 g

(7) 等級別総合原価計算を採用している奈良製作所は，当月分の修繕料の消費高を計上した。ただし，前月未払高は¥2,000であり，当月支払高は¥68,000　当月未払高は¥4,000である。
　　　　　　　　　　　　　　　　　　　　　　　　　　　　　　　　　　　　　　　　（第62回）

|  | 借　　方 | 貸　　方 |
|---|---|---|
| (1) |  |  |
| (2) |  |  |
| (3) |  |  |
| (4) |  |  |
| (5) |  |  |
| (6) |  |  |
| (7) |  |  |

**2** 沖縄工業株式会社は，等級別総合原価計算を採用し，１級製品・２級製品・３級製品の３種類の製品を製造している。下記の資料によって，次の金額を求めなさい。 （第55回一部修正）

ただし， ⅰ　等価係数は，各製品の１個あたりの重量を基準とする。

ⅱ　売上製品の払出単価の計算は，先入先出法による。

a．当月の製造費用　　　　　　b．当月の１級製品の製造原価

c．当月の２級製品の売上原価　　d．当月の３級製品の月末棚卸高

資　料

① 月 初 仕 掛 品 原 価　¥1,178,000

② 月 末 仕 掛 品 原 価　¥1,100,000

③ 当月完成品総合原価　¥6,948,000

④

| 製　　品 | １個あたりの重量 | 当月完成品数量 | 月初棚卸数量 | 月末棚卸数量 |
|---|---|---|---|---|
| １級製品 | 750g | 1,500個 | 150個 | 140個 |
| ２級製品 | 600g | 2,000個 | 250個 | 275個 |
| ３級製品 | 300g | 1,900個 | 230個 | 305個 |

なお，月初棚卸製品の単価は，１級製品¥1,750　２級製品¥1,400　３級製品¥700である。

| a | 当 月 の 製 造 費 用　¥ | b | 当月の１級製品の<br>製 造 原 価　¥ |
|---|---|---|---|
| c | 当月の２級製品の<br>売 　上 　原 　価　¥ | d | 当月の３級製品の<br>月 末 棚 卸 高　¥ |

**3** 栃木製作所は，等級別総合原価計算を採用し，1級製品・2級製品・3級製品を製造している。下記の資料によって，次の金額を求めなさい。ただし，等価係数は，各製品の1個あたりの重量を基準としている。 (第90回)

a．1級製品の製造原価　　b．3級製品の製品単価（単位原価）

資　料
① 完成品総合原価　¥3,156,000
② 製品1個あたりの重量
　　1級製品　700g　　　2級製品　490g　　　3級製品　280g
③ 完成品数量
　　1級製品　4,600個　　2級製品　3,500個　　3級製品　2,100個

| a | 1級製品の製造原価　¥ |
|---|---|
| b | 3級製品の製品単価　¥ |

**4** 静岡工業株式会社における次の等級別総合原価計算表の（　ア　）に入る金額を求めなさい。ただし，等価係数は，各製品の1個あたりの重量を基準としている。 (第91回)

等級別総合原価計算表
令和○年1月分

| 等級別製品 | 重　　量 | 等 価 係 数 | 完成品数量 | 積　　数 | 等級別製造原価 | 製 品 単 価 |
|---|---|---|---|---|---|---|
| 1 級 製 品 | 950g | 1.0 | 2,400個 | (　　　) | (　　　　) | ¥(　　　) |
| 2 級 製 品 | 760g | 0.8 | 3,600個 | (　　　) | (　　　　) | ¥(　　　) |
| 3 級 製 品 | 570g | (　　) | 5,000個 | (　　　) | (　　　　) | ¥(　ア　) |
| | | | | (　　　) | 4,968,000 | |

| アの金額 | ¥ |
|---|---|

**5** 大阪製作所は，等級別総合原価計算を採用し，1級製品と2級製品を製造している。次の資料によって，2級製品の製品単価を求めなさい。ただし，等価係数は，各製品の1個あたりの重量を基準としている。 (第93回)

資　料
ⅰ 当月完成品総合原価　¥9,280,000
ⅱ 製品1個あたりの重量　1級製品　　150g　　2級製品　　120g
ⅲ 完成品数量　　　　　　1級製品　3,000個　　2級製品　2,050個

| 2級製品の製品単価 | ¥ |
|---|---|

**6** 兵庫製作所は，等級別総合原価計算を採用し，1級製品・2級製品・3級製品の3種類の製品を製造している。下記の資料によって，次の金額を求めなさい。　　　　　　　（第62回一部修正）

　　ただし，i　等価係数は，各製品の1個あたりの重量を基準としている。

　　　　　　　ii　売上製品の払出単価の計算は，先入先出法による。

　　　　　　　　a．当月の2級製品の製造原価　　b．当月の1級製品の製品単価(単位原価)

　　　　　　　　c．当月の3級製品の売上原価　　d．当月の2級製品の月末棚卸高

資　料

　①　当月完成品総合原価　￥1,965,000

　②

| 製　　品 | 1個あたりの重量 | 当月完成品数量 | 月初棚卸数量 | 月末棚卸数量 |
|---|---|---|---|---|
| 1級製品 | 120g | 800個 | 70個 | 90個 |
| 2級製品 | 100g | 1,120個 | 110個 | 130個 |
| 3級製品 | 60g | 900個 | 80個 | 55個 |

　　なお，月初棚卸製品の単価は，1級製品￥960　2級製品￥800　3級製品￥480である。

| a | 当月の2級製品の製造原価 ￥ | b | 当月の1級製品の製品単価(単位原価) ￥ |
|---|---|---|---|
| c | 当月の3級製品の売上原価 ￥ | d | 当月の2級製品の月末棚卸高 ￥ |

**7** 山梨製作所は，等級別総合原価計算を採用し，1級製品・2級製品の2種類の製品を製造している。下記の資料によって，次の金額を求めなさい。ただし，等価係数は各製品の1個あたりの重量を基準とし，売上製品の払出単価の計算は，先入先出法による。　　　　　　　（第65回一部修正）

　　a．当月の1級製品の製造原価　　b．当月の2級製品の製品単価(単位原価)

　　c．当月の2級製品の売上原価

資　料

　①　当月完成品総合原価　￥1,533,000

　②

| 製　品 | 1個あたりの重量 | 当月完成品数量 | 月初製品数量 | 月末製品数量 | 月初製品単価 |
|---|---|---|---|---|---|
| 1級製品 | 800g | 2,000個 | 300個 | 100個 | ￥440 |
| 2級製品 | 600g | 2,200個 | 500個 | 200個 | ￥330 |

| a | 当月の1級製品の製造原価 ￥ | b | 当月の2級製品の製品単価(単位原価) ￥ |
|---|---|---|---|
| c | 当月の2級製品の売上原価 ￥ | | |

**8** 高知工業株式会社における次の等級別総合原価計算表の（　ア　）および（　イ　）に入る金額を求めなさい。ただし，等価係数は，各製品の1個あたりの重量を基準としている。

（第82回一部修正）

等級別総合原価計算表
令和○年6月分

| 等級別製品 | 重　　量 | 等価係数 | 完成品数量 | 積　　　数 | 等級別製造原価 | 製品単価 |
|---|---|---|---|---|---|---|
| 1級製品 | 280 g | （　　　） | （　　　）個 | （　　　） | （　　　） | ￥（ ア ） |
| 2級製品 | 210 g | （　　　） | 1,800 個 | （　　　） | （ イ ） | ￥（　　　） |
| 3級製品 | 140 g | 2 | 2,400 個 | （　　　） | （　　　） | ￥　300 |
| | | | | 16,200 | 2,430,000 | |

| ア | ￥ | | イ | ￥ |
|---|---|---|---|---|

## 4　組別総合原価計算

**学習の要点** ● ● ●

### 1．組別総合原価計算

　異なる種類の製品を組（A組・B組など）に分け，それぞれの組ごとに連続生産する製造業（食品工業や衣料品業など）で適用される原価計算の方法である。

### 2．組別総合原価計算の手続き

組別総合原価計算表のうえでおこなう。

(1)　当月製造費用を，各組の製品に直接発生した**組直接費**と，各組の製品に共通して発生した**組間接費**に分ける。

(2)　組直接費は各組に直接賦課し，組間接費は一定の配賦基準によって各組に配賦する。

(3)　各組に集計された当月製造費用に，月初仕掛品原価を加え，その合計額から月末仕掛品原価を差し引いて組別製品の完成品原価を求める。

(4)　各組の完成品原価を，各組製品の完成品数量で割って，組別製品の製品単価（単位原価）を計算する。

### 3．記帳方法

　組ごとに仕掛品勘定と製品勘定を設ける。組間接費は個別原価計算の製造間接費の場合と同じように各組の仕掛品勘定へ振り替える。各組の完成品原価を各組の仕掛品勘定から各組の製品勘定に振り替える。

(1)　(借) A組仕掛品　65　(貸) 材　　　料 105　(2)　(借) A組仕掛品　15　(貸) 組間接費 25
　　　　　 B組仕掛品　57　　　　労　務　費　27　　　　　 B組仕掛品　10
　　　　　 組間接費　25　　　　経　　　費　15
(3)　(借) A組製品　70　(貸) A組仕掛品　70
　　　　　 B組製品　60　　　　B組仕掛品　60

## 基本問題

解答p.66

**1** 組別総合原価計算を採用している工場の次の取引について，仕訳を示しなさい。

(1) 素材の消費高¥*1,320,000*のうち，¥*730,000*はA組，¥*565,000*はB組に賦課し，¥*25,000*を組間接費とした。

(2) 組間接費¥*250,000*をA組製品に60％，B組製品に40％の割合で配賦した。

(3) 当月のB組製品の完成高は¥*1,800,000*であった。

(4) 当月の売上製品の製造原価は，A組製品¥*2,300,000*　B組製品¥*1,800,000*であった。

| | 借　　　方 | 貸　　　方 |
|---|---|---|
| (1) | | |
| (2) | | |
| (3) | | |
| (4) | | |

**2** 次の資料によって，組別総合原価計算表を完成しなさい。

**資　料**

(1) 組間接費¥*420,000*をA組に55％，B組に45％の割合で配賦する。

(2) 月末仕掛品　数　　量　　A組　　500個　　　B組　　250個
　　　　　　　加工進捗度　　A組　　40％　　　B組　　60％

(3) 素材は製造着手のときにすべて投入され，加工費は製造の進行に応じて消費されるものとする。

(4) 月末仕掛品原価の計算は平均法による。

### 組 別 総 合 原 価 計 算 表
令和○年9月分

| 摘　　　　　要 | A　　　組 | B　　　組 | 合　　　計 |
|---|---|---|---|
| 組 直 接 費　素材費 | 1,146,000 | 375,000 | 1,521,000 |
| 　　　　　　　加工費 | 380,000 | 220,000 | 600,000 |
| 組 間 接 費　加工費 | | | 420,000 |
| 当 月 製 造 費 用 | | | |
| 月初仕掛品原価　素材費 | 168,000 | 150,000 | 318,000 |
| 　　　　　　　　加工費 | 145,000 | 51,000 | 196,000 |
| 　　　　計 | | | |
| 月末仕掛品原価　素材費 | | | |
| 　　　　　　　　加工費 | | | |
| 完 成 品 原 価 | | | |
| 完 成 品 数 量 | 4,000個 | 1,000個 | —— |
| 製 品 単 価 | ¥ | ¥ | |

## 応用問題

解答p.67

1　組別総合原価計算を採用している工場の次の取引について，仕訳を示しなさい。
(1) 素材¥580,000（うち，A組　¥330,000　　B組　¥250,000）を消費した。
(2) 組間接費¥180,000をA組に40%，B組に60%の割合で配賦した。
(3) A組製品¥950,000が完成した。
(4) 当月に販売したB組製品の製造原価は¥670,000であった。

| | 借　　　　方 | 貸　　　　方 |
|---|---|---|
| (1) | | |
| (2) | | |
| (3) | | |
| (4) | | |

2　広島工業株式会社は，組別総合原価計算を採用し，A組・B組の2種類の製品を製造している。下記の資料によって，組別総合原価計算表を完成しなさい。
　　ただし，　ⅰ　組間接費はA組に60%，B組に40%の割合で配賦する。
　　　　　　　ⅱ　素材は製造着手のときにすべて投入され，加工費は製造の進行に応じて消費されるものとする。
　　　　　　　ⅲ　月末仕掛品原価の計算は先入先出法による。

資料

| | A　　組 | B　　組 | 組間接費 |
|---|---|---|---|
| 月初仕掛品数量 | 600個(加工進捗度40%) | 300個(加工進捗度50%) | — |
| 当月製造費用　素材費 | ¥ 2,583,000 | ¥ 1,386,000 | — |
| 労務費 | ¥ 2,250,000 | ¥ 1,000,500 | ¥ 259,500 |
| 経費 | ¥ 28,500 | — | ¥ 490,500 |
| 月末仕掛品数量 | 750個(加工進捗度60%) | 450個(加工進捗度40%) | — |

### 組別総合原価計算表
令和○年8月分

| 摘　　　　要 | A　　　組 | B　　　組 |
|---|---|---|
| 組 直 接 費　素 材 費 | | |
| 加 工 費 | | |
| 組 間 接 費　加 工 費 | | |
| 当 月 製 造 費 用 | | |
| 月 初 仕 掛 品 原 価　素 材 費 | 480,000 | 246,000 |
| 加 工 費 | 198,000 | 126,000 |
| 計 | | |
| 月 末 仕 掛 品 原 価　素 材 費 | 615,000 | |
| 加 工 費 | | 153,000 |
| 完 成 品 原 価 | | |
| 完 成 品 数 量 | 3,000個 | 1,500個 |
| 製 品 単 価 | ¥ | ¥ |

**3** 岡山製作所株式会社は，組別総合原価計算を採用し，A組・B組の2種類の製品を製造している。下記の勘定記録と資料によって，(1)組間接費勘定・A組仕掛品勘定を完成し，(2)組別総合原価計算表を完成しなさい。

| 組 間 接 費 | | A 組 仕 掛 品 | | B 組 仕 掛 品 | |
|---|---|---|---|---|---|
| 賃　金 58,000 | | 前月繰越 120,000 | | 前月繰越 135,000 | |
| 電力料 73,000 | | 素　材 328,000 | | 素　材 656,000 | |
| 減価償却費 14,000 | | 賃　金 490,200 | | 賃　金 530,500 | |
| 雑費 5,000 | | 特許権使用料 9,500 | | | |

**資料**

a．組間接費は，次の割合で配賦する。
　　　A組　45%　　　B組　55%

b．当月完成品数量　A組　3,200個　　　B組　4,800個
　　月末仕掛品数量　A組　　400個（加工進捗度60%）　　B組　800個（加工進捗度50%）

c．素材は製造着手のときにすべて投入され，加工費は製造の進行に応じて消費されるものとする。

d．月末仕掛品原価の計算は平均法による。

(1)

| 組 間 接 費 | | | A 組 仕 掛 品 | | |
|---|---|---|---|---|---|
| 賃　金 | 58,000 | (　　　)(　　　) | 前 月 繰 越 | 120,000 | (　　　)(　　　) |
| 電 力 料 | 73,000 | | 素　材 | 328,000 | 次 月 繰 越 (　　　) |
| 減価償却費 | 14,000 | | 賃　金 | 490,200 | |
| 雑　費 | 5,000 | | 特許権使用料 | 9,500 | |
| | (　　　) | (　　　) | (　　　)(　　　) | | (　　　) |
| | | | | | (　　　) (　　　) |

(2)
### 組 別 総 合 原 価 計 算 表
令和○年8月分

| 摘　　要 | | | A　　組 | B　　組 |
|---|---|---|---|---|
| 組 直 接 費 | 素 材 費 | | | |
| | 加 工 費 | | | |
| 組 間 接 費 | 加 工 費 | | | |
| 当 月 製 造 費 用 | | | | |
| 月 初 仕 掛 品 原 価 | 素 材 費 | | 68,000 | |
| | 加 工 費 | | | 63,000 |
| 計 | | | | |
| 月 末 仕 掛 品 原 価 | 素 材 費 | | | |
| | 加 工 費 | | | |
| 完 成 品 原 価 | | | | |
| 完 成 品 数 量 | | | 個 | 個 |
| 製 品 単 価 | | | ¥ | ¥ |

## 検定問題

解答p.69

**1** 次の取引の仕訳を示しなさい。

(1) 組別総合原価計算を採用している京都製作所は，当月分の製造経費の消費高を次のとおり計上した。なお，外注加工賃はA組製品に対するものである。 (第82回)

　　組直接費　外注加工賃　¥180,000

　　組間接費　修　繕　料　¥95,000　　電　力　料　¥22,000

(2) 組別総合原価計算を採用している滋賀製作所は，当月分の製造経費の消費高を次のとおり計上した。なお，外注加工賃はA組製品に対するものである。 (第78回)

　　組直接費　外注加工賃　¥200,000

　　組間接費　修　繕　料　¥145,000　　保　険　料　¥18,000

(3) 組別総合原価計算を採用している長野工業株式会社は，組間接費を各組の組直接費を基準として配賦率を求め，A組とB組に配賦した。なお，当月の製造費用は次のとおりである。 (第91回)

| | A組直接費 | B組直接費 | 組間接費 |
|---|---|---|---|
| 材　料　費 | ¥3,350,000 | ¥1,650,000 | ¥　570,000 |
| 労　務　費 | ¥4,176,000 | ¥2,024,000 | ¥　980,000 |
| 経　　　費 | ¥1,574,000 | ¥1,226,000 | ¥1,950,000 |

(4) 組別総合原価計算を採用している福島製作所は，A組の製品製造のため当月分の特許権使用料¥500,000を計上した。 (第48回)

(5) 組別総合原価計算を採用している大阪製作所は，当月分の外注加工賃の消費高を計上した。ただし，外注加工賃はA組製品を製造するために消費したものであり，前月前払高は¥15,000　当月支払高は¥490,000　当月前払高は¥12,000である。 (第75回)

(6) 組別総合原価計算を採用している石川工業株式会社は，組間接費¥860,000を機械運転時間を基準にA組とB組に配賦した。なお，当月の機械運転時間はA組3,250時間　B組1,750時間であった。 (第93回)

(7) 組別総合原価計算を採用している愛知製造株式会社は，各組の製品の製造のために共通に発生した当月分の電力料の消費高を計上した。

　　ただし，当月の支払高は¥326,000　当月の測定高は¥345,000である。 (第61回)

| | 借　　　　　方 | 貸　　　　　方 |
|---|---|---|
| (1) | | |
| (2) | | |
| (3) | | |
| (4) | | |
| (5) | | |
| (6) | | |
| (7) | | |

2　東京製作所は，組別総合原価計算を採用し，A組製品とB組製品を製造している。下記の資料によって，組別総合原価計算表を完成しなさい。　　　　　　　　　　　　　　（第92回一部修正）

　　ただし，ⅰ　組間接費は直接労務費を基準として配賦する。
　　　　　　ⅱ　素材は製造着手のときにすべて投入され，加工費は製造の進行に応じて消費されるものとする。
　　　　　　ⅲ　月末仕掛品原価の計算は先入先出法による。

資　料
　a．月初仕掛品原価
　　A組　¥1,432,000（素材費　¥955,000　加工費　¥477,000）
　　B組　¥ 594,000（素材費　¥411,000　加工費　¥183,000）
　b．当月製造費用

| | A組直接費 | B組直接費 | 組間接費 |
|---|---|---|---|
| 材　料　費 | ¥4,050,000 | ¥1,955,000 | ¥ 229,000 |
| 労　務　費 | ¥2,520,000 | ¥1,080,000 | ¥ 559,000 |
| 経　　　費 | ¥ 950,000 | ¥ 212,000 | ¥ 112,000 |

　c．生産データ

| | A　組 | B　組 |
|---|---|---|
| 月初仕掛品 | 1,000個（加工進捗度50%） | 500個（加工進捗度60%） |
| 当月投入 | 4,500個 | 2,300個 |
| 合　計 | 5,500個 | 2,800個 |
| 月末仕掛品 | 1,500個（加工進捗度40%） | 600個（加工進捗度50%） |
| 完成品 | 4,000個 | 2,200個 |

### 組 別 総 合 原 価 計 算 表
令和〇年 6 月分

| 摘　　　　　要 | | A　　　　組 | B　　　　組 |
|---|---|---|---|
| 組　直　接　費 | 素　材　費 | | |
| | 加　工　費 | | |
| 組　間　接　費 | 加　工　費 | | |
| 当　月　製　造　費　用 | | | |
| 月 初 仕 掛 品 原 価 | 素　材　費 | 955,000 | 411,000 |
| | 加　工　費 | 477,000 | 183,000 |
| 計 | | | |
| 月 末 仕 掛 品 原 価 | 素　材　費 | | 510,000 |
| | 加　工　費 | 600,000 | |
| 完　成　品　原　価 | | | |
| 完　成　品　数　量 | | 個 | 個 |
| 製　品　単　価 | | ¥ | ¥ |

3 長野工業株式会社は，組別総合原価計算を採用し，A組製品とB組製品を製造している。下記の資料によって， （第57回一部修正）

(1) A組仕掛品勘定を完成しなさい。

(2) 組別総合原価計算表を完成しなさい。

　ただし，i 組間接費は直接作業時間を基準としてA組製品とB組製品に配賦している。

　　　　　ii 素材は製造着手のときにすべて投入され，加工費は製造の進行に応じて消費されるものとする。

　　　　　iii 月末仕掛品原価の計算は平均法による。

**資料**

a．当月製造費用

① 素材費　　A組 ¥5,684,000　　B組 ¥5,206,000

② 労務費　　作業時間により消費高を計算する。なお，当月の実際平均賃率は1時間につき¥1,500である。

③ 経費　　A組 ¥207,000　　B組 ¥280,000　　組間接費 ¥450,000

b．当月作業時間　　A組 1,140時間　　B組 1,860時間　　間接作業 600時間

c．月末仕掛品数量　　A組 400個（加工進捗度50%）　　B組 200個（加工進捗度55%）

(1)

### A 組 仕 掛 品

| | | | | |
|---|---|---|---|---|
| 前 月 繰 越 | ( 636,000 ) | A 組 製 品 | ( 7,956,000 ) |
| 素　　　材 | 5,684,000 | 次 月 繰 越 | ( 794,000 ) |
| 労 務 費 | ( 1,710,000 ) | | |
| 経　　　費 | 207,000 | | |
| ( 組間接費 ) | ( 513,000 ) | | |
| | ( 8,750,000 ) | | ( 8,750,000 ) |

(2)

### 組 別 総 合 原 価 計 算 表
令和○年1月分

| 摘　　　　　要 | | | A　　組 | B　　組 |
|---|---|---|---:|---:|
| 組 直 接 費 | 素 材 費 | | 5,684,000 | 5,206,000 |
| | 加 工 費 | | 1,917,000 | 3,070,000 |
| 組 間 接 費 | 加 工 費 | | 513,000 | 837,000 |
| 当 月 製 造 費 用 | | | 8,114,000 | 9,113,000 |
| 月 初 仕 掛 品 原 価 | 素 材 費 | | 510,000 | 284,000 |
| | 加 工 費 | | 126,000 | 104,000 |
| 計 | | | 8,750,000 | 9,501,000 |
| 月 末 仕 掛 品 原 価 | 素 材 費 | | 652,000 | 549,000 |
| | 加 工 費 | | 142,000 | 231,000 |
| 完 成 品 原 価 | | | 7,956,000 | 8,721,000 |
| 完 成 品 数 量 | | | 3,400個 | 1,800個 |
| 製 品 単 価 | | ¥ 2,340 | ¥ 4,845 |

**4** 神奈川製作所は，組別総合原価計算を採用し，A組製品とB組製品を製造している。下記の資料によって，　　　　　　　　　　　　　　　　　　　　　　　　　　　　（第87回一部修正）

(1) A組仕掛品勘定を完成しなさい。

(2) A組製品3,000個とB組製品4,000個が完成し，完成品原価を組別の製品勘定に振り替えるさいの仕訳を示しなさい。

　　ただし，ⅰ 組間接費は直接労務費を基準として配賦しており，組間接費勘定を設けて記帳している。

　　　　　　ⅱ 素材は製造着手のときにすべて投入され，加工費は製造の進行に応じて消費されるものとする。

　　　　　　ⅲ 月末仕掛品原価の計算は平均法による。

資　料

　a．生産データ

| | A　組 | B　組 |
|---|---|---|
| 月初仕掛品 | 600個（加工進捗度50%） | 1,000個（加工進捗度60%） |
| 当月投入 | 2,850個 | 3,800個 |
| 合　計 | 3,450個 | 4,800個 |
| 月末仕掛品 | 450個（加工進捗度40%） | 800個（加工進捗度50%） |
| 完成品 | 3,000個 | 4,000個 |

　b．月初仕掛品原価

| | A　組 | B　組 |
|---|---|---|
| 素　材　費 | ¥ 450,000 | ¥ 710,000 |
| 加　工　費 | ¥ 372,000 | ¥ 489,000 |

　c．当月製造費用

| | A組直接費 | B組直接費 | 組間接費 |
|---|---|---|---|
| 素　材　費 | ¥2,172,000 | ¥2,746,000 | ¥ 524,000 |
| 労　務　費 | ¥1,925,000 | ¥1,575,000 | ¥1,645,000 |
| 経　　　費 | ¥ 138,000 | ¥ 284,000 | ¥ 631,000 |

(1)

　　　　　　　　　　　A　組　仕　掛　品

| 前 月 繰 越 | 822,000 | （ A組製品 ） | （ 6,030,000 ） |
|---|---|---|---|
| 素　　　材 | 2,172,000 | 次 月 繰 越 | （ 567,000 ） |
| 労　務　費 | 1,925,000 | | |
| 経　　　費 | 138,000 | | |
| （ 組間接費 ） | （ 1,540,000 ） | | |
| | （ 6,597,000 ） | | （ 6,597,000 ） |

(2)

| 借　　　　方 | 貸　　　　方 |
|---|---|
| A組製品　6,030,000<br>B組製品　6,160,000 | A組仕掛品　6,030,000<br>B組仕掛品　6,160,000 |

5　組別総合原価計算を採用している宮城製作所では，Ａ組製品とＢ組製品を製造している。下記の資料によって，次の金額を求めなさい。　　　　　　　　　　　　　　　　　　　　　（第94回）

　ａ．Ａ組の組間接費配賦額　　　ｂ．Ｂ組の月末仕掛品原価に含まれる素材費

　　ただし，　ⅰ　組間接費は直接材料費を基準として配賦する。

　　　　　　　ⅱ　素材は製造着手のときにすべて投入され，加工費は製造の進行に応じて消費されるものとする。

　　　　　　　ⅲ　月末仕掛品原価の計算は平均法による。

資　料

　①　生 産 デ ー タ　Ａ組　完成品3,200個　月末仕掛品300個（加工進捗度50%）

　　　　　　　　　　　Ｂ組　完成品2,600個　月末仕掛品500個（加工進捗度60%）

　　　　　　　　　　　なお，どちらの組も仕損および減損は発生していない。

　②　月初仕掛品原価　Ａ組　¥2,390,000（素材費　¥1,520,000　加工費　¥870,000）

　　　　　　　　　　　Ｂ組　¥2,046,000（素材費　¥1,392,000　加工費　¥654,000）

　③　当 月 製 造 費 用　組直接費　Ａ組　¥13,476,000（うち素材費　¥8,700,000）

　　　　　　　　　　　　　　　　　Ｂ組　¥ 8,829,000（うち素材費　¥5,800,000）

　　　　　　　　　　　組間接費　¥6,670,000

| a | ¥ |
|---|---|
| b | ¥ |

## 5　工程別総合原価計算

### 学習の要点 ●●●

#### 1．工程別総合原価計算

　単純総合原価計算・等級別総合原価計算・組別総合原価計算を用いている企業において，製造工程が2つ以上の連続する工程に分かれているとき，工程ごとの原価を計算する場合（食品製造業・化学工業・製紙業など）に適用される原価計算の方法である。

#### 2．工程別総合原価計算の記帳方法

　　＊1　第1工程完成品を第2工程に引き渡さず，一時倉庫に保管する場合。

　　＊2　一時倉庫に保管していた第1工程半製品を次工程に引き渡したとき。

　　＊3　補助部門費には，動力部門費や修繕部門費などがある。

#### 3．半製品の記帳

　すべての工程を終了しない段階で，次の工程に引き渡さず，一時倉庫に保管する場合，各工程の**半製品勘定**に振り替える。

　⑴　第1工程完成品¥*100,000*を，いったん倉庫に保管した。

　　　（借）　第1工程半製品　*100,000*　　（貸）　第1工程仕掛品　*100,000*

　⑵　倉庫に保管していた上記の第1工程の完成品¥*100,000*を，第2工程に引き渡した。

　　　（借）　第2工程仕掛品　*100,000*　　（貸）　第1工程半製品　*100,000*

## 基本問題

解答 p.75

**1** 　工程別総合原価計算を採用している大分製造株式会社の，次の連続した取引の仕訳を示しなさい。

(1)　工程個別費および補助部門個別費として，次のとおり消費した。

| | 第1工程 | 第2工程 | 動力部門 |
|---|---|---|---|
| 素　　　材 | ¥400,000 | ¥300,000 | ¥150,000 |
| 賃　　　金 | ¥360,000 | ¥220,000 | ¥120,000 |
| 減価償却費 | ¥ 80,000 | ¥ 70,000 | ¥ 30,000 |
| 電　力　料 | ¥ 40,000 | ¥ 10,000 | ¥ 20,000 |

(2)　部門共通費である保険料¥360,000を次のとおり配賦した。
　　　第1工程　¥140,000　　　第2工程　¥100,000　動力部門　¥120,000

(3)　動力部門費を第1工程に60%，第2工程に40%の割合で配賦した。

(4)　第1工程の完成品原価¥1,100,000は，すべて第1工程半製品勘定に振り替えた。

(5)　倉庫から第2工程に投入した第1工程の完成品原価は¥900,000である。

(6)　最終工程である第2工程の完成品原価は¥1,700,000である。

| | 借　　　方 | 貸　　　方 |
|---|---|---|
| (1) | | |
| (2) | | |
| (3) | | |
| (4) | | |
| (5) | | |
| (6) | | |

**2** 高松製作所の下記の資料によって，
(1) 工程別総合原価計算表を完成しなさい。
(2) 第1工程半製品勘定を完成しなさい。
　　ただし，i 第1工程の完成品原価は，すべて第1工程半製品勘定に振り替えている。
　　　　　　ii 素材は製造着手のときにすべて投入され，第1工程の完成品は第2工程の始点で投入される。
　　　　　　iii 加工費は第1工程・第2工程ともに製造の進行に応じて消費される。
　　　　　　iv 月末仕掛品の計算は平均法による。

資　料
　a．当月製造費用
　　① 工程個別費および補助部門個別費

| | 第1工程 | 第2工程 | 補助部門 |
|---|---|---|---|
| 素材費 | ¥2,565,000 | — | — |
| 労務費 | ¥798,000 | ¥762,000 | ¥351,000 |
| 経費 | ¥143,000 | ¥209,000 | ¥270,000 |

　　② 部門共通費を次のとおり配賦する。
　　　　第1工程　¥330,000　　第2工程　¥231,000　　補助部門　¥99,000
　　③ 補助部門費を第1工程に55%，第2工程に45%の割合で配賦する。
　b．月初仕掛品原価　第1工程　¥558,000（素材費　¥396,000　加工費　¥162,000）
　　　　　　　　　　　第2工程　¥873,000（前工程費　¥755,000　加工費　¥118,000）
　c．月末仕掛品数量　第1工程　400個（加工進捗度50%）
　　　　　　　　　　　第2工程　600個（加工進捗度40%）
　d．当月中に第1工程半製品2,700個を次工程へ引き渡した。なお，払出単価（原価）は¥1,500である。

(1)
### 工程別総合原価計算表
#### 令和○年1月分

| 摘　要 | | 第 1 工 程 | 第 2 工 程 |
|---|---|---|---|
| 工程個別費 | 素材費 | 2,565,000 | —— |
| | 前工程費 | —— | |
| | 労務費 | 798,000 | 762,000 |
| | 経費 | 143,000 | 209,000 |
| 部門共通費配賦額 | | 330,000 | 231,000 |
| 補助部門費配賦額 | | | |
| 当月製造費用 | | | |
| 月初仕掛品原価 | | 558,000 | 873,000 |
| 計 | | | |
| 月末仕掛品原価 | | | |
| 工程完成品原価 | | | |
| 工程完成品数量 | | 2,750個 | 2,500個 |
| 工程単価 | | ¥ | ¥ |

(2)
### 第 1 工 程 半 製 品

| 前月繰越 | 306,000 | （　　　） | （　　　） |
|---|---|---|---|
| （　　　） | （　　　） | 次月繰越 | （　　　） |
| | （　　　） | | （　　　） |

## 応用問題

解答p.77

1 京都製作所の次の資料によって，第1工程半製品勘定と第2工程仕掛品勘定を完成しなさい。

　　ただし，　i 　第1工程の完成品原価は，すべて第1工程半製品勘定に振り替えている。

　　　　　　　ii 　素材は製造着手のときにすべて投入され，第1工程の完成品は第2工程（最終工程）の始点で投入される。

　　　　　　　iii 　加工費は第1工程・第2工程ともに製造の進行に応じて消費される。

　　　　　　　iv 　月末仕掛品の計算は平均法による。

資　料

　a．生産データ

| | 第1工程 | 第2工程 |
|---|---|---|
| 月初仕掛品 | 200個（加工進捗度50%） | 1,200個（加工進捗度50%） |
| 当月投入 | 4,800個 | 4,200個 |
| 合　計 | 5,000個 | 5,400個 |
| 月末仕掛品 | 600個（加工進捗度60%） | 1,200個（加工進捗度40%） |
| 完成品 | 4,400個 | 4,200個 |

　b．当月製造費用

　　① 工程個別費および補助部門個別費

| | 第1工程 | 第2工程 | 補助部門 |
|---|---|---|---|
| 素　材　費 | ¥2,200,000 | — | — |
| 労　務　費 | ¥1,536,000 | ¥1,387,000 | ¥135,000 |
| 経　　　費 | ¥ 640,000 | ¥ 380,000 | ¥310,000 |

　　② 部門共通費を次のとおり配賦する。

　　　　第1工程　¥442,000　　第2工程　¥161,000　　補助部門　¥115,000

　　③ 補助部門費を第1工程に65%，第2工程に35%の割合で配賦する。

　c．月初仕掛品原価

　　　　第1工程　¥ 850,000（素材費　¥ 500,000　加工費　¥350,000）

　　　　第2工程　¥1,260,000（前工程費　¥1,044,000　加工費　¥216,000）

　d．当月中に第1工程半製品4,200個を次工程へ引き渡し，100個を外部に販売した。なお，払出単価（原価）は¥1,320である。

### 第 1 工 程 半 製 品

| 前 月 繰 越 | 1,320,000 | ( | ) | ( | ) |
|---|---|---|---|---|---|
| ( | ) | ( | ) | 売 上 原 価 | ( | ) |
| | | | | 次 月 繰 越 | ( | ) |
| | ( | ) | | ( | ) |

### 第 2 工 程 仕 掛 品

| 前 月 繰 越 | 1,260,000 | ( | ) | ( | ) |
|---|---|---|---|---|---|
| 労 務 費 | 1,387,000 | 次 月 繰 越 | ( | ) |
| 経 費 | 380,000 | | |
| 部 門 共 通 費 | 161,000 | | |
| 補 助 部 門 費 | ( | ) | | |
| ( | ) | ( | ) | | |
| | ( | ) | | ( | ) |

2 富山工業株式会社の次の資料によって，
(1) 第1工程の月末仕掛品原価を答えなさい。
(2) 第2工程の完成品原価を答えなさい。
(3) 第1工程半製品勘定を完成しなさい。
　　ただし，i　第1工程の完成品原価は，すべて第1工程半製品勘定に振り替えている。
　　　　　　ii　素材は製造着手のときにすべて投入され，第1工程の完成品は第2工程（最終工程）
　　　　　　　　の始点で投入される。
　　　　　　iii　加工費は第1工程・第2工程ともに製造の進行に応じて消費される。
　　　　　　iv　月末仕掛品の計算は平均法による。
資　料
　a．生産データ
|  | 第1工程 | 第2工程 |
|---|---|---|
| 月初仕掛品 | 750個（加工進捗度40%） | 1,000個（加工進捗度50%） |
| 当月投入 | 6,000個 | 5,000個 |
| 合計 | 6,750個 | 6,000個 |
| 月末仕掛品 | 750個（加工進捗度60%） | 900個（加工進捗度40%） |
| 完成品 | 6,000個 | 5,100個 |

　b．当月製造費用
　　① 工程個別費および補助部門個別費

|  | 第1工程 | 第2工程 | 補助部門 |
|---|---|---|---|
| 素　材　費 | ¥4,071,000 | — | — |
| 労　務　費 | ¥4,057,500 | ¥3,070,500 | ¥354,000 |
| 経　　　費 | ¥ 936,000 | ¥ 867,000 | ¥280,500 |

　　② 部門共通費を次のとおり配賦する。
　　　　第1工程　¥432,000　　第2工程　¥480,000　　補助部門　¥48,000
　　③ 補助部門費を第1工程に¥409,500　第2工程に¥〔　　　　　〕配賦した。
　c．月初仕掛品原価
　　　　第1工程　¥ 612,000（素材費　¥ 384,000　加工費　¥228,000）
　　　　第2工程　¥1,602,000（前工程費　¥1,242,000　加工費　¥360,000）
　d．当月中に第1工程半製品5,200個を次工程へ引き渡し，600個を外部に販売した。なお，払出
　　単価（原価）は¥1,590である。

(1)
| 第1工程の月末仕掛品原価　¥ |
|---|

(2)
| 第2工程の完成品原価　¥ |
|---|

(3)
### 第 1 工 程 半 製 品

| 前 月 繰 越 | 1,590,000 | （　　　　） | （　　　　） |
|---|---|---|---|
| （　　　　） | （　　　　） | 売 上 原 価 | （　　　　） |
|  |  | 次 月 繰 越 | （　　　　） |
|  | （　　　　） |  | （　　　　） |

<br>

**3** 福井製作所の次の資料によって，

(1) 第1工程の完成品原価を答えなさい。

(2) 第2工程の完成品原価を答えなさい。

(3) 第1工程半製品勘定を完成しなさい。

　　ただし，ⅰ　第1工程の完成品原価は，すべて第1工程半製品勘定に振り替えている。

　　　　　　ⅱ　素材は製造着手のときにすべて投入され，第1工程の完成品は第2工程（最終工程）の始点で投入される。

　　　　　　ⅲ　加工費は第1工程・第2工程ともに製造の進行に応じて消費される。

　　　　　　ⅳ　月末仕掛品の計算は先入先出法による。

**資　料**

　ａ．生産データ

|  | 第1工程 | 第2工程 |
|---|---|---|
| 月初仕掛品 | 800個（加工進捗度60%） | 1,200個（加工進捗度50%） |
| 当月投入 | 4,200個 | 3,400個 |
| 合計 | 5,000個 | 4,600個 |
| 月末仕掛品 | 1,000個（加工進捗度40%） | 1,000個（加工進捗度50%） |
| 完成品 | 4,000個 | 3,600個 |

　ｂ．当月製造費用

　① 工程個別費および補助部門個別費

|  | 第1工程 | 第2工程 | 補助部門 |
|---|---|---|---|
| 素　材　費 | ¥3,654,000 | — | — |
| 労　務　費 | ¥2,420,000 | ¥1,880,000 | ¥286,000 |
| 経　　　費 | ¥624,000 | ¥670,000 | ¥82,000 |

　② 部門共通費を次のとおり配賦する。

　　　第1工程　¥460,000　　第2工程　¥420,000　　補助部門　¥32,000

　③ 補助部門費を第1工程に55%，第2工程に45%の割合で配賦する。

　ｃ．月初仕掛品原価

　　第1工程　¥1,072,000（素　材　費　¥640,000　加工費　¥432,000）

　　第2工程　¥2,940,000（前工程費　¥2,364,000　加工費　¥576,000）

　ｄ．当月中に第1工程半製品3,400個を次工程へ引き渡し，200個を外部に販売した。なお，払出単価（原価）は¥1,850である。

(1)

| 第 1 工 程 の 完 成 品 原 価　　¥ |
|---|

(2)

| 第 2 工 程 の 完 成 品 原 価　　¥ |
|---|

(3)

第 1 工 程 半 製 品

| 前 月 繰 越 | 1,850,000 | (　　　　　) | (　　　　　) |
|---|---|---|---|
| (　　　　　) | (　　　　　) | 売 上 原 価 | (　　　　　) |
|  |  | 次 月 繰 越 | (　　　　　) |
|  | (　　　　　) |  | (　　　　　) |

# 検定問題

解答p.79

**1** 次の取引の仕訳を示しなさい。

(1) 宮城製作所は，月末にあたり，工程別総合原価計算表を作成し，各工程の完成品原価を次のとおり計上した。なお，第1工程の完成品はすべて第2工程（最終工程）に投入している。(第74回)
　　第1工程　¥4,350,000　　　第2工程　¥6,410,000

(2) 工程別総合原価計算を採用している熊本薬品工業株式会社は，月末に工程別総合原価計算表を作成し，各工程の完成品原価を次のとおり計上した。ただし，各工程の完成品はすべていったん倉庫に保管しており，当月中に第2工程（最終工程）に投入した第1工程の完成品原価は¥2,180,000である。なお，当社では第1工程の完成品原価をすべて第1工程半製品勘定に振り替えている。(第85回)
　　第1工程　¥4,570,000　　　第2工程　¥3,290,000

(3) 工程別総合原価計算を採用している大阪製作所は，月末に工程別総合原価計算表を次のとおり作成し，各工程の完成品原価を計上した。なお，第1工程の完成品は第2工程（最終工程）に引き渡している。(第92回)

### 工程別総合原価計算表（一部）
#### 令和○年1月分

| 摘　　　　要 | 第　1　工　程 | 第　2　工　程 |
|---|---|---|
| 工程個別費　素材費 | 1,827,000 | ―― |
| 　　　　　　前工程費 | ―― | 3,500,000 |
| 工程完成品原価 | 3,500,000 | 5,200,000 |
| 工程完成品数量 | 2,500個 | 2,000個 |
| 工程単価 | ¥　1,400 | ¥　2,600 |

(4) 工程別総合原価計算を採用している秋田工業株式会社は，月末に工程別総合原価計算表を作成し，各工程の完成品原価を次のとおり計上した。ただし，各工程の完成品はすべていったん倉庫に保管しており，当月中に倉庫から第2工程（最終工程）に投入した第1工程の完成品原価は¥1,945,000である。なお，当社では第1工程の完成品原価をすべて第1工程半製品勘定に振り替えている。(第94回)
　　第1工程　¥2,670,000　　　第2工程　¥3,180,000

(5) 工程別総合原価計算を採用している佐賀工業株式会社は，第3工程（最終工程）で製品¥1,500,000が完成し，倉庫に保管した。(第50回一部修正)

| | 借　　　　方 | 貸　　　　方 |
|---|---|---|
| (1) | | |
| (2) | | |
| (3) | | |
| (4) | | |
| (5) | | |

2　滋賀産業株式会社は工程別総合原価計算を採用し，A製品を製造している。下記の資料によって，
（第93回一部修正）
(1)　第2工程の完成品原価を求めなさい。
(2)　第1工程半製品勘定を完成しなさい。
　　ただし，ⅰ　第1工程の完成品原価は，すべて第1工程半製品勘定に振り替えている。
　　　　　　ⅱ　素材は製造着手のときにすべて投入され，第1工程の完成品は第2工程の始点で投入されるものとする。
　　　　　　ⅲ　加工費は第1工程・第2工程ともに製造の進行に応じて消費されるものとする。
　　　　　　ⅳ　月末仕掛品原価の計算は平均法による。
　a. 生産データ

|  | 第1工程 | 第2工程 |
|---|---|---|
| 月初仕掛品 | 400個（加工進捗度50%） | 600個（加工進捗度50%） |
| 当月投入 | 2,100個 | 1,800個 |
| 合　計 | 2,500個 | 2,400個 |
| 月末仕掛品 | 500個（加工進捗度40%） | 500個（加工進捗度50%） |
| 完成品 | 2,000個 | 1,900個 |

　b. 当月製造費用
　　　① 工程個別費および補助部門個別費

|  | 第 1 工 程 | 第 2 工 程 | 補 助 部 門 |
|---|---|---|---|
| 素 材 費 | ¥5,250,000 | ——— | ——— |
| 労 務 費 | ¥2,880,000 | ¥4,320,000 | ¥ 869,000 |
| 経 費 | ¥ 453,000 | ¥ 718,000 | ¥ 76,000 |

　　　② 部門共通費を次のとおり配賦する。
　　　　　第1工程　¥551,000　　第2工程　¥890,000　　補助部門　¥95,000
　　　③ 補助部門費を第1工程に40%，第2工程に60%の割合で配賦する。
　c. 月初仕掛品原価
　　　　第1工程　¥1,502,000（素材費¥1,050,000　加工費¥452,000）
　　　　第2工程　¥3,498,000（前工程費¥2,568,000　加工費¥930,000）
　d. 当月中に第1工程半製品1,800個を次工程へ引き渡し，200個を外部に販売した。
　なお，払出単価（原価）は¥4,600である。

(1)

| 第2工程の完成品原価　　¥ |
|---|

(2)
第 1 工 程 半 製 品

| 前 月 繰 越 | 1,680,000 | （　　　　） | （　　　　） |
|---|---|---|---|
| （　　　） | （　　　　） | 売 上 原 価 | （　　　　） |
|  |  | 次 月 繰 越 | （　　　　） |
|  | （　　　） |  | （　　　　） |

**3**　長野工業株式会社の下記の資料によって,
(1)　工程別総合原価計算表を完成しなさい。
(2)　第2工程仕掛品勘定を完成しなさい。
　　ただし,当社では,第1工程の完成品をすべて,いったん倉庫に保管し,その後,第2工程(最終工程)に投入している。　　　　　　　　　　　　　　　　　　　　　　　(第61回一部修正)

資　料
　i　当月製造費用

| 費　　目 | 工程および補助部門の個別費 | | | 部門共通費 |
| --- | --- | --- | --- | --- |
| | 第　1　工　程 | 第　2　工　程 | 補　助　部　門 | |
| 素　材　費 | ¥1,806,000 | ——— | | |
| 労　務　費 | ¥1,683,000 | ¥1,831,000 | ¥　388,000 | ¥　270,000 |
| 経　　費 | ¥　76,000 | ¥　96,000 | ¥　89,000 | ¥　780,000 |

　ii　部門共通費　第1工程に40%,第2工程に50%,補助部門に10%の割合で配賦する。
　iii　補助部門費　第1工程と第2工程にそれぞれ50%の割合で配賦する。
　iv　仕　掛　品
　　①　月初仕掛品　第1工程　¥221,000(素材費¥108,000　加工費¥113,000)
　　　　　　　　　　第2工程　¥565,000(前工程費¥403,000　加工費¥162,000)
　　②　月末仕掛品　第1工程　200個(加工進捗度　50%)
　　　　　　　　　　第2工程　100個(加工進捗度　60%)
　　　　月末仕掛品原価の計算は平均法により,素材は製造着手のときにすべて投入され,加工費は製造の進行に応じて消費されるものとする。なお,第1工程の完成品は,第2工程の製造着手のときにすべて投入される。
　v　前　工　程　費　当月中に倉庫から第2工程に投入した第1工程の完成品は¥3,150,000である。

(1)

工程別総合原価計算表

令和○年1月分

| 摘　　　　要 | 第　1　工　程 | 第　2　工　程 |
| --- | --- | --- |
| 工程個別費　素材費 | | ——— |
| 　　　　　　前工程費 | ——— | 3,150,000 |
| 　　　　　　労務費 | 1,683,000 | |
| 　　　　　　経　費 | 76,000 | 96,000 |
| 部門共通費配賦額 | | |
| 補助部門費配賦額 | | |
| 当　月　製　造　費　用 | | |
| 月　初　仕　掛　品　原　価 | 221,000 | 565,000 |
| 　　　　　計 | | |
| 月　末　仕　掛　品　原　価 | | |
| 工　程　完　成　品　原　価 | | |
| 工　程　完　成　品　数　量 | 2,000個 | 1,600個 |
| 工　　程　　単　　価 | ¥ | ¥ |

(2)

第　2　工　程　仕　掛　品

| | | | |
| --- | --- | --- | --- |
| 前　月　繰　越 | 565,000 | (　　　　　) | (　　　　　) |
| 労　　務　　費 | 1,831,000 | 次　月　繰　越 | (　　　　　) |
| 経　　　　費 | 96,000 | | |
| 部　門　共　通　費 | (　　　　　) | | |
| 補　助　部　門　費 | (　　　　　) | | |
| (　　　　　) | (　　　　　) | | |
| | (　　　　　) | | (　　　　　) |

## 6 副産物の評価

### 学習の要点 ●●●

#### 1．副産物

　副産物とは，総合原価計算において，**おもな製品の製造過程から必然的に発生する副次
的な物品**をいう。

　例　酒造業における酒かす，石鹸製造業におけるグリセリン，豆腐製造業におけるおから
　　　など。

#### 2．副産物の評価

　副産物は次のように評価し，原則としてこれをおもな製品の製造原価から差し引く。

　(1)　そのまま売却できるとき

　　　　評価額＝見積売却価額－（販売費及び一般管理費＋通常の利益見積額）

　(2)　加工のうえ売却できるとき

　　　　評価額＝見積売却価額－（加工費＋販売費及び一般管理費＋通常の利益見積額）

　(3)　そのまま自家消費するとき

　　　　評価額＝自家消費によって節約されるべき物品の見積購入価額

　(4)　加工のうえ自家消費するとき

　　　　評価額＝自家消費によって節約されるべき物品の見積購入価額－見積加工費

　(5)　評価額が低いとき

　　　　評価額＝零（0）……軽微な副産物の場合には発生時に評価しないで，売却時に雑益
　　　　　　　　　　　　　　として処理する。

#### 3．副産物の記帳

　製品の製造原価から差し引いて，副産物勘定の借方に記入する。

　例　単純総合原価計算の場合

## 基本問題
解答p.82

**1** 次の取引の仕訳を示しなさい。

(1) 単純総合原価計算を採用している工場で，製品の完成とともに副産物¥40,000が発生した。なお，総合原価は¥800,000であり，副産物の評価額¥40,000は製品の総合原価から差し引いて，副産物勘定の借方に記入することにした。

(2) 上記(1)の副産物を¥40,000で売却し，代金は現金で受け取った。

(3) 単純総合原価計算を採用している工場で，見積売却価額¥60,000の副産物が発生した。なお，販売費などの見積額は¥5,000である。

| | 借　　方 | 貸　　方 |
|---|---|---|
| (1) | | |
| (2) | | |
| (3) | | |

## 応用問題
解答p.82

**1** 次の取引の仕訳を示しなさい。

(1) 単純総合原価計算を採用している福島製作所において，製品の完成とともに副産物が発生した。ただし，総合原価は¥1,000,000であり，そのうち副産物の評価額は¥50,000であった。

(2) 等級別総合原価計算を採用している新潟製作所において，1級製品500個と2級製品300個が完成するとともに副産物が発生した。ただし，総合原価は¥2,000,000であり，そのうち副産物の評価額は¥320,000であった。なお，等価係数は次の製品1個あたりの重量を基準としている。
　　　1級製品　　150g　　2級製品　　100g

(3) 等級別総合原価計算を採用している大分製作所において，1級製品1,700個と2級製品2,600個が完成するとともに副産物が発生した。ただし，総合原価は¥3,954,000であり，そのうち副産物の評価額は¥304,000であった。なお，等価係数は次の各製品1個あたりの重量を基準としている。
　　　1級製品　　600g　　2級製品　　450g

| | 借　　方 | 貸　　方 |
|---|---|---|
| (1) | | |
| (2) | | |
| (3) | | |

## 検定問題

解答p.83

**1** 次の取引の仕訳を示しなさい。

(1) 等級別総合原価計算を採用している福井工業株式会社において，1級製品400個と2級製品500個が完成するとともに副産物が発生した。ただし，総合原価計算は¥4,780,000であり，そのうち副産物の評価額は¥380,000であった。なお，等価係数は次の各製品1個あたりの重量を基準としている。 (第92回)

　　　　1級製品　150g　　2級製品　100g

(2) 等級別総合原価計算を採用している徳島工業株式会社において，1級製品900個と2級製品1,500個が完成した。ただし，この完成品の総合原価は¥1,920,000であり，そのうち副産物の評価額は¥165,000であった。なお，等価係数は次の各製品1個あたりの重量を基準としている。 (第76回)

　　　　1級製品　800g　　2級製品　300g

(3) 単純総合原価計算を採用している岐阜製作所において，製品の完成とともに副産物が発生した。ただし，総合原価は¥2,684,000であり，そのうち副産物の評価額は¥249,000である。 (第91回)

(4) 工程別総合原価計算を採用している福井工業製作所は，第1工程完成品をすべて第2工程（最終工程）に投入し，第2工程において製品の完成とともに副産物が発生した。ただし，第1工程の完成品原価は¥3,900,000　第2工程の総合原価は¥6,800,000であり，そのうち副産物の評価額は¥750,000であった。 (第65回)

(5) 北海道製作所は，発生が少量のため，製造原価から差し引かないでいた副産物を¥2,400で売却し，代金を現金で受け取ったさい，誤って次のように仕訳していたので，本日，これを訂正した。 (第46回)

　　　　（借）現　　　金　2,400　　（貸）副 産 物　2,400

(6) 等級別総合原価計算を採用している富山製作所において，1級製品850個と2級製品1,300個が完成するとともに副産物が発生した。ただし，総合原価は¥1,977,000であり，そのうち副産物の評価額は¥152,000であった。なお，等価係数は次の各製品1個あたりの重量を基準としている。

　　　　1級製品　400g　　2級製品　300g　　　　　　　　　　　　　　　(第81回)

| | 借　　　　方 | 貸　　　　方 |
|---|---|---|
| (1) | | |
| (2) | | |
| (3) | | |
| (4) | | |
| (5) | | |
| (6) | | |

## 7　総合原価計算における減損および仕損

### １．減損

　製造工程の途中で，原材料が蒸発，ガス化または粉散するなどして減少することを減損という。また減損が発生するまでに要した原価を減損費という。

### ２．正常減損

　製造工程で発生した減損のうち，その発生を避けることができないものを正常減損という。正常減損は完成品あるいは月末仕掛品の製造原価に含めて処理する。異常な減損については，非原価項目として処理する。

### ３．正常減損費の処理

⑴　完成品のみに負担させる場合

　　減損が月末仕掛品の加工進捗度よりも後の工程で発生した場合には，正常減損費は完成品のみに負担させる。完成品のみに負担させる場合には，正常減損の完成品数量または完成品換算数量を完成品とあわせて計算する。

⑵　完成品と月末仕掛品の両方に負担させる場合

　　減損が月末仕掛品の加工進捗度よりも前の工程で発生した場合には，正常減損費は完成品と月末仕掛品の両方で負担する。このときは，あたかも正常減損分が最初から投入されていなかったかのように仮定して計算する。

### ４．仕損

　製造の途中で材料の不良や機械装置の故障などが原因で，一定の品質や規格にあわない不合格品となったものを仕損品といい，仕損品が生じることを仕損という。また，仕損の発生原価を集計したものを仕損費という。

### 5．正常仕損

　製造工程で発生した仕損のなかでも，その発生を避けることができないものを正常仕損という。正常仕損は，完成品あるいは月末仕掛品の製造原価に含めて処理する。異常な仕損については非原価項目とする。

### 6．正常仕損費の処理

　正常仕損費の処理は，正常減損の場合と同じである。ただし，正常減損には評価額はないが，正常仕損については仕損品評価額を考慮する必要がある。

> 正常仕損費＝仕損の発生までに要した原価ー仕損品評価額

## 基本問題

解答p.84

**1** 次の各問いに答えなさい。
(1) 単純総合原価計算を採用している静岡製作所は，以下の資料にもとづき原価計算をおこなった。このとき完成品原価と月末仕掛品原価を求めなさい。ただし，
　ⅰ　素材は製造着手のときに投入され，加工費は製造の進行に応じて消費されるものとする。
　ⅱ　月末仕掛品原価の計算は平均法による。
　ⅲ　減損は工程の終点で発生している。

資　料
a．生産データ
　月初仕掛品　　100kg（加工進捗度40%）
　当月投入　　　900kg
　　合　計　　1,000kg
　月末仕掛品　　200kg（加工進捗度50%）
　正常減損　　　100kg
　完　成　品　　700kg

b．月初仕掛品原価
　素材費　¥170,000
　加工費　¥255,000

c．当月製造費用
　素材費　¥630,000
　加工費　¥645,000

(2) (1)において先入先出法を採用していた場合の完成品原価と月末仕掛品原価を求めなさい。

| (1) | 完 成 品 原 価 | ¥ | 月末仕掛品原価 | ¥ |
|---|---|---|---|---|
| (2) | 完 成 品 原 価 | ¥ | 月末仕掛品原価 | ¥ |

**2** 次の各問いに答えなさい。
(1) 単純総合原価計算を採用している栃木製造株式会社は，以下の資料にもとづき原価計算をおこなった。このとき完成品原価と月末仕掛品原価を求めなさい。ただし，
　ⅰ　素材は製造着手のときに投入され，加工費は製造の進行に応じて消費されるものとする。
　ⅱ　月末仕掛品原価の計算は平均法による。
　ⅲ　減損は工程の始点で発生している。

資　料
a．生産データ
　月初仕掛品　　100kg（加工進捗度40%）
　当月投入　　　900kg
　　合　計　　1,000kg
　月末仕掛品　　200kg（加工進捗度50%）
　正常減損　　　100kg
　完　成　品　　700kg

b．月初仕掛品原価
　素材費　¥325,000
　加工費　¥274,000

c．当月製造費用
　素材費　¥800,000
　加工費　¥646,000

(2) (1)において先入先出法を採用していた場合の完成品原価と月末仕掛品原価を求めなさい。

| (1) | 完 成 品 原 価 | ¥ | 月末仕掛品原価 | ¥ |
|---|---|---|---|---|
| (2) | 完 成 品 原 価 | ¥ | 月末仕掛品原価 | ¥ |

**3**　次の各問いに答えなさい。
(1) 単純総合原価計算を採用している岐阜製作所は，以下の資料にもとづき原価計算をおこなった。このとき完成品原価と月末仕掛品原価を求めなさい。ただし，
　i　素材は製造着手のときに投入され，加工費は製造の進行に応じて消費されるものとする。
　ii　月末仕掛品原価の計算は平均法による。
　iii　仕損は工程の終点で発生し，その評価額は¥10,000であった。なお，仕損品の評価額は素材費から控除する。
　資　料
　　a．生産データ　　　　　　　　　　　　b．月初仕掛品原価
　　　月初仕掛品　　100個（加工進捗度40%）　　素材費　¥170,000
　　　当月投入　　　900個　　　　　　　　　　加工費　¥255,000
　　　　合　計　　1,000個　　　　　　　　c．当月製造費用
　　　月末仕掛品　　200個（加工進捗度50%）　　素材費　¥630,000
　　　正常仕損　　　100個　　　　　　　　　　加工費　¥645,000
　　　完成品　　　　700個

(2) (1)において先入先出法を採用していた場合の完成品原価と月末仕掛品原価を求めなさい。

| (1) | 完 成 品 原 価 | ¥ | 月末仕掛品原価 | ¥ |
|---|---|---|---|---|
| (2) | 完 成 品 原 価 | ¥ | 月末仕掛品原価 | ¥ |

**4**　次の各問いに答えなさい。
(1) 単純総合原価計算を採用している栃木製造株式会社は，以下の資料にもとづき原価計算をおこなった。このとき完成品原価と月末仕掛品原価を求めなさい。ただし，
　i　素材は製造着手のときに投入され，加工費は製造の進行に応じて消費されるものとする。
　ii　月末仕掛品原価の計算は平均法による。
　iii　仕損は工程の始点で発生し，その評価額は¥45,000であった。なお，仕損品の評価額は素材費から控除する。
　資　料
　　a．生産データ　　　　　　　　　　　　b．月初仕掛品原価
　　　月初仕掛品　　100個（加工進捗度40%）　　素材費　¥280,000
　　　当月投入　　　900個　　　　　　　　　　加工費　¥274,000
　　　　合　計　　1,000個　　　　　　　　c．当月製造費用
　　　月末仕掛品　　200個（加工進捗度50%）　　素材費　¥845,000
　　　正常仕損　　　100個　　　　　　　　　　加工費　¥646,000
　　　完成品　　　　700個

(2) (1)において先入先出法を採用していた場合の完成品原価と月末仕掛品原価を求めなさい。

| (1) | 完 成 品 原 価 | ¥ | 月末仕掛品原価 | ¥ |
|---|---|---|---|---|
| (2) | 完 成 品 原 価 | ¥ | 月末仕掛品原価 | ¥ |

## 応用問題

解答p.89

**1** 単純総合原価計算を採用している神奈川工業株式会社の次の資料から，完成品原価を求めなさい。

ただし，ⅰ 素材は製造着手のときにすべて投入され，加工費は製造の進行に応じて消費されるものとする。

ⅱ 月末仕掛品原価の計算は先入先出法による。

ⅲ 正常減損は製造工程の終点で発生しており，正常減損費は完成品のみに負担させる。

資　料

a．生産データ

| | | |
|---|---|---|
| 月初仕掛品 | 750kg | （加工進捗度40%） |
| 当月投入 | 6,000kg | |
| 合　計 | 6,750kg | |
| 月末仕掛品 | 600kg | （加工進捗度50%） |
| 正常減損 | 150kg | |
| 完成品 | 6,000kg | |

b．月初仕掛品原価

| | |
|---|---|
| 素材費 | ¥ 360,000 |
| 加工費 | ¥ 114,000 |

c．当月製造費用

| | |
|---|---|
| 素材費 | ¥1,500,000 |
| 加工費 | ¥2,460,000 |

完　成　品　原　価　　¥

**2** 単純総合原価計算を採用している静岡製作所の次の資料から，月末仕掛品原価を求めなさい。

ただし，ⅰ 素材は製造着手のときにすべて投入され，加工費は製造の進行に応じて消費されるものとする。

ⅱ 月末仕掛品原価の計算は平均法による。

ⅲ 正常減損は製造工程の始点で発生しており，正常減損費は完成品と月末仕掛品の両方に負担させる。

資　料

a．生産データ

| | | |
|---|---|---|
| 月初仕掛品 | 750kg | （加工進捗度40%） |
| 当月投入 | 4,050kg | |
| 合　計 | 4,800kg | |
| 月末仕掛品 | 600kg | （加工進捗度50%） |
| 正常減損 | 200kg | |
| 完成品 | 4,000kg | |

b．月初仕掛品原価

| | |
|---|---|
| 素材費 | ¥ 90,000 |
| 加工費 | ¥ 160,000 |

c．当月製造費用

| | |
|---|---|
| 素材費 | ¥ 830,000 |
| 加工費 | ¥1,560,000 |

月　末　仕　掛　品　原　価　　¥

**3** 単純総合原価計算を採用している福岡製作所の次の資料から，完成品原価を求めなさい。

ただし，i　素材は製造着手のときにすべて投入され，加工費は製造の進行に応じて消費される
　　　　　ものとする。
　　　　ii　月末仕掛品原価の計算は平均法による。
　　　　iii　正常仕損は製造工程の終点で発生しており，その評価額は¥30,000であった。な
　　　　　お，仕損品の評価額は素材費から控除する。

資料
　a．生産データ　　　　　　　　　　　　　b．月初仕掛品原価
　　　月初仕掛品　　100kg（加工進捗度40%）　　　素材費　¥174,000
　　　当月投入　　6,250kg　　　　　　　　　　　加工費　¥190,000
　　　　合　計　　6,350kg　　　　　　　c．当月製造費用
　　　月末仕掛品　　200kg（加工進捗度50%）　　　素材費　¥1,350,000
　　　正常仕損　　　150kg　　　　　　　　　　　加工費　¥1,560,000
　　　完成品　　6,000kg

　完　成　品　原　価　　¥

**4** 単純総合原価計算を採用している富山工業株式会社の次の資料から，月末仕掛品原価を求めなさい。

ただし，i　素材は製造着手のときにすべて投入され，加工費は製造の進行に応じて消費される
　　　　　ものとする。
　　　　ii　月末仕掛品原価の計算は先入先出法による。
　　　　iii　正常仕損は製造工程の始点で発生しており，その評価額は¥70,000であった。な
　　　　　お，仕損品の評価額は素材費から控除する。

資料
　a．生産データ　　　　　　　　　　　　　b．月初仕掛品原価
　　　月初仕掛品　　100kg（加工進捗度40%）　　　素材費　¥220,000
　　　当月投入　　1,150kg　　　　　　　　　　　加工費　¥480,000
　　　　合　計　　1,250kg　　　　　　　c．当月製造費用
　　　月末仕掛品　　200kg（加工進捗度50%）　　　素材費　¥1,280,000
　　　正常仕損　　　50kg　　　　　　　　　　　加工費　¥1,590,000
　　　完成品　　1,000kg

　完　成　品　原　価　　¥

5 長野産業株式会社は，単純総合原価計算を採用している。このとき，下記の資料によって，

(1) 単純総合原価計算表を完成しなさい。

(2) 仕掛品勘定を完成しなさい。

ただし， ⅰ 素材は製造着手のときにすべて投入され，加工費は製造の進行に応じて消費されるものとする。

ⅱ 月末仕掛品の評価は，先入先出法によること。

ⅲ 仕損は工程の終点で発生し，その評価額は¥15,000であった。なお，仕損品の評価額は素材費から控除する。

資料

a. 生産データ
月初仕掛品 100個（加工進捗度40%）
当月投入 1,150個
合計 1,250個
月末仕掛品 200個（加工進捗度50%）
正常仕損 50個
完成品 1,000個

b. 月初仕掛品原価
素材費 ¥ 220,000
加工費 ¥ 480,000

c. 当月製造費用
素材費 ¥2,576,000
工場消耗品 ¥ 129,000
労務費 ¥ 930,000
経費 ¥ 495,000

(1)

単 純 総 合 原 価 計 算 表

令和○年×月分

| 摘　要 | 素　材　費 | 加　工　費 | 合　計 |
|---|---|---|---|
| 材　料　費 | 2,576,000 | 129,000 | |
| 労　務　費 | ——— | 930,000 | |
| 経　費 | ——— | 495,000 | |
| 計 | 2,576,000 | 1,554,000 | 4,130,000 |
| 月初仕掛品原価 | 220,000 | 480,000 | 700,000 |
| 計 | 2,796,000 | 2,034,000 | 4,830,000 |
| 仕損品評価額 | 15,000 | ——— | 15,000 |
| 月末仕掛品原価 | 448,000 | 140,000 | 588,000 |
| 完成品原価 | 2,333,000 | 1,894,000 | 4,227,000 |
| 完成品数量 | 1,000個 | 1,000個 | 1,000個 |
| 製品単価 | ¥ 2,333 | ¥ 1,894 | ¥ 4,227 |

(2)

仕　掛　品

| 前月繰越 | ( 700,000 ) | (製品) | ( 4,227,000 ) |
|---|---|---|---|
| 材料費 | ( 2,705,000 ) | 仕損品 | ( 15,000 ) |
| 労務費 | ( 930,000 ) | 次月繰越 | ( 588,000 ) |
| 経費 | ( 495,000 ) | | |
| | ( 4,830,000 ) | | ( 4,830,000 ) |

## 検定問題

解答p.94

**1**　大分製作所は，単純総合原価計算を採用し，A製品を製造している。下記の資料と仕掛品勘定によって，　　　　　　　　　　　　　　　　　　　　　　　　　　　（第85回一部修正）

(1)　単純総合原価計算表を完成しなさい。

(2)　仕掛品勘定の減価償却費（アの金額）を求めなさい。

ただし，ⅰ　素材は製造着手のときにすべて投入され，加工費は製造の進行に応じて消費されるものとする。

　　　　ⅱ　月末仕掛品原価の計算は平均法による。

　　　　ⅲ　正常減損は製造工程の終点で発生しており，正常減損費は完成品のみに負担させる。

資　料

a．生産データ

　月初仕掛品　　　500kg（加工進捗度40%）

　当月投入　　 2,050kg

　　合　計　　 2,550kg

　月末仕掛品　　 400kg（加工進捗度50%）

　正常減損　　　 150kg

　完成品　　 2,000kg

b．月初仕掛品原価

　素材費　¥ 801,000

　加工費　¥ 819,000

c．当月製造費用

　素材費　¥3,075,000

　加工費　¥8,299,000

### 仕　掛　品

| 前月繰越 | （　　） | 製　品 | （　　） |
|---|---|---|---|
| 素　材 | （　　） | 次月繰越 | （　　） |
| 工場消耗品 | 615,000 | | |
| 賃　金 | 5,420,000 | | |
| 退職給付費用 | 652,000 | | |
| 健康保険料 | 73,000 | | |
| 減価償却費 | （　ア　） | | |
| 電力料 | 910,000 | | |
| 雑　費 | 389,000 | | |
| | （　　） | | （　　） |

(1)
### 単純総合原価計算表
令和○年1月分

| 摘　要 | 素　材　費 | 加　工　費 | 合　計 |
|---|---|---|---|
| 材　料　費 | | | |
| 労　務　費 | ——— | | |
| 経　費 | ——— | | |
| 計 | | | |
| 月初仕掛品原価 | | | |
| 計 | | | |
| 月末仕掛品原価 | | | |
| 完成品原価 | | | |
| 完成品数量 | 2,000kg | 2,000kg | 2,000kg |
| 製品1kgあたりの原価 | ¥ | ¥ | ¥ |

(2)

| 仕掛品勘定の減価償却費 | ¥ |
|---|---|

2 東京製作所は，組別総合原価計算を採用し，A組製品とB組製品を製造している。次の資料によって， (第90回一部修正)

(1) B組製品の完成品原価を求めなさい。

(2) A組仕掛品勘定を完成しなさい。

  ただし， i 組間接費は直接作業時間を基準として配賦する。

    ii 素材は製造着手のときにすべて投入され，加工費は製造の進行に応じて消費されるものとする。

    iii 月末仕掛品原価の計算は先入先出法による。

    iv 仕損は製造工程の終点で発生しており，仕損費は完成品のみに負担させる。なお，仕損品の評価額は零（0）である。

資　料

  a．月初仕掛品原価

    A組 ￥1,275,000（素材費 ￥903,000 加工費 ￥372,000）

    B組 ￥ 618,000（素材費 ￥417,000 加工費 ￥201,000）

  b．当月製造費用

| | A組直接費 | B組直接費 | 組間接費 |
|---|---|---|---|
| 材　料　費 | ￥3,965,000 | ￥4,305,000 | － |
| 労　務　費 | ￥3,040,000 | ￥3,360,000 | ￥ 120,000 |
| 経　　　費 | ￥ 540,000 | ￥ 357,000 | ￥ 680,000 |

  c．生産データ

| | A組 | | B組 | |
|---|---|---|---|---|
| 月初仕掛品 | 1,500個 | （加工進捗度40%） | 600個 | （加工進捗度50%） |
| 当月投入 | 6,500個 | | 6,150個 | |
| 合　計 | 8,000個 | | 6,750個 | |
| 月末仕掛品 | 2,000個 | （加工進捗度60%） | 900個 | （加工進捗度40%） |
| 正常仕損 | －個 | | 50個 | |
| 完成品 | 6,000個 | | 5,800個 | |

  d．直接作業時間

    A組　1,900時間　　B組　2,100時間

(1)

  | B組の完成品原価　　￥ |
  |---|

(2)

**A 組 仕 掛 品**

| 前 月 繰 越 | 1,275,000 | （　　　） | （　　　） |
|---|---|---|---|
| 素　　材 | 3,965,000 | 次 月 繰 越 | （　　　） |
| 労　務　費 | 3,040,000 | | |
| 経　　費 | 540,000 | | |
| （　　　） | （　　　） | | |
| | （　　　） | | （　　　） |

**3** 福島製作所は，単純総合原価計算を採用し，Ａ製品を製造している。下記の資料と仕掛品勘定によって，（第94回一部修正）

(1) 単純総合原価計算表を完成しなさい。

(2) 仕掛品勘定の退職給付費用（アの金額）を求めなさい。

ただし，i 素材は製造着手のときにすべて投入され，加工費は製造の進行に応じて消費されるものとする。

ii 月末仕掛品原価の計算は先入先出法による。

iii 正常減損は製造工程の始点で発生しており，正常減損費は完成品と月末仕掛品に負担させる。

資　料

a. 生産データ

月初仕掛品 600kg（加工進捗度50%）

当月投入 3,900kg

合　計 4,500kg

月末仕掛品 400kg（加工進捗度50%）

正常減損 100kg

完成品 4,000kg

b. 月初仕掛品原価

素材費 ¥ 1,848,000

加工費 ¥ 540,000

c. 当月製造費用

素材費 ¥ 11,856,000

加工費 ¥ 6,864,000

### 仕 掛 品

| | | | |
|---|---|---|---|
| 前 月 繰 越 | （　　　　） | 製　　　品 | （　　　） |
| 素　　　材 | （　　　　） | 次 月 繰 越 | （　　　） |
| 工場消耗品 | 554,000 | | |
| 賃　　　金 | 3,171,000 | | |
| 給　　　料 | 1,342,000 | | |
| 退職給付費用 | （　ア　） | | |
| 健康保険料 | 240,000 | | |
| 減価償却費 | 438,000 | | |
| 電　力　料 | 86,000 | | |
| 雑　　　費 | 73,000 | | |
| | （　　　） | | （　　　） |

(1)

### 単 純 総 合 原 価 計 算 表
令和○年１月分

| 摘　　要 | 素 材 費 | 加 工 費 | 合　　計 |
|---|---|---|---|
| 材 料 費 | | | |
| 労 務 費 | ——— | | |
| 経 費 | ——— | | |
| 計 | | | |
| 月初仕掛品原価 | | | |
| 計 | | | |
| 月末仕掛品原価 | | | |
| 完 成 品 原 価 | | | |
| 完 成 品 数 量 | 4,000kg | 4,000kg | 4,000kg |
| 製品1kgあたりの原価 | ¥ | ¥ | ¥ |

(2)

| 仕掛品勘定の退職給付費用　　¥ |
|---|

# Ⅳ 製品の完成と販売

## 第1章　製品の完成と販売

### 学習の要点 ●●●

**１．完成品の受け入れ**

(1)　製造現場では，製品が完成すると，**完成報告書**と完成品を倉庫係に引き渡す。

(2)　倉庫係は検印し，原価計算係に渡すとともに，**製品棚札**に記入し，製品を保管する。

(3)　原価計算係は**原価計算表**を締め切り，会計係にまわし，会計係が**製品元帳**に受け入れの記帳をする。

(4)　原価計算係は，月末に**完成品原価月報**を作成し，会計係にまわす。

**２．製品の販売にともなう手続きと記帳**

(1)　販売係が売上伝票・出荷伝票・送り状を作成し，倉庫係に渡す。

(2)　会計係は月末に販売係から報告される**売上帳**の合計額によって仕訳し，製造原価を集計して**売上製品原価月報**を作成し，製品勘定から売上原価勘定に振り替える仕訳をおこなう。

### 基本問題

解答p.97

❶　次の取引の仕訳を示しなさい。

(1)　個別原価計算を採用している京都工業株式会社の11月分の完成品原価月報は，次のとおりであった。

| 完 成 品 原 価 月 報 | | | | | | No. 13 |
| 令和○年11月分 | | | | | | |
| 製造指図書番号 | 完　成　日 | 品名および規格 | 数　　量 | 単　　価 | 金　　額 | |
| ＃101 | 11/25 | 甲　品 | 30 | 5,000 | 150,000 | |
| 合　　　　　計 | | | | | 860,000 | |

(2)　個別原価計算を採用している神戸工業株式会社の，1月分の製品の売上高合計（全額掛け売り）は¥1,600,000であり，同月の売上製品原価月報は次のとおりであった。

| 売 上 製 品 原 価 月 報 | | | | | | No. 1 |
| 令和○年1月分 | | | | | | |
| 売上伝票番号 | 品名および規格 | 摘　　要 | 数　　量 | 単　　価 | 金　　額 | |
| 3 | Ⓐ品2号 | 大津商会 | 12 | 9,000 | 108,000 | |
| 合　　　　　計 | | | | | 1,200,000 | |

|  | 借　　　方 | 貸　　　方 |
|---|---|---|
| (1) |  |  |
| (2) |  |  |

## 応用問題

解答p.97

**1** 次の取引の仕訳を示しなさい。

(1) 個別原価計算を採用している松山工業株式会社で，A品3,500個@¥140と，B品2,000個@¥160が完成した。

(2) 上記A品3,500個，B品2,000個をそれぞれA品@¥210，B品@¥240で掛け売りした。

(3) (2)で売り上げた商品のうち，B品2,000個が返品された。

|  | 借　　　方 | 貸　　　方 |
|---|---|---|
| (1) |  |  |
| (2) |  |  |
| (3) |  |  |

**2** 次の取引の仕訳を示しなさい。

(1) 工程別総合原価計算を採用している高知産業株式会社は，第3工程（最終工程）で完成した製品を¥780,000で売り渡し，代金は掛けとした。なお，この売上製品の原価は¥645,000である。よって，売上高と売上原価を計上した。

(2) 個別原価計算を採用している徳島製作所は，A製品（製造指図書#1）とB製品（製造指図書#2）を受注先に発送した。よって，売上高および売上原価を計上した。
　　　売上高（掛け）　A製品　¥1,240,000　B製品　¥1,390,000
　　　製造原価　　　　A製品　¥876,000　B製品　¥724,500

(3) さきに高知商店に掛け売りした製品のうち¥220,000（製造原価¥140,000）が品違いのため返品されたとき，誤って，次のような仕訳をしていたので，本日，これを訂正した。ただし，売上高および売上原価の修正を同時におこなうこと。
　　　（借）製　品 220,000　（貸）売掛金 220,000

|  | 借　　　方 | 貸　　　方 |
|---|---|---|
| (1) |  |  |
| (2) |  |  |
| (3) |  |  |

## 検定問題

解答p.98

**1** 次の取引の仕訳を示しなさい。

(1) 個別原価計算を採用している埼玉製作所における1月分の製品の販売に関する資料は次のとおりであった。よって，売上高および売上原価を計上した。　　　　　　　　　　　　　(第87回)

| | A製品（製造指図書＃11） | B製品（製造指図書＃12） |
|---|---|---|
| 売上高（掛け） | ¥763,000 | ¥628,000 |
| 製 造 原 価 | ¥452,000 | ¥391,000 |

(2) 等級別総合原価計算を採用している石川製作所の6月分の製品の販売に関する資料は，次のとおりであった。よって，売上高および売上原価を計上した。　　　　　　　　　　(第86回)

| | 1級製品 | 2級製品 |
|---|---|---|
| 売上高（掛け） | ¥1,080,000 | ¥600,000 |
| 製 品 原 価 | ¥756,000 | ¥420,000 |

(3) 工程別総合原価計算を採用している千葉工業株式会社は，倉庫に保管してある第1工程完成品の一部を¥2,160,000で売り渡し，代金は掛けとした。ただし，売り上げた半製品の原価は¥1,800,000であり，売上のつど売上原価に計上する。なお，当社では第1工程の完成品原価はすべて第1工程半製品勘定に振り替えている。　　　　　　　　　　　　　　　　　　　　(第90回)

(4) 個別原価計算を採用している三重製作所は，次の製品を発注元に発送し，検収を受けた。よって，売上高および売上原価を計上した。　　　　　　　　　　　　　　(第93回一部修正)

| | A製品（製造指図書＃31） | B製品（製造指図書＃32） |
|---|---|---|
| 売上高（掛け） | ¥7,500,000 | ¥410,000 |
| 製 造 原 価 | ¥4,500,000 | ¥246,000 |

(5) 単純総合原価計算を採用している大阪工業株式会社は，かねて，兵庫商店に製品3,000個を1個あたり¥600で掛け売りしていたが，本日，そのうち50個が返品されたので，売上高および売上原価を修正した。なお，この製品の払出単価は¥420であった。　　　　　(第82回)

(6) 組別総合原価計算を採用している青森工業株式会社における6月分の製品の販売に関する資料は，次のとおりであった。よって，売上高および売上原価を計上した。　　　(第84回)

| | A組 | B組 |
|---|---|---|
| 売上高（掛け） | ¥420,000 | ¥750,000 |
| 売上製品製造原価 | ¥294,000 | ¥525,000 |

| | 借　　　　　方 | 貸　　　　　方 |
|---|---|---|
| (1) | | |
| (2) | | |
| (3) | | |
| (4) | | |
| (5) | | |
| (6) | | |

# 第2章　工場会計の独立

## 学習の要点 ● ● ●

### 1．工場会計の独立

　本社と工場が地理的に離れている場合や企業が大規模化した場合などに，工場の会計を本社の会計から独立させ，工場での製造活動に関する会計処理を工場でおこなうようになる。これを**工場会計の独立**（または工場元帳制）という。

### 2．取引の記帳

　工場会計を独立させた場合の一般的な例は，次のようになる。
　　《本社》の帳簿
　　　　● 本社仕訳帳（一般仕訳帳）
　　　　● 本社元帳（一般元帳）……購買・販売・管理活動に関する取引の勘定
　　　　　　例　現金・預金・売掛金・買掛金・売上原価・販売費及び一般管理費・売上など。
　　《工場》の帳簿
　　　　● 工場仕訳帳
　　　　● 工場元帳……製造活動に関する取引の勘定
　　　　　　例　素材・賃金・経費・仕掛品・製造間接費・製品など。

### 3．本社勘定と工場勘定

　本社と工場の両方に関係する取引については，本支店会計と同じように，本社側に**工場勘定**，工場側に**本社勘定**を設けて記帳する。
　　例　本社は素材￥250,000を掛けで仕入れ，工場に直送した。
　　● 工場会計が独立していないときの仕訳

| 借　　　　　方 | | 貸　　　　　方 | |
|---|---|---|---|
| 素　　　材 | 250,000 | 買　掛　金 | 250,000 |

　　● 工場会計が独立しているときの仕訳

| | 借　　　　方 | | 貸　　　　方 | |
|---|---|---|---|---|
| 〔本社側〕 | 工　　　場 | 250,000 | 買　掛　金 | 250,000 |
| 〔工場側〕 | 素　　　材 | 250,000 | 本　　　社 | 250,000 |

## 基本問題

解答p.98

**1** 次の取引の仕訳を示しなさい。

本社は素材¥200,000を掛けで仕入れ，工場に直送した。

〈工場会計が独立していないときの仕訳〉

| 借　　　　方 | 貸　　　　方 |
|---|---|
|  |  |

〈工場会計が独立しているときの仕訳〉

|  | 借　　　　方 | 貸　　　　方 |
|---|---|---|
| 本社 |  |  |
| 工場 |  |  |

**2** 工場会計が本社会計から独立している場合の，次の取引の仕訳を示しなさい。

(1) 本社だけに関係のある取引

本社は取引先から売掛金¥100,000を現金で受け取った。

(2) 工場だけに関係のある取引

当月製品完成高は¥450,000である。

(3) 本社と工場の両方に関係のある取引

当月売上製品原価は¥350,000である。ただし，製品勘定は工場だけに設けてある。

|  |  | 借　　　　方 | 貸　　　　方 |
|---|---|---|---|
| (1) | 本社 |  |  |
| (2) | 工場 |  |  |
| (3) | 本社 |  |  |
|  | 工場 |  |  |

**3** 次の取引の仕訳を示しなさい。ただし，工場会計は本社会計から独立している。

(1) 本社は素材¥800,000を掛けで仕入れ，仕入先から工場に直送した。

(2) 本社は工場の電力料¥45,000を小切手を振り出して支払った。工場は，この通知を受けた。

|  |  | 借　　　　方 | 貸　　　　方 |
|---|---|---|---|
| (1) | 本社 |  |  |
|  | 工場 |  |  |
| (2) | 本社 |  |  |
|  | 工場 |  |  |

## 応用問題

解答p.99

**1** 工場会計が独立している香川製作所の，次の取引の仕訳と本社と工場に分けて示し，工場勘定と本社勘定の残高の一致額を求めなさい。仕訳不要のさいには，「仕訳なし」と記入すること。

ただし，ⅰ　工場元帳には製造活動に関する諸勘定が設けられ，個別原価計算を採用している。

　　　　ⅱ　本社元帳には製品勘定が設けられておらず，所得税預り金勘定と健康保険料預り金勘定は本社元帳のみに設けられている。

(1)　本社は，素材¥350,000を掛けで仕入れ，工場へ直送した。ただし，引取運賃¥17,000は小切手を振り出して支払った。

(2)　工場は，本月分の賃金¥850,000を支払うむねを，本社に報告した。本社は，所得税¥60,000健康保険料¥42,000を差し引き，残額は現金で支払った。

(3)　工場は，素材を直接材料として¥890,000　間接材料として¥60,000消費した。

(4)　本社は，火災保険料¥72,000を現金で支払った。ただし，本社分3に対し工場分は7の割合で負担する。

(5)　本社は，製品を¥320,000で掛け売りし，工場は，本社の指示でこれを得意先に発送した。ただし，この製品の製造原価は¥240,000である。

(6)　上記売上製品のうち¥64,000が返品され，工場はこの製品を受け取った。ただし，この製品の製造原価は¥48,000である。

(7)　決算にさいして，本社は工場の機械装置について¥250,000の減価償却をおこなった。ただし，間接法により記帳している。

| | 本　　　　社 | | 工　　　　場 | |
|---|---|---|---|---|
| | 借　　方 | 貸　　方 | 借　　方 | 貸　　方 |
| (1) | | | | |
| (2) | | | | |
| (3) | | | | |
| (4) | | | | |
| (5) | | | | |
| (6) | | | | |
| (7) | | | | |

工場勘定と本社勘定の残高の一致額　　¥

2　次の取引の仕訳を示しなさい。

(1)　工場会計が本社会計から独立している三重産業株式会社の松阪工場は，本社から送付を受けていた燃料¥80,000を本社の仕入先に直接返品し，本社に通知した。（工場の仕訳）

(2)　工場会計が独立している宮崎製作所の本社は，建物に対する保険料¥150,000（うち，工場分¥70,000）を小切手を振り出して支払った。（本社の仕訳）

(3)　工場会計が独立している新潟製作所の本社は，かねて，工場に製品¥2,500,000（製造原価）を得意先山梨商店に発送するように指示していたが，本日，発送済みの通知を受けたので，売上高（掛け）¥3,200,000および売上原価を計上した。ただし，本社には製品勘定を設けていない。（本社の仕訳）

(4)　単純総合原価計算を採用している愛媛製造株式会社の松山工場は，本社の指示により製造原価¥200,000の製品を得意先高知商店に発送した。ただし，工場会計は本社会計から独立しており，売上勘定・売上原価勘定は本社に，製品勘定は工場に設けてある。（工場の仕訳）

(5)　工場会計が独立している鳥取製作所の工場は，かねて，本社が得意先米子商店に掛け売りしていた製品¥2,600,000（製造原価¥2,000,000）のうち¥600,000（製造原価¥480,000）が品違いであったので，本日，返品された。ただし，製品勘定は工場だけに設けてある。（工場の仕訳）

(6)　山口製作所の本社は掛けで購入した素材を工場に送付していたが，本日，工場から不良品の10個　@¥9,000を仕入先に直接返品したとの通知を受けた。ただし，工場会計は本社会計から独立している。（本社の仕訳）

(7)　工場会計が独立している高知製鉄株式会社の本社は，工場が四国商事から素材¥6,000,000を買い入れたとの報告を受け，ただちに小切手を振り出して支払った。（本社の仕訳）

(8)　工場会計が独立している新潟製作所の本社は，工場の従業員の賃金について，所得税¥170,000　健康保険料¥130,000を控除した正味支払額¥2,800,000を現金で工場に送付した。ただし，所得税預り金勘定および健康保険料預り金勘定は本社にだけ設けてある。（本社の仕訳）

|  | 借　　　方 | 貸　　　方 |
|---|---|---|
| (1) |  |  |
| (2) |  |  |
| (3) |  |  |
| (4) |  |  |
| (5) |  |  |
| (6) |  |  |
| (7) |  |  |
| (8) |  |  |

# 検定問題

解答p.100

1 次の取引の仕訳を示しなさい。

(1) 工場会計が独立している山形工業株式会社の本社は，工場の従業員に対する健康保険料￥762,000を小切手を振り出して支払った。ただし，健康保険料のうち半額は事業主負担分であり，半額は従業員負担分である。なお，健康保険料預り金勘定は本社のみに設けてある。（本社の仕訳）　（第94回）

(2) 工場会計が独立している福井産業株式会社の本社は，決算にさいし，建物の減価償却費￥2,300,000を計上した。ただし，このうち￥1,260,000は工場の建物に対するものであり，建物減価償却累計額勘定は，本社のみに設けてある。（本社の仕訳）　（第93回）

(3) 工場会計が独立している新潟製造株式会社の本社は，工場から燃料￥131,000を買い入れたとの報告を受けた。ただし，この代金は本社が月末に支払う契約であり，製造活動に関する勘定は工場のみに設けている。（本社の仕訳）　（第76回）

(4) 工場会計が独立している長崎製作所の本社は，工場から製品￥3,675,000（製造原価）を得意先熊本商店に引き渡したとの通知を受けたので，売上高（掛け）￥5,250,000および売上原価を計上した。ただし，売上勘定と売上原価勘定は本社に，製品に関する勘定は工場に設けてある。（本社の仕訳）　（第91回）

(5) 工場会計が独立している秋田製作所の本社は，さきに得意先山形商店に売り渡した製品について，月末に製造原価は￥1,300,000であったと工場から報告を受け，売上製品の原価を計上した。ただし，売上原価勘定は本社に，製品に関する勘定は工場に設けてある。（本社の仕訳）（第89回）

(6) 工場会計が独立している群馬製作所の本社は，決算にさいし，建物の減価償却費￥954,000を計上した。ただし，このうち￥450,000は工場の建物に対するものであり，建物減価償却累計額勘定は本社のみに設けてある。（本社の仕訳）　（第80回）

(7) 工場会計が独立している山梨工業株式会社の本社は，素材￥840,000を掛けで買い入れ，仕入先から工場に直送させた。ただし，製造活動に関する勘定は工場のみに設けている。（本社の仕訳）　（第81回）

(8) 工場会計が独立している千葉工業株式会社の工場は，本社から工場の従業員に対する健康保険料￥480,000を支払ったとの通知を受けた。ただし，健康保険料￥480,000のうち半額は事業主負担分であり，半額は従業員負担分である。なお，健康保険料預り金勘定は本社のみに設けてある。（工場の仕訳）　（第84回）

| | 借　　　方 | 貸　　　方 |
|---|---|---|
| (1) | | |
| (2) | | |
| (3) | | |
| (4) | | |
| (5) | | |
| (6) | | |
| (7) | | |
| (8) | | |

# Ⅴ 決 算

## 第1章　決 算

### 学習の要点 ●●●

#### 1．月次決算と年次決算

製造業では，短期間に経営成績を明らかにするため，毎月末にその月の営業損益を計算する。これを**月次決算**という。これに対して，会計期末におこなう決算を**年次決算**という。

毎月末に，月次損益の営業利益を振り替える。

営業外費用……支払利息・有価証券売却損・有価証券評価損・雑損など

営業外収益……受取利息・有価証券売却益・雑益など

#### 2．製造業の財務諸表

会計期末に，商品売買業と同様に，損益計算書・貸借対照表などの財務諸表を作成するが，製造業では，これらのほかに製造原価報告書を作成する。

## 基本例題

**1** 次の資料によって，製造原価報告書と損益計算書（一部）を完成しなさい。

| | | | | | |
|---|---|---|---|---|---|
| (1) | 材　　料 | 期首棚卸高 | ¥ 10,000 | 当期仕入高 | ¥500,000 |
| | | 期末棚卸高 | ¥ 14,000 | | |
| (2) | 労　務　費 | 賃　　金 | ¥180,000 | 給　　料 | ¥160,000 |
| (3) | 経　　費 | 電　力　料 | ¥ 50,000 | | |
| | | 減価償却費 | ¥ 30,000 | | |
| | | 修　繕　料 | ¥ 4,000 | | |
| (4) | 仕　掛　品 | 期首棚卸高 | ¥ 80,000 | 期末棚卸高 | ¥ 70,000 |
| (5) | 売　上　高 | ¥ 1,500,000 | | | |
| (6) | 製　　品 | 期首棚卸高 | ¥120,000 | 期末棚卸高 | ¥150,000 |

**解　答**

製　造　原　価　報　告　書

令和○年4月1日から　令和△年3月31日まで　　（単位：円）

Ⅰ　材　料　費
　1．期首材料棚卸高　　　（　　10,000　）
　2．当期材料仕入高　　　（　　500,000　）
　　　　合　　　計　　　　（　　510,000　）
　3．期末材料棚卸高　　　（　　14,000　）
　　　当　期　材　料　費　　　　　　　　（　　496,000　）
Ⅱ　労　務　費
　1．賃　　　　　金　　　（　　180,000　）
　2．給　　　　　料　　　（　　160,000　）
　　　当　期　労　務　費　　　　　　　　（　　340,000　）
Ⅲ　経　　費
　1．電　力　料　　　　　（　　50,000　）
　2．減　価　償　却　費　　（　　30,000　）
　3．修　繕　料　　　　　（　　4,000　）
　　　当　期　経　費　　　　　　　　（　　84,000　）
　　　当　期　製　造　費　用　　　　　　　　　　　　（　　920,000　）
　　　期首仕掛品棚卸高　　　　　　　　　　　　　（　　80,000　）
　　　合　　　計　　　　　　　　　　　　　　　（　　1,000,000　）
　　　期末仕掛品棚卸高　　　　　　　　　　　　　（　　70,000　）
　　　当期製品製造原価　　　　　　　　　　　　　（　　930,000　）

損　益　計　算　書

令和○年4月1日から　令和△年3月31日まで　　（単位：円）

Ⅰ　売　　上　　高　　　　（　　1,500,000　）
Ⅱ　売　上　原　価
　1．期首製品棚卸高　　　（　　120,000　）
　2．当期製品製造原価　　（　　930,000　）　←
　　　合　　　計　　　　（　　1,050,000　）
　3．期末製品棚卸高　　　（　　150,000　）　（　　900,000　）
　　　売　上　総　利　益　　　　　　　（　　600,000　）

**ポイント**

1．p.152「2．製造業の財務諸表」を参照。

2．製造原価報告書で計算された当期製品製造原価が損益計算書に記入される（上記「解答」の矢印）。

## 基本問題

解答p.101

**1** 次の各文の◯◯のなかに，下記の語群のなかから，もっとも適当なものを選び，その番号を記入しなさい。

(1) 月次損益勘定の借方には ア ，販売費及び一般管理費を記入し，貸方には イ を記入して1か月間の営業損益を計算する。

(2) 年次損益勘定の借方には ウ を記入し，貸方には各月の営業利益，エ を記入して1会計期間の当期純損益を計算する。

語群 1. 売上原価　2. 製造原価　3. 売上高　4. 仕入高
5. 営業外収益　6. 経常損益　7. 営業外費用　8. 特別損益

| (1) | | (2) | |
|---|---|---|---|
| ア | イ | ウ | エ |
| | | | |

**2** 東京工業株式会社の4月末の各勘定残高から，次の各問いに答えなさい。

(1) 売上原価勘定と販売費及び一般管理費勘定の残高を月次損益勘定に振り替える仕訳を示しなさい。また，売上勘定の残高を月次損益勘定に振り替える仕訳を示しなさい。

(2) 月次損益勘定を年次損益勘定に振り替える仕訳を示しなさい。

(3) 上記の仕訳を各勘定に記入し，年次損益勘定を除く各勘定を締め切りなさい。ただし，勘定記入は日付（4月30日）・相手科目・金額を示すこと。

| | 借　　方 | 貸　　方 |
|---|---|---|
| (1) | | |
| | | |
| (2) | | |

(3)
```
        売 上 原 価                     月 次 損 益
   560,000 |                              |
```

```
     販売費及び一般管理費
    40,000 |
```

```
          売      上                    年 次 損 益
           |   800,000                    |
```

**3** 次の資料によって，上記，東京工業株式会社の3月末（期末）における年次損益勘定に記入し，締め切りなさい。なお，年次損益勘定は日付・相手科目・金額を示すこと。

資料　受取利息 ¥50,000　有価証券売却損 ¥40,000　支払利息 ¥30,000

```
               年 次 損 益
            | 月次損益からの振替高(4月～3月) 4,000,000
```

**4** 次の資料によって，製造原価報告書を完成しなさい。

　資　料

|  |  |  |  |  |  |  |  |
|---|---|---|---|---|---|---|---|
| ① | 材　　　料 | 期首棚卸高 | ¥ 150,000 | 当期仕入高 | ¥ 2,000,000 |  |  |
|  |  | 期末棚卸高 | ¥ 100,000 |  |  |  |  |
| ② | 労　務　費 | 賃　　　金 | ¥ 1,200,000 | 給　　　料 | ¥ 900,000 |  |  |
| ③ | 電　力　料 | 当期支払高 | ¥ 124,000 | 当期測定高 | ¥ 131,000 |  |  |
| ④ | 修　繕　料 | 前期未払高 | ¥ 12,000 | 当期支払高 | ¥ 68,000 |  |  |
|  |  | 当期未払高 | ¥ 6,000 |  |  |  |  |
| ⑤ | 仕　掛　品 | 期首棚卸高 | ¥ 250,000 | 期末棚卸高 | ¥ 200,000 |  |  |

製 造 原 価 報 告 書

令和○年4月1日から　令和△年3月31日まで　　（単位：円）

Ⅰ　材　料　費
1．期首材料棚卸高　　　（　　　　　）
2．当期材料仕入高　　　（　　　　　）
　　　合　　計　　　　　（　　　　　）
3．(　　　　　　)　　　（　　　　　）
　　　当 期 材 料 費　　　　　　　（　　　　　）
Ⅱ　労　務　費
1．賃　　　金　　　　　（　　　　　）
2．給　　　料　　　　　（　　　　　）
　　　当 期 労 務 費　　　　　　　（　　　　　）
Ⅲ　経　　　費
1．電　力　料　　　　　（　　　　　）
2．修　繕　料　　　　　（　　　　　）
3．減 価 償 却 費　　　　98,000
4．雑　　　費　　　　　　11,000
　　　当 期 経 費　　　　　　　　（　　　　　）
　　　当 期 製 造 費 用　　　　　　　　　　（　　　　　）
　　（　　　　　）　　　　　　　　　　　　（　　　　　）
　　　　合　　　計　　　　　　　　　　　（　　　　　）
　　期末仕掛品棚卸高　　　　　　　　　　（　　　　　）
　　当期製品製造原価　　　　　　　　　　（　　　　　）

**5** 次の資料によって，製造原価報告書に記載する(1)当期材料費，(2)当期労務費の金額を求めなさい。

　資　料

|  |  |  |  |  |  |
|---|---|---|---|---|---|
| ① | 素　　　　　材 | 期首棚卸高 | ¥ 260,000 | 当期仕入高 | ¥ 2,150,000 |
|  |  | 期末棚卸高 | ¥ 310,000 |  |  |
| ② | 工 場 消 耗 品 | 当期消費高 | ¥ 280,000 |  |  |
| ③ | 賃　　　　　金 | 前期未払高 | ¥ 170,000 | 当期支払高 | ¥ 1,620,000 |
|  |  | 当期未払高 | ¥ 190,000 |  |  |
| ④ | 給　　　　　料 | 当期消費高 | ¥ 470,000 |  |  |
| ⑤ | 従業員賞与手当 | 当期消費高 | ¥ 220,000 |  |  |

| (1) | 当期材料費　¥ | (2) | 当期労務費　¥ |
|---|---|---|---|

## 応用問題

解答p.103

**1** 下記の資料によって，製造原価報告書および損益計算書に記載する次の金額を求めなさい。ただし，材料消費価格差異は売上原価に振り替えること。

(1) 当 期 材 料 費　　(2) 当 期 労 務 費　　(3) 外 注 加 工 賃
(4) 当 期 経 費　　(5) 当期製品製造原価　　(6) 売 上 原 価

資 料

| ① | 素　　　　材 | 当期予定消費高 | ¥ 3,061,000 | | |
| | | 期 首 棚 卸 高 | ¥ 185,000 | 当 期 仕 入 高 | ¥ 3,090,000 |
| | | 期 末 棚 卸 高 | ¥ 222,000 | | |
| ② | 工場消耗品 | 期 首 棚 卸 高 | ¥ 68,000 | 当 期 仕 入 高 | ¥ 379,000 |
| | | 期 末 棚 卸 高 | ¥ 71,000 | | |
| ③ | 賃　　　　金 | 前 期 未 払 高 | ¥ 113,000 | 当 期 支 払 高 | ¥ 2,340,000 |
| | | 当 期 未 払 高 | ¥ 142,000 | | |
| ④ | 給　　　　料 | 当 期 消 費 高 | ¥ 650,000 | | |
| ⑤ | 健康保険料 | 当期事業主負担額 | ¥ 116,000 | | |
| ⑥ | 外注加工賃 | 前 期 前 払 高 | ¥ 20,000 | 当 期 支 払 高 | ¥ 173,000 |
| | | 当 期 未 払 高 | ¥ 18,000 | | |
| ⑦ | 電 力 料 | 当 期 支 払 高 | ¥ 254,000 | 当 期 測 定 高 | ¥ 266,000 |
| ⑧ | 減価償却費 | 当 期 消 費 高 | ¥ 210,000 | | |
| ⑨ | 仕 掛 品 | 期 首 棚 卸 高 | ¥ 312,000 | 期 末 棚 卸 高 | ¥ 270,000 |
| ⑩ | 製　　　　品 | 期 首 棚 卸 高 | ¥ 450,000 | 期 末 棚 卸 高 | ¥ 395,000 |

| (1) | 当 期 材 料 費 | ¥ | (2) | 当 期 労 務 費 | ¥ |
|---|---|---|---|---|---|
| (3) | 外 注 加 工 賃 | ¥ | (4) | 当 期 経 費 | ¥ |
| (5) | 当期製品製造原価 | ¥ | (6) | 売 上 原 価 | ¥ |

**2** 下記の勘定記録から，製造原価報告書および損益計算書（一部）を完成しなさい。ただし，会計期間は原価計算期間と一致しているものとする。

素　　材

| 前 期 繰 越 | 90,000 | 仕 掛 品 | 616,000 |
|---|---|---|---|
| 諸　　　口 | 610,000 | 棚 卸 減 耗 損 | 8,000 |
| | | 次 期 繰 越 | 76,000 |
| | 700,000 | | 700,000 |

工 場 消 耗 品

| 前 期 繰 越 | 13,000 | 製 造 間 接 費 | 124,000 |
|---|---|---|---|
| 諸　　　口 | 132,000 | 次 期 繰 越 | 21,000 |
| | 145,000 | | 145,000 |

賃　　金

| 諸　　　口 | 520,000 | 前 期 繰 越 | 42,000 |
|---|---|---|---|
| 次 期 繰 越 | 38,000 | 諸　　　口 | 516,000 |
| | 558,000 | | 558,000 |

製 造 間 接 費

| 工場消耗品 | 124,000 | 仕 掛 品 | 723,000 |
|---|---|---|---|
| 賃　　　金 | 34,000 | | |
| 給　　　料 | 109,000 | | |
| 従業員賞与手当 | 76,000 | | |
| 電 力 料 | 222,000 | | |
| 減価償却費 | 86,000 | | |
| 修 繕 料 | 23,000 | | |
| 保 険 料 | 30,000 | | |
| （　　　） | 8,000 | | |
| 雑　　　費 | 11,000 | | |
| | 723,000 | | 723,000 |

| 仕 掛 品 | | | |
|---|---|---|---|
| 前期繰越 | 89,000 | 製　品 | 1,853,000 |
| 素　材 | 616,000 | 次期繰越 | 102,000 |
| 賃　金 | 482,000 | | |
| 外注加工賃 | 45,000 | | |
| 製造間接費 | 723,000 | | |
| | 1,955,000 | | 1,955,000 |

| 製 品 | | | |
|---|---|---|---|
| 前期繰越 | 182,000 | （　　） | 1,827,000 |
| 仕 掛 品 | 1,853,000 | 次期繰越 | 208,000 |
| | 2,035,000 | | 2,035,000 |

### 製 造 原 価 報 告 書
令和○年 4 月 1 日から　令和△年 3 月31日まで　（単位：円）

Ⅰ 材 料 費
1.（　　　　　　）（　　　　　　　）
2. 当期材料仕入高（　　　　　　　）
　　合　　計（　　　　　　　）
3.（　　　　　　）（　　　　　　　）
　　当 期 材 料 費 （　　　　　　　）

Ⅱ 労 務 費
1. 賃　　金（　　　　　　　）
2. 給　　料（　　　　　　　）
3. 従業員賞与手当（　　　　　　　）
　　当 期 労 務 費 （　　　　　　　）

Ⅲ 経　費
1. 外 注 加 工 賃（　　　　　　　）
2. 電　力　料（　　　　　　　）
3. 減 価 償 却 費（　　　　　　　）
4. 修　繕　料（　　　　　　　）
5. 保　険　料（　　　　　　　）
6.（　　　　　　）8,000
7. 雑　　費（　　　　　　　）
　　当 期 経 費 （　　　　　　　）
　　当 期 製 造 費 用 （　　　　　　　）
　　期首仕掛品棚卸高 （　　　　　　　）
　　合　　計 （　　　　　　　）
（　　　　　　）（　　　　　　　）
（　　　　　　）（　　　　　　　）

### 損 益 計 算 書
令和○年4月1日から　令和△年3月31日まで　（単位：円）

Ⅰ 売　上　高　2,635,000
Ⅱ 売 上 原 価
1. 期首製品棚卸高（　　　　　　）
2. 当期製品製造原価（　　　　　　）
　　合　　計（　　　　　　）
3. 期末製品棚卸高（　　　　　）（　　　　　　）
　　売 上 総 利 益 （　　　　　　）

# 検定問題

解答p.105

**1** 広島製作所における当期（令和○年1月1日から令和○年12月31日まで）の勘定記録・製造原価報告書・損益計算書（一部）・貸借対照表（一部）により，（ア）から（ウ）に入る金額を求めなさい。ただし，会計期間は原価計算期間と一致しているものとする。　　　　　　（第94回一部修正）

### 仕 掛 品

| | | | |
|---|---|---|---|
| 前 期 繰 越 | ( ) | 製 品 | ( ) |
| 素　　　材 | 1,295,000 | 次 期 繰 越 | ( ) |
| 買 入 部 品 | 320,000 | | |
| 賃　　　金 | ( ア ) | | |
| 外 注 加 工 賃 | 618,000 | | |
| 製 造 間 接 費 | ( ) | | |
| | ( ) | | ( ) |

### 製 造 間 接 費

| | | | |
|---|---|---|---|
| 工 場 消 耗 品 | 270,000 | 仕 掛 品 | ( ) |
| 賃　　　金 | 510,000 | | |
| 給　　　料 | 430,000 | | |
| 健 康 保 険 料 | 170,000 | | |
| 減 価 償 却 費 | 708,000 | | |
| 電　力　料 | ( ) | | |
| 雑　　　費 | 59,000 | | |
| | ( ) | | ( ) |

### 製 品

| | | | |
|---|---|---|---|
| 前 期 繰 越 | ( ) | 売 上 原 価 | ( ) |
| 仕 掛 品 | ( ) | 次 期 繰 越 | ( ) |
| | 6,930,000 | | 6,930,000 |

### 製 造 原 価 報 告 書

広島製作所　令和○年1月1日から令和○年12月31日まで　（単位：円）

| | | |
|---|---|---|
| Ⅰ 材　料　費 | | ( ) |
| Ⅱ 労　務　費 | | 2,480,000 |
| Ⅲ 経　　　費 | | 1,897,000 |
| 当 期 製 造 費 用 | | ( ) |
| 期 首 仕 掛 品 棚 卸 高 | | 425,000 |
| 合　　　計 | | ( ) |
| 期 末 仕 掛 品 棚 卸 高 | | 542,000 |
| 当 期 製 品 製 造 原 価 | | ( イ ) |

### 損 益 計 算 書（一部）

広島製作所　令和○年1月1日から令和○年12月31日まで　（単位：円）

| | | |
|---|---|---|
| Ⅰ 売　上　高 | | 8,820,000 |
| Ⅱ 売 上 原 価 | | ( ) |
| 売 上 総 利 益 | | ( ウ ) |

### 貸 借 対 照 表（一部）

広島製作所　　　令和○年12月31日　　（単位：円）

| | |
|---|---|
| 製　　品 | 756,000 |
| 仕 掛 品 | ( ) |

| ア | ￥ | イ | ￥ | ウ | ￥ |
|---|---|---|---|---|---|

**2** 次の貸借対照表（一部）と資料から，製造原価報告書ならびに損益計算書（一部）の（ア）～（エ）に入る金額を求めなさい。
（第61回一部修正）

貸 借 対 照 表（一部）

令和○年12月31日

| | | | |
|---|---|---|---|
| 製　　　品 | 1,059,000 | 未払賃金 | 121,000 |
| 材　　　料 | 780,000 | | |
| 仕 掛 品 | 1,336,000 | | |

資 料

| | | | | |
|---|---|---|---|---|
| ① | 素　　　　　材 | 期首棚卸高 | ¥ | 640,000 |
| | | 当期仕入高 | ¥ | 3,091,000 |
| ② | 工 場 消 耗 品 | 期首棚卸高 | ¥ | 208,000 |
| | | 当期仕入高 | ¥ | 793,000 |
| ③ | 賃　　　　　金 | 前期未払高 | ¥ | 129,000 |
| | | 当期支払高 | ¥ | 3,314,000 |
| ④ | 給　　　　　料 | 当期消費高 | ¥ | 722,000 |
| ⑤ | 仕 掛 品 | 期首棚卸高 | ¥ | ☐ |
| ⑥ | 製　　　　　品 | 期首棚卸高 | ¥ | 1,264,000 |

製造原価報告書

令和○年1月1日から令和○年12月31日まで

| | | | |
|---|---|---|---|
| Ⅰ | 材　料　費 | （　ア　） | |
| Ⅱ | 労　務　費 | （　イ　） | |
| Ⅲ | 経　　　費 | 1,096,000 | |
| | 当 期 製 造 費 用 | （　　　　） | |
| | 期首仕掛品棚卸高 | （　　　　） | |
| | 合　　　計 | 10,151,000 | |
| | 期末仕掛品棚卸高 | （　　　　） | |
| | 当期製品製造原価 | （　ウ　） | |

損 益 計 算 書（一部）

令和○年1月1日から令和○年12月31日まで

| | | |
|---|---|---|
| Ⅰ | 売 上 高 | 12,700,000 |
| Ⅱ | 売 上 原 価 | （　　　　） |
| | 売 上 総 利 益 | （　エ　） |

| ア | ¥ | イ | ¥ |
|---|---|---|---|
| ウ | ¥ | エ | ¥ |

**3** 京都産業株式会社の下記の資料により，製造原価報告書に記載する次の金額を求めなさい。
（第93回）

　　a. 当期材料費　　b. 当期労務費　　c. 当期製品製造原価

資 料

| | | | | | |
|---|---|---|---|---|---|
| ① | 素　　　　　材 | 期首棚卸高 | ¥ 277,000 | 当期仕入高 | ¥ 1,962,000 |
| | | 期末棚卸高 | ¥ 283,000 | | |
| ② | 工 場 消 耗 品 | 期首棚卸高 | ¥ 58,000 | 当期仕入高 | ¥ 342,000 |
| | | 期末棚卸高 | ¥ 60,000 | | |
| ③ | 消耗工具器具備品 | 当期消費高 | ¥ 192,000 | | |
| ④ | 賃　　　　　金 | 前期未払高 | ¥ 251,000 | 当期支払高 | ¥ 1,723,000 |
| | | 当期未払高 | ¥ 247,000 | | |
| ⑤ | 給　　　　　料 | 当期消費高 | ¥ 953,000 | | |
| ⑥ | 健 康 保 険 料 | 当期消費高 | ¥ 136,000 | | |
| ⑦ | 水　道　料 | 基 本 料 金 | ¥ 18,000 | | |
| | | 当期使用料 | ¥ ☐ | （当期使用量 2,100㎥ 単価1㎥あたり¥130） | |
| | | 水道料の計算方法は，基本料金に当期使用料を加算して求める。 | | | |
| ⑧ | 減 価 償 却 費 | 当期消費高 | ¥ 175,000 | | |
| ⑨ | 仕 掛 品 | 期首棚卸高 | ¥ 594,000 | 期末棚卸高 | ¥ 608,000 |

| a | ¥ | b | ¥ | c | ¥ |
|---|---|---|---|---|---|

# Ⅵ 原価情報の活用

## 第1章　標準原価計算

### 学習の要点 ●●●

#### 1．標準原価計算の意味・目的

　品質を下げないで，原価の水準をできるだけ低く抑え，それを維持することを原価管理といい，これに役立つ資料を提供する方法に**標準原価計算**がある。標準原価計算は，科学的，統計的な分析・調査にもとづいて，無駄がなく，能率のよい原価標準を設定し，これによって製品の原価を計算する。次に，製品の製造に実際にかかった実際原価と標準原価を比較し，その差額(原価差異)を分析し，原価管理に役立てる。

#### 2．原価標準の設定

　製品の製造に先立って，目標となる原価標準(製品1単位あたり)を設定する。原価標準は，直接材料費・直接労務費・製造間接費に分けて設定され，標準原価カードに示される。

標準原価カード

|  | 標準消費数量 | 標準単価 | 標準原価 |  |
|---|---|---|---|---|
| 直接材料費 | 5 kg | ¥100 | ¥ 500 | ←→ 標準直接材料費＝標準消費数量×標準単価 |
|  | 標準作業時間 | 標準賃率 |  |  |
| 直接労務費 | 2時間 | ¥300 | ¥ 600 | ←→ 標準直接労務費＝標準直接作業時間×標準賃率 |
|  | 標準作業時間 | 標準配賦率 |  |  |
| 製造間接費 | 2時間 | ¥200 | ¥ 400 | ←→ 標準製造間接費＝標準直接作業時間×標準配賦率[*]など |
|  | (製品1単位あたり) |  | ¥1,500 |  |

$$*\ 標準配賦率＝\frac{製造間接費予算額}{基準操業度}$$

原価標準

#### 3．標準原価の計算

(1)　完成品と月末仕掛品の標準原価

> 完成品の標準原価＝原価標準×完成品数量
> 月末仕掛品の標準原価＝原価標準×月末仕掛品完成品換算数量

　　(直接材料が製造着手のときにすべて投入される場合は，仕掛品数量を完成品数量に換算する必要はない)

(2)　当月投入量に対する標準原価

　　直接材料費・直接労務費・製造間接費別に，標準原価を計算(原価標準×当月投入量)

仕　掛　品

| 月初仕掛品完成品換算数量 | 完　成　品　数　量 |
|---|---|
| 当　月　投　入　量 | 月末仕掛品完成品換算数量 |

当月投入量＝完成品数量＋月末仕掛品完成品換算数量
　　　　　－月初仕掛品完成品換算数量

⑶　原価差異の計算と分析

① **直接材料費差異**

標準直接材料費（標準消費数量×標準単価）と実際直接材料費（実際消費数量×実際単価）との差額で，材料消費価格差異と材料消費数量差異に分けて分析する。

> 直接材料費差異＝標準直接材料費－実際直接材料費
>
> 材料消費価格差異＝（標準単価－実際単価）× 実際消費数量
>
> 材料消費数量差異＝標準単価 ×（標準消費数量－実際消費数量）

② **直接労務費差異**

標準直接労務費（標準直接作業時間×標準賃率）と実際直接労務費（実際直接作業時間×実際賃率）との差額で，賃率差異と作業時間差異に分けて分析する。

> 直接労務費差異＝標準直接労務費－実際直接労務費
>
> 賃率差異＝（標準賃率－実際賃率）× 実際直接作業時間
>
> 作業時間差異＝標準賃率×（標準直接作業時間－実際直接作業時間）

③ **製造間接費差異**

標準製造間接費配賦額と実際製造間接費発生額との差額で，予算差異・操業度差異・能率差異に分けて分析する。

> 製造間接費差異＝標準製造間接費配賦額－実際製造間接費発生額
>
> 予算差異＝（変動費率×実際直接作業時間＋固定費予算額）－実際製造間接費発生額
>
> 操業度差異＝（実際直接作業時間－基準操業度*）×固定費率
>
> 能率差異＝（標準直接作業時間－実際直接作業時間）×標準配賦率

＊　基準操業度は基準直接作業時間として示されることもある。

④ **原価差異の有利・不利**

原価差異は標準原価から実際原価を差し引いて計算する。計算結果がマイナスになる場合，つまり実際原価が標準原価より大きい場合を**不利差異**（借方差異）といい，これに対して，実際原価が標準原価より少ない場合を**有利差異**（貸方差異）という。

## 4．標準原価計算の記帳方法

### パーシャルプラン

パーシャルプランとは，仕掛品勘定の借方に直接材料費・直接労務費・製造間接費を実際発生額で記入し，貸方の完成品原価・月末仕掛品原価および借方の月初仕掛品原価を標準原価で記入する方法である。

### シングルプラン

シングルプランとは，材料費・労務費・経費を消費した段階で標準原価を計算し，それぞれの勘定科目で原価差異を把握する方法である。したがって，仕掛品勘定の借方と貸方は，ともに標準原価が記入されることになる。事務手続きが煩雑な反面，原価差異を早めに把握することができる。

## 基本例題

**1**　下記の資料から，次の金額を求めなさい。なお，解答欄の（　　　）内には有利差異のときには（有利）と記入し，不利差異のときには（不利）と記入しなさい。

(1)　直接材料費差異　　　(6)　作 業 時 間 差 異
(2)　材料消費価格差異　　(7)　製 造 間 接 費 差 異
(3)　材料消費数量差異　　(8)　予 　算 　差 　異
(4)　直接労務費差異　　　(9)　操 業 度 差 異
(5)　賃 　率 　差 　異　　(10)　能 　率 　差 　異

資　料
　i　標準原価カード

| 標準原価カード（製品1単位あたり） | | | |
|---|---|---|---|
| | 標準消費数量 | 標 準 単 価 | 標 準 原 価 |
| 直接材料費 | 10kg | ¥600 | ¥6,000 |
| | 標準作業時間 | 標 準 賃 率 | |
| 直接労務費 | 4時間 | ¥1,000 | ¥4,000 |
| | 標準作業時間 | 標 準 配 賦 率 | |
| 製造間接費 | 4時間 | ¥1,200 | ¥4,800 |
| | | | ¥14,800 |

　ii　当月実際直接材料費
　　　　¥5,324,000（実際単価　¥605　　実際消費数量　8,800kg）
　　　直接材料は製造着手のときにすべて投入されたものとする。
　iii　当月実際直接労務費
　　　　¥3,723,000（実際賃率　¥1,020　　実際直接作業時間　3,650時間）
　iv　当月製造間接費
　　　　①　予 算 額　¥4,440,000（変動費予算額　¥1,850,000　　固定費予算額　¥2,590,000）
　　　　②　実 際 発 生 額　¥4,450,000
　　　　③　実際直接作業時間　3,650時間
　　　　④　基準操業度（基準直接作業時間）　3,700時間
　v　当月の実際生産量
　　　　月初仕掛品数量　　150個（加工進捗度40%）
　　　　月末仕掛品数量　　200個（加工進捗度60%）
　　　　完 成 品 数 量　　840個

**解　答**

| (1) | 直接材料費差異 | ¥ | 16,000 | （有利） | (2) | 材料消費価格差異 | ¥ | 44,000 | （不利） |
|---|---|---|---|---|---|---|---|---|---|
| (3) | 材料消費数量差異 | ¥ | 60,000 | （有利） | (4) | 直接労務費差異 | ¥ | 123,000 | （不利） |
| (5) | 賃 　率 　差 　異 | ¥ | 73,000 | （不利） | (6) | 作 業 時 間 差 異 | ¥ | 50,000 | （不利） |
| (7) | 製造間接費差異 | ¥ | 130,000 | （不利） | (8) | 予 　算 　差 　異 | ¥ | 35,000 | （不利） |
| (9) | 操 業 度 差 異 | ¥ | 35,000 | （不利） | (10) | 能 　率 　差 　異 | ¥ | 60,000 | （不利） |

## ポイント

1. 直接材料費差異・材料消費価格差異・材料消費数量差異

標準消費数量　10kg（製品1個あたりの標準消費数量）×890個（当月投入量）=8,900kg

直接材料費差異　標準直接材料費（@¥600×8,900kg） − 実際直接材料費（@¥605×8,800kg） = ¥16,000（有利差異）

2. 直接労務費差異・賃率差異・作業時間差異

標準直接作業時間　4時間（製品1個あたりの標準作業時間）×900個（当月投入量）=3,600時間

直接労務費差異　標準直接労務費（@¥1,000×3,600時間） − 実際直接労務費（@¥1,020×3,650時間） = −¥123,000（不利差異）

3. 製造間接費差異・予算差異・操業度差異・能率差異

製造間接費差異　標準配賦額（@¥1,200 × 3,600時間）標準配賦率　標準直接作業時間　− 実際発生額 ¥4,450,000 = −¥130,000（不利差異）

## 基本問題

解答p.107

**1** 次の各文の____のなかに，下記の語群のなかから，もっとも適当なものを選び，その番号を記入しなさい。

(1) 実際原価計算の目的は，主として____ア____の作成に必要な資料を提供することである。これに対して，標準原価計算は，あらかじめ科学的・統計的な調査にもとづいて原価標準を定め，これと実際原価との差異を分析して____イ____に役立つ資料を提供することを目的としている。

(2) 原価差異は標準原価から実際原価を差し引いて計算する。計算結果がマイナスになる場合を不利差異または____ウ____差異という。これに対して，実際原価が標準原価より少ない場合を有利差異または____エ____差異という。

語群 1.販 売 管 理　2.財 務 諸 表　3.借　　　方　4.貸　　　方
　　 5.費 目 別 計 算　6.変 動 費　7.固 定 費　8.原 価 管 理

| (1) | | (2) | |
|---|---|---|---|
| ア | イ | ウ | エ |
| | | | |

**2** 下記の資料によって，次の金額または数量を求めなさい。

(1) 完成品の標準原価　　　　(2) 月末仕掛品の標準原価

(3) 直接材料費の当月投入量　(4) 加工費の当月投入量（換算数量）

資　料

　　i　標準原価カード

| 標準原価カード（製品1単位あたり） | | | |
|---|---|---|---|
| 直接材料費 | 5 kg | @¥ 500 | ¥ 2,500 |
| 直接労務費 | 2 時間 | @¥ 600 | ¥ 1,200 |
| 製造間接費 | 2 時間 | @¥ 400 | ¥ 800 |
| | | | ¥ 4,500 |

　　ii　当月実際生産量

　　　　月初仕掛品　100個（加工進捗度40%）

　　　　完　成　品　800個

　　　　月末仕掛品　40個（加工進捗度50%）

　　iii　直接材料は，製造着手のときにすべて投入されている。

| (1) | 完 成 品 の 標 準 原 価　¥ | (2) | 月末仕掛品の標準原価　¥ |
|---|---|---|---|
| (3) | 直接材料費の当月投入量　　　　　　　個 | (4) | 加工費の当月投入量（換算数量）　　　個 |

**3** 次の資料から直接材料費差異を算出し，これを分析して，材料消費価格差異（価格差異）と材料消費数量差異（数量差異）を示しなさい。なお，解答欄の（　　）内には有利差異のときには（有利）と記入し，不利差異のときには（不利）と記入しなさい。

資　料　　実際単価　@¥122　　実際消費数量　310個
　　　　　　標準単価　@¥120　　標準消費数量　300個

| 直接材料費差異 | ¥ | （　　　　） | 価格差異 | ¥ | （　　　　） | 数量差異 | ¥ | （　　　　） |
|---|---|---|---|---|---|---|---|---|

**4** 次の資料から直接労務費差異を算出し，これを分析して，賃率差異と作業時間差異を示しなさい。なお，解答欄の（　）内には有利差異のときには（有利）と記入し，不利差異のときには（不利）と記入しなさい。

　資　料
　　実際賃率　@¥85　　　実際直接作業時間　1,420時間
　　標準賃率　@¥80　　　標準直接作業時間　1,400時間

| 直接労務費差異 | ¥ | （　　　） | 賃率差異 | ¥ | （　　　） | 作業時間差異 | ¥ | （　　　） |
|---|---|---|---|---|---|---|---|---|

**5** 次の資料から製造間接費差異を算出し，これを分析して，予算差異・操業度差異・能率差異を示しなさい。なお，解答欄の（　）内には有利差異のときには（有利）と記入し，不利差異のときには（不利）と記入しなさい。

　資　料
　　① 製造間接費予算額　¥720,000（変動費予算額　¥320,000　　固定費予算額　¥400,000）
　　② 製造間接費実際発生額　¥725,000
　　③ 実際直接作業時間　780時間
　　④ 基準操業度（基準直接作業時間）　800時間
　　⑤ 標準直接作業時間　760時間

| 製造間接費差異 | ¥ | （　　　） | 予　算　差　異 | ¥ | （　　　） |
|---|---|---|---|---|---|
| 操 業 度 差 異 | ¥ | （　　　） | 能　率　差　異 | ¥ | （　　　） |

**6** 下記の資料によって，(1)製品完成の仕訳，(2)原価差異を計上する仕訳を完成しなさい（仕訳はパーシャルプランによる）。

　資　料
　　ⅰ 仕掛品勘定

仕　掛　品

| 前 月 繰 越 | 42,000 | （　　　） | （　　　） |
|---|---|---|---|
| 材　　　料 | 344,000 | 諸　　口 | （　　　） |
| 労　務　費 | 220,500 | 次 月 繰 越 | 72,000 |
| 製造間接費 | 108,000 | | |
| | （　　　） | | （　　　） |

　　ⅱ 標準原価カード

| 標準原価カード（製品1単位あたり） | | | |
|---|---|---|---|
| 直接材料費 | 4kg | @¥150 | ¥　600 |
| 直接労務費 | 2時間 | @¥200 | ¥　400 |
| 製造間接費 | 2時間 | @¥100 | ¥　200 |
| | | | ¥ 1,200 |

　　ⅲ 製品完成高　500個
　　ⅳ 直接材料消費高　（標準）2,120kg
　　　　　　　　　　　　（実際）2,150kg　@¥160　¥344,000

| | 借　　　　　方 | | | 貸　　　　　方 | | |
|---|---|---|---|---|---|---|
| (1) | （　　　） | （　　　） | | （　　　） | （　　　） | |
| (2) | （　　　） | （　　　） | | 仕　掛　品 | （　　　） | |
| | 材料消費数量差異 | （　　　） | | | | |
| | 賃　率　差　異 | 10,500 | | | | |
| | 作 業 時 間 差 異 | 2,000 | | | | |
| | 予　算　差　異 | 2,500 | | | | |
| | 操 業 度 差 異 | 500 | | | | |
| | 能　率　差　異 | 1,000 | | | | |

**7** 　標準原価計算を採用している株式会社茨城製作所は，A製品を継続して生産している。次の資料によって，

⑴　予算差異を求めなさい。なお，解答欄の(　　　)内には有利差異のときには（有利），不利差異のときには（不利）を記入しなさい。

⑵　当月の損益計算書の空欄①～③にあてはまる金額を記入しなさい。

資　料
　ⅰ　標準原価カード

| A製品 | 標準原価カード | | |
|---|---|---|---|
| 費　　　目 | 標準消費数量 | 標準単価 | 金　　　額 |
| 直接材料費 | 5kg | ¥ 7,200 | ¥ 36,000 |
| | 標準直接作業時間 | 標準賃率 | |
| 直接労務費 | 3時間 | ¥ 9,000 | ¥ 27,000 |
| | 標準直接作業時間 | 標準配賦率 | |
| 製造間接費 | 3時間 | ¥ 1,000 | ¥ 3,000 |
| | 製品1単位あたりの標準原価 | | ¥ 66,000 |

　ⅱ　当月の製造に関するデータ
　　　月初仕掛品数量　100個（加工進捗度50%）　月末仕掛品数量　200個（加工進捗度40%）
　　　当月完成品数量　900〃

　ⅲ　当月の原価に関するデータ
　　a．直接材料費　実際消費数量　5,020kg　実際単価　¥7,250
　　　　ただし，直接材料は製造着手のときにすべて投入されるものとする。
　　b．直接労務費　実際直接作業時間　2,800時間　実際賃率　¥8,900
　　c．製造間接費　実際直接作業時間　2,800時間
　　　　実際発生額　　　　　　¥ 2,950,000
　　　　製造間接費予算額　¥36,000,000（年間）
　　　　　　　　　　（変動費予算額　¥18,000,000　固定費予算額　¥18,000,000）
　　　　基準操業度　　　　　36,000時間（年間）

| 損　益　計　算　書 | | （単位：円） |
|---|---|---|
| 令和○2年3月1日から令和○2年3月31日まで | | |
| Ⅰ　売　上　高 | | 60,000,000 |
| Ⅱ　売　上　原　価 | | |
| 　1．期首製品棚卸高 | 6,600,000 | |
| 　2．当期製品製造原価 | （　①　） | |
| 　　　　計 | （　　　） | |
| 　3．期末製品棚卸高 | 9,900,000 | |
| 　　　標準売上原価 | （　　　） | |
| 　4．原　価　差　異 | （　②　） | （　　　） |
| 　　　売上総利益 | | （　③　） |

| | ⑴ | ⑵ | | |
|---|---|---|---|---|
| | 予　算　差　異 | ① | ② | ③ |
| | (　　) ¥ | ¥ | ¥ | ¥ |

⑧ 標準原価計算を採用している埼玉製作所は，A製品を継続して生産し，シングルプランで記帳している。次の資料によって，製造間接費勘定と仕掛品勘定を完成しなさい。

　ただし，ⅰ　直接材料は製造着手のときにすべて投入されるものとする。

　　　　　ⅱ　操業度差異は基準操業度と実際操業度を比較して把握している。

資　料

① 標準原価カード

| A製品 | 標準原価カード | | |
|---|---|---|---|
| | 標準消費数量 | 標 準 単 価 | 金　　　額 |
| 直接材料費 | 5kg | ¥ 7,200 | ¥ 36,000 |
| | 標準直接作業時間 | 標 準 賃 率 | |
| 直接労務費 | 3時間 | ¥ 9,000 | ¥ 27,000 |
| | 標準直接作業時間 | 標 準 配 賦 率 | |
| 製造間接費 | 3時間 | ¥ 1,000 | ¥ 3,000 |
| 計 | 製品1単位あたりの標準原価 | | ¥ 66,000 |

② 生産データ

　月初仕掛品　100個（加工進捗度50%）　　月末仕掛品　200個（加工進捗度40%）

　当月完成品　900個

③ 実際直接作業時間　2,800時間

③ 製造間接費実際発生額　¥2,950,000

④ 製造間接費予算（公式法変動予算）

　　変 動 費 率　¥500

　　固定費予算額　¥1,500,000

　　基 準 操 業 度（直接作業時間）　3,000時間

製　造　間　接　費

| 素　　材 | 890,000 | （ 仕掛品 ） | （ 2,790,000 ） |
|---|---|---|---|
| 工場消耗品 | 130,000 | 能 率 差 異 | （ 10,000 ） |
| 賃　　金 | 340,000 | 操業度差異 | （ 100,000 ） |
| 諸　　口 | 1,590,000 | 予 算 差 異 | （ 50,000 ） |
| | 2,950,000 | | 2,950,000 |

仕　掛　品

| 前 月 繰 越 | （ 5,100,000 ） | （ 製品 ） | （ 59,400,000 ） |
|---|---|---|---|
| 素　　材 | （ 36,000,000 ） | 次 月 繰 越 | （ 9,600,000 ） |
| 賃　　金 | （ 25,110,000 ） | | |
| （ 製造間接費 ） | （ 2,790,000 ） | | |
| | （ 69,000,000 ） | | （ 69,000,000 ） |

**9** 標準原価計算を採用している大阪製作所の当月における下記の資料によって，ただし，記帳方法としてはパーシャルプランを採用している。また，基準操業度において定めた予算額をそのまま実際操業度における予算額として，製造間接費を予算管理している。

資　料

① 標準原価カード

<table>
<tr><td colspan="4" align="center">標準原価カード</td></tr>
<tr><td></td><td>標準消費数量</td><td>標 準 単 価</td><td>金　　　額</td></tr>
<tr><td>直接材料費</td><td>7kg</td><td>¥　400</td><td>¥　2,800</td></tr>
<tr><td></td><td>標準直接作業時間</td><td>標 準 賃 率</td><td></td></tr>
<tr><td>直接労務費</td><td>4時間</td><td>¥ 1,000</td><td>¥ 4,000</td></tr>
<tr><td></td><td>標準直接作業時間</td><td>標 準 配 賦 率</td><td></td></tr>
<tr><td>製造間接費</td><td>4時間</td><td>¥ 800</td><td>¥ 3,200</td></tr>
<tr><td>計</td><td colspan="2" align="center">製品1単位あたりの標準原価</td><td>¥ 10,000</td></tr>
</table>

② 生産データ

当月仕掛品　　200個（加工進捗度50%）
当 月 投 入　1,000個
合　　計　　1,200個
月末仕掛品　　300個（加工進捗度40%）
完 成 品　　900個

③ 実際直接材料費　¥2,652,000
実際消費数量　　6,800kg
実 際 単 価 ¥　390

④ 実際直接労務費　¥3,724,000
実際作業時間　　3,800時間
実 際 賃 率 ¥　980

⑤ 製造間接費実際発生額　¥3,160,000

⑥ 製造間接費予算（固定予算）
製造間接費予算額　¥3,200,000
基準操業度（直接作業時間）　4,000時間

仕　　掛　　品

| | | | | |
|---|---|---|---|---|
| 前 月 繰 越 | (　　　) | (　　　) | (　　　) |
| 直 接 材 料 費 | (　　　) | 作業時間差異 | (　　　) |
| 直 接 労 務 費 | (　　　) | 能 率 差 異 | (　　　) |
| (　　　) | (　　　) | 操 業 度 差 異 | (　　　) |
| 材料消費価格差異 | (　　　) | 次 月 繰 越 | (　　　) |
| 材料消費数量差異 | (　　　) | | |
| 賃 率 差 異 | (　　　) | | |
| 予 算 差 異 | (　　　) | | |
| | (　　　) | | (　　　) |

## 応用問題

解答p.110

**1** 下記の資料から次の金額を求めなさい。なお，解答欄の（　）内には有利差異のときには(有利)と記入し，不利差異のときには(不利)と記入しなさい。

(1) 直接材料費差異　　(2) 材料消費価格差異　　(3) 材料消費数量差異

(4) 直接労務費差異　　(5) 賃　率　差　異　　(6) 作業時間差異

**資　料**

① 当月直接材料費（製品1個あたりの標準消費数量　2kg）

標準直接材料費　標準単価　@¥800　　標準消費数量　（　　　）kg

実際直接材料費　実際単価　@¥805　　実際消費数量　3,240　kg

＊　直接材料は製造着手のときにすべて投入されたものとする。

② 当月直接労務費（製品1個あたりの標準直接作業時間　3時間）

標準直接労務費　標準賃率　@¥400　　標準直接作業時間　（　　　）時間

実際直接労務費　実際賃率　@¥390　　実際直接作業時間　5,000　時間

③ 当月の生産データ

月初仕掛品数量　　　250個（加工進捗度40%）

完 成 品 数 量　　1,600個

月末仕掛品数量　　　300個（加工進捗度40%）

| | | | | | |
|---|---|---|---|---|---|
| (1) | 直接材料費差異　¥ | （　　　） | (2) | 材料消費価格差異　¥ | （　　　） |
| (3) | 材料消費数量差異　¥ | （　　　） | (4) | 直接労務費差異　¥ | （　　　） |
| (5) | 賃　率　差　異　¥ | （　　　） | (6) | 作業時間差異　¥ | （　　　） |

**2** 下記の資料から次の金額を求めなさい。なお，解答欄の（　　）内には有利差異のときには(有利)と記入し，不利差異のときには(不利)と記入しなさい。

(1) 製造間接費差異　　(2) 予　算　差　異　　(3) 操業度差異　　(4) 能　率　差　異

**資　料**

① 標準原価カード（製品1単位あたりの製造間接費）

| | | | |
|---|---|---|---|
| 製造間接費 | 3時間 | ¥450 | ¥ 1,350 |
| 計 | | 製品1個あたりの標準原価 | ¥ 12,000 |

② 実際直接作業時間　3,020時間　　　　⑤　生産データ

③ 製造間接費予算（公式法変動予算）　　月初仕掛品　　120個（加工進捗度50%）

変 動 費 率　¥200　　　　　　当 月 投 入　1,010個

固 定 費 予 算 額　¥750,000　　　　合　　計　1,130個

基準操業度(直接作業時間)　3,000時間　　月末仕掛品　　160個（加工進捗度50%）

④ 製造間接費実際発生額　¥1,350,000　　完 成 品　　970個

| | | | | | |
|---|---|---|---|---|---|
| (1) | 製造間接費差異　¥ | （　　　） | (2) | 予　算　差　異　¥ | （　　　） |
| (3) | 操 業 度 差 異　¥ | （　　　） | (4) | 能　率　差　異　¥ | （　　　） |

**3** 次の資料によって，下記の勘定を完成しなさい。ただし，

ⅰ　直接材料は製造着手のときにすべて投入され，加工費は製造の進行に応じて消費されている。

ⅱ　仕掛品勘定への記入は，パーシャルプランによっている。

資　料

① 標準原価カード

| 標準原価カード（製品1個あたり） | | | |
|---|---|---|---|
| | 標準消費数量 | 標 準 単 価 | 標 準 原 価 |
| 直接材料費 | 10kg | ¥200 | ¥2,000 |
| | 標準作業時間 | 標 準 賃 率 | |
| 直接労務費 | 2時間 | ¥500 | ¥1,000 |
| | 標準作業時間 | 標 準 配 賦 率 | |
| 製造間接費 | 2時間 | ¥600 | ¥1,200 |
| | | | ¥4,200 |

② 生産データ

月初仕掛品　　150個（加工進捗度40%）

当月投入　　1,350個

合　計　　1,500個

月末仕掛品　　100個（加工進捗度50%）

完 成 品　　1,400個

③ 実際直接材料費　¥2,829,000

実際消費数量　13,800kg

実 際 単 価　¥　205

④ 実際直接労務費　　¥1,367,100

実際作業時間　　2,790時間

実 際 賃 率　　¥　490

⑤ 製造間接費実際発生額　¥1,680,500

⑥ 製造間接費予算（公式法変動予算）

変 動 費 率　　¥　250

固定費予算額　　¥　980,000

基準操業度(直接作業時間)　　2,800時間

| 仕 掛 品 | | | |
|---|---|---|---|
| 前月繰越 （　　　） | 製　品 （　　　） |
| 直接材料費 （　　　） | 諸　口 （　　　） |
| 直接労務費 （　　　） | 次月繰越 （　　　） |
| 製造間接費 （　　　） | |
| 賃率差異 （　　　） | |
| （　　　） | （　　　） |

| 製　　品 | |
|---|---|
| 前月繰越 420,000 | |
| 製　造 （　　　） | |

材料消費価格差異

仕掛品 （　　　）

材料消費数量差異

仕掛品 （　　　）

賃 率 差 異

　　　　　　　　仕掛品 （　　　）

作 業 時 間 差 異

仕掛品 （　　　）

予 算 差 異

仕掛品 （　　　）

操 業 度 差 異

仕掛品 （　　　）

能 率 差 異

仕掛品 （　　　）

4 標準原価計算を採用している栃木工業株式会社は，A製品を継続して生産している。次の資料によって，当月の損益計算書の空欄にあてはまる金額①～⑤を記入しなさい。なお，販売価格は製品1個あたり¥20,000である。

資　料

①　標準原価カード

| A製品 | 標準原価カード | | |
|---|---|---|---|
| | 標準消費数量 | 標準単価 | 金　　額 |
| 直接材料費 | 5kg | ¥600 | ¥3,000 |
| | 標準直接作業時間 | 標準賃率 | |
| 直接労務費 | 8時間 | ¥500 | ¥4,000 |
| | 標準直接作業時間 | 標準配賦率 | |
| 製造間接費 | 8時間 | ¥1,000 | ¥8,000 |
| | 製品1単位あたりの標準原価 | | ¥15,000 |

②　生産データ

月初仕掛品　　200個（加工進捗度50%）
当月投入　　　900個
合　　計　　1,100個
月末仕掛品　　300個（加工進捗度50%）
完　成　品　　800個

③　実際直接材料費　¥2,666,000
実際消費数量　　4,300kg
実際単価　¥620

④　実際直接労務費　¥3,570,000
実際作業時間　　7,000時間
実際賃率　¥510

⑤　製造間接費実際発生額　¥7,420,000

⑥　製造間接費予算（公式法変動予算）
変動費率　　　　¥400
固定費予算額　　¥4,500,000
基準操業度(直接作業時間)　7,500時間

⑦　製品に関するデータ
月初製品数量　　400個
当月販売数量　1,000個
月末製品数量　　200個

| 栃木工業株式会社 | 損　益　計　算　書 | | （単位：円） |
|---|---|---|---|
| 令和○2年3月1日から令和○2年3月31日まで | | | |
| Ⅰ　売　上　高 | | | （　①　　） |
| Ⅱ　売　上　原　価 | | | |
| 　1．期首製品棚卸高 | | （　　　　） | |
| 　2．当期製品製造原価 | | （　②　　） | |
| 　　　　　　計 | | （　　　　） | |
| 　3．期末製品棚卸高 | | （　③　　） | |
| 　　　標準売上原価 | | （　　　　） | |
| 　4．原　価　差　異 | | （　④　　） | （　　　　） |
| 　　　売上総利益 | | | （　⑤　　） |

| ① | ¥ |
|---|---|
| ② | ¥ |
| ③ | ¥ |
| ④ | ¥ |
| ⑤ | ¥ |

## 検定問題

解答p.113

**1** 標準原価計算を採用している宮崎製作所の当月における下記の資料と仕掛品勘定の記録から，仕掛品勘定の(a)～(c)の金額を求めなさい。なお，仕掛品勘定への記帳方法は，パーシャルプランによっている。ただし，直接材料は製造着手のときにすべて投入されるものとする。

(第88回一部修正)

資　料

①標準原価カード（一部）

| A製品 | 標準原価カード | | |
|---|---|---|---|
| | 標準消費数量 | 標準単価 | 金　　額 |
| 直接材料費 | 5 kg | ¥380 | ¥1,900 |
| | 標準直接作業時間 | 標準賃率 | |
| 直接労務費 | 3 時間 | ¥900 | ¥2,700 |
| 製品1個あたりの標準原価 | | | ¥6,700 |

②生産データ

| 月初仕掛品 | 140個（加工進捗度50%） |
|---|---|
| 当月投入 | 970個 |
| 合　計 | 1,110個 |
| 月末仕掛品 | 150個（加工進捗度60%） |
| 完成品 | 960個 |

③実際直接材料費

実際消費数量　5,050kg
実際単価　¥400

④実際直接労務費

実際直接作業時間　2,950時間
実際賃率　¥940

### 仕　掛　品

| 前月繰越 | 602,000 | 製　　品（ | a | ） |
|---|---|---|---|---|
| 材　　料 | 2,020,000 | 材料消費価格差異（ | b | ） |
| 労　務　費 | 2,773,000 | 材料消費数量差異 | 76,000 | |
| 製造間接費 | 2,047,000 | 賃率差異 | 118,000 | |
| 予算差異 | 38,000 | 作業時間差異（ | c | ） |

| a | ¥ | b | ¥ | c | ¥ |
|---|---|---|---|---|---|

**2** 佐賀製作所は，標準原価計算を採用し，A 製品を製造している。下記の資料によって，次の金額を求めなさい。ただし，直接材料は製造着手のときにすべて投入されるものとする。

(第59回一部修正)

　　a．完成品の標準原価　　　　b．月末仕掛品の標準原価

資　料

①　標準原価カード

| | 標準原価カード | | |
|---|---|---|---|
| A製品 | 標準消費数量 | 標準単価 | 金　　額 |
| 直接材料費 | 3 kg | ¥500 | ¥1,500 |
| | 標準直接作業時間 | 標準賃率 | |
| 直接労務費 | 2 時間 | ¥800 | ¥1,600 |
| | 標準直接作業時間 | 標準配賦率 | |
| 製造間接費 | 2 時間 | ¥200 | ¥400 |
| 製品1個あたりの標準原価 | | | ¥3,500 |

②　生産データ

| 月初仕掛品 | 100個 |
|---|---|
| | （加工進捗度55%） |
| 当月投入 | 2,900個 |
| 合　計 | 3,000個 |
| 月末仕掛品 | 250個 |
| | （加工進捗度40%） |
| 完成品 | 2,750個 |

| a | 完成品の標準原価　¥ | b | 月末仕掛品の標準原価　¥ |
|---|---|---|---|

3　次の各問いに答えなさい。

(1)　標準原価計算を採用している岡山製作所の当月における下記の資料から，次の金額を求めなさい。ただし，直接材料は製造着手のときにすべて投入されるものとする。なお，解答欄の（　　）のなかに不利差異の場合は（不利），有利差異の場合は（有利）と記入すること。（第94回一部修正）
　　　a．完成品の標準原価　　　b．直接材料費差異　　　c．作業時間差異

資　料

①標準原価カード

| 標準原価カード | | | |
|---|---|---|---|
| | 標準消費数量 | 標準単価 | 金　額 |
| 直接材料費 | 5kg | ¥400 | ¥2,000 |
| | 標準直接作業時間 | 標準賃率 | |
| 直接労務費 | 2時間 | ¥1,500 | ¥3,000 |
| | 標準直接作業時間 | 標準配賦率 | |
| 製造間接費 | 2時間 | ¥1,300 | ¥2,600 |
| 製品1単位あたりの標準原価 | | | ¥7,600 |

②生産データ

| | |
|---|---|
| 月初仕掛品 | 200個（加工進捗度30%） |
| 当月投入 | 850個 |
| 合　計 | 1,050個 |
| 月末仕掛品 | 300個（加工進捗度40%） |
| 完成品 | 750個 |

③実際直接材料費　　　　　　¥1,722,000

④実際直接労務費
　　実際直接作業時間　　　　1,650時間
　　実　際　賃　率　　　　¥1,450

| a | ¥ | | b | ¥ | （　　　） | c | ¥ | （　　　） |
|---|---|---|---|---|---|---|---|---|

(2)　標準原価計算を採用している長崎製作所の当月における下記の資料と製造勘定から，次の金額を求めなさい。なお，仕掛品勘定への記帳方法は，パーシャルプランによっている。

（第85回一部修正）

　　　a．仕掛品勘定の労務費（アの金額）　　b．仕掛品勘定の次月繰越（イの金額）　　c．予算差異
ただし，　i　直接材料は製造着手のときにすべて投入されるものとする。
　　　　　ⅱ　解答欄の（　　）のなかに不利差異の場合は（不利），有利差異の場合は（有利）と記入すること。

資　料

①標準原価カード

| A製品 標準原価カード | | | |
|---|---|---|---|
| | 標準消費数量 | 標準単価 | 金　額 |
| 直接材料費 | 4kg | ¥600 | ¥2,400 |
| | 標準直接作業時間 | 標準賃率 | |
| 直接労務費 | 3時間 | ¥1,000 | ¥3,000 |
| | 標準直接作業時間 | 標準配賦率 | |
| 製造間接費 | 3時間 | ¥1,200 | ¥3,600 |
| 製品1個あたりの標準原価 | | | ¥9,000 |

②生産データ

| | |
|---|---|
| 月初仕掛品 | 200個（加工進捗度60%） |
| 当月投入 | 800個 |
| 合　計 | 1,000個 |
| 月末仕掛品 | 300個（加工進捗度50%） |
| 完成品 | 700個 |

③実際直接材料費
　　実際消費数量　3,250kg
　　実　際　単　価　¥580

④実際直接労務費
　　実際直接作業時間　2,200時間
　　実　際　賃　率　¥1,060

⑤製造間接費実際発生額　¥2,728,000

⑥製造間接費予算（公式法変動予算）
　　変　動　費　率　¥500
　　固定費予算額　¥1,610,000
　　基準操業度(直接作業時間)　2,300時間

**仕　掛　品**

| | | | |
|---|---|---|---|
| 前月繰越 | 1,272,000 | 製　品（　　　） | |
| 材　料（　　　） | | 諸　口 | 207,000 |
| 労務費（　ア　） | | 次月繰越（　イ　） | |
| 製造間接費（　　　） | | | |
| （　　　） | | （　　　） | |

| a | 仕掛品勘定の労務費 | ¥ | b | 仕掛品勘定の次月繰越 | ¥ |
|---|---|---|---|---|---|
| c | 予　算　差　異 | ¥ | （　　　） | | |

## 第2章　直接原価計算

### 学習の要点 ●●●

#### 1．直接原価計算の意味

(1) **直接原価計算**は，製品の原価を変動費と固定費に分け，このうち変動費だけで製造原価を計算し，固定費はその会計期間の費用として計算する方法である。

(2) 製品の製造に関連して生じたすべての原価要素を製品の原価として集計する全部原価計算に対して，直接原価計算は原価要素の一部だけで製造原価を計算するので**部分原価計算**の一つである。

(3) 売上高と直接連動する変動費だけで製品の原価を計算することにより，一定期間に必要とされる目標利益を設定し，目標利益を達成するために必要な売上高や原価などの利益計画をたてることができる。

#### 2．直接原価計算の手続きと直接原価計算による損益計算書

$$*1 \quad 変動売上原価＝期首製品棚卸高＋変動製造原価－期末製品棚卸高$$
$$*2 \quad 変動製造マージン＝売上高－変動売上原価$$
$$*3 \quad 貢献利益＝変動製造マージン－変動販売費$$
$$*4 \quad 営業利益＝貢献利益－固定費$$

#### 3．損益分岐分析（CVP分析）

(1) 一定期間の売上高と総費用（変動費＋固定費）が等しく，利益も損失も生じない一致点を**損益分岐点**といい，利益をあげるためには，損益分岐点の売上高を上回る売上が必要となる。

(2) 売上高（営業量：volume）の増減に対して，原価（cost）と利益（profit）がどのように変化していくかを計算し，分析することを**損益分岐分析（CVP分析）**という。

(3) 損益分岐点・目標営業利益を達成するための売上高の算定
計算にあたって，売上高と変動費・貢献利益（固定費＋営業利益）の金額を明らかにする。

【（　）内の数字は上記**2**の損益計算書の数字を使用している】

売上高（¥150）━┳━ 変 動 費（¥90＝変動売上原価¥70＋変動販売費¥20）
　　　　　　　　┗━ 貢献利益（¥60＝固定費¥40＋営業利益 ¥20）

$$変動費率(0.6) = \frac{変動費(¥90)}{売上高(¥150)}$$ $$貢献利益率(0.4) = \frac{貢献利益(¥60)}{売上高(¥150)}$$

【1 − 0.6(変動費率) = 0.4(貢献利益率)でも計算できる】

$$損益分岐点の売上高(¥100) = \frac{固定費(¥40)}{貢献利益率(0.4)}$$

目標営業利益を¥50とした場合

$$目標営業利益を達成するための売上高(¥225) = \frac{固定費(¥40) + 目標営業利益(¥50)}{貢献利益率(0.4)}$$

損益分岐図表

[研究]　**固定費調整**

　直接原価計算で営業利益を計算した場合には，期末の製品と仕掛品に含まれている固定製造間接費を加算し，期首製品と期首仕掛品に含まれている固定製造間接費を減算することで，全部原価計算による営業利益を計算することができる。この手続きを固定費調整という。

| 全部原価計算による営業利益 | = | 直接原価計算による営業利益 | + | 期末製品・期末仕掛品に含まれる固定製造間接費 | − | 期首製品・仕掛品に含まれる固定製造間接費 |
|---|---|---|---|---|---|---|

## 基本例題

　鳥取製作所では，直接原価計算をおこない利益計画をたてている。当月における下記の資料から，次の各問いに答えなさい。
(1)　鳥取製作所の直接原価計算による損益計算書を完成しなさい。
(2)　①　損益分岐点の売上高を求めなさい。
　　　②　目標営業利益¥300,000を達成するための売上高を求めなさい。
　　　③　売上高が¥2,000,000のときの営業利益を求めなさい。

資　料
　①　販　売　数　量　1,200個
　②　販　売　単　価　¥ 800
　③　製　造　費　用　変動費（製品1個あたり）¥500　固定費　¥85,000
　④　販売費及び一般管理費　変動費（製品1個あたり）¥ 60　固定費　¥35,000

解　答

(1)　直接原価計算による損益計算書

| 鳥取製作所 | 損　益　計　算　書 | （単位：円） |
|---|---|---|
| Ⅰ　売　　上　　高 | | (　　960,000) |
| Ⅱ　変　動　売　上　原　価 | | (　　600,000) |
| 　　変動製造マージン | | (　　360,000) |
| Ⅲ　変　動　販　売　費 | | (　　72,000) |
| 　　貢　献　利　益 | | (　　288,000) |
| Ⅳ　固　　定　　費 | | |
| 　　1．固 定 製 造 間 接 費 | (　　85,000) | |
| 　　2．固定販売費及び一般管理費 | (　　35,000) | (　　120,000) |
| 　　営　業　利　益 | | (　　168,000) |

(2)

| | | | |
|---|---|---|---|
| ① | 損益分岐点の売上高 | ¥ | 400,000 |
| ② | 目標営業利益¥300,000を達成するための売上高 | ¥ | 1,400,000 |
| ③ | 売上高が¥2,000,000のときの営業利益 | ¥ | 480,000 |

**ポイント**

⑴ 全部原価計算による損益計算書と直接原価計算による損益計算書

&ast;1　売　上　高　@¥800（販売単価）×1,200個＝¥960,000

&ast;2　売　上　原　価
　　変動製造原価　　　　@¥500×1,200個＝　¥600,000
　　固定製造間接費（月額）　　　　　　　　　¥85,000
　　　　　　　　　　　　　　　　　　　　　　¥685,000

&ast;3　変動売上原価　@¥500（変動製造原価の単価）×1,200個＝¥600,000

&ast;4　変 動 販 売 費　@¥60（変動販売費の単価）×1,200個＝¥72,000

&ast;5　販売費及び一般管理費
　　　¥72,000（変動販売費）＋¥35,000（固定販売費及び一般管理費）＝¥107,000

⑵　損益分岐分析（CVP分析）　p.175「3．損益分岐分析（CVP分析）」参照。
　　　上記の直接原価計算による損益計算書から，売上高と変動費・貢献利益の金額を明らかにする。

売上高¥960,000 ┬── 変 動 費¥672,000（変動売上原価¥600,000＋変動販売費¥72,000）
　　　　　　　　└── 貢献利益¥288,000（売上高¥960,000－変動費¥672,000）

∥

（固定費¥120,000＋営業利益¥168,000）

$$変動費率(0.7)＝\frac{変動費（¥672,000）}{売上高（¥960,000）}$$　　　　貢献利益率(0.3)＝1－変動費率(0.7)

「目標営業利益を達成するための売上高」を求める式で，下の①～③の答えを計算することができる。

①　$\dfrac{¥120,000（固定費）＋¥0（営業利益）}{0.3（貢献利益率）}$ ＝¥400,000（損益分岐点の売上高）

②　$\dfrac{¥120,000（固定費）＋¥300,000（目標営業利益）}{0.3（貢献利益率）}$ ＝¥1,400,000
　　　　　　　　　　　　　　　　　　　　　　　（目標営業利益¥300,000を達成するための売上高）

③　$\dfrac{¥120,000（固定費）＋X（営業利益）}{0.3（貢献利益率）}$ ＝¥2,000,000
　　　X＝¥480,000（売上高が¥2,000,000のときの営業利益）

## 基本問題

解答p.114

**1** 次の各文の□□□のなかに，下記の語群のなかから，もっとも適当なものを選び，その番号を記入しなさい。

(1) 製品の製造に関連して発生したすべての要素を集計し，計算する原価計算の方法を　ア　というのに対して，原価要素の一部を集計・計算する原価計算の方法もある。その代表的なものとして，企業の利益計画の設定などのために　イ　だけで原価を計算する直接原価計算がある。

(2) 一定期間の売上高と総費用が等しく，利益も損失も生じない一致点を　ウ　という。売上高が　ウ　の売上高を上回った場合には営業利益が生じる。この営業利益は，　エ　から固定費を差し引いて求めることができる。

語群　1．標準原価計算　　2．全部原価計算　　3．損益分岐点　　4．直接原価計算
5．貢　献　利　益　　6．売　上　高　　7．固　定　費　　8．変　動　費

| (1) | | (2) | |
|---|---|---|---|
| ア | イ | ウ | エ |
|  |  |  |  |

**2** 下記の資料によって，次の各問いに答えなさい。

(1) 全部原価計算による損益計算書を完成しなさい。

(2) 直接原価計算による損益計算書を完成しなさい。

資料

① 販　売　数　量　1,000個

② 販　売　単　価　¥2,000

③ 製　造　費　用　変動費（製品1個あたり）¥900　固定費　¥200,000
なお，固定費¥200,000はすべて固定製造間接費である。

④ 販売費及び一般管理費　変動費（製品1個あたり）¥100　固定費　¥300,000

(1) 全部原価計算による損益計算書

```
            損　益　計　算　書      （単位：円）
Ⅰ 売　　　上　　　高      （          ）
Ⅱ 売　上　原　価          （          ）
     売　上　総　利　益    （          ）
Ⅲ 販売費及び一般管理費    （          ）
     営　業　利　益        （          ）
```

(2) 直接原価計算による損益計算書

```
              損　益　計　算　書          （単位：円）
Ⅰ 売　　上　　高                （          ）
Ⅱ 変　動　売　上　原　価        （          ）
     変動製造マージン            （          ）
Ⅲ 変　動　販　売　費            （          ）
     貢　献　利　益              （          ）
Ⅳ 固　定　製　造　間　接　費  （          ）
   固定販売費及び一般管理費    （          ）（          ）
     営　業　利　益              （          ）
```

3 福岡製作所は，直接原価計算をおこない利益計画をたてている。当月における下記の損益計算書から，次の金額または数量を求めなさい。なお，製品の販売単価は¥5,000である。

(1) 変動費の合計額

(2) 損益分岐点の売上高

(3) 目標営業利益¥1,200,000を達成するための売上高

(4) 目標営業利益¥1,200,000を達成するための販売数量

(5) 売上高が¥9,000,000だった場合の営業利益

| 損　益　計　算　書 | | （単位：円） |
|---|---|---:|
| Ⅰ　売　　　上　　　高 | | 5,000,000 |
| Ⅱ　変　動　売　上　原　価 | | 2,500,000 |
| 　　変　動　製　造　マ　ー　ジ　ン | | 2,500,000 |
| Ⅲ　変　動　販　売　費 | | 500,000 |
| 　　貢　　献　　利　　益 | | 2,000,000 |
| Ⅳ　固　定　製　造　間　接　費 | 400,000 | |
| 　　固定販売費及び一般管理費 | 800,000 | 1,200,000 |
| 　　営　　業　　利　　益 | | 800,000 |

| (1) | ¥ | (2) | ¥ |
|---|---|---|---|
| (3) | ¥ | (4) | 個 |
| (5) | ¥ | | |

4 次の文の □□□□ のなかに，適当な金額または数量を記入しなさい。

　埼玉製作所は，1個あたり¥1,000でX製品を販売している。短期利益計画を立案するために総原価を変動費と固定費に分け，直接原価計算による損益計算書を作成したところ，X製品を2,000個販売した場合の変動費は¥800,000　固定費は¥900,000　営業利益は¥ [ a ] であった。

　この損益計算書をもとに計算した損益分岐点の売上高は¥ [ b ] であり，目標営業利益¥450,000を達成するための販売数量は [ c ] 個であることがわかる。

| a | ¥ | b | ¥ | c | 個 |
|---|---|---|---|---|---|

5 次の文の □□□□ のなかに，適当な金額または数量を記入しなさい。

　愛媛製作所では，1個あたり¥2,000でY製品を販売している。短期利益計画を立案するために総原価を変動費と固定費に分け，直接原価計算による損益計算書を作成したところ，製品1個あたりの変動製造費は¥600で，製品1個あたりの変動販売費は¥200であった。また，固定製造間接費と固定販売費及び一般管理費の合計額は¥1,080,000である。したがって損益分岐点の売上高は，[ a ] となる。

　このとき目標営業利益¥828,000を達成するためには，Y製品を [ b ] 個販売しなければならない。

| a | ¥ | b | 個 |
|---|---|---|---|

## 応用問題

解答p.115

**1** 次の文の [　　　] のなかに，適当な金額・数量・比率を記入しなさい。

　三重製作所は，直接原価計算をおこない利益計画をたてている。当月における次の資料から，損益計算書を作成したところ，営業利益は¥ [　a　] で，損益分岐点の販売数量は [　b　] 個であった。

　今後，変動費が製品１個あたり¥2,090になることが予想される。販売数量および販売単価は当月と変わらない場合，目標営業利益¥1,344,000を達成するためには，固定費を [　c　] ％削減する必要がある。

資　料
- ① 販売数量　1,600個
- ② 販売単価　¥5,000
- ③変動費　¥2,000（製品１個あたり）
- ④固定費　¥3,450,000

| a | ¥ | b | | 個 | c | | ％ |
|---|---|---|---|---|---|---|---|

**2** 奈良製作所では，直接原価計算をおこない利益計画をたてている。当月における下記の資料から，次の金額または数量を求めなさい。

- a．販売数量が3,500個のときの営業利益
- b．損益分岐点の売上高
- c．目標営業利益¥3,696,000を達成するための販売数量

資　料
- ① 販売単価　　　　　　　　　　　¥1,400
- ② 製造費用
　　変動製造費（製品１個あたり）　¥450
　　固定製造間接費　　　¥1,600,000
- ③ 販売費及び一般管理費
　　変動販売費（製品１個あたり）　　¥180
　　固定販売費及び一般管理費　　¥710,000

| a | ¥ | b | ¥ | c | | 個 |
|---|---|---|---|---|---|---|

**3** 次の文の [　　　] にあてはまるもっとも適当な語句を，下記の語群のなかから選び，その番号を記入しなさい。

　直接原価計算では，一定期間の売上高から変動売上原価と変動販売費を差し引くことによって，売上高と比例関係にある [　　　] を計算する。

1．固定費　　2．変動製造マージン　　3．固定費　　4．貢献利益

# 検定問題

解答p.116

**1** 鹿児島製作所では，直接原価計算をおこない利益計画をたてている。当月における下記の資料から，次の金額または数量を求めなさい。 (第88回)

　　a．損益分岐点の売上高
　　b．目標営業利益¥720,000を達成するための販売数量
　　c．販売単価を20%引き下げた場合の損益分岐点販売数量

資　料
　①　販売単価　　　　　　　　　¥2,500　　③　販売費及び一般管理費
　②　製造費用　　　　　　　　　　　　　　　　変動販売費（製品1個あたり）　　¥200
　　　変動製造費（製品1個あたり）¥800　　　　固定販売費及び一般管理費　¥380,000
　　　固定製造間接費　　¥550,000

| a | ¥ | b | | 個 | c | | 個 |
|---|---|---|---|---|---|---|---|

**2** 愛媛製作所では，直接原価計算をおこない利益計画をたてている。当月における下記の資料から，次の金額または数量を求めなさい。 (第90回)

　　a．販売数量が7,000個のときの営業利益
　　b．損益分岐点の売上高
　　c．目標営業利益¥7,392,000を達成するための販売数量

資　料
　①　販売単価　　　　　　　　　¥2,800　　③　販売費及び一般管理費
　②　製造費用　　　　　　　　　　　　　　　　変動販売費（製品1個あたり）　　¥360
　　　変動製造費（製品1個あたり）¥900　　　　固定販売費及び一般管理費　¥1,420,000
　　　固定製造間接費　　¥3,200,000

| a | ¥ | b | ¥ | | c | | 個 |
|---|---|---|---|---|---|---|---|

**3** 大阪製作所では，直接原価計算をおこない利益計画をたてている。当月における下記の資料から，次の金額または数量を求めなさい。なお，目標営業利益は当月と比べて25%増加させた金額とする。 (第93回)

　　a．損益分岐点の売上高
　　b．目標営業利益を達成するための販売数量
　　c．変動製造費が製品1個あたり¥50増加した場合の損益分岐点の売上高

資　料
　①　販売数量　　　　3,200個　　④　変動販売費（製品1個あたり）　　¥200
　②　販売単価　　　　¥5,000　　⑤　固定製造間接費　　¥3,024,000
　③　変動製造費（製品1個あたり）¥2,350　　⑥　固定販売費及び一般管理費　¥504,000

| a | ¥ | b | | 個 | c | ¥ | |
|---|---|---|---|---|---|---|---|

４　福岡製作所では，A製品を1個あたり¥2,000で販売している。この製品を3,000個製造・販売したときの全部原価計算および直接原価計算の損益計算書は下記のとおりである。よって，直接原価計算による次の金額または数量を求めなさい。ただし，月初・月末の仕掛品および製品はなかった。

（第91回）

a．損益分岐点の売上高
b．営業利益を２倍にするための販売数量
c．変動製造マージン（　ア　）の金額

資　料

| （全部原価計算による） | | |
|---|---|---|
| 福岡製作所　損益計算書 | | （単位：円） |
| Ⅰ　売 上 高 | | 6,000,000 |
| Ⅱ　売 上 原 価 | | 4,310,000 |
| 　　売上総利益 | | 1,690,000 |
| Ⅲ　販売費及び一般管理費 | | 1,234,000 |
| 　　営 業 利 益 | | 456,000 |

| （直接原価計算による） | | |
|---|---|---|
| 福岡製作所　損益計算書 | | （単位：円） |
| Ⅰ　売 上 高 | | 6,000,000 |
| Ⅱ　変動売上原価 | | （　　　） |
| 　　変動製造マージン | | （　ア　） |
| Ⅲ　変動販売費 | | （　　　） |
| 　　貢 献 利 益 | | 2,280,000 |
| Ⅳ　固 定 費 | | |
| 　1．固定製造間接費 | 1,520,000 | |
| 　2．固定販売費及び一般管理費 | 304,000 | 1,824,000 |
| 　　営 業 利 益 | | 456,000 |

| a | ¥ | b | | 個 | c | ¥ |
|---|---|---|---|---|---|---|

５　愛知製作所では，直接原価計算をおこない利益計画をたてている。当月における下記の資料から，次の金額または数量を求めなさい。

（第85回）

a．当月の営業利益　　b．損益分岐点の売上高
c．目標営業利益¥324,000を達成するための販売数量

資　料
①　月初製品棚卸高　　　0個
②　完 成 品 数 量　1,500個
③　月末製品棚卸高　　500個
④　販 売 単 価　¥900

⑤　製 造 費 用
　変動製造費（製品1個あたり）　¥　400
　固定製造間接費　¥120,000
⑥　販売費及び一般管理費
　変動販売費（製品1個あたり）　¥　50
　固定販売費及び一般管理費　¥　60,000

| a | 当月の営業利益 | ¥ |
|---|---|---|
| b | 損益分岐点の売上高 | ¥ |
| c | 目標営業利益¥324,000を達成するための販売数量 | 個 |

# Ⅶ 形式別実践問題

## 第1章 仕訳問題

解答p.118

**1** 次の取引の仕訳を示しなさい。

(1) 和歌山工業株式会社は，会計期末にあたり，製造間接費配賦差異勘定の残高を売上原価勘定に振り替えた。なお，製造間接費配賦差異勘定の前月繰越高は，¥20,000（貸方）であり，当月の製造間接費の実際発生額は予定配賦額より¥4,000多く，この額は製造間接費配賦差異勘定に振り替えられている。

(2) 個別原価計算を採用している奈良製作所の月末における買入部品の実地棚卸数量は800個であった。よって，次の買入部品に関する当月の資料にもとづいて，買入部品勘定の残高を修正した。ただし，消費単価の計算は総平均法によっている。

  前月繰越高 1,300個 @¥2,500 ¥3,250,000
  当月仕入高 2,600〃 @¥2,800 ¥7,280,000
  当月消費数量 3,040〃

(3) 組別総合原価計算を採用している滋賀工業株式会社における1月分の原価計算表の金額は，次のとおりであった。

| | A 組 | B 組 |
|---|---|---|
| 当月製造費用 | ¥ 9,168,000 | ¥ 2,030,000 |
| 月初仕掛品原価 | ¥ 630,000 | ¥ 431,000 |
| 月末仕掛品原価 | ¥ 798,000 | ¥ 513,000 |

(4) 単純総合原価計算を採用している兵庫製作所において，製品の完成とともに副産物が発生した。ただし，総合原価は¥4,056,000であり，そのうち副産物の評価は¥210,000であった。

(5) 工場会計が独立している岡山工業株式会社の本社は，決算にさいし，建物の減価償却費¥1,150,000を計上した。ただし，このうち¥490,000は工場の建物に対するものであり，建物減価償却累計額勘定は本社のみに設けてある。（本社の仕訳）

(6) 単純総合原価計算を採用している広島製作所では，月末に特許権使用料の月割額を計上した。ただし，1年分の特許権使用料は¥1,440,000である。

| | 借 方 | 貸 方 |
|---|---|---|
| (1) | | |
| (2) | | |
| (3) | | |
| (4) | | |
| (5) | | |
| (6) | | |

**2**　次の取引の仕訳を示しなさい。

(1)　個別原価計算を採用している富山製作所では，製造指図書＃101の製品が仕損となった。よって，補修指図書＃101−1を発行して補修をおこない，補修のために消費した素材¥*30,000*および賃金¥*49,000*を仕損費勘定に計上した。

(2)　単純総合原価計算を採用している新潟製作所は，月末に工場の従業員に対する賞与の月割額を計上した。なお，半年分の賞与の支払予定額は¥*1,140,000*である。

(3)　等級別総合原価計算を採用している大阪製作所の1月分の製品の販売に関する資料は，次のとおりであった。よって，売上高および売上原価を計上した。

|  | 1級製品 | 2級製品 |
|---|---|---|
| 売上高(掛け) | ¥ *1,780,000* | ¥ *569,000* |
| 売上製品原価 | ¥ *844,000* | ¥ *321,000* |

(4)　個別原価計算を採用している石川製作所の1月末における素材の実地棚卸高は440kgであった。よって，次の素材に関する1月の資料にもとづいて，素材勘定の残高を修正した。なお，消費単価の計算は先入先出法によっている。

|  |  |  |  |  |
|---|---|---|---|---|
| 1月1日 | 前月繰越 | 1,200kg | 1kgにつき¥*3,690* | ¥*4,428,000* |
| 9日 | 受け入れ | 1,000kg | 1kgにつき¥*3,765* | ¥*3,765,000* |
| 14日 | 払い出し | 1,600kg | | |
| 21日 | 受け入れ | 1,400kg | 1kgにつき¥*3,675* | ¥*5,145,000* |
| 27日 | 払い出し | 1,520kg | | |

(5)　工場会計が独立している山形製作所の本社は，工場から製品¥*7,350,000*（製造原価）を得意先秋田商店に引き渡したとの通知を受けたので，売上高(掛け)¥*10,500,000*および売上原価を計上した。ただし，売上勘定と売上原価勘定は本社に，製品に関する勘定は工場に設けてある。（本社の仕訳）

(6)　青森工業株式会社は，本月分の賃金を次のとおり小切手を振り出して支払った。ただし，諸手当は賃金勘定に含めないで処理する。

　　　賃金総額　¥*2,430,000*　諸手当　¥*497,000*
　　　　うち，控除額　所得税　¥*135,000*　健康保険料¥*89,000*

(7)　個別原価計算を採用している福井製作所では，製造指図書＃9の製品の全部が仕損となり，新たに製造指図書＃9−1を発行して代品を製造した。各製造指図書に集計された製造原価は次のとおりであり，仕損費を計上した。

　　　製造指図書＃9　¥*210,000*　製造指図書＃9−1　¥*132,000*

|  | 借　　　　　方 | 貸　　　　　方 |
|---|---|---|
| (1) | | |
| (2) | | |
| (3) | | |
| (4) | | |
| (5) | | |
| (6) | | |
| (7) | | |

③　次の取引の仕訳を示しなさい。

(1)　個別原価計算を採用している岩手工業株式会社では，製造指図書♯8の製造中に作業くずが発生した。よって，これを¥47,000と評価し，製造指図書♯8の製造原価から差し引いた。

(2)　個別原価計算を採用している宮城工業株式会社は，月末に工場の建物に対する減価償却費の月割額を消費高として計上した。ただし，1年分の減価償却費は¥2,040,000である。

(3)　単純総合原価計算を採用している福島製作所の工場は，本社の指示により製造原価¥2,250,000の製品を得意先茨城商店に発送した。ただし，工場会計は本社会計から独立しており，売上勘定と売上原価勘定は本社に，製品に関する勘定は工場に設けてある。（工場の仕訳）

(4)　工程別総合原価計算を採用している栃木工業株式会社は，月末に工程別総合原価計算表を作成し，各工程の完成品原価を次のとおり計上した。ただし，各工程の完成品原価はすべていったん倉庫に保管しており，当月中に倉庫から第2工程（最終工程）に投入した第1工程の完成品原価は¥2,680,000である。なお，当社では第1工程の完成品原価をすべて第1工程半製品勘定に振り替えている。

　　　　第1工程　¥1,980,000　　第2工程　¥3,120,000

(5)　本月分の賃金支払帳は次のとおりであった。よって，正味支払高を小切手を振り出して支払った。ただし，諸手当は賃金勘定に含めないで処理している。

賃　金　支　払　帳

| 番号 | 氏名 | 支払高 | | | 控除額 | | | 正味支払高 |
|---|---|---|---|---|---|---|---|---|
| | | 基本賃金 | 諸手当 | 合計 | 所得税 | 健康保険料 | 合計 | |
| | | 1,450,000 | 243,000 | 1,693,000 | 111,000 | 62,000 | 173,000 | 1,520,000 |

(6)　個別総合原価計算を採用している茨城製作所は，製造間接費について部門別計算をおこなっている。次の資料により，製造部門費の当月分を予定配賦した。ただし，直接作業時間を基準として予定配賦している。

| | 年間製造間接費予算 | 年間予定直接作業時間 | 当月実際直接作業時間 |
|---|---|---|---|
| 第1製造部門 | ¥10,230,000 | 18,600時間 | 1,600時間 |
| 第2製造部門 | ¥ 6,120,000 | 15,300時間 | 1,300時間 |

(7)　工場会計が独立している埼玉製作所の本社は，得意先神奈川商店に製品200個を販売単価¥1,500で掛け売りした。なお，この製品の製造原価は1個あたり¥700である。ただし，製品勘定は工場に設けてある。（本社の仕訳）

| | 借　　　　方 | 貸　　　　方 |
|---|---|---|
| (1) | | |
| (2) | | |
| (3) | | |
| (4) | | |
| (5) | | |
| (6) | | |
| (7) | | |

4　次の取引の仕訳を示しなさい。

(1)　等級別総合原価計算を採用している鹿児島産業株式会社において，1級製品1,600個，2級製品2,400個，3級製品3,600個が完成した。ただし，完成品の総合原価は¥4,080,000であり，等価係数は次の各製品1個あたりの重量を基準としている。

　　　　1級製品　140g　　　2級製品　100g　　　3級製品　60g

(2)　個別原価計算を採用している大分製作所において，製造指図書#121の製品全部が仕損となり，新たに製造指図書#121−1を発行し，代品の製造を開始したので，本日，仕損費を計上した。ただし，製造指図書#121に集計された製造原価は¥980,000であり，仕損品の評価額は¥70,000である。

(3)　個別原価計算を採用している長崎製作所は，補助部門費を次の配賦基準により，直接配賦法で各製造部門に配賦した。ただし，部門費配分表に集計された補助部門費の金額は，動力部門費¥135,000　修繕部門費¥90,000であった。

|  | 配 賦 基 準 | 第1製造部門 | 第2製造部門 | 動 力 部 門 | 修 繕 部 門 |
|---|---|---|---|---|---|
| 動力部門費 | kW数×運転時間数 | 15kW×300時間 | 12kW×250時間 | − | 10kW×150時間 |
| 修繕部門費 | 修 繕 回 数 | 5回 | 4回 | 3回 | − |

(4)　組別総合原価計算を採用している宮崎工業株式会社は，組間接費を各組の直接費を基準として配賦率を求め，A組とB組に配賦した。なお，当月の製造費用は次のとおりである。

|  | A 組 直 接 費 | B 組 直 接 費 | 組 間 接 費 |
|---|---|---|---|
| 材 料 費 | ¥6,700,000 | ¥3,300,000 | ¥1,140,000 |
| 労 務 費 | ¥8,352,000 | ¥4,048,000 | ¥1,960,000 |
| 経 費 | ¥3,148,000 | ¥2,452,000 | ¥3,900,000 |

(5)　工場会計が独立している福岡工業株式会社の工場は，本社から工場の従業員に対する健康保険料¥124,000を支払ったとの通知を受けた。ただし，健康保険料¥124,000のうち半額は事業主負担分であり，半分は従業員負担分である。なお，健康保険料預り金勘定は本社のみに設けてある。（工場の仕訳）

(6)　個別原価計算を採用している佐賀工業株式会社は，補修指図書#102−1に集計された製造原価¥301,000を仕損費勘定に計上していたが，本日，これを製造指図書#102に賦課した。

(7)　熊本製作所は，会計期末にあたり，材料消費価格差異勘定の残高を売上原価勘定に振り替えた。なお，材料消費価格差異勘定の前月繰越高は，¥7,000（貸方）であり，当月の素材の実際消費高は予定消費高より¥12,000多く，この額は残量消費価格差異勘定に振り替えられている。

|  | 借　　　　方 | 貸　　　　方 |
|---|---|---|
| (1) | | |
| (2) | | |
| (3) | | |
| (4) | | |
| (5) | | |
| (6) | | |
| (7) | | |

## 第2章　総合原価計算の問題

解答p.120

**1** 静岡製作所は，組別総合原価計算を採用し，A組製品とB組製品を製造している。次の資料によって，

(1)　A組仕掛品勘定を完成しなさい。

(2)　B組製品の月末仕掛品原価を求めなさい。

　　　ただし，ⅰ　組間接費は機械運転時間を基準として配賦する。

　　　　　　　ⅱ　素材は製造着手のときにすべて投入され，加工費は製造の進行に応じて消費されるものとする。

　　　　　　　ⅲ　月末仕掛品原価の計算は平均法による。

### 資　料

a.　月初仕掛品原価

　　　A組　¥413,000（素材費　¥242,000　加工費　¥171,000）

　　　B組　¥253,000（素材費　¥116,000　加工費　¥137,000）

b.　当月製造費用

　　① 材料費

　　　　素材の消費高は，1個あたり¥2,000の予定価格を用いて計算している。

　　　　素材　A組　1,040個　　B組　657個

　　　　工場消耗品（組間接費）　¥462,000

　　② 労務費

　　　　賃金の消費高は作業時間1時間につき¥840の予定賃率を用いて計算している。

　　　　A組　1,800時間　　B組　1,900時間　　間接作業　300時間

　　　　また，健康保険料の事業主負担分¥145,000を消費している。

　　③ 経費

　　　　外注加工賃　¥483,000（A組　¥255,000　　B組　¥228,000）

　　　　電力料　¥190,000　保険料　¥91,000　減価償却費　¥270,000

　　④ 組間接費¥1,410,000を，次の機械運転時間を基準に配賦する。

　　　　A組　2,145時間　　B組　1,430時間

c.　生産データ

| | A 組 | B 組 |
|---|---|---|
| 月初仕掛品 | 1,000個（加工進捗度50%） | 500個（加工進捗度60%） |
| 当月投入 | 2,600個 | 3,900個 |
| 合　計 | 3,600個 | 4,400個 |
| 月末仕掛品 | 800個（加工進捗度50%） | 600個（加工進捗度40%） |
| 完成品 | 2,800個 | 3,800個 |

(1)

A 組 仕 掛 品

| 前 月 繰 越 | 413,000 | （　　　） | （　　　） |
|---|---|---|---|
| 素　　　材 | （　　　） | 次月繰越 | （　　　） |
| 労 務 費 | （　　　） | | |
| 外注加工賃 | （　　　） | | |
| （　　　） | （　　　） | | |
| | （　　　） | | （　　　） |

(2)

| B組製品の月末仕掛品原価　　¥ |
|---|

**2**　大井製作所は，等級別総合原価計算を採用し，1級製品・2級製品を製造している。なお，同社では，単純総合原価計算によって総合原価を計算した後，等級別製品の原価を計算している。次の仕掛品勘定と資料によって，単純総合原価計算表と等級別総合原価計算表を完成しなさい。

　　ただし，　i　素材・加工費とも製造の進行に応じて消費されるものとする。
　　　　　　　ii　月末仕掛品原価の計算は平均法による。
　　　　　　　iii　等価係数は，各製品の1個あたりの重量を基準とする。

資　料
　a. 当月製造費用（一部）
　　① 素　材
　　　当月実際消費数量　2,500個
　　　予 定 価 格　@¥1,100
　　　実 際 価 格　@¥1,040
　　② 賃　金
　　　当月支払高　¥1,641,000
　　　前月未払高　¥172,000
　　　当月未払高　¥203,000
　b. 月初仕掛品　素材費　¥240,000　　加工費　¥258,000
　c. 月末仕掛品　400個（加工進捗度50％）
　d. 完成品数量　2,400個

### 仕　掛　品

| | | | |
|---|---|---|---|
| 前 月 繰 越 | 498,000 | 諸　　口 | （　　） |
| 素　　材 | （　　） | 次 月 繰 越 | （　　） |
| 工場消耗品 | 154,000 | | |
| 賃　　金 | （　　） | | |
| 健康保険料 | 125,000 | | |
| 減価償却費 | 114,000 | | |
| 電 力 料 | 236,000 | | |
| 雑　　費 | 41,000 | | |
| （　　） | | （　　） | |

| 製　品 | 1個あたりの重量 | 完 成 品 数 量 |
|---|---|---|
| 1 級製品 | 60kg | 900個 |
| 2 級製品 | 50kg | 1,500個 |

### 単 純 総 合 原 価 計 算 表
令和○年7月分

（平均法）

| 摘　　　要 | 素　材　費 | 加　工　費 | 合　　計 |
|---|---|---|---|
| 材　　料　　費 | | | |
| 労　　務　　費 | ——— | | |
| 経　　　　　費 | ——— | | |
| 計 | | | |
| 月 初 仕 掛 品 原 価 | | | |
| 計 | | | |
| 月 末 仕 掛 品 原 価 | | | |
| 完 成 品 原 価 | | | |

### 等 級 別 総 合 原 価 計 算 表
令和○年7月分

| 等級別製品 | 重　　量 | 等 価 係 数 | 完成品数量 | 積　　数 | 等級別製造原価 | 製 品 単 価 |
|---|---|---|---|---|---|---|
| 1 級 製 品 | 60kg | | 900個 | | | ¥ |
| 2 級 製 品 | 50kg | | 1,500個 | | | ¥ |
| | | | | | | |

**3** 徳島製作所では，組別総合原価計算を採用し，A組製品とB組製品を製造している。次の資料によって，

(1) A組仕掛品勘定を完成しなさい。

(2) B組製品の完成品原価を計算しなさい。

ただし，ⅰ 組間接費は直接作業時間を基準として配賦する。

ⅱ 素材は製造着手のときにすべて投入され，加工費は製造の進行に応じて消費されるものとする。

ⅲ 月末仕掛品原価の計算は先入先出法による。

ⅳ 仕損じは製造工程の終点で発生しており，仕損費は完成品のみに負担させる。

資　料

a. 月初仕掛品原価

A組　¥428,000（素材費　¥240,000　加工費¥188,000）

B組　¥218,800（素材費　¥195,000　加工費¥ 23,800）

b. 当月製造費用

|  | A組直接費 | B組直接費 | 組間接費 |
|---|---|---|---|
| 材　料　費 | ¥1,800,000 | ¥2,400,000 | － |
| 労　務　費 | ¥ 646,000 | ¥ 868,000 | ¥ 630,000 |
| 経　　　費 | ¥ 292,000 | ¥ 309,000 | ¥ 504,000 |

c. 生産データ

|  | A　組 | B　組 |
|---|---|---|
| 月初仕掛品 | 600個（加工進捗度50%） | 400個（加工進捗度30%） |
| 当月投入 | 4,500個 | 4,800個 |
| 合　計 | 5,100個 | 5,200個 |
| 月末仕掛品 | 500個（加工進捗度30%） | 200個（加工進捗度60%） |
| 正常減損 | －個 | 50個 |
| 完成品 | 4,600個 | 4,950個 |

d. 直接作業時間

A組　2,160時間　　B組　2,880時間

(1)

A 組 仕 掛 品

| 前月繰越 | 428,000 | （　　　） | （　　　） |
|---|---|---|---|
| 素　　材 | （　　　） | 次月繰越 | （　　　） |
| 労　務　費 | （　　　） | | |
| 経　　費 | （　　　） | | |
| （　　　） | （　　　） | | |
| | （　　　） | | （　　　） |

(2)

| B組製品の完成品原価　　¥ |
|---|

**4**　高知産業株式会社は工程別総合原価計算を採用し，A製品を製造している。下記の資料によって，

(1)　第1工程仕掛品勘定を完成しなさい。

(2)　第2工程の月末仕掛品原価を求めなさい。

ただし，　i　第1工程の完成品原価は，すべて第1工程半製品勘定に振り替えている。

　　　　　ii　素材は製造着手のときにすべて投入され，第1工程の完成品は第2工程の始点で投入されるものとする。

　　　　　iii　加工費は第1工程・第2工程ともに製造の進行に応じて消費されるものとする。

　　　　　iv　月末仕掛品原価の計算は平均法による。

資　料

　a.　生産データ

| | 第1工程 | 第2工程 |
|---|---|---|
| 月初仕掛品 | 200個（加工進捗度50%） | 400個（加工進捗度60%） |
| 当 月 投 入 | 1,900個 | 1,200個 |
| 合　　計 | 2,100個 | 1,600個 |
| 月末仕掛品 | 200個（加工進捗度25%） | 200個（加工進捗度40%） |
| 完 成 品 | 1,900個 | 1,400個 |

　b.　当月製造費用

　　①　工程個別費および補助部門個別費

| | 第 1 工 程 | 第 2 工 程 | 補 助 部 門 |
|---|---|---|---|
| 材 料 費 | ¥1,250,000 | － | － |
| 労 務 費 | ¥ 678,000 | ¥ 736,000 | ¥ 92,000 |
| 経 費 | ¥ 72,000 | ¥ 94,000 | ¥ 80,000 |

　　②　部門共通費を次のとおり配賦する。

　　　　第1工程　¥216,000　　第2工程　¥216,000　　補助部門　¥108,000

　　③　補助部門費を第1工程に60%，第2工程に40%の割合で配賦する。

　c.　月初仕掛品原価

　　　第1工程　¥334,000（素材費¥220,000　加工費¥114,000）

　　　第2工程　¥450,000（前工程費¥276,000　加工費¥174,000）

　d.　当月中に第2工程に投入した第1工程の完成品原価は，¥2,412,000である。

(1)
第 1 工 程 仕 掛 品

| 前 月 繰 越 | 334,000 | （　　　） | （　　　　　） |
|---|---|---|---|
| 素　　材 | 1,250,000 | 次 月 繰 越 | （　　　　　） |
| 労 務 費 | 678,000 | | |
| 経　　費 | 72,000 | | |
| 部門共通費 | （　　　） | | |
| 補助部門費 | （　　　） | | |
| | （　　　） | | （　　　　　） |

(2)

| B組製品の完成品原価　　　¥ |
|---|

**5** 福島製作所は，単純総合原価計算を採用し，A製品を製造している。下記の資料と仕掛品勘定によって，

(1) 単純総合原価計算表を完成しなさい。

(2) 仕掛品勘定の減価償却費（アの金額）を求めなさい。

　ただし， ⅰ　素材は製造着手のときにすべて投入され，加工費は製造の進行に応じて消費されるものとする。

　　　　　ⅱ　月末仕掛品の計算は平均法による。

　　　　　ⅲ　正常減損は製造工程の終点で発生しており，正常減損費は完成品のみに負担させる。

**資　料**

　a. 生産データ

　　　月初仕掛品　　1,000kg（加工進捗度40%）

　　　当月投入　　　4,100kg

　　　　合　計　　　5,100kg

　　　月末仕掛品　　　800kg（加工進捗度50%）

　　　正常減損　　　　300kg

　　　完成品　　　4,000kg

　b. 月初仕掛品原価

　　　素材費　¥1,121,400

　　　加工費　¥1,146,600

　c. 当月製造費用

　　　素材費　¥4,305,000

　　　加工費　¥11,618,600

**仕　掛　品**

| | | | |
|---|---|---|---|
| 前月繰越 | （　　） | 製　品 | （　　） |
| 素　材 | （　　） | 次月繰越 | （　　） |
| 工場消耗品 | 861,000 | | |
| 賃　金 | 7,588,000 | | |
| 退職給付費用 | 912,000 | | |
| 健康保険料 | 103,000 | | |
| 減価償却費 | （ ア ） | | |
| 電力料 | 1,274,000 | | |
| 雑　費 | 544,600 | | |
| | （　　） | | （　　） |

(1) **単純総合原価計算表**
令和○年1月分

| 摘　　要 | 素　材　費 | 加　工　費 | 合　　計 |
|---|---|---|---|
| 材　料　費 | | | |
| 労　務　費 | | | |
| 経　　費 | | | |
| 計 | | | |
| 月初仕掛品原価 | | | |
| 計 | | | |
| 月末仕掛品原価 | | | |
| 完成品原価 | | | |
| 完成品数量 | kg | kg | kg |
| 製品1kgあたりの原価 | ¥ | ¥ | ¥ |

(2)

| 仕掛品勘定の減価償却費（アの金額） | ¥ |
|---|---|

6　岐阜製作所は，単純総合原価計算を採用し，A製品を製造している。下記の資料と仕掛品勘定によって，

(1)　単純総合原価計算表を完成しなさい。

(2)　仕掛品勘定の退職給付費用（アの金額）を求めなさい。

　　　ただし，i　素材は製造着手のときにすべて投入され，加工費は製造の進行に応じて消費されるものとする。

　　　　　　　ii　月末仕掛品の計算は平均法による。

　　　　　　　iii　正常減損は製造工程の始点で発生しており，正常減損費は完成品と月末仕掛品の両方に負担させる。

資　料

　a. 生産データ

　　　月初仕掛品　　　600kg（加工進捗度50%）
　　　当月投入　　　4,860kg
　　　　合　計　　　5,460kg
　　　月末仕掛品　　　900kg（加工進捗度60%）
　　　正常減損　　　　60kg
　　　完成品　　　4,500kg

　b. 月初仕掛品原価
　　　素材費　¥　534,000
　　　加工費　¥　246,000

　c. 当月製造費用
　　　素材費　¥ 4,380,000
　　　加工費　¥ 4,038,000

| 仕　　掛　　品 | | | |
|---|---|---|---|
| 前月繰越 | （　　　） | 製　品 | （　　　） |
| 素　材 | （　　　） | 次月繰越 | （　　　） |
| 工場消耗品 | 420,000 | | |
| 賃　金 | 840,000 | | |
| 退職給付費用 | （　ア　） | | |
| 健康保険料 | 73,000 | | |
| 減価償却費 | 115,000 | | |
| 電力料 | 1,640,000 | | |
| 雑　費 | 720,000 | | |
| | （　　　） | | （　　　） |

(1)
### 単純総合原価計算表
### 令和〇年1月分

| 摘　　　要 | 素　材　費 | 加　工　費 | 合　　計 |
|---|---|---|---|
| 材　料　費 | | | |
| 労　務　費 | | | |
| 経　費 | | | |
| 計 | | | |
| 月初仕掛品原価 | | | |
| 計 | | | |
| 月末仕掛品原価 | | | |
| 完成品原価 | | | |
| 完成品数量 | kg | kg | kg |
| 製品1kgあたりの原価 | ¥ | ¥ | ¥ |

(2)

| 仕掛品勘定の退職給付費用（アの金額）　　¥ |
|---|

# 第3章　適語選択

解答p.126

**1**　次の各文の￣￣￣￣のなかに，下記の語群のなかから，もっとも適当なものを選び，その番号を記入しなさい。

(1)　工業簿記では，購買活動・製造活動・販売活動に関する各種の取引を　ア　の原理によって記帳する。特に製造活動にかかわる取引については，原価の費目別計算・原価の部門別計算・原価の製品別計算などの　イ　と密接に結びついて記帳するところに特徴がある。

(2)　原価要素は，発生形態によって，材料費・　ウ　・経費に分類することができる。また，操業度との関連によって分類すると，操業度の増減にかかわりなく1期間の発生高が一定しているものと，操業度の増減にともなって発生高が比例的に増減するものに分けることができる。このうち，前者のように発生高が一定しているものを　エ　という。

語群　1. 複　式　簿　記　　2. 単　式　簿　記　　3. 固　　定　　費　　4. 変　　動　　費
　　　5. 商　業　簿　記　　6. 原　価　計　算　　7. 加　　工　　費　　8. 労　　務　　費

| (1) | | (2) | |
|---|---|---|---|
| ア | イ | ウ | エ |
| | | | |

**2**　次の各文の￣￣￣￣のなかに，下記の語群のなかから，もっとも適当なものを選び，その番号を記入しなさい。

(1)　原価要素は，製品との関連により，特定の製品のために個別的に消費されるものと，各種製品の製造のため共通に消費されるものに分類される。前者の原価要素を　ア　といい，これは各製品別に個別的に集計される。この集計手続を　イ　という。

(2)　経費のなかには，外部に材料を提供して加工させたときに，加工賃として支払う　ウ　がある。この消費高は製品との関連から，特許権使用料と同様に　エ　に分類される。

語群　1. 直　接　経　費　　2. 製　造　間　接　費　　3. 配　　　　賦　　4. 外　注　加　工　賃
　　　5. 賦　　　　課　　6. 材　料　仕　入　帳　　7. 原　価　元　帳　　8. 製　造　直　接　費

| (1) | | (2) | |
|---|---|---|---|
| ア | イ | ウ | エ |
| | | | |

**3**　次の各文の￣￣￣￣のなかに，下記の語群のなかから，もっとも適当なものを選び，その番号を記入しなさい。

(1)　製造原価に販売費及び一般管理費を加えたものを　ア　といい，このなかには，支払利息などの金融上の費用や火災・風水害による損失などの　イ　は含まれない。

(2)　実際原価計算において，材料や賃金の消費高の計算にそれぞれ予定価格や予定賃率を用いたり，製造間接費の配賦額の計算に予定配賦率を用いたりすると，　ウ　の途中で製品が完成したとき，ただちに，　エ　を計算することができるなどの利点がある。なお，これにもとづいて生じる材料消費価格差異・賃率差異・製造間接費配賦差異などの残高は，ふつう会計期末に売上原価勘定に振り替える。

語群　1. 会　計　期　間　　2. 総　　原　　価　　3. 標　準　原　価　　4. 販　売　価　格
　　　5. 非　原　価　項　目　　6. 販　　売　　期　　間　　7. 製　　造　　原　　価　　8. 原　価　計　算　期　間

| (1) | | (2) | |
|---|---|---|---|
| ア | イ | ウ | エ |
| | | | |

**4**　次の各文の￣￣￣￣のなかに，下記の語群のなかから，もっとも適当なものを選び，その番号を記入しなさい。

(1)　経費は消費高の計算方法のちがいによって支払経費・￣ア￣・測定経費に分類できる。このうち測定経費は，計量器や検針器で求めた消費量に料率を乗じて消費高を計上するもので，ガス代や電力料などがある。また，支払経費は当月の支払高に前月や当月の前払高・￣イ￣を加減して消費高を求め，勘定に記入する。

(2)　個別原価計算では，特定の製品別に製造の命令をする￣ウ￣が発行される。これに，製造着手から完成まで特定の製品を代表する番号がつけられ，この番号別に原価計算表が作成される。作成された原価計算表を番号別につづりあわせて仕掛品勘定の内訳明細を示した補助簿を￣エ￣という。

語群 1. 間 接 経 費　2. 総 勘 定 元 帳　3. 前 受 高　4. 未 払 高
　　　5. 直 接 経 費　6. 月 割 経 費　7. 製 造 指 図 書　8. 原 価 元 帳

| (1) | | (2) | |
|---|---|---|---|
| ア | イ | ウ | エ |
| | | | |

**5**　次の各文の￣￣￣￣のなかに，下記の語群のなかから，もっとも適当なものを選び，その番号を記入しなさい。

(1)　製造中に，材料の不良や機械の故障，工具のミスなどのために合格品にならなかったものを￣ア￣という。これを補修によって合格品にできる場合は，補修のため発行された補修指図書に集計された製造原価が￣イ￣となる。

(2)　製品の製造のために消費した実際原価によって製品の製造原価を計算する実際原価計算の目的は，主として￣ウ￣の作成に必要な資料を提供することである。これに対して標準原価計算の目的は，科学的・統計的調査にもとづいてあらかじめ定めた標準原価と実際原価とを比較して差異を算定し，その原因を分析することによって￣エ￣に役立つ資料を提供することである。

語群 1. 販 売 管 理　2. 原 価 計 算 表　3. 原 価 管 理　4. 財 務 諸 表
　　　5. 仕 損 費　6. 作 業 く ず　7. 仕 入 管 理　8. 仕 損 品

| (1) | | (2) | |
|---|---|---|---|
| ア | イ | ウ | エ |
| | | | |

**6**　次の各文の￣￣￣￣のなかに，下記の語群のなかから，もっとも適当なものを選び，その番号を記入しなさい。

(1)　標準原価計算の記帳方法で，それぞれの原価要素の勘定に原価差異を記入する方法を￣ア￣という。この記帳方法では，原価要素の勘定から仕掛品勘定への振り替えは￣イ￣でおこなう。

(2)　直接原価計算では，売上高から￣ウ￣による売上原価を差し引き，変動製造マージンを計算する。次に，変動製造マージンから変動販売費を差し引いて貢献利益を求め，最後に，この貢献利益から固定製造間接費と固定販売費及び一般管理費を差し引いて￣エ￣を計算する。

語群 1. 売 上 総 利 益　2. 固 定 費　3. 実 際 原 価　4. シングルプラン
　　　5. 営 業 利 益　6. 変 動 費　7. 標 準 原 価　8. パーシャルプラン

| (1) | | (2) | |
|---|---|---|---|
| ア | イ | ウ | エ |
| | | | |

# 第4章　計算問題

解答p.126

**1** 香川製作所の下記の勘定記録と資料により，次の金額を求めなさい。ただし，会計期間は原価計算期間と一致しているものとする。なお，製造間接費配賦差異は売上原価に振り替える。

　a．材料の実際消費高　　b．間接労務費の実際発生額　　c．売上原価

| 仕　掛　品 | | | |
|---|---|---|---|
| 前期繰越 | 240,000 | 製　　品 | 10,000,000 |
| 素　　材 | （　　　） | 次期繰越 | （　　　） |
| 賃　　金 | 3,200,000 | | |
| 外注加工賃 | 100,000 | | |
| 製造間接費 | （　　　） | | |
| | （　　　） | | （　　　） |

| 製　造　間　接　費 | | | |
|---|---|---|---|
| 素　　材 | 210,000 | 仕　掛　品 | （　　　） |
| 工場消耗品 | （　　　） | 製造間接費配賦差異 | （　　　） |
| 賃　　金 | （　　　） | | |
| 給　　料 | 1,420,000 | | |
| 退職給付費用 | 405,000 | | |
| 健康保険料 | 124,000 | | |
| 水　道　料 | （　　　） | | |
| 減価償却費 | 300,000 | | |
| | （　　　） | | （　　　） |

**資　料**

　① 素　　　　材　期首棚卸高　¥680,000　　当期仕入高　¥3,400,000　　期末棚卸高　¥620,000

　② 工場消耗品　期首棚卸高　¥ 31,000　　当期仕入高　¥ 245,000　　期末棚卸高　¥ 38,000

　③ 賃　　　　金　実際平均賃率　　作業時間1時間につき¥800

　　　　　　　　　　直接作業時間4,000時間　　間接作業時間450時間

　④ 水　道　料　基本料金　¥ 12,000

　　　　　　　　　当期使用量　4,500㎥　　単価1㎥あたり¥120

　　　　　　　　　水道料の計算方法は，基本料金に当期使用料を加算して求める。

　⑤ 仕　掛　品　期首棚卸高　¥240,000　　期末棚卸高　¥309,000

　⑥ 製　　　　品　期首棚卸高　¥900,000　　期末棚卸高　¥800,000

　⑦ 製造間接費配賦額は，直接作業時間1時間につき¥900の予定配賦率を用いている。

| a | ¥ | b | ¥ | c | ¥ |
|---|---|---|---|---|---|

**2** 十勝製作所の下記の資料から，製造原価報告書および損益計算書に記載する次の金額を求めなさい。なお，材料消費価格差異は売上原価に振り替える。

(1) 当期労務費　　(2) 当期経費　　(3) 当期製品製造原価　　(4) 売上原価

**資　料**

　① 素　　　　材　当期予定消費高　¥801,000

　　　　　　　　　期首棚卸高　¥ 32,000　　当期仕入高　¥781,000　　期末棚卸高　¥ 29,000

　② 賃　　　　金　前期未払高　¥ 12,000　　当期支払高　¥574,000　　当期未払高　¥ 14,000

　③ 給　　　　料　当期消費高　¥119,000

　④ 外注加工賃　前期前払高　¥ 8,000　　当期支払高　¥ 36,000

　⑤ 減価償却費　当期消費高　¥ 24,000

　⑥ 電　力　料　当期支払高　¥ 41,000　　当期測定高　¥ 40,000

　⑦ 仕　掛　品　期首棚卸高　¥109,000　　期末棚卸高　¥131,000

　⑧ 製　　　　品　期首棚卸高　¥213,000　　期末棚卸高　¥182,000

| (1) | 当　期　労　務　費　¥ | (2) | 当　期　経　費　¥ |
|---|---|---|---|
| (3) | 当期製品製造原価　¥ | (4) | 売　上　原　価　¥ |

**3** 北上工業株式会社における下記の勘定記録・貸借対照表（一部）と資料から，製造原価報告書に記載する次の金額を求めなさい。ただし，会計期間は原価計算期間と一致しているものとする。

(1) 当期材料費　　(2) 当期労務費　　(3) 当期製品製造原価　　(4) 売上原価

| 仕　　掛　　品 | | | |
|---|---|---|---|
| 前期繰越 | 221,000 | 製　　品 | （　　　　） |
| 素　　材 | 876,000 | 次期繰越 | （　　　　） |
| 賃　　金 | （　　　　） | | |
| 外注加工賃 | 60,000 | | |
| 製造間接費 | （　　　　） | | |
| | （　　　　） | | （　　　　） |

| 製　造　間　接　費 | | | |
|---|---|---|---|
| 素　　材 | （　　　　） | 仕　掛　品 | 462,000 |
| 燃　　料 | 110,000 | | |
| 給　　料 | 123,000 | | |
| 健康保険料 | 30,000 | | |
| 電　力　料 | 136,000 | | |
| 減価償却費 | 51,000 | | |
| | （　　　　） | | （　　　　） |

**貸　借　対　照　表**（一部）
令和○年3月31日　　（単位：円）

| | |
|---|---|
| 製　　品 | 200,000 |
| 材　　料 | 326,000 |
| 仕　掛　品 | 304,000 |

資　料

① 素材　期首棚卸高　¥224,000　　当期仕入高　¥990,000　　期末棚卸高　¥326,000
② 賃金　前期未払高　¥40,000　　当期支払高　¥705,000　　当期未払高　¥30,000
③ 製品　期首棚卸高　¥470,000　　期末棚卸高　¥□□□□□

| (1) | 当　期　材　料　費　¥ | (2) | 当　期　労　務　費　¥ |
|---|---|---|---|
| (3) | 当期製品製造原価　¥ | (4) | 売　上　原　価　¥ |

**4** 徳島産業株式会社の次の資料により，製造原価報告書に記載する次の金額を求めなさい。

a．当期材料費　　b．当期労務費　　c．当期製品製造原価

資　料

① 素　　　　材　期首棚卸高　¥300,000　　当期仕入高　¥2,130,000　　期末棚卸高　¥270,000
② 工場消耗品　期首棚卸高　¥60,000　　当期仕入高　¥351,000　　期末棚卸高　¥63,000
③ 消耗工具器具備品　当期消費高　¥140,000
④ 賃　　　　金　前期未払高　¥253,000　　当期支払高　¥1,650,000　　当期未払高　¥60,000
⑤ 給　　　　料　当期消費高　¥800,000
⑥ 健康保険料　当期消費高　¥130,000
⑦ 水　道　料　基本料金　¥15,000
　　　　　　　　当期使用料　¥□□□□□（当期使用量　2,000㎥　単価1㎥あたり¥110）
⑧ 減価償却費　当期消費高　¥143,000
⑨ 仕　掛　品　期首棚卸高　¥590,000　　期末棚卸高　¥620,000

| a | ¥ | b | ¥ | c | ¥ |
|---|---|---|---|---|---|

**5**　愛媛製作所では，直接原価計算をおこない利益計画をたてている。当月における下記の資料から，次の金額または数量を求めなさい。

　a．損益分岐点の売上高　　　b．目標営業利益¥1,440,000を達成するための販売数量

　c．販売単価を20%引き下げた場合の損益分岐点販売数量

資　料

　① 販　売　単　価　　　　　　　¥5,000　　　③ 販売費及び一般管理費

　② 製　造　費　用　　　　　　　　　　　　　　　　変動販売費（製品1個あたり）　¥400

　　　変動製造費（製品1個あたり）¥1,600　　　　　固定販売費及び一般管理費 ¥760,000

　　　固定製造間接費　　　　¥1,100,000

| a | ¥ | b | | 個 | c | | 個 |
|---|---|---|---|---|---|---|---|

**6**　次の文の　　　　　のなかに，適当な金額または数量を記入しなさい。

　高知工業株式会社はX製品を製造し，1個あたり¥2,800で販売している。短期利益計画のために，総原価を変動費と固定費に分け，直接原価計算による損益計算書を作成したところ，X製品を3,000個販売した場合の変動費は¥6,510,000　固定費は¥1,260,000　営業利益は¥ a であった。この損益計算書をもとに計算した損益分岐点の売上高は¥ b であり，目標営業利益¥756,000を達成するための販売数量は c 個であった。

| a | ¥ | b | ¥ | c | | 個 |
|---|---|---|---|---|---|---|

**7**　直接原価計算を採用している利根製作所の下記の資料によって，次の金額を求めなさい。

　(1) 当月売上高　　(2) 貢　献　利　益　　(3) 損益分岐点の売上高

　(4) 目標営業利益¥150,000を達成するために必要な売上高

資　料

　① 当 月 完 成 品 数 量　　　1,800個

　② 製　造　費　用　　変動費（完成品1個あたり）¥　370

　　　　　　　　　　　　固定製造間接費（1か月）　¥120,000

　③ 当 月 製 品 販 売 数 量　　1,600個

　④ 月 末 製 品 棚 卸 数 量　　　200個

　⑤ 変動販売費（1個あたり）　　¥　50

　⑥ 固定販売費及び一般管理費（1か月）　¥90,000

　⑦ 販売価格（1個あたり）　　¥　600

| (1) | 当月売上高　¥ | (2) | 貢　献　利　益　¥ |
|---|---|---|---|
| (3) | 損　益　分　岐　点　の　売　上　高　　　　　　　　　¥ | | |
| (4) | 目標営業利益¥150,000を達成するために必要な売上高　¥ | | |

**8** 荒川工業株式会社は，標準原価計算を採用し，製品Kを生産している。下記の資料によって，次の金額を求めなさい。なお，解答欄の（　　）内には有利差異のときは（有利）と記入し，不利差異のときは（不利）と記入しなさい。

(1) 材料消費価格差異　　(2) 材料消費数量差異　　(3) 賃率差異　　(4) 作業時間差異

資　料

i　標準原価カード

| 標準原価カード（製品1単位あたり） | | | |
|---|---|---|---|
| 直接材料費 | 5kg | @¥ 500 | ¥ 2,500 |
| 直接労務費 | 10時間 | @¥ 800 | ¥ 8,000 |
| 製造間接費 | 10時間 | @¥ 600 | ¥ 6,000 |
| | | | ¥ 16,500 |

ii　生産に関するデータ

| | |
|---|---|
| 月初仕掛品数量 | 200個（加工進捗度50%） |
| 当 月 投 入 | 1,500個 |
| 合　　計 | 1,700個 |
| 月末仕掛品数量 | 300個（加工進捗度40%） |
| 完 成 品 数 量 | 1,400個 |

（注）直接材料は製造着手のときにすべて投入されたものとする。

iii　実際原価に関するデータ
① 実際直接材料費　　実際単価　¥510　　実際消費数量　7,540kg
② 実際直接労務費　　実際賃率　¥805　　実際直接作業時間　14,100時間

| | | | | | | |
|---|---|---|---|---|---|---|
| (1) | 材料消費価格差異　¥ | （　　） | (2) | 材料消費数量差異　¥ | （　　） |
| (3) | 賃　率　差　異　¥ | （　　） | (4) | 作 業 時 間 差 異　¥ | （　　） |

**9** 相模工業株式会社は，標準原価計算を採用し，製品Sを生産している。製造間接費に関する下記の資料によって，次の金額を求めなさい。なお，解答欄の（　　）内には有利差異のときは（有利）と記入し，不利差異のときは（不利）と記入しなさい。

(1) 製造間接費差異　　(2) 予 算 差 異　　(3) 操業度差異　　(4) 能 率 差 異

資　料

i　標準原価カード（製品S　1単位（1個）あたり）
　　製造間接費標準配賦率　¥1,600　　標準直接作業時間　2時間

ii　製造間接費予算額　　¥9,600,000
　　（変動費予算額　　¥4,200,000　　固定費予算額　¥5,400,000）

iii　製造間接費実際発生額　¥9,360,000　　実際直接作業時間　5,800時間

iv　生産データ　月初仕掛品　800個（加工進捗度40%）
　　　　　　　　完 成 品　2,760個
　　　　　　　　月末仕掛品　600個（加工進捗度60%）

v　基準操業度における作業時間　6,000時間

| | | | | | | |
|---|---|---|---|---|---|---|
| (1) | 製造間接費差異　¥ | （　　） | (2) | 予 算 差 異　¥ | （　　） |
| (3) | 操 業 度 差 異　¥ | （　　） | (4) | 能 率 差 異　¥ | （　　） |

# 第5章　個別原価計算の問題
解答p.131

1　個別原価計算を採用している青森製作所の下記の取引（一部）によって，次の各問いに答えなさい。
(1)　7月31日①の仕訳を示しなさい。
(2)　賃金勘定・仕掛品勘定・製造間接費勘定に必要な記入をおこない，締め切りなさい。なお，勘定記入は日付・相手科目・金額を示すこと。
(3)　部門費振替表を直接配賦法によって完成しなさい。
(4)　A製品（製造指図書＃1）の原価計算表を完成しなさい。
　　ただし，ⅰ　前月繰越高は，次のとおりである。
　　　　　　　素　　材　　　500個　@¥840　¥　420,000
　　　　　　　工場消耗品　　210〃　〃〃260　¥　54,600
　　　　　　　賃　　金（未払高）　　　　　　¥　116,000
　　　　　　　仕　掛　品（製造指図書＃1）　¥1,943,500（原価計算表に記入済み）
　　　　ⅱ　素材の消費高の計算は移動平均法により，工場消耗品の消費数量の計算は棚卸計算法によっている。
　　　　ⅲ　賃金の消費高の計算には，作業時間1時間につき¥800の予定賃率を用いている。
　　　　ⅳ　製造間接費は部門別計算をおこない，直接作業時間を基準として予定配賦している。

|  | 第　1　製　造　部　門 | 第　2　製　造　部　門 |
|---|---|---|
| 年間製造間接費予定額 | ¥4,968,000 | ¥2,400,000 |
| 年間予定直接作業時間 | 21,600時間 | 12,000時間 |

取　引
　7月5日　素材および工場消耗品を次のとおり買い入れ，代金は掛けとした。
　　　　　　素　　材　　　2,000個　@¥800　¥1,600,000
　　　　　　工場消耗品　　640〃　〃〃260　¥　166,400
　　12日　素材を次のとおり消費した。　製造指図書＃2　2,300個　　機械修理用　50個
　　20日　電力料¥212,000を小切手を振り出して支払った。
　　25日　賃金を小切手を振り出して支払った。
　　　　　　賃金総額　¥2,275,000
　　　　　　うち，控除額　所得税¥218,000　健康保険料¥124,000
　　31日　①　工場消耗品の月末棚卸数量は150個であった。よって消費高を計上した。（間接材料）
　　　　　②　当月の賃金予定消費高を次の作業時間によって計上した。（消費賃金勘定は設けていない）　製造指図書＃1　980時間　製造指図書＃2　1,860時間
　　　　　③　健康保険料の事業主負担分¥124,000を計上した。
　　　　　④　当月の製造経費消費高を計上した。　電力料　¥213,600　　減価償却費　¥64,000
　　　　　⑤　製造部門費を次のように予定配賦した。

|  |  | 第　1　製造部門 | 第　2　製造部門 |
|---|---|---|---|
| 直接作業時間 | 製造指図書＃1 | 550時間 | 430時間 |
|  | 製造指図書＃2 | 1,200時間 | 660時間 |

　　　　　⑥　製造間接費を次のように各部門に配分した。（製造間接費勘定を設けている）

|  | 金　　額 | 第1部門 | 第2部門 | 動力部門 | 工場事務部門 |
|---|---|---|---|---|---|
| 部門費合計 | 624,000 | 337,500 | 174,000 | 85,500 | 27,000 |

　　　　　⑦　補助部門費を次の配賦基準によって各製造部門に配賦した。

|  | 配　賦　基　準 | 第　1　製造部門 | 第　2　製造部門 |
|---|---|---|---|
| 動　力　部　門　費 | kW数×運転時間数 | 18kW×400時間 | 14kW×300時間 |
| 工場事務部門費 | 従　業　員　数 | 11人 | 7人 |

　　　　　⑧　A製品（製造指図書＃1）1,200個が完成した。
　　　　　⑨　当月の賃金未払高は¥118,000であったので，消費高を計上した。よって，予定消費高と実際消費高との差額を，賃率差異勘定に振り替えた。
　　　　　⑩　第1製造部門と第2製造部門の配賦差異を，製造部門費配賦差異勘定に振り替えた。

(1)

|  | 借　　　　方 | 貸　　　　方 |
|---|---|---|
| 7 月31日① |  |  |

(2)

賃　　　　金

|  |  |
|---|---|
|  | 7/1　前月繰越　*116,000* |

仕　　掛　　品

|  |  |
|---|---|
| 7/1　前月繰越　*1,943,500* |  |

製　造　間　接　費

(3)

部　門　費　振　替　表

直接配賦法　　　　　　　　　令和○年7月分

| 部　門　費 | 配賦基準 | 金　　額 | 製 造 部 門 | | 補 助 部 門 | |
|---|---|---|---|---|---|---|
|  |  |  | 第1部門 | 第2部門 | 動力部門 | 工場事務部門 |
| 部 門 費 合 計 |  | *624,000* | *337,500* | *174,000* | *85,500* | *27,000* |
| 動 力 部 門 費 | ｋW数×運転時間数 |  |  |  |  |  |
| 工場事務部門費 | 従 業 員 数 |  |  |  |  |  |
| 配 賦 額 合 計 |  |  |  |  |  |  |
| 製造部門費合計 |  |  |  |  |  |  |

(4)　製造指図書＃1

原　価　計　算　表

| 直接材料費 | 直接労務費 | 製 造 間 接 費 | | | | 集　　　計 | |
|---|---|---|---|---|---|---|---|
|  |  | 部　門 | 時　間 | 配賦率 | 金　額 | 摘　要 | 金　額 |
| *1,485,500* | *320,000* | 第1 | *600* | *.230* | *138,000* | 直接材料費 |  |
|  |  |  |  |  |  | 直接労務費 |  |
|  |  |  |  |  |  | 製造間接費 |  |
|  |  |  |  |  |  | 製造原価 |  |
|  |  |  |  |  |  | 完成品数量 | *1,200*個 |
|  |  |  |  |  |  | 製品単価 | ¥ |

2 個別原価計算を採用している岩手製作所の下記の資料によって,

(1) 9月10日の取引の仕訳を示しなさい。

(2) 素材勘定・製造間接費勘定・製造部門費配賦差異勘定に必要な記入をおこない,締め切りなさい。なお。勘定記入は日付・相手科目・金額を示すこと。

(3) 部門費振替表を相互配賦法によって完成しなさい。

(4) A製品(製造指図書#1)の原価計算表を完成しなさい。

ただし, i 前月繰越高は,次のとおりである。

素　　　　材　　250個　@¥850　　¥212,500
賃　　　金(未払高)　　　　　　¥116,000
仕　掛　品(製造指図書#1)　　¥658,900(原価計算表に記入済み)

ii 素材の消費高の計算は移動平均法により,工場消耗品の消費数量の計算は棚卸計算法によっている。

iii 賃金の消費高の計算には,作業時間1時間につき¥900の予定賃率を用いている。

iv 製造間接費は部門別計算をおこない,直接作業時間を基準として予定配賦している。

| | 第 1 製 造 部 門 | 第 2 製 造 部 門 |
|---|---|---|
| 年間製造間接費予定額 | ¥4,400,000 | ¥2,970,000 |
| 年間予定直接作業時間 | 11,000時間 | 9,000時間 |

取　引

9月4日 素材を次のとおり買い入れ,代金は掛けとした。

素　　　　材　　1,000個　@¥1,100　　¥1,100,000

10日 素材を次のとおり消費した。　製造指図書#1　580個　製造指図書#2　360個

19日 製造経費を次のとおり小切手を振り出して支払った。

電力料　¥212,000　雑　費　¥19,000

25日 賃金を次のとおり小切手を振り出して支払った。

賃金総額　¥1,450,000(うち,控除額　所得税　¥108,000　健康保険料　¥86,000)

30日 ① 消耗工具器具備品の当月消費高¥120,000を計上した。(間接材料)

② 当月の賃金予定消費高を次の作業時間によって計上した。(消費賃金勘定を設けている)

製造指図書#1　1,050時間　製造指図書#2　650時間　間接作業　100時間

③ 健康保険料の事業主負担分¥86,000を計上した。

④ 当月の製造経費消費高を計上した。

電　力　料　¥221,000　　減価償却費　¥100,000　　雑　　費　¥13,000

⑤ 製造部門費を次のように予定配賦した。

| | | 第 1 製 造 部 門 | 第 2 製 造 部 門 |
|---|---|---|---|
| 直接作業時間 | 製造指図書#1 | 580時間 | 470時間 |
| | 製造指図書#2 | 350時間 | 300時間 |

⑥ 製造間接費を次のように各部門に配分した。(製造間接費勘定を設けている)

第 1 製造部門　¥322,000　　第 2 製造部門　¥226,600
動　力　部　門　　45,000　　修　繕　部　門　　36,400

⑦ 補助部門費を次の配賦基準によって各製造部門に配賦した。

| | 配 賦 基 準 | 第1製造部門 | 第2製造部門 | 動 力 部 門 | 修 繕 部 門 |
|---|---|---|---|---|---|
| 動力部門費 | kW数×運転時間数 | 20kW×350時間 | 15kW×400時間 | ——— | 10kW×200時間 |
| 修繕部門費 | 修 繕 回 数 | 8回 | 4回 | 2回 | ——— |

⑧ A製品(製造指図書#1)500個が完成した。

⑨ 当月の賃金実際消費高を計上した。なお,当月の作業時間は1,800時間であり,実際平均賃率は作業時間1時間につき¥905であった。

⑩ 賃金の予定消費高と実際消費高との差額を,賃率差異勘定に振り替えた。

⑪ 第1製造部門費および第2製造部門費の配賦差異を,製造部門費配賦差異勘定に振り替えた。

(1)

| | 借　　　　方 | 貸　　　　方 |
|---|---|---|
| 9月10日 | | |

(2)

素　　　　材

9/1　前 月 繰 越　　*212,500*

製 造 間 接 費

製 造 部 門 費 配 賦 差 異

9/1　前 月 繰 越　　*2,300*

(3)

部 門 費 振 替 表

相互配賦法　　　　　　　　　　　　令和○年9月分

| 部　門　費 | 配 賦 基 準 | 金　　額 | 製 造 部 門 | | 補 助 部 門 | |
|---|---|---|---|---|---|---|
| | | | 第1部門 | 第2部門 | 動力部門 | 修繕部門 |
| 部門費合計 | | *630,000* | *322,000* | *226,600* | *45,000* | *36,400* |
| 動力部門費 | ｋＷ数×運転時間数 | | | | | |
| 修繕部門費 | 修繕回数 | | | | | |
| 第1次配賦額 | | | | | | |
| 動力部門費 | ｋＷ数×運転時間数 | | | | | |
| 修繕部門費 | 修繕回数 | | | | | |
| 第2次配賦額 | | | | | | |
| 製造部門費合計 | | | | | | |

(4)　製造指図書＃1

原 価 計 算 表

| 直接材料費 | 直接労務費 | 製 造 間 接 費 | | | | 集　　　計 | |
|---|---|---|---|---|---|---|---|
| | | 部　門 | 時　間 | 配賦率 | 金　額 | 摘　要 | 金　　額 |
| *326,900* | *268,000* | 第1 | *160* | *400* | *64,000* | 直接材料費 | |
| | | | | | | 直接労務費 | |
| | | | | | | 製造間接費 | |
| | | | | | | 製 造 原 価 | |
| | | | | | | 完成品数量 | 500個 |
| | | | | | | 製 品 単 価 | ￥ |

**3** 個別原価計算を採用している福岡製作所の下記の資料によって，次の各問いに答えなさい。

(1) 1月31日①と⑦の取引の仕訳を示しなさい。

(2) 消費賃金・製造間接費勘定・第1製造部門費勘定に必要な記入をおこない，締め切りなさい。なお，勘定記入は日付・相手科目・金額を示すこと。

(3) A製品（製造指図書♯1）とB製品（製造指図書♯2）の原価計算表を作成しなさい。

ただし，ⅰ 前月繰越高は，次のとおりである。

素　　材　600個　@¥820　　¥492,000
工場消耗品　450〃　〃〃80　　¥ 36,000
仕　掛　品（製造指図書♯1）　¥2,727,000（原価計算表に記入済）

ⅱ 素材の消費高の計算は移動平均法，工場消耗品の消費数量の計算は棚卸計算法によっている。

ⅲ 賃金の消費高は，作業時間1時間につき¥1,180の予定賃率を用いている。

ⅳ 製造間接費は部門別計算をおこない，直接作業時間を配賦基準として予定配賦している。

|  | 第 1 製造部門 | 第 2 製造部門 |
|---|---|---|
| 年間製造間接費予定額（予算額） | ¥5,200,000 | ¥4,332,000 |
| 年間予定直接作業時間（基準操業度） | 10,000時間 | 11,400時間 |

取　引

1月7日　素材および工場消耗品を次のとおり買い入れ，代金は現金で支払った。

素　　材　1,200個　@¥805　　¥966,000
工場消耗品　2,000〃　〃〃80　　¥160,000

12日　B製品（製造指図書♯2）の注文を受け，素材1,500個を消費して製造を開始した。

23日　賃金を次のとおり小切手を振り出して支払った。

賃金総額　¥2,925,000
うち，控除額　所得税　¥234,000　　健康保険料　¥117,000

31日　① 工場消耗品の月末棚卸数量は350個であった。よって，消費高を計上した。（間接材料）

② 当月の賃金予定消費高を次の作業時間によって計上した。

製造指図書♯1　1,200時間　製造指図書♯2　1,050時間　間接作業　200時間

③ 健康保険料の事業主負担分¥117,000を計上した。

④ 当月の製造経費消費高を計上した。

電　力　料　¥194,000　　保　険　料　¥58,000
減価償却費　247,000　　雑　　費　　12,000

⑤ 当月の直接作業時間は次のとおりであった。よって，製造部門費を予定配賦した。

|  |  | 第 1 製造部門 | 第 2 製造部門 |
|---|---|---|---|
| 直接作業時間 | 製造指図書♯1 | 400時間 | 800時間 |
|  | 製造指図書♯2 | 850時間 | 200時間 |

⑥ 製造間接費を次のように各部門に配分した。

第1製造部門　¥467,000　　第2製造部門　¥294,000
動　力　部　門　175,000　　修　繕　部　門　　96,000

⑦ 補助部門費を次の配賦基準によって，直接配賦法で各製造部門に配賦した。

|  | 配賦基準 | 第 1 製造部門 | 第 2 製造部門 |
|---|---|---|---|
| 動力部門費 | kW数×運転時間数 | 30kW×800時間 | 20kW×550時間 |
| 修繕部門費 | 修繕回数 | 6回 | 2回 |

⑧ A製品（製造指図書♯1）50個が完成した。

⑨ 当月の賃金実際消費高¥2,940,000を計上した。

⑩ 賃金の予定消費高と実際消費高との差額を，賃率差異勘定に振り替えた。

⑪ 第1製造部門費と第2製造部門費の配賦差異を，製造部門費配賦差異勘定に振り替えた。

(1)

|  | 借　　　方 | 貸　　　方 |
|---|---|---|
| 1月31日① |  |  |
| 31日⑦ |  |  |

(2)

消　費　賃　金

製　造　間　接　費

第　1　製　造　部　門　費

(3)

製造指図書＃1　　　　　　　原　価　計　算　表

| 直接材料費 | 直接労務費 | 製　造　間　接　費 | | | | 集　　　計 | |
|---|---|---|---|---|---|---|---|
|  |  | 部　門 | 時　間 | 配賦率 | 金　額 | 摘　要 | 金　額 |
| 2,132,000 | 413,000 | 第1 | 350 | 520 | 182,000 | 直接材料費 |  |
|  |  | 第1 |  |  |  | 直接労務費 |  |
|  |  | 第2 |  |  |  | 製造間接費 |  |
|  |  |  |  |  |  | 製 造 原 価 |  |
|  |  |  |  |  |  | 完成品数量 | 個 |
|  |  |  |  |  |  | 製 品 単 価 | ¥ |

製造指図書＃2　　　　　　　原　価　計　算　表

| 直接材料費 | 直接労務費 | 製　造　間　接　費 | | | | 集　　　計 | |
|---|---|---|---|---|---|---|---|
|  |  | 部　門 | 時　間 | 配賦率 | 金　額 | 摘　要 | 金　額 |
|  |  |  |  |  |  | 直接材料費 |  |
|  |  |  |  |  |  | 直接労務費 |  |

4 個別原価計算を採用している静岡製作所の下記の資料によって，次の各問いに答えなさい。
 ⑴ 6月30日①の取引の仕訳を示しなさい。
 ⑵ 消費賃金勘定・製造間接費勘定・第2製造部門費勘定に必要な記入をおこない，締め切りなさい。なお，勘定記入は日付・相手科目・金額を示すこと。
 ⑶ A製品（製造指図書♯1）とB製品（製造指図書♯2）の原価計算表を作成しなさい。
　ただし， i 前月繰越高は，次のとおりである。
　　　　素　　材　100個　@¥2,660　　¥266,000
　　　　仕 掛 品（製造指図書♯1）　¥1,938,000（原価計算表に記入済）
　　ⅱ 素材の消費高の計算は先入先出法によっている。
　　ⅲ 賃金の消費高は，作業時間1時間につき¥1,260の予定賃率を用いている。
　　ⅳ 製造間接費は部門別計算をおこない，直接作業時間を配賦基準として予定配賦している。

|  | 第 1 製造部門 | 第 2 製造部門 |
|---|---|---|
| 年間製造間接費予定額（予算額） | ¥4,500,000 | ¥4,320,000 |
| 年間予定直接作業時間（基準操業度） | 10,000時間 | 12,000時間 |

取　引
　6月8日　素材を次のとおり買い入れ，代金は現金で支払った。
　　　　素　　材　800個　@¥2,650　　¥2,120,000
　　12日　B製品（製造指図書♯2）の注文を受け，素材600個を消費して製造を開始した。
　　25日　賃金を次のとおり小切手を振り出して支払った。
　　　　賃金総額　¥2,893,000
　　　　うち，控除額　所得税　¥231,000　　健康保険料　¥97,000
　　28日　A製品（製造指図書♯1）50個が完成した。なお，A製品の賃金予定消費高と製造部門予定配賦高を，次の作業時間によって計算し，原価計算表に記入した。ただし，賃金予定消費高と製造部門予定配賦高を計上する仕訳は，月末におこなっている。
　　　　製造指図書♯1　1,200時間（第1製造部門　400時間　第2製造部門　800時間）
　　30日　① 消耗工具器具備品の当月消費高¥196,000を計上した。（間接材料）
　　　　② 当月の作業時間は，次のとおりであった。よって，賃金予定消費高を計上した。

|  | 合計 | 第 1 製造部門 | 第 2 製造部門 |
|---|---|---|---|
| 直接作業時間 製造指図書♯1 | 1,200時間 | 400時間 | 800時間 |
| 製造指図書♯2 | 900時間 | 700時間 | 200時間 |
| 間接作業時間 | 150時間 | | |

　　　　③ 上記②の直接作業時間によって，製造部門費を予定配賦した。
　　　　④ 健康保険料の事業主負担分¥97,000を計上した。
　　　　⑤ 当月の製造経費消費高を計上した。
　　　　　電 力 料　¥130,000　　保 険 料　¥44,000　　減価償却費　¥200,000
　　　　⑥ 製造間接費を次のように各部門に配分した。
　　　　　第1製造部門　¥403,000　　第2製造部門　¥293,000
　　　　　動 力 部 門　90,000　　修 繕 部 門　70,000
　　　　⑦ 補助部門費を次の配賦基準によって，直接配賦法で各製造部門に配賦した。

|  | 配賦基準 | 第 1 製造部門 | 第 2 製造部門 |
|---|---|---|---|
| 動力部門費 | kW数×運転時間数 | 20kW×300時間 | 10kW×300時間 |
| 修繕部門費 | 修繕回数 | 2回 | 2回 |

　　　　⑧ 当月の賃金実際消費高を計上した。これにより，当月の実際平均賃率は作業時間1時間につき¥1,280となった。
　　　　⑨ 予定賃率による消費高と実際平均賃率による消費高との差額を，賃率差異勘定に振り替えた。
　　　　⑩ 第1製造部門費の配賦差異を，製造部門費配賦差異勘定に振り替えた。
　　　　⑪ 第2製造部門費の配賦差異を，製造部門費配賦差異勘定に振り替えた。

(1)

|  | 借　　　　方 | 貸　　　　方 |
|---|---|---|
| 6 月30日① |  |  |

(2)

消　費　賃　金

製　造　間　接　費

第 2 製 造 部 門 費

(3)

製造指図書＃1

原　価　計　算　表

| 直接材料費 | 直接労務費 | 製　造　間　接　費 ||||| 集　　計 ||
|---|---|---|---|---|---|---|---|---|
|  |  | 部　門 | 時　間 | 配賦率 | 金　額 |  | 摘　要 | 金　　額 |
| 1,596,000 | 252,000 | 第 1 | 200 | 450 | 90,000 |  | 直接材料費 |  |
|  |  | 第 1 |  |  |  |  | 直接労務費 |  |
|  |  | 第 2 |  |  |  |  | 製造間接費 |  |
|  |  |  |  |  |  |  | 製 造 原 価 |  |
|  |  |  |  |  |  |  | 完成品数量 | 個 |
|  |  |  |  |  |  |  | 製 品 単 価 | ¥ |

製造指図書＃2

原　価　計　算　表

| 直接材料費 | 直接労務費 | 製　造　間　接　費 ||||| 集　　計 ||
|---|---|---|---|---|---|---|---|---|
|  |  | 部　門 | 時　間 | 配賦率 | 金　額 |  | 摘　要 | 金　　額 |
|  |  |  |  |  |  |  | 直接材料費 |  |
|  |  |  |  |  |  |  | 直接労務費 |  |

●執筆
　検定簿記問題研究会

簿記実務検定対策問題集

# 合格ガイド

## 1級原価計算

## 11訂版 解答編

とうほう

# Ⅰ 原価と原価計算

## 第1章　工業簿記と原価計算

■基本問題（p.5）

**1**

| (1) | (2) | (3) | (4) | (5) | (6) | (7) | (8) |
|---|---|---|---|---|---|---|---|
| ① | ① | ② | ② | ② | ① | ② | ③ |

**2**

| (1) | (2) | (3) | (4) | (5) | (6) |
|---|---|---|---|---|---|
| × | ○ | × | ○ | × | ○ |

**3**

| (1) | (2) | (3) | (4) | (5) | (6) | (7) |
|---|---|---|---|---|---|---|
| ○ | × | ○ | × | ○ | × | ○ |

**4**

| (1) | | | | (2) | |
|---|---|---|---|---|---|
| ア | イ | ウ | エ | オ | カ |
| 3 | 8 | 7 | 2 | 1 | 5 |

■応用問題（p.6）

**1**

| (1) | | | | | | (2) | |
|---|---|---|---|---|---|---|---|
| ア | イ | ウ | エ | オ | カ | キ | ク |
| 3 | 2 | 6 | 8 | 7 | 1 | 2 | 3 |

| (2) | | | (3) | | | | |
|---|---|---|---|---|---|---|---|
| ケ | コ | サ | シ | ス | セ | ソ | タ |
| 5 | 7 | 8 | 5 | 3 | 4 | 7 | 1 |

(注) ク，ケ，コおよびソ，タは順不同

**2**　●商品売買業の経営活動

● 製造業の経営活動

■検定問題 (p.7)

**1**

| ア | イ |
|---|---|
| 1 | 4 |

## 第2章 原価と原価計算

■基本問題 (p.10)

**1**

| ア | イ | ウ | エ | オ | カ | キ |
|---|---|---|---|---|---|---|
| 直接材料費 | 直接経費 | 製造間接費 | 製造直接費 | 製造原価 | 総原価 | 販売価格 |

(注) ア，イは順不同

**2**

| ア | イ | ウ | エ | オ |
|---|---|---|---|---|
| 固定費 | 変動費 | 準固定費 | 準変動費 | 減価償却費(定額法) |
| カ | キ | ク | | |
| 直接材料費 | 監督者の給料 | 電力料 | | |

(注) オ〜クには別解あり

**3**

| | (1) | | | | (2) | | | (3) | (4) |
|---|---|---|---|---|---|---|---|---|---|
| ア | イ | ウ | エ | オ | カ | キ | ク | ケ | コ |
| 6 | 13 | 5 | 14 | 3 | 12 | 4 | 1 | 10 | 8 |

(注) ア，イ，ウおよびエ，オは順不同

**4**

| | | | | (販売費及び一般管理費) | |
|---|---|---|---|---|---|
| | | | | ¥35,000 | |
| 直接材料費 | ¥70,000 | 製造直接費 | | | 総原価 |
| 直接労務費 | (¥72,000) | ¥148,000 | | | (¥263,000) |
| (直接経費) | ¥6,000 | | (製造原価) | | |
| 間接材料費 | ¥15,000 | | (¥228,000) | | |
| 間接労務費 | ¥25,000 | (製造間接費) | | | |
| (間接経費) | ¥40,000 | (¥80,000) | | | |

| (1) | ¥12,000 | (2) | ¥6,000 | (3) | ¥18,000 | (4) | ¥19,500 |
|---|---|---|---|---|---|---|---|

**解説**

(1) ¥4,000 + ¥5,000 + ¥3,000 = ¥12,000     (3) ¥12,000 + ¥6,000 = ¥18,000

(2) ¥3,000 + ¥2,000 + ¥1,000 = ¥6,000     (4) ¥18,000 + ¥1,500 = ¥19,500

6

| (1) | | | | (2) | | | | (3) | (4) |
|---|---|---|---|---|---|---|---|---|---|
| ア | イ | ウ | エ | オ | カ | キ | ク | ケ | コ |
| 7 | 1 | 9 | 4 | 10 | 12 | 3 | 5 | 13 | 11 |

（注）ウ，エは順不同

7

| 製造原価になるもの | 1 , 2 , 4 , 10 |
|---|---|

■応用問題（p.12）

1

| 製造直接費 ¥170,000 | 製造間接費 ¥30,000 | 製造原価 ¥200,000 |
|---|---|---|
| 製品単価 ¥5,000 | 総原価 ¥240,000 | 販売価格 ¥300,000 |

**解説**

製造直接費 ¥104,000 + ¥61,000 + ¥5,000 = ¥170,000     製品単価 ¥200,000 ÷ 40個 = ¥5,000

製造間接費 ¥13,000 + ¥9,000 + ¥8,000 = ¥30,000     総原価 ¥200,000 + ¥40,000 = ¥240,000

製造原価 ¥170,000 + ¥30,000 = ¥200,000     販売価格 ¥240,000 + ¥60,000 = ¥300,000

2

| (1) | | | | (2) | | | |
|---|---|---|---|---|---|---|---|
| ア | イ | ウ | エ | オ | カ | キ | ク |
| 2 | 5 | 7 | 4 | 1 | 5 | 8 | 3 |

| (3) | | | | | | |
|---|---|---|---|---|---|---|
| ケ | コ | サ | シ | ス | セ | ソ |
| 6 | 3 | 5 | 12 | 4 | 9 | 4 |

■検定問題（p.14）

1

| (1) | | (2) | |
|---|---|---|---|
| ア | イ | ウ | エ |
| 製造原価 | 原価計算期間 | ○ | 標準原価計算 |
| (3) | | (4) | |
| オ | カ | キ | ク |
| ○ | 配賦 | 個別原価計算 | ○ |

**2**

| | (1) | | (2) |
|---|---|---|---|
| ア | イ | ウ | エ |
| 1 | 8 | 2 | 6 |

**3**

| | (1) | | (2) |
|---|---|---|---|
| ア | イ | ウ | エ |
| 2 | 5 | 1 | 8 |

**4**

| ア | イ |
|---|---|
| 4 | 2 |

**5**

| | (1) | | (2) |
|---|---|---|---|
| ア | イ | ウ | エ |
| 4 | 6 | 8 | 1 |

## 第3章　製造業における簿記の特色としくみ

■基本問題（p.17）

**1**

| | 借　　　方 | | 貸　　　方 | |
|---|---|---|---|---|
| (1) | 材　　　　　料 | 100,000 | 買　　掛　　金 | 100,000 |
| (2) | 労　　務　　費 | 50,000 | 当　座　預　金 | 50,000 |
| (3) | 経　　　　　費 | 40,000 | 現　　　　　金 | 40,000 |

**2**

| | 借　　　方 | | 貸　　　方 | |
|---|---|---|---|---|
| (1) | 仕　　掛　　品<br>製　造　間　接　費 | 80,000<br>15,000 | 材　　　　　料 | 95,000 |
| (2) | 仕　　掛　　品<br>製　造　間　接　費 | 40,000<br>5,000 | 労　　務　　費 | 45,000 |
| (3) | 仕　　掛　　品<br>製　造　間　接　費 | 6,000<br>30,000 | 経　　　　　費 | 36,000 |
| (4) | 仕　　掛　　品 | 50,000 | 製　造　間　接　費 | 50,000 |
| (5) | 製　　　　　品 | 150,000 | 仕　　掛　　品 | 150,000 |

**3**

| | 借　　　方 | | 貸　　　方 | |
|---|---|---|---|---|
| (1) | 売　掛　金 | 200,000 | 売　　　上 | 200,000 |
| (2) | 売　上　原　価 | 120,000 | 製　　　品 | 120,000 |

**4**

```
                材        料
前 月 繰 越    30,000 │ 諸    口    420,000
買 掛 金      450,000 │ 次 月 繰 越   60,000
             ────────      ────────
             480,000      480,000
             ════════      ════════
```

 諸口を分解して，仕掛品380,000，製造間接費40,000
としてもよい。しかし，解答欄の行数から諸口を用いる
ことがわかる。

**5**

| | 借　　　　方 | | 貸　　　　方 | |
|---|---|---|---|---|
| (1) | 仕　掛　品 | 400,000 | 材　　　料 | 470,000 |
| | 製　造　間　接　費 | 70,000 | | |
| (2) | 仕　掛　品 | 180,000 | 労　　務　　費 | 230,000 |
| | 製　造　間　接　費 | 30,000 | | |
| | 販売費及び一般管理費 | 20,000 | | |
| (3) | 仕　掛　品 | 50,000 | 経　　　　費 | 140,000 |
| | 製　造　間　接　費 | 60,000 | | |
| | 販売費及び一般管理費 | 30,000 | | |
| (4) | 仕　掛　品 | 160,000 | 製　造　間　接　費 | 160,000 |
| (5) | 製　　　品 | 790,000 | 仕　掛　品 | 790,000 |
| (6) | 売　掛　金 | 1,000,000 | 売　　　上 | 1,000,000 |
| (7) | 売　上　原　価 | 790,000 | 製　　　品 | 790,000 |
| (8) | 損　　　益 | 790,000 | 売　上　原　価 | 790,000 |
| (9) | 損　　　益 | 50,000 | 販売費及び一般管理費 | 50,000 |
| (10) | 売　　　上 | 1,000,000 | 損　　　益 | 1,000,000 |

**6**

| | | | | 営　業　利　益<br>（¥160,000） | |
|---|---|---|---|---|---|
| | | | 販売費及び一般管理費<br>（¥ 50,000） | | |
| | | 製　造　間　接　費<br>（¥160,000） | | | 販　売　価　格<br>¥1,000,000 |
| 直　接　材　料　費<br>（¥400,000） | | | 製　造　原　価<br>（¥790,000） | 総　原　価<br>（¥840,000） | |
| 直　接　労　務　費<br>（¥180,000） | 製　造　直　接　費<br>（¥630,000） | | | | |
| 直　接　経　費<br>（¥ 50,000） | | | | | |

解説

＊　この問題では，投入した材料費・労務費・経費はすべて製品となり，すべて販売したと仮定している。

**1**

| | 借　　　　方 | | 貸　　　　方 | |
|---|---|---|---|---|
| (1) | 材　　　　料 | 800,000 | 支　払　手　形 | 800,000 |
| (2) | 仕　掛　品 | 620,000 | 材　　　　料 | 700,000 |
| | 製　造　間　接　費 | 80,000 | | |
| (3) | 労　　務　　費 | 440,000 | 当　座　預　金 | 440,000 |
| (4) | 仕　掛　品 | 260,000 | 労　　務　　費 | 460,000 |
| | 製　造　間　接　費 | 150,000 | | |
| | 販売費及び一般管理費 | 50,000 | | |
| (5) | 経　　　　費 | 180,000 | 当　座　預　金 | 180,000 |
| (6) | 製　造　間　接　費 | 130,000 | 経　　　　費 | 170,000 |
| | 販売費及び一般管理費 | 40,000 | | |
| (7) | 仕　掛　品 | 360,000 | 製　造　間　接　費 | 360,000 |
| (8) | 製　　　　品 | 1,100,000 | 仕　掛　品 | 1,100,000 |
| (9) | 売　掛　金 | 1,170,000 | 売　　　　上 | 1,170,000 |
| (10) | 売　上　原　価 | 800,000 | 製　　　　品 | 800,000 |
| (11) | 売　　　　上 | 1,170,000 | 損　　　　益 | 1,170,000 |
| (12) | 損　　　　益 | 890,000 | 売　上　原　価 | 800,000 |
| | | | 販売費及び一般管理費 | 90,000 |

材　　　料

| 前月繰越 | 40,000 | (2)諸　　口 | 700,000 |
|---|---|---|---|
| (1)支払手形 | 800,000 | 次月繰越 | 140,000 |
| | 840,000 | | 840,000 |

労　　務　　費

| (3)当座預金 | 440,000 | 前月繰越 | 50,000 |
|---|---|---|---|
| 次月繰越 | 70,000 | (4)諸　　口 | 460,000 |
| | 510,000 | | 510,000 |

経　　　費

| 前月繰越 | 20,000 | (6)諸　　口 | 170,000 |
|---|---|---|---|
| (5)当座預金 | 180,000 | 次月繰越 | 30,000 |
| | 200,000 | | 200,000 |

仕　　掛　　品

| 前月繰越 | 80,000 | (8)製　　品 | 1,100,000 |
|---|---|---|---|
| (2)材　　料 | 620,000 | 次月繰越 | 220,000 |
| (4)労　務　費 | 260,000 | | |
| (7)製造間接費 | 360,000 | | |
| | 1,320,000 | | 1,320,000 |

製　造　間　接　費

| (2)材　　料 | 80,000 | (7)仕　掛　品 | 360,000 |
|---|---|---|---|
| (4)労　務　費 | 150,000 | | |
| (6)経　　費 | 130,000 | | |
| | 360,000 | | 360,000 |

製　　　品

| 前月繰越 | 130,000 | (10)売上原価 | 800,000 |
|---|---|---|---|
| (8)仕　掛　品 | 1,100,000 | 次月繰越 | 430,000 |
| | 1,230,000 | | 1,230,000 |

売　上　原　価

| (10)製　　品 | 800,000 | (12)損　　益 | 800,000 |
|---|---|---|---|

販売費及び一般管理費

| (4)労　務　費 | 50,000 | (12)損　　益 | 90,000 |
|---|---|---|---|
| (6)経　　費 | 40,000 | | |
| | 90,000 | | 90,000 |

## 売上

| | | | | |
|---|---|---|---|---|
| (11)損　　益 | 1,170,000 | (9)売 掛 金 | 1,170,000 |

## 損　　益

| | | | |
|---|---|---|---|
| (12)売上原価 | 800,000 | (11)売　　上 | 1,170,000 |
| (12)販売費及び一般管理費 | 90,000 | | |

解説

(7) (2)¥80,000 +(4)¥150,000 +(6)¥130,000 = ¥360,000

**②**

## 材　　料

| | | | |
|---|---|---|---|
| 前月繰越 | 60,000 | 諸　　口 | 770,000 |
| 買　掛　金 | 780,000 | 次月繰越 | 70,000 |
| | 840,000 | | 840,000 |

## 労　務　費

| | | | |
|---|---|---|---|
| 当座預金 | 360,000 | 前月繰越 | 53,000 |
| 次月繰越 | 58,000 | 諸　　口 | 365,000 |
| | 418,000 | | 418,000 |

## 経　　費

| | | | |
|---|---|---|---|
| 前月繰越 | 15,000 | 諸　　口 | 227,000 |
| 現　　金 | 200,000 | | |
| 次月繰越 | 12,000 | | |
| | 227,000 | | 227,000 |

## 仕　掛　品

| | | | |
|---|---|---|---|
| 前月繰越 | 110,000 | 製　　品 | 1,232,000 |
| 材　　料 | 540,000 | 次月繰越 | 240,000 |
| 労　務　費 | 250,000 | | |
| 経　　費 | 40,000 | | |
| 製造間接費 | 532,000 | | |
| | 1,472,000 | | 1,472,000 |

## 製 造 間 接 費

| | | | |
|---|---|---|---|
| 材　　料 | 230,000 | 仕 掛 品 | 532,000 |
| 労　務　費 | 115,000 | | |
| 経　　費 | 187,000 | | |
| | 532,000 | | 532,000 |

## 製　　品

| | | | |
|---|---|---|---|
| 前月繰越 | 270,000 | 売上原価 | 1,292,000 |
| 仕 掛 品 | 1,232,000 | 次月繰越 | 210,000 |
| | 1,502,000 | | 1,502,000 |

## 売 上 原 価

| | | | |
|---|---|---|---|
| 製　　品 | 1,292,000 | 損　　益 | 1,292,000 |

**③**

(1)

| | 借　　　方 | | 貸　　　方 | |
|---|---|---|---|---|
| ② | 材　　　料 | 1,680,000 | 買　掛　金 | 1,680,000 |
| | 仕　掛　品 | 1,520,000 | 材　　　料 | 1,760,000 |
| | 製 造 間 接 費 | 240,000 | | |
| ③ | 仕　掛　品 | 1,060,000 | 労　務　費 | 1,580,000 |
| | 製 造 間 接 費 | 360,000 | | |
| | 販売費及び一般管理費 | 160,000 | | |
| | 製 造 間 接 費 | 580,000 | 経　　費 | 840,000 |
| | 販売費及び一般管理費 | 260,000 | | |
| ④ | 売　掛　金 | 4,500,000 | 売　　上 | 4,500,000 |

(2)

| 仕　　掛　　品 | | | |
|---|---|---|---|
| 前月繰越 | 660,000 | 製　　品 | 3,600,000 |
| 材　　料 | 1,520,000 | 次月繰越 | 820,000 |
| 労　務　費 | 1,060,000 | | |
| 製造間接費 | 1,180,000 | | |
| | 4,420,000 | | 4,420,000 |

| 損　　　益 | | | |
|---|---|---|---|
| 売上原価 | 3,380,000 | 売　　上 | 4,500,000 |
| 販売費及び一般管理費 | 420,000 | | |

**解説**

●製造間接費の求め方　まず間接材料費を求める。

| 材　　　料 | | | |
|---|---|---|---|
| 前月繰越 | 420,000 | 諸　　口 | 1,760,000 |
| 買　掛　金 | 1,680,000 | 次月繰越 | 340,000 |
| | 2,100,000 | | 2,100,000 |

¥1,760,000 － ¥1,520,000 ＝ ¥240,000（間接材料費）

| 製　造　間　接　費 | | | |
|---|---|---|---|
| 材　　料 | 240,000 | 仕掛品 | 1,180,000 |
| 労　務　費 | 360,000 | | |
| 経　　費 | 580,000 | | |
| | 1,180,000 | | 1,180,000 |

●売上原価の求め方

| 製　　　品 | | | |
|---|---|---|---|
| 前月繰越 | 520,000 | 売上原価 | 3,380,000 |
| 仕　掛　品 | 3,600,000 | 次月繰越 | 740,000 |
| | 4,120,000 | | 4,120,000 |

よって，売上原価は¥3,380,000

●販売費及び一般管理費の求め方
（¥1,580,000 － ¥1,060,000 － ¥360,000）
　　　　　＋（¥840,000 － ¥580,000）＝ ¥420,000

**4**

| 材　　　料 | | | |
|---|---|---|---|
| 前月繰越 | ( 120,000 ) | （諸　　口） | ( 455,000 ) |
| 買　掛　金 | 506,000 | 次月繰越 | 171,000 |
| | ( 626,000 ) | | ( 626,000 ) |

| 労　　務　　費 | | | |
|---|---|---|---|
| 当座預金 | 812,000 | 前月繰越 | 88,000 |
| 次月繰越 | ( 95,000 ) | （諸　　口） | ( 819,000 ) |
| | 907,000 | | 907,000 |

| 経　　　費 | | | |
|---|---|---|---|
| 前月繰越 | 64,000 | （諸　　口） | ( 285,000 ) |
| 当座預金 | ( 262,000 ) | 次月繰越 | 41,000 |
| | ( 326,000 ) | | ( 326,000 ) |

| 仕　　掛　　品 | | | |
|---|---|---|---|
| 前月繰越 | 96,000 | （製　　品） | ( 1,446,000 ) |
| 材　　料 | ( 324,000 ) | 次月繰越 | 111,000 |
| （労　務　費） | ( 607,000 ) | | |
| （製造間接費） | ( 530,000 ) | | |
| | ( 1,557,000 ) | | ( 1,557,000 ) |

| 製　造　間　接　費 | | | |
|---|---|---|---|
| 材　　料 | ( 131,000 ) | （仕　掛　品） | ( 530,000 ) |
| 労　務　費 | 170,000 | | |
| （経　　費） | 229,000 | | |
| | 530,000 | | 530,000 |

| 製　　　品 | | | |
|---|---|---|---|
| 前月繰越 | 184,000 | （売上原価） | ( 1,470,000 ) |
| （仕　掛　品） | ( 1,446,000 ) | 次月繰越 | 160,000 |
| | 1,630,000 | | 1,630,000 |

| 売　　上　　原　　価 | | | |
|---|---|---|---|
| （製　　品） | ( 1,470,000 ) | （損　　益） | ( 1,470,000 ) |

| 売　　　上 | | | |
|---|---|---|---|
| （損　　益） | 1,860,000 | 売　掛　金 | 1,860,000 |

| 販売費及び一般管理費 | | | |
|---|---|---|---|
| 労　務　費 | 42,000 | （損　　益） | ( 98,000 ) |
| 経　　費 | ( 56,000 ) | | |
| | 98,000 | | 98,000 |

| 損　　　益 | | | |
|---|---|---|---|
| 売上原価 | 1,470,000 | （売　　上） | ( 1,860,000 ) |
| 販売費及び一般管理費 | ( 98,000 ) | | |

**5**

| | 借　　　　方 | | 貸　　　　方 | |
|---|---|---|---|---|
| (1) | 仕　掛　品 | 530,000 | 材　　　料 | 560,000 |
| | 製　造　間　接　費 | 30,000 | | |
| (2) | 仕　掛　品 | 650,000 | 労　　務　　費 | 730,000 |
| | 製　造　間　接　費 | 80,000 | | |
| (3) | 仕　掛　品 | 100,000 | 経　　　費 | 120,000 |
| | 製　造　間　接　費 | 20,000 | | |
| (4) | 仕　掛　品 | 130,000 | 製　造　間　接　費 | 130,000 |
| (5) | 製　　　品 | 888,000 | 仕　掛　品 | 888,000 |

製　造　間　接　費

| 材　　料 | 30,000 | 仕　掛　品 | 130,000 |
|---|---|---|---|
| 労　務　費 | 80,000 | | |
| 経　　費 | 20,000 | | |
| | 130,000 | | 130,000 |

仕　　掛　　品

| 材　　料 | 530,000 | 製　　　品 | 888,000 |
|---|---|---|---|
| 労　務　費 | 650,000 | 次月繰越 | 522,000 |
| 経　　費 | 100,000 | | |
| 製造間接費 | 130,000 | | |
| | 1,410,000 | | 1,410,000 |

| A製品（#1） | | B製品（#2） | | C製品（#3） | |
|---|---|---|---|---|---|
| 直接材料費　¥ | 200,000 | 直接材料費　¥ | 180,000 | 直接材料費　¥ | 150,000 |
| 直接労務費 | 300,000 | 直接労務費 | 250,000 | 直接労務費 | 100,000 |
| 直接経費 | 60,000 | 直接経費 | 40,000 | 直接経費 | 0 |
| 製造間接費 | 65,000 | 製造間接費 | 52,000 | 製造間接費 | 13,000 |
| 製造原価　¥ | 625,000 | 製造原価　¥ | 522,000 | 製造原価　¥ | 263,000 |

# Ⅱ 原価の費目別計算

## 第1章 材料費の計算と記帳

■基本問題（p.28）

**1**

| | (1) | | (2) | (3) | | | | | | (4) |
|---|---|---|---|---|---|---|---|---|---|---|
| ア | イ | | ウ | エ | オ | カ | キ | ク | | ケ |
| 5 | 3 | | 4 | 1 | 7 | 6 | 9 | 2 | | 10 |

(注) カ，キは順不同

**2**

| | 借 方 | | 貸 方 | |
|---|---|---|---|---|
| (1) | 素　　　　　材 | 620,000 | 買　掛　金 | 600,000 |
| | | | 現　　　　金 | 20,000 |
| (2) | 買　入　部　品 | 280,000 | 当　座　預　金 | 280,000 |
| (3) | 燃　　　　　料 | 100,000 | 支　払　手　形 | 100,000 |
| | 工　場　消　耗　品 | 80,000 | 買　掛　金 | 170,000 |
| | 消耗工具器具備品 | 90,000 | | |
| (4) | 仕　　掛　　品 | 600,000 | 素　　　　　材 | 400,000 |
| | | | 買　入　部　品 | 200,000 |
| (5) | 製　造　間　接　費 | 70,000 | 素　　　　　材 | 70,000 |
| (6) | 棚　卸　減　耗　損 | 7,000 | 素　　　　　材 | 7,000 |

解説

(6) 棚卸減耗損勘定は，棚卸減耗費勘定でもよい。

**3**

| | 借 方 | | 貸 方 | |
|---|---|---|---|---|
| 8/17 | 素　　　　　材 | 224,000 | 買　掛　金 | 224,000 |
| 19 | 製　造　間　接　費 | 58,000 | 素　　　　　材 | 58,000 |
| 24 | 買　入　部　品 | 105,000 | 当　座　預　金 | 135,000 |
| | 工　場　消　耗　品 | 30,000 | | |
| 25 | 仕　　掛　　品 | 151,000 | 素　　　　　材 | 116,000 |
| | | | 買　入　部　品 | 35,000 |
| 27 | 製　造　間　接　費 | 60,000 | 工　場　消　耗　品 | 60,000 |

4

| (1) | (2) |
|-----|-----|
| ア | イ |
| 3 | 4 |

5

材 料 元 帳

（先入先出法）　　　　　　　　　　　〈品名〉K素材　　　　　　　　　　　　　単位：個

| 令和〇年 | | 摘　要 | 受　　入 | | | 払　　出 | | | 残　　高 | | |
|---|---|---|---|---|---|---|---|---|---|---|---|
| | | | 数量 | 単価 | 金　額 | 数量 | 単価 | 金　額 | 数量 | 単価 | 金　額 |
| 9 | 1 | 前月繰越 | 100 | 300 | 30,000 | | | | 100 | 300 | 30,000 |
| | 6 | 受　入 | 150 | 320 | 48,000 | | | | 100 | 300 | 30,000 |
| | | | | | | | | | 150 | 320 | 48,000 |
| | 11 | 払　出 | | | | 100 | 300 | 30,000 | | | |
| | | | | | | 100 | 320 | 32,000 | 50 | 320 | 16,000 |
| | 16 | 受　入 | 100 | 330 | 33,000 | | | | 50 | 320 | 16,000 |
| | | | | | | | | | 100 | 330 | 33,000 |
| | 21 | 払　出 | | | | 50 | 320 | 16,000 | | | |
| | | | | | | 30 | 330 | 9,900 | 70 | 330 | 23,100 |
| | 29 | 払　出 | | | | 50 | 330 | 16,500 | 20 | 330 | 6,600 |
| | 30 | 次月繰越 | | | | 20 | 330 | 6,600 | | | |
| | | | 350 | | 111,000 | 350 | | 111,000 | | | |
| 10 | 1 | 前月繰越 | 20 | 330 | 6,600 | | | | 20 | 330 | 6,600 |

消費高　¥104,400

12

(移動平均法) 〈品名〉K素材 単位：個

| 令和○年 | | 摘要 | 受入 | | | 払出 | | | 残高 | | |
|---|---|---|---|---|---|---|---|---|---|---|---|
| | | | 数量 | 単価 | 金額 | 数量 | 単価 | 金額 | 数量 | 単価 | 金額 |
| 9 | 1 | 前月繰越 | 100 | 300 | 30,000 | | | | 100 | 300 | 30,000 |
| | 6 | 受入 | 150 | 320 | 48,000 | | | | 250 | 312 | 78,000 |
| | 11 | 払出 | | | | 200 | 312 | 62,400 | 50 | 312 | 15,600 |
| | 16 | 受入 | 100 | 330 | 33,000 | | | | 150 | 324 | 48,600 |
| | 21 | 払出 | | | | 80 | 324 | 25,920 | 70 | 324 | 22,680 |
| | 29 | 払出 | | | | 50 | 324 | 16,200 | 20 | 324 | 6,480 |
| | 30 | 次月繰越 | | | | 20 | 324 | 6,480 | | | |
| | | | 350 | | 111,000 | 350 | | 111,000 | | | |
| 10 | 1 | 前月繰越 | 20 | 324 | 6,480 | | | | 20 | 324 | 6,480 |

消費高 ￥104,520

**解説**

(移動平均法)

9月6日の残高 $\dfrac{￥30,000+￥48,000}{100個+150個}=@￥312$

9月16日の残高 $\dfrac{￥15,600+￥33,000}{50個+100個}=@￥324$

消費高の計算は払出欄の金額(繰越は除く)を合計する。

**6**

材 料 元 帳

(先入先出法) 〈品名〉W素材 単位：個

| 令和○年 | | 摘要 | 受入 | | | 払出 | | | 残高 | | |
|---|---|---|---|---|---|---|---|---|---|---|---|
| | | | 数量 | 単価 | 金額 | 数量 | 単価 | 金額 | 数量 | 単価 | 金額 |
| 10 | 1 | 前月繰越 | 70 | 400 | 28,000 | | | | 70 | 400 | 28,000 |
| | 2 | 受入 | 230 | 450 | 103,500 | | | | 70 | 400 | 28,000 |
| | | | | | | | | | 230 | 450 | 103,500 |
| | 8 | 払出 | | | | 70 | 400 | 28,000 | | | |
| | | | | | | 80 | 450 | 36,000 | 150 | 450 | 67,500 |
| | 17 | 受入 | 200 | 460 | 92,000 | | | | 150 | 450 | 67,500 |
| | | | | | | | | | 200 | 460 | 92,000 |
| | 24 | 払出 | | | | 150 | 450 | 67,500 | | | |
| | | | | | | 100 | 460 | 46,000 | 100 | 460 | 46,000 |
| | 31 | 次月繰越 | | | | 100 | 460 | 46,000 | | | |
| | | | 500 | | 223,500 | 500 | | 223,500 | | | |
| 11 | 1 | 前月繰越 | 100 | 460 | 46,000 | | | | 100 | 460 | 46,000 |

消費高 ￥177,500

| (総平均法) | | 〈品名〉W素材 | | | | | | | | | 単位：個 |
|---|---|---|---|---|---|---|---|---|---|---|---|
| 令和○年 | | 摘要 | 受入 | | | 払出 | | | 残高 | | |
| | | | 数量 | 単価 | 金額 | 数量 | 単価 | 金額 | 数量 | 単価 | 金額 |
| 10 | 1 | 前月繰越 | 70 | 400 | 28,000 | | | | 70 | 400 | 28,000 |
| | 2 | 受入 | 230 | 450 | 103,500 | | | | 300 | | |
| | 8 | 払出 | | | | 150 | 447 | 67,050 | 150 | | |
| | 17 | 受入 | 200 | 460 | 92,000 | | | | 350 | | |
| | 24 | 払出 | | | | 250 | 447 | 111,750 | 100 | 447 | 44,700 |
| | 31 | 次月繰越 | | | | 100 | 447 | 44,700 | | | |
| | | | 500 | | 223,500 | 500 | | 223,500 | | | |
| 11 | 1 | 前月繰越 | 100 | 447 | 44,700 | | | | 100 | 447 | 44,700 |

消費高　¥178,800

（総平均法）　払出単価 $\dfrac{¥28,000+¥103,500+¥92,000}{70個+230個+200個} = @¥447$

**7**

(1) 消費材料勘定を設けない場合

| | 借　方 | | 貸　方 | |
|---|---|---|---|---|
| ① | 素　材 | 1,000,000 | 買　掛　金 | 1,000,000 |
| ② | 仕　掛　品 | 700,000 | 素　材 | 780,000 |
| | 製　造　間　接　費 | 80,000 | | |
| ③・④ | 素　材 | 3,000 | 材料消費価格差異 | 3,000 |
| ⑤ | 材料消費価格差異 | 3,000 | 売　上　原　価 | 3,000 |

素　材

| 買掛金 | 1,000,000 | 諸　口 | 780,000 |
|---|---|---|---|
| 材料消費価格差異 | 3,000 | | |

仕　掛　品

| 素　材 | 700,000 | |
|---|---|---|

材料消費価格差異

| 売　上　原　価 | 3,000 | 素　材 | 3,000 |
|---|---|---|---|

製　造　間　接　費

| 素　材 | 80,000 | |
|---|---|---|

売　上　原　価

| | | 材料消費価格差異 | 3,000 |
|---|---|---|---|

(2) 消費材料勘定を設ける場合

| | 借　方 | | 貸　方 | |
|---|---|---|---|---|
| ① | 素　材 | 1,000,000 | 買　掛　金 | 1,000,000 |
| ② | 仕　掛　品 | 700,000 | 消　費　材　料 | 780,000 |
| | 製　造　間　接　費 | 80,000 | | |
| ③ | 消　費　材　料 | 777,000 | 素　材 | 777,000 |
| ④ | 消　費　材　料 | 3,000 | 材料消費価格差異 | 3,000 |
| ⑤ | 材料消費価格差異 | 3,000 | 売　上　原　価 | 3,000 |

| 素　　　材 | | | |
|---|---|---|---|
| 買　掛　金 | *1,000,000* | 消費材料 | *777,000* |

| 消　費　材　料 | | | |
|---|---|---|---|
| 素　　　材 | *777,000* | 諸　　　口 | *780,000* |
| 材料消費価格差異 | *3,000* | | |

| 仕　掛　品 | | | |
|---|---|---|---|
| 消費材料 | *700,000* | | |

| 製　造　間　接　費 | | | |
|---|---|---|---|
| 消費材料 | *80,000* | | |

| 材料消費価格差異 | | | |
|---|---|---|---|
| 売上原価 | *3,000* | 消費材料 | *3,000* |

| 売　上　原　価 | | | |
|---|---|---|---|
| | | 材料消費価格差異 | *3,000* |

■応用問題（p.33）

**1**

| | 借　　　　方 | | 貸　　　　方 | |
|---|---|---|---|---|
| 6月 6日 | 素　　　　　材 | *2,550,000* | 買　　掛　　金 | *2,984,000* |
| | 工　場　消　耗　品 | *434,000* | | |
| 12日 | 素　　　　　材 | *3,848,000* | 買　　掛　　金 | *3,848,000* |
| 30日① | 仕　　掛　　品 | *6,000,000* | 消　費　材　料 | *6,300,000* |
| | 製　造　間　接　費 | *300,000* | | |
| 〃日② | 製　造　間　接　費 | *441,000* | 工　場　消　耗　品 | *441,000* |
| 〃日③ | 消　費　材　料 | *6,258,000* | 素　　　　　材 | *6,258,000* |
| 〃日④ | 消　費　材　料 | *42,000* | 材料消費価格差異 | *42,000* |

30日①　素材の予定消費高

仕　掛　品　　@¥1,500×4,000kg=¥6,000,000

製造間接費　　@¥1,500×　200kg=¥　300,000

30日②　工場消耗品の消費高

@¥70×（600個＋6,200個－500個）＝¥441,000

30日③　素材の実際消費高

$$\frac{¥456,000＋¥2,550,000＋¥3,848,000}{300kg＋1,700kg＋2,600kg}＝@¥1,490$$

よって，@¥1,490×4,200kg＝¥6,258,000

**2**

| 素　　　材 | | | |
|---|---|---|---|
| 前月繰越 | *120,000* | （消費材料） | （*1,255,000*） |
| 買　掛　金 | *1,280,000* | 棚卸減耗損 | *15,000* |
| | | **次月繰越** | **130,000** |
| | （*1,400,000*） | | （*1,400,000*） |
| （前月繰越） | （*130,000*） | | |

| 工　場　消　耗　品 | | | |
|---|---|---|---|
| 前月繰越 | *10,000* | （製造間接費） | （*142,000*） |
| 買　掛　金 | *150,000* | （次月繰越） | （*18,000*） |
| | *160,000* | | （*160,000*） |
| （前月繰越） | *18,000* | | |

15

### 仕　掛　品

| | | | |
|---|---|---|---|
| 前 月 繰 越 | 345,000 | (製　　品) | (2,300,000) |
| (消 費 材 料) | (1,200,000) | 次 月 繰 越 | 450,000 |
| 賃　　金 | 755,000 | | |
| (製 造 間 接 費) | ( 450,000) | | |
| | (2,750,000) | | (2,750,000) |
| (前 月 繰 越) | ( 450,000) | | |

### 製 造 間 接 費

| | | | |
|---|---|---|---|
| 消 費 材 料 | 138,000 | (仕 　掛 　品) | (450,000) |
| 工場消耗品 | (142,000) | | |
| 賃　　金 | 130,000 | | |
| 減価償却費 | 25,000 | | |
| 棚卸減耗損 | ( 15,000) | | |
| | 450,000 | | (450,000) |

### 消 費 材 料

| | | | |
|---|---|---|---|
| (素　　材) | (1,255,000) | (諸　　口) | (1,338,000) |
| (材料消費価格差異) | ( 83,000) | | |
| | (1,338,000) | | (1,338,000) |

### 製　　　品

| | | | |
|---|---|---|---|
| 前 月 繰 越 | 200,000 | 売 上 原 価 | 2,100,000 |
| (仕 　掛 　品) | (2,300,000) | (次 月 繰 越) | ( 400,000) |
| | (2,500,000) | | (2,500,000) |
| 前 月 繰 越 | 400,000 | | |

### 棚 卸 減 耗 損

| | | | |
|---|---|---|---|
| 素　　材 | 15,000 | (製造間接費) | (15,000) |

### 材料消費価格差異

| | | | |
|---|---|---|---|
| | | (消 費 材 料) | (83,000) |

**3**

| | 借　　　方 | | 貸　　　方 | |
|---|---|---|---|---|
| (1) | 素　　　　　材 | 768,000 | 買　　掛　　金 | 893,000 |
| | 買 入 部 品 | 125,000 | | |
| (2) | 仕 　掛 　品 | 877,000 | 消 費 材 料 | 940,000 |
| | 製 造 間 接 費 | 63,000 | | |
| (3) | 消 費 材 料 | 941,500 | 素　　　　　材 | 819,000 |
| | | | 買 入 部 品 | 122,500 |
| (4) | 材料消費価格差異 | 1,500 | 消 費 材 料 | 1,500 |
| (5) | 棚 卸 減 耗 損 | 12,600 | 素　　　　　材 | 12,600 |

### 素　　　　　材

| | | | |
|---|---|---|---|
| 前 月 繰 越 | 240,000 | 消 費 材 料 | 819,000 |
| 買 掛 金 | 768,000 | 棚卸減耗損 | 12,600 |

### 買 入 部 品

| | | | |
|---|---|---|---|
| 前 月 繰 越 | 60,000 | 消 費 材 料 | 122,500 |
| 買 掛 金 | 125,000 | | |

### 消 費 材 料

| | | | |
|---|---|---|---|
| 諸　　口 | 941,500 | 諸　　口 | 940,000 |
| | | 材料消費価格差異 | 1,500 |

### 棚 卸 減 耗 損

| | | | |
|---|---|---|---|
| 素　　材 | 12,600 | | |

### 仕 　掛 　品

| | | | |
|---|---|---|---|
| 消 費 材 料 | 877,000 | | |

### 製 造 間 接 費

| | | | |
|---|---|---|---|
| 消 費 材 料 | 63,000 | | |

### 材料消費価格差異

| | | | |
|---|---|---|---|
| 消 費 材 料 | 1,500 | | |

解説

(2) 予定価格を使用する。

仕掛品　(@¥630×1,200個)+(@¥220×550個)＝¥877,000　　製造間接費　@¥630×100個＝¥63,000

(3) 実際価格による消費高

(移動平均法)

素　　　　材

| 令和〇年 | 摘　要 | 受　入 | | | 払　出 | | | 残　高 | | |
|---|---|---|---|---|---|---|---|---|---|---|
| | | 数量 | 単価 | 金　額 | 数量 | 単価 | 金　額 | 数量 | 単価 | 金　額 |
| | 前月繰越 | 400 | 600 | 240,000 | | | | 400 | 600 | 240,000 |
| | (1) | 1,200 | 640 | 768,000 | | | | 1,600 | 630 | 1,008,000 |
| | (2) | | | | 1,300 | 630 | 819,000 | 300 | 630 | 189,000 |

(先入先出法)

買　入　部　品

| 令和〇年 | 摘　要 | 受　入 | | | 払　出 | | | 残　高 | | |
|---|---|---|---|---|---|---|---|---|---|---|
| | | 数量 | 単価 | 金　額 | 数量 | 単価 | 金　額 | 数量 | 単価 | 金　額 |
| | 前月繰越 | 300 | 200 | 60,000 | | | | 300 | 200 | 60,000 |
| | (1) | 500 | 250 | 125,000 | | | | 300 | 200 | 60,000 |
| | | | | | | | | 500 | 250 | 125,000 |
| | (2) | | | | 300 | 200 | 60,000 | | | |
| | | | | | 250 | 250 | 62,500 | 250 | 250 | 62,500 |

(5) 棚卸減耗損　@¥630×(300個−280個)=¥12,600

■検定問題 (p.36)

**1**

| | 借　　　　方 | | 貸　　　　方 | |
|---|---|---|---|---|
| (1) | 棚 卸 減 耗 損 | 20,000 | 買 入 部 品 | 20,000 |
| (2) | 材料消費価格差異 | 24,000 | 消 費 材 料 | 24,000 |
| (3) | 売 上 原 価 | 18,000 | 材料消費価格差異 | 18,000 |
| (4) | 棚 卸 減 耗 損 | 5,000 | 素　　　　材 | 5,000 |
| (5) | 材料消費価格差異 | 13,000 | 素　　　　材 | 13,000 |
| (6) | 素　　　　材 | 12,000 | 材料消費価格差異 | 24,000 |
| | 消 費 材 料 | 12,000 | | |
| (7) | 棚 卸 減 耗 損 | 11,000 | 素　　　　材 | 11,000 |

**2**

| | 借　　　　方 | | 貸　　　　方 | |
|---|---|---|---|---|
| (1) | 消 費 材 料 | 490,000 | 素　　　　材 | 490,000 |
| (2) | 売 上 原 価 | 1,000 | 材料消費価格差異 | 1,000 |
| (3) | 棚 卸 減 耗 損 | 46,000 | 買 入 部 品 | 46,000 |
| (4) | 素　　　　材 | 21,000 | 材料消費価格差異 | 21,000 |
| (5) | 仕 掛 品 | 2,250,000 | 素　　　　材 | 2,375,000 |
| | 製 造 間 接 費 | 125,000 | | |

**3**

| (1) | | (2) | (3) | |
|---|---|---|---|---|
| ア | イ | ウ | エ | オ |
| 1 | 7 | 5 | 10 | 8 |

17

■基本問題（p.39）

**1**

| (1) | (2) | (3) | | (4) | | (5) |
|---|---|---|---|---|---|---|
| ア | イ | ウ | エ | オ | カ | キ |
| 9 | 2 | 4 | 7 | 3 | 13 | 5 |

**2**

(1)

| | 借　　　　方 | | 貸　　　　方 | |
|---|---|---|---|---|
| 11/25 | 賃　　　　　　金 | 2,950,000 | 所 得 税 預 り 金 | 276,000 |
| | | | 健 康 保 険 料 預 り 金 | 162,000 |
| | | | 当 座 預 金 | 2,512,000 |
| 11/30 | 仕　掛　品 | 2,320,000 | 賃　　　　　　金 | 2,900,000 |
| | 製 造 間 接 費 | 580,000 | | |

(2)
賃　　　金

| | | | | | |
|---|---|---|---|---|---|
| **11/25諸　口** | **2,950,000** | 11/1前月繰越 | *190,000* | |
| **30次月繰越** | **140,000** | 30諸　　口 | *2,900,000* | |
| | **3,090,000** | | *3,090,000* | |

(3)

| 当月賃金未払高 | ￥　140,000 |
|---|---|

**3**

| (1) | 当月賃金支払総額 | ￥*1,040,000* | (2) | 当月予定賃金消費高 | ￥*1,000,000* |
|---|---|---|---|---|---|
| (3) | 当月実際賃金消費高 | ￥　*980,000* | (4) | 前月賃金未払高 | ￥　*140,000* |
| (5) | 当月賃金未払高 | ￥　*80,000* | (6) | 当月賃率差異 | ￥　*20,000* |

**4**

| | 借　　　　方 | | 貸　　　　方 | |
|---|---|---|---|---|
| (1) | 賃　　　　　　金 | 6,295,000 | 所 得 税 預 り 金 | 630,000 |
| | | | 健 康 保 険 料 預 り 金 | 420,000 |
| | | | 当 座 預 金 | 5,245,000 |
| (2) | 製 造 間 接 費 | 420,000 | 健 康 保 険 料 | 420,000 |
| (3) | 健 康 保 険 料 | 420,000 | 当 座 預 金 | 840,000 |
| | 健 康 保 険 料 預 り 金 | 420,000 | | |
| (4) | 仕　掛　品 | 4,500,000 | 賃　　　　　　金 | 6,340,000 |
| | 製 造 間 接 費 | 1,840,000 | | |
| (5) | 消 費 賃 金 | 50,000 | 賃 率 差 異 | 50,000 |
| (6) | 製 造 間 接 費 | 250,000 | 従 業 員 賞 与 手 当 | 250,000 |
| (7) | 従 業 員 賞 与 手 当 | 1,500,000 | 当 座 預 金 | 1,500,000 |

**5**

(1) 消費賃金勘定を設けない場合

| | 借　　　　方 | | 貸　　　　方 | |
|---|---|---|---|---|
| ① | 仕　掛　品 | 3,640,000 | 賃　　　　金 | 4,940,000 |
| | 製　造　間　接　費 | 1,300,000 | | |
| ②・③ | 賃　　　　金 | 20,000 | 賃　率　差　異 | 20,000 |

| 賃　　　　金 | | | | 仕　掛　品 | | | |
|---|---|---|---|---|---|---|---|
| 賃率差異 | 20,000 | 諸　　口 | 4,940,000 | 賃　　金 | 3,640,000 | | |

| 製　造　間　接　費 | | | | 賃　率　差　異 | | | |
|---|---|---|---|---|---|---|---|
| 賃　　金 | 1,300,000 | | | | | 賃　　金 | 20,000 |

(2) 消費賃金勘定を設ける場合

| | 借　　　　方 | | 貸　　　　方 | |
|---|---|---|---|---|
| ① | 仕　掛　品 | 3,640,000 | 消　費　賃　金 | 4,940,000 |
| | 製　造　間　接　費 | 1,300,000 | | |
| ② | 消　費　賃　金 | 4,920,000 | 賃　　　　金 | 4,920,000 |
| ③ | 消　費　賃　金 | 20,000 | 賃　率　差　異 | 20,000 |

| 賃　　　　金 | | | | 消　費　賃　金 | | | |
|---|---|---|---|---|---|---|---|
| | | 消費賃金 | 4,920,000 | 賃　金 | 4,920,000 | 諸　　口 | 4,940,000 |
| | | | | 賃率差異 | 20,000 | | |

| 仕　掛　品 | | | | 製　造　間　接　費 | | | |
|---|---|---|---|---|---|---|---|
| 消費賃金 | 3,640,000 | | | 消費賃金 | 1,300,000 | | |

| 賃　率　差　異 | | | |
|---|---|---|---|
| | | 消費賃金 | 20,000 |

**6**

(1)

| | 借　　　　方 | | 貸　　　　方 | |
|---|---|---|---|---|
| 6月23日 | 賃　　　　金 | 1,200,000 | 所　得　税　預　り　金 | 150,000 |
| | | | 健　康　保　険　料　預　り　金 | 100,000 |
| | | | 当　座　預　金 | 950,000 |
| 30日① | 仕　掛　品 | 1,100,000 | 消　費　賃　金 | 1,180,000 |
| | 製　造　間　接　費 | 80,000 | | |
| 30日② | 消　費　賃　金 | 1,239,000 | 賃　　　　金 | 1,239,000 |
| 30日③ | 賃　率　差　異 | 59,000 | 消　費　賃　金 | 59,000 |

(2)

| 消　費　賃　金 | | | |
|---|---|---|---|
| 6/30賃　金 | 1,239,000 | 6/30諸　口 | 1,180,000 |
| | | 〃 賃率差異 | 59,000 |
| | 1,239,000 | | 1,239,000 |

**19**

**7**

|  | 借　　方 | | 貸　　方 | |
|---|---|---|---|---|
| ① | 賃　　　　金 | 2,500,000 | 所得税預り金 | 250,000 |
|  |  |  | 健康保険料預り金 | 150,000 |
|  |  |  | 当　座　預　金 | 2,100,000 |
| ② | 製　造　間　接　費 | 150,000 | 健　康　保　険　料 | 150,000 |
| ③ | 健　康　保　険　料 | 150,000 | 現　　　　金 | 300,000 |
|  | 健康保険料預り金 | 150,000 |  |  |

| 健康保険料預り金 | | | |
|---|---|---|---|
| 現　　金 | 150,000 | 賃　　金 | 150,000 |

| 健　康　保　険　料 | | | |
|---|---|---|---|
| 現　　金 | 150,000 | 製造間接費 | 150,000 |

解説

健康保険料・雇用保険料などの事業主負分を法定福利費という。

**8**

|  | 借　　方 | | 貸　　方 | |
|---|---|---|---|---|
| 3/31 | 製　造　間　接　費 | 60,000 | 退　職　給　付　費　用 | 60,000 |
| 〃 | 退　職　給　付　費　用 | 720,000 | 退　職　給　付　引　当　金 | 720,000 |
| 4/10 | 退　職　給　付　引　当　金 | 300,000 | 現　　　　金 | 300,000 |

| 退職給付費用 | | | |
|---|---|---|---|
| 3/31退職給付引当金 | 720,000 | （残高） | 660,000 |
|  |  | 3/31製造間接費 | 60,000 |
|  | 720,000 |  | 720,000 |

| 退職給付引当金 | | | |
|---|---|---|---|
| 3/31次 期 繰 越 | 2,880,000 | 前 期 繰 越 | 2,160,000 |
|  |  | 3/31退職給付費用 | 720,000 |
|  | 2,880,000 |  | 2,880,000 |
| 4/10現　　　金 | 300,000 | 4/1 前 期 繰 越 | 2,880,000 |

解説

決算における締切なので，次月繰越ではなく次期繰越とする。

**9**

|  | 借　　方 | | 貸　　方 | |
|---|---|---|---|---|
| (1) | 製　造　間　接　費 | 600,000 | 従業員賞与手当 | 600,000 |
| (2) | 従業員賞与手当 | 3,600,000 | 現　　　　金 | 3,600,000 |

| 従業員賞与手当 | | | |
|---|---|---|---|
| 現　　金 | 3,600,000 | 前 月 繰 越 | 3,000,000 |
|  |  | 製造間接費 | 600,000 |
|  | 3,600,000 |  | 3,600,000 |

■応用問題（p.45）

**1**

|  | 借 方 | | 貸 方 | |
|---|---|---|---|---|
| 5月25日 | 賃　　　　金 | 1,330,000 | 所 得 税 預 り 金 | 120,000 |
| | | | 健康保険料預り金 | 75,000 |
| | | | 当 座 預 金 | 1,135,000 |
| 31日 ① | 仕 掛 品 | 1,105,000 | 賃　　　　金 | 1,317,500 |
| | 製 造 間 接 費 | 212,500 | | |
| ② | 賃 率 差 異 | 52,500 | 賃　　　　金 | 52,500 |

| 賃　　　　金 | | | |
|---|---|---|---|
| 5/25諸　口 | 1,330,000 | 5/1前月繰越 | 280,000 |
| 31次月繰越 | 320,000 | 31諸　口 | 1,317,500 |
| | | 〃賃率差異 | 52,500 |
| | 1,650,000 | | 1,650,000 |

解説　5月31日

① 予定賃率を使用する。

　仕掛品　@¥850×（700時間+600時間）=¥1,105,000

　製造間接費　@¥850×250時間=¥212,500

② 賃金勘定のTフォームに記入し，差額を計算する。

　賃金支払高+当月未払賃金−前月未払賃金=当月賃金実際消費高

　¥1,330,000+¥320,000−¥280,000=¥1,370,000

　（¥1,105,000+¥212,500）−¥1,370,000

　=−¥52,500

**2**

|  | 借 方 | | 貸 方 | |
|---|---|---|---|---|
| (1) | 製 造 間 接 費 | 760,000 | 退 職 給 付 費 用 | 760,000 |
| (2) | 賃 率 差 異 | 10,000 | 消 費 賃 金 | 10,000 |
| (3) | 仕 掛 品 | 800,000 | 消 費 賃 金 | 975,000 |
| | 製 造 間 接 費 | 175,000 | | |
| (4) | 賃　　　　金 | 850,000 | 所 得 税 預 り 金 | 62,000 |
| | 従業員賞与手当 | 105,000 | 健康保険料預り金 | 13,000 |
| | | | 当 座 預 金 | 880,000 |
| (5) | 製 造 間 接 費 | 45,000 | 従業員賞与手当 | 45,000 |
| (6) | 消 費 賃 金 | 5,000 | 賃 率 差 異 | 5,000 |
| (7) | 売 上 原 価 | 4,400 | 賃 率 差 異 | 4,400 |

■検定問題（p.47）

**1**

|  | 借 方 | | 貸 方 | |
|---|---|---|---|---|
| (1) | 売 上 原 価 | 25,000 | 賃 率 差 異 | 25,000 |
| (2) | 賃 率 差 異 | 5,000 | 売 上 原 価 | 5,000 |
| (3) | 賃　　　　金 | 1,276,000 | 所 得 税 預 り 金 | 125,000 |
| | 従業員賞与手当 | 256,000 | 健康保険料預り金 | 56,000 |
| | | | 当 座 預 金 | 1,351,000 |

**2**

| | ¥ 2,260,000 |
|---|---|

賃金については，資料より次の仕訳がおこなわれる。

(借) 仕 掛 品 3,690,000  (貸) 賃   金 4,050,000
製造間接費   360,000

製造間接費勘定の記入状況からみると，給料¥1,340,000 退職給付費用¥412,000 健康保険料¥148,000が消費されているので，間接労務費はこの合計となる。

¥360,000＋¥1,340,000＋¥412,000＋¥148,000＝¥2,260,000

なお，間接材料費は¥513,000（＝¥241,000＋¥272,000）　間接経費は¥425,000（＝¥240,000＋¥185,000）となる。

**3**

| a | ¥ 290,000 | b | ¥ 284,000 | c | ¥ 280,000 |
|---|---|---|---|---|---|

(1) ¥1,200×75時間＋¥1,600×125時間＝¥290,000

(2) （¥1,200×180時間＋¥1,600×220時間）÷（120時間＋220時間）＝¥1,420

¥1,420×（75時間＋125時間）＝¥284,000

(3) ¥6,804,000÷4,860時間＝¥1,400

¥1,400×（75時間＋125時間）＝¥280,000

**4**

| | 借 方 | | 貸 方 | |
|---|---|---|---|---|
| (1) | 賃 率 差 異 | 8,000 | 売 上 原 価 | 8,000 |
| (2) | 製 造 間 接 費 | 580,000 | 従業員賞与手当 | 580,000 |
| (3) | 賃   金 | 2,173,000 | 所 得 税 預 り 金 | 154,000 |
| | 従業員賞与手当 | 462,000 | 健康保険料預り金 | 91,000 |
| | | | 当 座 預 金 | 2,390,000 |

## 第3章 経費の計算と記帳

■基本問題 (p.50)

**1**

| 支払経費となるもの | 2, 5, 9, 10, 11, 12 | 月割経費となるもの | 1, 3, 6, 7, 8 | 測定経費となるもの | 4 |
|---|---|---|---|---|---|

**2**

| | 借 | 方 | 貸 | 方 |
|---|---|---|---|---|
| (1) | 仕　掛　品 | 50,000 | 特 許 権 使 用 料 | 50,000 |
| (2) | 製 造 間 接 費 | 64,000 | 保　　険　　料 | 80,000 |
| | 販売費及び一般管理費 | 16,000 | | |
| (3) | 製 造 間 接 費 | 900,000 | 電　　力　　料 | 900,000 |
| (4) | 製 造 間 接 費 | 59,500 | 修　　繕　　料 | 59,500 |
| (5) | 製 造 間 接 費 | 72,000 | 厚　　生　　費 | 120,000 |
| | 販売費及び一般管理費 | 48,000 | | |
| (6) | 製 造 間 接 費 | 90,000 | 減 価 償 却 費 | 90,000 |
| (7) | 製 造 間 接 費 | 7,500 | 棚 卸 減 耗 損 | 7,500 |
| (8) | 仕　掛　品 | 685,000 | 外 注 加 工 賃 | 685,000 |
| (9) | 製 造 間 接 費 | 335,000 | ガ　　ス　　代 | 335,000 |
| (10) | 製 造 間 接 費 | 80,000 | 水　　道　　料 | 100,000 |
| | 販売費及び一般管理費 | 20,000 | | |

■応用問題（p.51）

**1**

| | 借 | 方 | 貸 | 方 |
|---|---|---|---|---|
| 10/31 | 仕　掛　品 | 118,000 | 外 注 加 工 賃 | 118,000 |
| | 製 造 間 接 費 | 407,000 | 減 価 償 却 費 | 60,000 |
| | | | 棚 卸 減 耗 損 | 4,000 |
| | | | 修　　繕　　料 | 84,000 |
| | | | 通　　信　　費 | 89,000 |
| | | | 電　　力　　料 | 170,000 |

解説

外注加工賃
　¥110,000 + ¥35,000 − ¥27,000 = ¥118,000
修繕料
　¥80,000 − ¥14,000 + ¥18,000 = ¥84,000
通信費
　¥56,000 + ¥19,000 + ¥14,000 = ¥89,000

・支払経費は，未払高・前払高を考慮して計算する。

**2**

| | 借 | 方 | 貸 | 方 |
|---|---|---|---|---|
| (1) | 仕　掛　品 | 112,000 | 外 注 加 工 賃 | 112,000 |
| | 製 造 間 接 費 | 85,000 | 通　　信　　費 | 65,000 |
| | | | 修　　繕　　料 | 20,000 |
| (2) | 製 造 間 接 費 | 66,000 | 減 価 償 却 費 | 66,000 |
| (3) | 仕　掛　品 | 140,000 | 外 注 加 工 賃 | 140,000 |
| | 製 造 間 接 費 | 150,000 | 電　　力　　料 | 120,000 |
| | | | 減 価 償 却 費 | 30,000 |

**3**

| a | ¥ *2,350,000* | b | ¥ *1,219,000* | c | ¥ *1,373,000* |
|---|---|---|---|---|---|

解説

a．当期材料費　製造間接費勘定と仕掛品勘定の記入状況から，素材¥*180,000*が間接材料費として消費され，素材¥*2,000,000*が直接材料費として消費されたことがわかる。また，製造間接費勘定に記入されている燃料¥*130,000*　工場消耗品¥*40,000*は間接材料費として消費されたことがわかる。これを合計すると，¥*2,350,000*となる。

b．当期労務費　仕掛品勘定に記入されている賃金¥*530,000*（直接労務費），製造間接費勘定に記入されている賃金¥*300,000*　給料¥*350,000*　健康保険料¥*39,000*を合計すると，¥*1,219,000*となる。

c．当期経費　外注加工賃¥*520,000*　減価償却費¥*250,000*　保険料¥*115,000*　電力料¥*194,000*　水道料¥*291,000*　棚卸減耗損¥*3,000*を合計すると¥*1,373,000*となる。

■検定問題（p.53）

**1**

| | 借　　　　方 | | 貸　　　　方 | |
|---|---|---|---|---|
| (1) | 仕　掛　品 | *172,000* | 外　注　加　工　賃 | *172,000* |
| | 製　造　間　接　費 | *372,000* | 電　　力　　料 | *270,000* |
| | | | 減　価　償　却　費 | *102,000* |
| (2) | 仕　掛　品 | *635,000* | 外　注　加　工　賃 | *635,000* |
| (3) | 仕　掛　品 | *680,000* | 外　注　加　工　賃 | *520,000* |
| | 製　造　間　接　費 | *444,000* | 特　許　権　使　用　料 | *160,000* |
| | | | 電　　力　　料 | *194,000* |
| | | | 減　価　償　却　費 | *250,000* |

**2**

| ¥ *837,000* |
|---|

解説

当期経費　　(¥*403,000* − ¥*56,000* + ¥*71,000*) + ¥*179,000* + (¥*12,000* + 1,900㎥ × ¥*120*) = ¥*837,000*
（外注加工賃）（電力料）（水道料）

**3**

| a | 当　期　労　務　費 | ¥*2,290,000* | b | 当　期　経　費 | ¥*2,450,000* |
|---|---|---|---|---|---|
| c | 当期製品製造原価 | ¥ *8,290,000* | d | 売　上　原　価 | ¥*8,160,000* |

解説

当期材料費　(¥*370,000* + ¥*2,850,000* − ¥*300,000*) − ¥*20,000* + (¥*140,000* + ¥*640,000* − ¥*100,000*) = ¥*3,580,000*
（素材）（材料消費価格差異）（工場消耗品）

当期製品製造原価　¥*3,580,000* + ¥*2,290,000* + ¥*2,450,000* + ¥*350,000* − ¥*380,000* = ¥*8,290,000*
（材料費）（労務費）（経費）（月初仕掛品）（月末仕掛品）

売上原価　¥*2,150,000* + ¥*8,290,000* − ¥*2,300,000* + ¥*20,000* = ¥*8,160,000*
（期首棚卸高）（製造原価）（期末棚卸高）（材料消費価格差異）

**4**

| a | 当　期　材　料　費 | ¥*2,130,000* | b | 当　期　労　務　費 | ¥*1,224,000* |
|---|---|---|---|---|---|
| c | 当　期　経　費 | ¥ *810,000* | d | 当期製品製造原価 | ¥*4,091,000* |

## 第1章 個別原価計算

### 1. 原価計算表と仕掛品勘定

■基本問題（p.56）

**1**

仕 掛 品

| | | | | |
|---|---|---|---|---|
| 5/1 前 月 繰 越 | ( **5,000**\*1) | 5/20 製　　　品 | (**20,000**\*2) |
| 材　　　料 | ( **7,000** ) | 31 次 月 繰 越 | (**14,000**\*3) |
| 労　務　費 | (**10,000** ) | | |
| 経　　　費 | ( **4,000** ) | | |
| 製造間接費 | ( **8,000** ) | | |
| | (**34,000** ) | | (**34,000** ) |

\*1 前月（4月）での#101の仕掛品原価。

\*2 5月中に完成した製品（#101）の原価。

\*3 5月末で未完成となっている#102の仕掛品原価。

**2**

製造指図書#101 　　　　原 価 計 算 表 　　　着手 9月20日 完成 10月15日

| 直接材料費 | 直接労務費 | 直接経費 | 製造間接費 |
|---|---|---|---|
| （9月）　2,000 | 5,000 | 2,000 | 5,000 |
| （10月）　6,000 | 7,000 | 1,000 | 5,000 |
| ( **8,000**) | (**12,000**) | ( **3,000**) | (**10,000**) |

| 集　　　計 | |
|---|---|
| 摘　　要 | 金　　額 |
| 直 接 材 料 費 | ( **8,000**) |
| 直 接 労 務 費 | (**12,000**) |
| 直 接 経 費 | ( **3,000**) |
| 製 造 間 接 費 | (**10,000**) |
| 製 造 原 価 | (**33,000**) |
| 完 成 品 数 量 | 100個 |
| 製 品 単 価 | (￥ **330**) |

仕 掛 品

| | | | |
|---|---|---|---|
| 10/1 前 月 繰 越 | (**14,000**\*1) | 10/15 製　　　品 | (**33,000**\*6) |
| 材　　　料 | (**16,000**\*2) | 31 次 月 繰 越 | (**39,000**\*7) |
| 労　務　費 | (**22,000**\*3) | | |
| 経　　　費 | ( **5,000**\*4) | | |
| 製造間接費 | (**15,000**\*5) | | |
| | (**72,000** ) | | (**72,000** ) |

| | 借　　　　方 | 貸　　　　方 |
|---|---|---|
| 10月15日 | 製　　　品　　　　　　　33,000 | 仕　掛　品　　　　　　　33,000 |

　#101は前月に製造着手，当月完成となっている。#102は当月製造着手で月末現在，未完成である。

\*1 #101の9月分（前月）の直接材料費，直接労務費，直接経費，製造間接費を集計する。これが前月での仕掛品原価となる。

\*2 当月（10月）に消費した直接材料費#101の¥6,000と，#102の¥10,000をたした金額。\*3～\*5

も同じ考え方であり，\*2～5は当月消費分の製造費用をあらわしている。

\*6 当月の完成品をあらわしている。#101の製造原価¥33,000が当月完成品となる。

\*7 当月末での仕掛品（未完成品）で，#102の原価¥39,000が月末仕掛品原価となる。

3

(1)

仕　掛　品

| | | | |
|---|---|---|---|
| 10/1 前月繰越 | （110,000） | ⑤　製　　品 | （386,000） |
| ①　素　　材 | （130,000） | 10/31 次月繰越 | （224,000） |
| ②　賃　　金 | （150,000） | | |
| ③　経　　費 | （10,000） | | |
| ④　製造間接費 | （210,000） | | |
| | （610,000） | | （610,000） |

製　造　間　接　費

| | | | |
|---|---|---|---|
| ①　素　　材 | （20,000*1） | ④　仕　掛　品 | （210,000） |
| ②　賃　　金 | （50,000*2） | | |
| ③　経　　費 | （140,000*3） | | |
| | （210,000） | | （210,000） |

(2)

製造指図書#1　　　　　　　原　価　計　算　表　　　　着手　9月20日　完成　10月15日

| 直接材料費 | 直接労務費 | 直接経費 | 製造間接費 | 集　　　計 | | |
|---|---|---|---|---|---|---|
| | | | | 摘　　要 | 金　　額 | |
| （9月）　30,000 | 40,000 | 15,000 | 25,000 | 直接材料費 | 110,000 | |
| （10月）　80,000 | 70,000 | ―――― | 126,000*4 | 直接労務費 | 110,000 | |
| 110,000 | 110,000 | 15,000 | 151,000 | 直接経費 | 15,000 | |
| | | | | 製造間接費 | 151,000 | |
| | | | | 製造原価 | 386,000 | |
| | | | | 完成品数量 | 100個 | |
| | | | | 製品単価 | ¥ | 3,860 |

(3)

| 製造指図書＃2の仕掛品原価 | ¥　224,000 |
|---|---|

**解説**

①～③の当月の消費分を計算する。

① 素材　¥10,000＋¥160,000－¥20,000＝¥150,000

*1　¥150,000－（#1）¥80,000－（#2）¥50,000＝¥20,000

（借）仕掛品　130,000　　（貸）素　材　150,000
　　　製造間接費　20,000

② 賃金　¥190,000－¥40,000＋¥50,000＝¥200,000

*2　¥200,000－（#1）¥70,000－（#2）¥80,000＝¥50,000

（借）仕掛品　150,000　　（貸）賃　金　200,000
　　　製造間接費　50,000

③ 経費　¥100,000＋¥20,000＋¥30,000＝¥150,000

*3　¥150,000－（#2）¥10,000＝¥140,000

（借）仕掛品　10,000　　（貸）経　費　150,000
　　　製造間接費　140,000

④ 製造間接費の集計¥210,000を#1と#2に配賦する。

*4（#1）¥210,000×0.6＝¥126,000

（#2）¥210,000×0.4＝¥84,000

（借）仕掛品　210,000　　（貸）製造間接費　210,000

⑤ #1が完成し，仕掛品勘定から製品勘定に振り替える。
　　#2は月末仕掛品となる。

（借）製　　品　386,000　　（貸）仕掛品　386,000

―――#2原価計算表―――

| | |
|---|---|
| 直接材料費 | ¥　50,000 |
| 直接労務費 | 80,000 |
| 直接経費 | 10,000 |
| 製造間接費 | 84,000 |
| 計：製造原価 | ¥224,000 |

**1**

<table>
<tr><td colspan="4" align="center">仕　　掛　　品</td></tr>
<tr><td>前 月 繰 越</td><td>（ **30,000**<sup>*2)</sup>）</td><td>製　　品</td><td>（ **250,000**<sup>*6)</sup>）</td></tr>
<tr><td>材　　　料</td><td>（ **80,000**<sup>*3)</sup>）</td><td>次 月 繰 越</td><td>（ **60,000**<sup>*7)</sup>）</td></tr>
<tr><td>労　務　費</td><td>（ **110,000**<sup>*4)</sup>）</td><td></td><td></td></tr>
<tr><td>製造間接費</td><td>（ **90,000**<sup>*5)</sup>）</td><td></td><td></td></tr>
<tr><td></td><td>（ **310,000** ）</td><td></td><td>（ **310,000** ）</td></tr>
</table>

<table>
<tr><td colspan="4" align="center">製　　　　品</td></tr>
<tr><td>前 月 繰 越</td><td>（ **100,000**<sup>*1)</sup>）</td><td>売 上 原 価</td><td>（ **220,000**<sup>*8)</sup>）</td></tr>
<tr><td>仕　掛　品</td><td>（ **250,000**<sup>*6)</sup>）</td><td>次 月 繰 越</td><td>（ **130,000**<sup>*9)</sup>）</td></tr>
<tr><td></td><td>（ **350,000** ）</td><td></td><td>（ **350,000** ）</td></tr>
</table>

解説

*1 ＃1は前月で完成し，すでに製品となっている。したがって，製品勘定の前月繰越に記入。

*2 ＃2と＃3は前月に製造に着手しているので，月初仕掛品原価を前月繰越として記入。

*3 直接材料の当月消費高である。＃2，＃3，＃4の直接材料費の合計。

*4 直接労務費の当月消費高である。＃2，＃3，＃4

の直接労務費の合計。

*5 各指図書への製造間接費の配賦額である。＃2，＃3，＃4の製造間接費の合計。

*6 当月完成品。＃2と＃3の製造原価の合計。

*7 当月末の仕掛品(未完成品)。＃4の集計金額。

*8 当月完成品の引渡分。＃1，＃2の合計。

*9 月末在庫(未渡製品)。＃3の集計金額。

**2**

| (1) | 製造指図書＃1の製造原価 | ￥ | **1,345,000** |
| --- | --- | --- | --- |
| | 製造指図書＃2の製造原価 | ￥ | **970,000** |

(2)

<table>
<tr><td colspan="4" align="center">仕　　掛　　品</td></tr>
<tr><td>前 月 繰 越</td><td>（ **225,000** ）</td><td>製　　品</td><td>（ **1,345,000**）</td></tr>
<tr><td>素　　材</td><td>（ **620,000** ）</td><td>次 月 繰 越</td><td>（ **970,000**）</td></tr>
<tr><td>賃　　金</td><td>（ **700,000** ）</td><td></td><td></td></tr>
<tr><td>経　　費</td><td>（ **120,000** ）</td><td></td><td></td></tr>
<tr><td>製造間接費</td><td>（ **650,000** ）</td><td></td><td></td></tr>
<tr><td></td><td>（ **2,315,000**）</td><td></td><td>（ **2,315,000**）</td></tr>
</table>

解説

* 略式の原価計算表を作る。

| | ＃1 | ＃2 | 合計 |
| --- | --- | --- | --- |
| 月初仕掛品 ￥ | 225,000 | —— | ￥　225,000 |
| 直接材料費 | 300,000 | ￥ 320,000 | 620,000 |
| 直接労務費 | 360,000 | 340,000 | 700,000 |
| 直 接 経 費 | 70,000 | 50,000 | 120,000 |
| 製造間接費* | （ 390,000） | （260,000） | （ 650,000） |
| 計：製造原価 | ￥(*1,345,000*) | ￥(*970,000*) | ￥(*2,315,000*) |
| | 完成 | 未完成 | |

資料①②③から当月製造間接費発生額を求める。

① 素材　￥125,000＋￥850,000－￥135,000＝￥840,000

　　￥840,000－(＃1)￥300,000－(＃2)￥320,000＝￥220,000

　　工場消耗品　￥30,000＋￥120,000－￥40,000＝￥110,000

② 賃金　￥780,000＋￥20,000－￥40,000＋￥30,000＝￥790,000

　　￥790,000－(＃1)￥360,000－(＃2)￥340,000＝￥90,000

③ 経費　￥350,000－(＃1)￥70,000－(＃2)￥50,000＝￥230,000

<table>
<tr><td colspan="4" align="center">製 造 間 接 費</td></tr>
<tr><td>素　　材</td><td>220,000</td><td>仕　掛　品</td><td>650,000</td></tr>
<tr><td>工場消耗品</td><td>110,000</td><td></td><td></td></tr>
<tr><td>賃　　金</td><td>90,000</td><td></td><td></td></tr>
<tr><td>経　　費</td><td>230,000</td><td></td><td></td></tr>
<tr><td></td><td>650,000</td><td></td><td>650,000</td></tr>
</table>

* 製造間接費を＃1と＃2に3：2の割合で配賦。

(＃1)　$￥650,000 \times \dfrac{3}{3+2} = ￥390,000$

(＃2)　$￥650,000 \times \dfrac{2}{3+2} = ￥260,000$

■基本問題（p.62）

**1**

(1) 製造間接費の配賦率の計算式

$$\frac{¥480,000}{¥600,000} \times 100 = 80^{*1}$$

配賦率＝ **80%**

解説　＊1　配賦率 $\dfrac{1原価計算期間の製造間接費総額}{1原価計算期間の直接材料費総額} \times 100(\%)$

(2)

製 造 間 接 費 配 賦 表

令和○年５月分

| 令和○年 | | 製造指図書番号 | 配 賦 率 | 配 賦 基 準 | 配 賦 額 | 備　考 |
|---|---|---|---|---|---|---|
| 5 | 31 | ＃　1 | 80　% | 300,000*2 | 240,000*3 | |
| | 〃 | ＃　2 | 80　% | 200,000 | 160,000*4 | |
| | 〃 | ＃　3 | 80　% | 100,000 | 80,000*5 | |
| | | | | 600,000*6 | 480,000*7 | |

(3)

| 借 | 方 | | 貸 | 方 | |
|---|---|---|---|---|---|
| 仕　掛　品 | 480,000 | | 製造間接費 | 480,000 | |

解説

(2) ＊2　資料②の＃1の直接材料費（配賦基準値）　　＊5　¥100,000×80％＝¥80,000

　　＊3　¥300,000×80％＝¥240,000　　　　　　　　＊6　集計：直接材料費総額

　　＊4　¥200,000×80％＝¥160,000　　　　　　　　＊7　集計：製造間接費総額

(3) 製造間接費が配賦されると，製造間接費勘定から仕掛品勘定に間接費が振り替えられる。

| 製 造 間 接 費 | | | 仕 掛 品 | |
|---|---|---|---|---|
| 発 生 額 | 配 賦 額 | ⇨⇨⇨ | 配 賦 額 | |

**2**

(1) 製造間接費の配賦率の計算式

$$\frac{¥630,000}{¥900,000} \times 100 = 70^{*1}$$

配賦率＝ **70%**

(2)

製 造 間 接 費 配 賦 表

令和○年５月分

| 令和○年 | | 製造指図書番号 | 配 賦 率 | 配 賦 基 準 | 配 賦 額 | 備　考 |
|---|---|---|---|---|---|---|
| 5 | 31 | ＃　1 | 70　% | 400,000 | 280,000*2 | |
| | 〃 | ＃　2 | 70　% | 300,000 | 210,000 | |
| | 〃 | ＃　3 | 70　% | 200,000 | 140,000 | |
| | | | | 900,000 | 630,000*3 | |

(3)

| 借 | 方 | | 貸 | 方 | |
|---|---|---|---|---|---|
| 仕　掛　品 | 630,000 | | 製造間接費 | 630,000 | |

解説　＊1　製造間接費を配賦基準（この場合は直接材料費）で割り，配賦率を計算する。

　　＊2　各指図書の配賦基準に配賦率を掛ける。

　　＊3　製造間接費総額であることを確認する。

**3**

(1) 製造間接費の配賦率の計算式

$$\frac{¥1,200,000}{¥800,000} \times 100 = 150^{*1}$$ 　　配賦率 ＝ 150%

(2) 各製品への配賦額の計算式*2

#1　¥300,000×150%＝¥450,000　配賦額　¥450,000

#2　¥100,000×150%＝¥150,000　配賦額　¥150,000

#3　¥400,000×150%＝¥600,000　配賦額　¥600,000

*1　製造間接費を配賦基準（この場合は直接労務費）で割り，配賦率を計算する。

*2　各指図書の配賦基準（この場合は直接労務費）に配賦率を掛け配賦額を計算する。#1，#2，#3の配賦額合計が製造間接費総額になることを確認する。

**4**

各製品への配賦額の計算式

#1　$¥1,200,000 \times \dfrac{80時間}{150時間} = ¥640,000$　配賦額　¥640,000

#2　$¥1,200,000 \times \dfrac{40時間}{150時間} = ¥320,000$　配賦額　¥320,000

#3　$¥1,200,000 \times \dfrac{30時間}{150時間} = ¥240,000$　配賦額　¥240,000

機械運転時間を配賦基準として，配賦額を計算する。#1，#2，#3の配賦額合計が製造間接費総額になることを確認する。

■応用問題（p.64）

**1**

(1) 直接労務費法

| 配　賦　率 | 120 | | %*1 |
|---|---|---|---|
| 指図書番号 | 配　賦　額 | | 製造原価 |
| #1 | ア ¥24,000 | エ | ¥84,000 |
| #2 | イ ¥24,000 | オ | ¥79,000 |
| #3 | ウ ¥12,000 | カ | ¥47,000 |

(2) 製造直接費法

| 配　賦　率 | 40 | | %*2 |
|---|---|---|---|
| 指図書番号 | 配　賦　額 | | 製造原価 |
| #1 | ア ¥24,000 | エ | ¥84,000 |
| #2 | イ ¥22,000 | オ | ¥77,000 |
| #3 | ウ ¥14,000 | カ | ¥49,000 |

(3) 機械運転時間法

| 配　賦　率 | ¥200／1時間あたり*3 | | |
|---|---|---|---|
| 指図書番号 | 配　賦　額 | | 製造原価 |
| #1 | ア ¥30,000 | エ | ¥90,000 |
| #2 | イ ¥16,000 | オ | ¥71,000 |
| #3 | ウ ¥14,000 | カ | ¥49,000 |

(4) 直接作業時間法

| 配　賦　率 | ¥500／1時間あたり*4 | | |
|---|---|---|---|
| 指図書番号 | 配　賦　額 | | 製造原価 |
| #1 | ア ¥25,000 | エ | ¥85,000 |
| #2 | イ ¥20,000 | オ | ¥75,000 |
| #3 | ウ ¥15,000 | カ | ¥50,000 |

**解説**

(1) *1　直接労務費を基準に配賦

$$\frac{¥60,000}{¥50,000} \times 100 = 120(\%)$$

*配賦額

#1　¥20,000×120%＝¥24,000

#2　¥20,000×120%＝¥24,000

#3　¥10,000×120%＝¥12,000

*製造原価

#1　¥30,000+¥20,000+¥10,000+¥24,000＝¥84,000

#2　¥30,000+¥20,000+ ¥5,000+¥24,000＝¥79,000

#3　¥20,000+¥10,000+ ¥5,000+¥12,000＝¥47,000

(2) *2　直接費の合計額を基準に配賦

$$\frac{¥60,000}{¥80,000+¥50,000+¥20,000} \times 100 = 40(\%)$$

*　配賦額

#1　（¥30,000+¥20,000+¥10,000）×40%＝¥24,000

#2　（¥30,000+¥20,000+ ¥5,000）×40%＝¥22,000

#3　（¥20,000+¥10,000+ ¥5,000）×40%＝¥14,000

\* 製造原価

#1 ￥30,000+￥20,000+￥10,000+￥24,000=￥84,000

#2 ￥30,000+￥20,000+￥5,000+￥22,000=￥77,000

#3 ￥20,000+￥10,000+￥5,000+￥14,000=￥49,000

(3) \*3 機械運転時間を基準に配賦

$$\frac{￥60,000}{300時間}=@￥200$$

\*配賦額

#1 @￥200×150時間=￥30,000

#2 @￥200×80時間=￥16,000

#3 @￥200×70時間=￥14,000

\*製造原価

#1 ￥30,000+￥20,000+￥10,000+￥30,000=￥90,000

#2 ￥30,000+￥20,000+￥5,000+￥16,000=￥71,000

#3 ￥20,000+￥10,000+￥5,000+￥14,000=￥49,000

(4) \*4 直接作業時間を基準に配賦

$$\frac{￥60,000}{120時間}=@￥500$$

\*配賦額

#1 @￥500×50時間=￥25,000

#2 @￥500×40時間=￥20,000

#3 @￥500×30時間=￥15,000

\*製造原価

#1 ￥30,000+￥20,000+￥10,000+￥25,000=￥85,000

#2 ￥30,000+￥20,000+￥5,000+￥20,000=￥75,000

#3 ￥20,000+￥10,000+￥5,000+￥15,000=￥50,000

\* 製造間接費の配賦基準により製造原価に違いが生じることを理解する。

## 3. 製造間接費の予定配賦

■基本問題（p.66）

①

| 予定配賦率 | ￥ **150** | |
|---|---|---|
| #1の配賦額 | ￥**45,000** | #2の配賦額 ￥**30,000** |

 予定配賦率 $\dfrac{￥1,800,000}{12,000時間}=@￥150$

#1の配賦額 @￥150×300時間=￥45,000

#2の配賦額 @￥150×200時間=￥30,000

②

| | 借 方 | 貸 方 |
|---|---|---|
| (1) | 仕 掛 品 **504,000**\*1 | 製 造 間 接 費 **504,000** |
| (2) | 製 造 間 接 費 **505,000** | 工 場 消 耗 品 **130,000** |
| | | 健 康 保 険 料 **70,000** |
| | | 電 力 料 **93,000** |
| | | 水 道 料 **100,000** |
| | | 保 険 料 **30,000** |
| | | 減 価 償 却 費 **82,000** |
| (3) | 製造間接費配賦差異 **1,000**\*2 | 製 造 間 接 費 **1,000** |
| (4) | 売 上 原 価 **25,000** | 製造間接費配賦差異 **25,000** |

製 造 間 接 費 予 定 配 賦 表

| 令和○年 | 製造指図書番号 | 予定配賦率 | 配賦基準 | 予定配賦額 | 備 考 |
|---|---|---|---|---|---|
| 省略 | #21 | **3,600** | **80時間** | **288,000** | |
| | #22 | **3,600** | **60時間** | **216,000** | |
| | | | **140時間** | **504,000** | |

\*1 $\dfrac{￥9,000,000}{2,500時間}=@￥3,600$

#21の予定配賦額 @￥3,600×80時間=￥288,000

#22の予定配賦額 @￥3,600×60時間=￥216,000

（#21）￥288,000+（#22）￥216,000=￥504,000

\*2 製造間接費の実際発生額（借方）￥505,000と予定配賦額（貸方）￥504,000との差額￥1,000を製造間接費配賦差異勘定の借方（過小配賦）に振り替える。

**1**

製造指図書 #101

原 価 計 算 表

| 直接材料費 | 直接賃金 | | | 製造間接費 | | | 集　計 | |
|---|---|---|---|---|---|---|---|---|
| | 作業時間 | 賃率 | 金額 | 作業時間 | 配賦率 | 金額 | 摘要 | 金額 |
| *350,000* | 100 | **400**[*1] | **40,000** | 100[*2] | **700**[*5] | **70,000** | 直接材料費 | **470,000** |
| *120,000* | 200 | **400** | **80,000** | 200[*3] | **700** | **140,000** | 直接労務費 | **280,000** |
| —— | 400 | **400** | **160,000** | 400[*4] | **700** | **280,000** | 製造間接費 | **490,000** |
| **470,000** | | | **280,000** | | | **490,000** | 製造原価 | **1,240,000** |
| | | | | | | | 完成品数量 | 10台 |
| | | | | | | | 製品単価 | **¥124,000** |

解説

*1　予定賃率　$\dfrac{¥6,000,000}{15,000時間}=@¥400$

*2*3*4は直接賃金欄の作業時間を記入。

*5　予定配賦率　$\dfrac{¥10,500,000}{15,000時間}=@¥700$

**2**

| | 借　方 | 貸　方 |
|---|---|---|
| (1) | 製造間接費配賦差異 **40,000** | 製　造　間　接　費 **40,000** |
| (2) | 製　造　間　接　費 **30,000** | 製造間接費配賦差異 **30,000** |
| (3) | 売　上　原　価 **30,000** | 製造間接費配賦差異 **30,000** |
| (4) | 製造間接費配賦差異 **30,000** | 売　上　原　価 **30,000** |

解説

(1)

過小配賦の場合(不利差異・借方差異)

(2)

過大配賦の場合(有利差異・貸方差異)

(3)

過小配賦(借方残)のため製造間接費配賦差異勘定の貸方と売上原価勘定の借方に記入。

(4)

過大配賦(貸方残)のため製造間接費配賦差異勘定の借方と売上原価勘定の貸方に記入。

**3**

(1)

| | | 借　　　　方 | | 貸　　　　方 | |
|---|---|---|---|---|---|
| 1月8日 | | 素　　　　　　材 | 2,400,000 | 買　　掛　　金 | 2,700,000 |
| | | 工　場　消　耗　品 | 300,000 | | |
| 9日 | | 電　　力　　料 | 260,000 | 当　座　預　金 | 655,000 |
| | | 保　　険　　料 | 360,000 | | |
| | | 雑　　　　　費 | 35,000 | | |
| 12日 | | 仕　　掛　　品 | 2,730,000 | 素　　　　　材 | 2,730,000*1 |
| 25日 | | 賃　　　　　金 | 1,168,000 | 所　得　税　預　り　金 | 146,000 |
| | | | | 健　康　保　険　料　預　り　金 | 82,000 |
| | | | | 現　　　　　金 | 940,000 |
| 31日 | ① | 製　造　間　接　費 | 200,000 | 工　場　消　耗　品 | 200,000*2 |
| | ② | 仕　　掛　　品 | 756,000 | 消　費　賃　金 | 1,056,000*3 |
| | | 製　造　間　接　費 | 300,000 | | |
| | ③ | 製　造　間　接　費 | 82,000 | 健　康　保　険　料 | 82,000*4 |
| | ④ | 製　造　間　接　費 | 570,000 | 電　　力　　料 | 286,000 |
| | | | | 保　　険　　料 | 60,000 |
| | | | | 減　価　償　却　費 | 194,000 |
| | | | | 雑　　　　　費 | 30,000 |
| | ⑤ | 仕　　掛　　品 | 1,134,000 | 製　造　間　接　費 | 1,134,000*5 |
| | ⑥ | 製　　　　　品 | 3,728,000 | 仕　　掛　　品 | 3,728,000*6 |
| | ⑦ | 消　費　賃　金 | 1,091,200 | 賃　　　　　金 | 1,091,200 |
| | ⑧ | 賃　率　差　異 | 35,200 | 消　費　賃　金 | 35,200*7 |
| | ⑨ | 製造間接費配賦差異 | 18,000 | 製　造　間　接　費 | 18,000*8 |

(2)

| 賃　　　金 | | | | | |
|---|---|---|---|---|---|
| 1/25 諸　口 | 1,168,000 | 1/1 前月繰越 | 400,000 | | |
| 31 次月繰越 | 323,200 | 31 消費賃金 | 1,091,200 | | |
| | 1,491,200 | | 1,491,200 | | |

| 仕　　掛　　品 | | | |
|---|---|---|---|
| 1/1 前月繰越 | 1,118,000 | 1/31 製　品 | 3,728,000 |
| 12 素　材 | 2,730,000 | 〃 次月繰越 | 2,010,000 |
| 31 消費賃金 | 756,000 | | |
| 〃 製造間接費 | 1,134,000 | | |
| | 5,738,000 | | 5,738,000 |

(3)

製造指図書#1

原 価 計 算 表

| 直接材料費 | 直接労務費 | 製造間接費 | | | 集　計 | |
| --- | --- | --- | --- | --- | --- | --- |
| | | 時　間 | 配賦率 | 金　額 | 摘　要 | 金　額 |
| 638,000 | 192,000 | 320 | 900 | 288,000 | 直接材料費 | 2,198,000 |
| 1,560,000 | 420,000 | 700 | 900 | 630,000 | 直接労務費 | 612,000 |
| 2,198,000 | 612,000 | | | 918,000 | 製造間接費 | 918,000 |
| | | | | | 製 造 原 価 | 3,728,000 |
| | | | | | 完成品数量 | 2,000個 |
| | | | | | 製 品 単 価 | ¥　1,864 |

* 1　素材の消費高（移動平均法）

| 1/1 前月繰越 | 2,000個 | @¥750 | ¥1,500,000 |
| --- | --- | --- | --- |
| 8　購　入 | 3,000個 | @¥800 | ¥2,400,000 |
| 合計 | 5,000個 | | ¥3,900,000 |
| 平均単価 | ¥3,900,000÷5,000個＝@¥780 | | |

#1　@¥780×2,000個＝¥1,560,000 ⎫
#2　@¥780×1,500個＝¥1,170,000 ⎭ 計¥2,730,000

* 2　工場消耗品の消費高（棚卸計算法）

| 月　初 | 400個 | | |
| --- | --- | --- | --- |
| 当　月 | 1,500個 | 月　末 | 900個 |

消費数量
400個＋1,500個－900個＝1,000個

消費高　@¥200×1,000個＝¥200,000

工場消耗品は間接材料となるため製造間接費勘定に振り替える。

* 3　賃金予定消費高（予定賃率@¥600）

#1　　@¥600×700時間＝¥420,000

#2　　@¥600×560時間＝¥336,000

間接作業　@¥600×500時間＝¥300,000

* 4　健康保険料の事業主負担分は製造間接費として製造原価に含める。

* 5　製造間接費の予定配賦　予定配賦率＝$\dfrac{¥13,500,000}{15,000時間}$＝@¥900

#1　@¥900×700時間＝¥630,000 ⎫
#2　@¥900×560時間＝¥504,000 ⎭ 計¥1,134,000

* 6　指図書#1の製品が完成したので，製造原価を製品勘定に振り替える。

* 7

予定消費賃金(¥1,056,000)と実際消費賃金(¥1,091,200)を比較し，差異(¥35,200)を賃率差異勘定に振り替える。

\*8

| 製 造 間 接 費 | | | |
|---|---|---|---|
| 実際発生額 | 1,152,000 | 予定配賦額 | 1,134,000 |
| | | 配賦差異 | 18,000 |

| 製造間接費配賦差異 | |
|---|---|
| | 18,000 |

予定製造間接費配賦額（¥1,134,000）と実際発生額（¥1,152,000）を比較し，差異（¥18,000）を製造間接費配賦差異勘定に振り替える。

—— # 2 ——

直接材料費　@¥780×1,500 個＝¥1,170,000
直接労務費　@¥600×560時間＝　336,000
製造間接費　@¥900×560時間＝　504,000
　　　　　　　　　　　　　　¥2,010,000　⇨　仕掛品勘定の次月繰越（月末仕掛品）になる。

**4**

(1)

| 借　　　方 | | 貸　　　方 | |
|---|---|---|---|
| 仕　掛　品 | 500,000 | 製造間接費 | 500,000 |

(2) 製造指図書# 1

**原 価 計 算 表**

| 直接材料費 | 直接労務費 | 製造間接費 | | | 集　　　計 | |
|---|---|---|---|---|---|---|
| | | 時　間 | 配賦率 | 金　額 | 摘　要 | 金　額 |
| 70,000 | 110,000 | 80 | 2,500 | 200,000 | 直接材料費 | 70,000 |
| | | | | 200,000 | 直接労務費 | 110,000 |
| | | | | | 製造間接費 | 200,000 |
| | | | | | 製造原価 | 380,000 |
| | | | | | 完成品数量 | 100個 |
| | | | | | 製品単価 | ¥　3,800 |

(3)

| 仕　　掛　　品 | | | |
|---|---|---|---|
| 素　　　材 | 285,000 | (製　　　品) | ( 380,000) |
| 賃　　　金 | 230,000 | 次 月 繰 越 | ( 654,000) |
| 外注加工賃 | 19,000 | | |
| (製造間接費) | ( 500,000) | | |
| | (1,034,000) | | (1,034,000) |

| 製 造 間 接 費 | | | |
|---|---|---|---|
| (諸　　口) | (490,000) | (仕 掛 品) | (500,000) |
| (製造間接費)(配賦差異) | ( 10,000) | | |
| | (500,000) | | (500,000) |

| 製造間接費配賦差異 | | | |
|---|---|---|---|
| 次 月 繰 越 | ( 10,000) | (製造間接費) | ( 10,000) |

**解説**

(1) 予定配賦率　$\dfrac{¥7,500,000}{3,000時間}$＝@¥2,500

予定配賦額　@¥2,500×（80時間＋70時間＋50時間）＝¥500,000

(3) 個別原価計算では，完成したA製品のみが仕掛品勘定から製品勘定へ振り替えられるので，製造指図書# 1の原価計算表から以下の仕訳をする。

（借）製　　品 380,000　（貸）仕　掛　品 380,000
仕掛品勘定には製造間接費の予定配賦額が記入されることに注意する。

（借）仕 掛 品 500,000　（貸）製造間接費 500,000
製造間接費配賦差異は製造間接費勘定で把握される。

| 製 造 間 接 費 | | | |
|---|---|---|---|
| 実際発生額 | 490,000 | 予定配賦額 | 500,000 |
| 配賦差異 | 10,000 | | |

**34**

**1**

| a | ¥ *1,962,000* | b | ¥ *1,197,000* | c | 売 上 原 価 |
|---|---|---|---|---|---|

**解説**

直接労務費　（¥2,267,000 − ¥302,000 + ¥284,000） − ¥287,000 = ¥1,962,000

素材 above: 賃金総額　賃金(間接労務費)

製造間接費の実際発生額

（¥19,000 + ¥275,000 − ¥31,000） + ¥287,000 + ¥342,000 + ¥125,000 + ¥180,000 = ¥1,197,000

工場消耗品　　賃金(間接労務費)　給料　電力料　減価償却費

**2**

| a | ¥ *3,910,000* | b | ¥ *1,935,000* |
|---|---|---|---|

**解説**

直接労務費は，仕掛品勘定から読み取る。

製造間接費の実際発生額

（¥37,000 + ¥256,000 − ¥41,000） + （¥4,563,000 − ¥853,000 + ¥795,000 − ¥3,910,000） + ¥620,000 + ¥174,000 + ¥294,000 = ¥1,935,000

工場消耗品　　　　　　賃金(間接労務費)　　　　　　　　　給料　電力料　減価償却費

または，勘定記録から製造間接費の予定配賦額と配賦差異がわかるため，

¥1,955,000 − ¥20,000 = ¥1,935,000と計算してもよい。

**3**

| a | ¥ *5,755,000* | b | ¥ *1,178,000* |
|---|---|---|---|

**解説**

製造直接費

（¥337,000 + ¥2,415,000 − ¥402,000） + ¥2,983,000 + （¥284,000 + ¥65,000 + ¥73,000） = ¥5,755,000

素材　　　　　　賃金(直接労務費)　　外注加工賃

製造間接費の実際発生額

¥175,000 + （¥3,190,000 − ¥297,000 + ¥364,000 − ¥2,983,000） + ¥355,000 + ¥164,000 + ¥210,000 = ¥1,178,000

工場消耗品　　　　賃金(間接労務費)　　　　　　　給料　電力料　減価償却費

**4**

| a | ¥ *2,260,000* | b | ¥ *5,000* |
|---|---|---|---|

**解説**

a．¥900 × 400時間 + ¥1,340,000 + ¥412,000 + ¥148,000 = ¥2,260,000

b．製造間接費の予定配賦額　¥780 × 4,100時間 = ¥3,198,000

　　製造間接費の実際発生額

　　¥246,000 + ¥272,000 + ¥360,000 + ¥1,340,000 + ¥412,000 + ¥148,000 + ¥240,000 + ¥185,000 = ¥3,203,000

　　素材　工場消耗品　賃金　給料　退職給付費用　健康保険料　水道料　減価償却費

　　¥3,198,000 − ¥3,203,000 = −¥5,000（製造間接費配賦差異）

■基本問題（p.74）

1

| | 借　　方 | 貸　　方 |
|---|---|---|
| (1) | 仕　損　費　100,000 | 素　　　材　20,000 |
| | | 賃　　　金　30,000 |
| | | 製造間接費　50,000 |
| (2) | 仕　掛　品　100,000 | 仕　損　費　100,000 |
| (3) | 仕　損　品　50,000 | 仕　掛　品　150,000 |
| | 仕　損　費　100,000 | |
| | 仕　掛　品　100,000 | 仕　損　費　100,000 |
| (4) | 仕　損　品　20,000 | 仕　掛　品　60,000 |
| | 仕　損　費　40,000 | |
| | 製造間接費　40,000 | 仕　損　費　40,000 |
| (5) | 作業くず　10,000 | 仕　掛　品　10,000 |
| (6) | 現　　　金　10,000 | 作業くず　10,000 |
| (7) | 現　　　金　5,000 | 雑　　　益　5,000 |
| (8) | 作業くず　23,000 | 仕　掛　品　23,000 |

(1) 補修可能な仕損じとして処理する。

(2) 製造指図書＃1に賦課すると，仕掛品勘定に振り替えられる。

(3) 全部仕損じとなった場合である。

製造原価¥150,000－仕損品評価額¥50,000

＝¥100,000（仕損費）

(4) 一部仕損じの場合である。

新指図書の製造原価¥60,000－

仕損品評価額¥20,000＝¥40,000（仕損費）

(7) 発生時に作業くずを評価していない場合は，売却時に雑益勘定で処理する。

■応用問題（p.75）

1

製造指図書別原価計算表

| 摘　要 | ＃1 | ＃2 | ＃3 | ＃4 | ＃1-1 | ＃2-1 | ＃3-1 |
|---|---|---|---|---|---|---|---|
| 直接材料費 | 10,000 | 12,000 | 14,000 | 7,000 | 4,000 | 12,000 | 6,000 |
| 直接労務費 | 20,000 | 25,000 | 30,000 | 15,000 | 5,000 | 20,000 | 10,000 |
| 製造間接費 | (24,000*1) | (30,000) | (36,000) | (18,000) | (6,000) | (24,000) | (12,000) |
| 合　計 | (54,000) | (67,000) | (80,000) | (40,000) | (15,000) | (56,000) | (28,000) |
| 仕損品評価額 | (——) | (△50,000) | (——) | (——) | (——) | (——) | (△10,000) |
| 仕　損　費 | (15,000*2) | (△17,000) | (18,000) | (——) | (△15,000) | (17,000*3) | (△18,000) |
| 差引：計 | (69,000) | (0) | (98,000) | (40,000) | (0) | (73,000) | (0) |
| 備　考 | 完　成 | #2-1に賦課 | 完　成 | 未完成 | ＃1に賦課 | 完　成 | ＃3に賦課 |

＊1　直接労務費に対して120％の製造間接費の配賦

¥20,000×120％＝¥24,000

＊2　＃1-1に集計された製造原価¥15,000が仕損費となる。

＊3　＃2に集計された製造原価¥67,000から仕損品評価額¥50,000を控除した額が仕損費となる。

| | 借　　方 | | 貸　　方 | |
|---|---|---|---|---|
| (1) | 仕　損　費 | 220,000 | 素　　　材 | 80,000 |
| | | | 賃　　　金 | 110,000 |
| | | | 製造間接費 | 30,000 |
| (2) | 作 業 く ず | 16,000 | 製造間接費 | 16,000 |
| (3) | 仕　損　品 | 45,000 | 仕　掛　品 | 370,000 |
| | 仕　損　費 | 325,000 | | |

解説
(1) 補修可能な仕損品として処理する。
(2) 作業くずの発生が製造指図書ごとに把握できないときは，製造間接費から差し引く。

■検定問題（p.76）

| | 借　　方 | | 貸　　方 | |
|---|---|---|---|---|
| (1) | 仕　損　費 | 103,000 | 素　　　材 | 25,000 |
| | | | 賃　　　金 | 78,000 |
| (2) | 作 業 く ず | 26,000 | 仕　掛　品 | 26,000 |
| (3) | 仕　掛　品 | 7,000 | 仕　損　費 | 7,000 |
| (4) | 仕　掛　品 | 112,000 | 仕　損　費 | 112,000 |
| (5) | 仕　損　品 | 89,000 | 仕　掛　品 | 860,000 |
| | 仕　損　費 | 771,000 | | |
| (6) | 現　　　金 | 2,000 | 雑　　　益 | 2,000 |
| (7) | 作 業 く ず | 30,000 | 製造間接費 | 30,000 |
| (8) | 仕　損　費 | 99,000 | 素　　　材 | 42,000 |
| | | | 賃　　　金 | 57,000 |

解説
(3) 補修指図書に集計された仕損費を製造指図書に賦課する場合には，仕損費勘定から仕掛品勘定に振り替える。
(5) 全部仕損じの場合には，旧製造指図書に集計された原価から評価額を仕損品勘定に振り替え，残額を仕損費勘定に振り替える。
(6) 評価しないでおいた作業くずを売却した場合には，雑益勘定で処理する。
(7) 製造指図書別に発生額を区別できない作業くずの評価額については，製造間接費勘定から作業くず勘定に振り替える。

## 第2章　部門別計算

### 1．部門別計算の手続き

■基本問題（p.78）

1

部 門 費 配 分 表

| 費　　目 | 配賦基準 | 金　額 | 製造部門 | | 補助部門 | | |
|---|---|---|---|---|---|---|---|
| | | | 第1部門 | 第2部門 | 動力部門 | 修繕部門 | 工場事務部門 |
| 間接材料費 | | 30,000 | 10,000 | 10,000 | 3,000 | 7,000 | —— |
| 間 接 賃 金 | | 70,000 | 20,000 | 30,000 | 5,000 | 5,000 | 10,000 |
| 部門個別費合計 | | 100,000 | 30,000 | 40,000 | 8,000 | 12,000 | 10,000 |
| 部 門 共 通 費 | | | | | | | |
| 間 接 賃 金 | 従業員数 | 60,000 | 24,000*1 | 24,000*2 | 3,000*3 | 6,000 | 3,000 |
| 建物減価償却費 | 床 面 積 | 40,000 | 20,000*4 | 16,000*5 | 2,000*6 | 1,000 | 1,000 |
| 保 険 料 | 床 面 積 | 10,000 | 5,000*7 | 4,000*8 | 500*9 | 250 | 250 |
| 電 力 料 | kW数×運転時間数 | 80,000 | 40,000*10 | 32,000*11 | 4,000*12 | 3,200 | 800 |
| 部門共通費合計 | | 190,000 | 89,000*13 | 76,000 | 9,500 | 10,450 | 5,050 |
| 部 門 費 合 計 | | 290,000 | 119,000*14 | 116,000 | 17,500 | 22,450 | 15,050 |

| 借　　　方 | | 貸　　　方 | |
|---|---|---|---|
| 第 1 製造部門費 | *119,000* | 製造間接費 | *290,000* |
| 第 2 製造部門費 | *116,000* | | |
| 動 力 部 門 費 | *17,500* | | |
| 修 繕 部 門 費 | *22,450* | | |
| 工場事務部門費 | *15,050* | | |

解説

〈部門共通費の配賦〉

〔間接賃金〕 従業員数を基準に配賦

$*1 \quad ¥60,000 \times \dfrac{40人}{40人+40人+5人+10人+5人} = ¥24,000$

$*2 \quad ¥60,000 \times \dfrac{40人}{100人} = ¥24,000$

$*3 \quad ¥60,000 \times \dfrac{5人}{100人} = ¥3,000$

・以下，修繕部門，工場事務部門も同様に計算する。

〔建物減価償却費〕 床面積を基準に配賦

$*4 \quad ¥40,000 \times \dfrac{1,000㎡}{1,000㎡+800㎡+100㎡+50㎡+50㎡} = ¥20,000$

〔電力料〕 kW数×運転時間数を基準に配賦

$*10 \quad ¥80,000 \times \dfrac{100kW \times 50時間}{(100kW \times 50時間)+(200kW \times 20時間)+(50kW \times 10時間)+(40kW \times 10時間)+(10kW \times 10時間)} = ¥40,000$

$*11 \quad ¥80,000 \times \dfrac{4,000}{10,000} = ¥32,000$

$*12 \quad ¥80,000 \times \dfrac{500}{10,000} = ¥4,000$

$*5 \quad ¥40,000 \times \dfrac{800㎡}{2,000㎡} = ¥16,000$

$*6 \quad ¥40,000 \times \dfrac{100㎡}{2,000㎡} = ¥2,000$

〔保険料〕 床面積を基準に配賦

$*7 \quad ¥10,000 \times \dfrac{1,000㎡}{1,000㎡+800㎡+100㎡+50㎡+50㎡} = ¥5,000$

$*8 \quad ¥10,000 \times \dfrac{800㎡}{2,000㎡} = ¥4,000$

$*9 \quad ¥10,000 \times \dfrac{100㎡}{2,000㎡} = ¥500$

$*13 \quad *1+*4+*7+*10 = ¥89,000$

$*14 \quad 部門個別費合計+*13 = ¥30,000+¥89,000 = ¥119,000$

2

部 門 費 配 分 表

| 費　　　目 | 配賦基準 | 金　　　額 | 製 造 部 門 | | 補 助 部 門 | | |
|---|---|---|---|---|---|---|---|
| | | | 第1部門 | 第2部門 | 動力部門 | 修繕部門 | 工場事務部門 |
| 間接材料費 | | *49,000* | *20,000* | *15,000* | *5,000* | *9,000* | —— |
| 間 接 賃 金 | | *160,000* | *60,000* | *50,000* | *10,000* | *10,000* | *30,000* |
| 部門個別費合計 | | *209,000* | *80,000* | *65,000* | *15,000* | *19,000* | *30,000* |
| 部 門 共 通 費 | | | | | | | |
| 間 接 賃 金 | 従業員数 | *100,000* | *50,000*<sup>*1</sup> | *40,000*<sup>*2</sup> | *5,000*<sup>*3</sup> | *2,500*<sup>*4</sup> | *2,500* |
| 建物減価償却費 | 床 面 積 | *240,000* | *120,000*<sup>*5</sup> | *96,000*<sup>*6</sup> | *16,000*<sup>*7</sup> | *4,000*<sup>*8</sup> | *4,000* |
| 保 険 料 | 床 面 積 | *30,000* | *15,000* | *12,000* | *2,000* | *500* | *500* |
| 電 力 料 | kW数×運転時間数 | *160,000* | *80,000*<sup>*9</sup> | *64,000*<sup>*10</sup> | *8,000*<sup>*11</sup> | *6,400*<sup>*12</sup> | *1,600* |
| 部門共通費合計 | | *530,000* | *265,000* | *212,000* | *31,000* | *13,400* | *8,600* |
| 部門費合計 | | *739,000* | *345,000* | *277,000* | *46,000* | *32,400* | *38,600* |

| 借　　　方 | | 貸　　　方 | |
|---|---|---|---|
| 第１製造部門費 | 345,000 | 製 造 間 接 費 | 739,000 |
| 第２製造部門費 | 277,000 | | |
| 動 力 部 門 費 | 46,000 | | |
| 修 繕 部 門 費 | 32,400 | | |
| 工場事務部門費 | 38,600 | | |

**解説**

〈部門共通費の配賦〉

〔間接賃金〕　従業員数を基準に配賦

*1　$¥100,000 \times \dfrac{100人}{100人+80人+10人+5人+5人} = ¥50,000$

*2　$¥100,000 \times \dfrac{80人}{200人} = ¥40,000$

*3　$¥100,000 \times \dfrac{10人}{200人} = ¥5,000$

*4　$¥100,000 \times \dfrac{5人}{200人} = ¥2,500$

〔建物減価償却費〕　床面積を基準に配賦

*5　$¥240,000 \times \dfrac{1,500㎡}{1,500㎡+1,200㎡+200㎡+50㎡+50㎡} = ¥120,000$

*6　$¥240,000 \times \dfrac{1,200㎡}{3,000㎡} = ¥96,000$

*7　$¥240,000 \times \dfrac{200㎡}{3,000㎡} = ¥16,000$

*8　$¥240,000 \times \dfrac{50㎡}{3,000㎡} = ¥4,000$

〔電力料〕　kW数×運転時間数を基準に配賦

*9　$¥160,000 \times \dfrac{200kW \times 50時間}{(200kW \times 50時間)+(200kW \times 40時間)+(50kW \times 20時間)+(40kW \times 20時間)+(10kW \times 20時間)} = ¥80,000$

*10　$¥160,000 \times \dfrac{8,000}{20,000} = ¥64,000$

*11　$¥160,000 \times \dfrac{1,000}{20,000} = ¥8,000$

*12　$¥160,000 \times \dfrac{800}{20,000} = ¥6,400$

**3**

(1)

部 門 費 振 替 表

令和○年８月分

| 部　門　費 | 配賦基準 | 金　　額 | 製造部門 | | 補助部門 | | |
|---|---|---|---|---|---|---|---|
| | | | 第１部門 | 第２部門 | 動力部門 | 修繕部門 | 工場事務部門 |
| 部 門 費 合 計 | | 100,000 | 50,000 | 40,000 | 5,000 | 3,000 | 2,000 |
| 動 力 部 門 費 | kW数×運転時間数 | 5,000 | 3,000*1 | 2,000*2 | | | |
| 修 繕 部 門 費 | 修繕回数 | 3,000 | 1,800*3 | 1,200*4 | | | |
| 工場事務部門費 | 従業員数 | 2,000 | 1,200*5 | 800*6 | | | |
| 配 賦 額 合 計 | | 10,000 | 6,000 | 4,000 | | | |
| 製造部門費合計 | | 100,000 | 56,000*7 | 44,000 | | | |

**解説**

(2)

| 借　　　方 | | 貸　　　方 | |
|---|---|---|---|
| 第１製造部門費 | 6,000 | 動 力 部 門 費 | 5,000 |
| 第２製造部門費 | 4,000 | 修 繕 部 門 費 | 3,000 |
| | | 工場事務部門費 | 2,000 |

〔動力部門費〕　kW数×運転時間数を基準に配賦

*1　$¥5,000 \times \dfrac{100kW \times 30時間}{(100kW \times 30時間)+(100kW \times 20時間)} = ¥3,000$

*2　$¥5,000 \times \dfrac{2,000}{5,000} = ¥2,000$

〔修繕部門費〕　修繕回数を基準に配賦

*3　$¥3,000 \times \dfrac{3回}{3回+2回} = ¥1,800$

*4 $\ ¥3,000 \times \dfrac{2回}{5回} = ¥1,200$

〔工場事務部門費〕 従業員数を基準に配賦

*5 $\ ¥2,000 \times \dfrac{15人}{15人 + 10人} = ¥1,200$

*6 $\ ¥2,000 \times \dfrac{10人}{25人} = ¥800$

*7 第1製造部門費

$¥50,000 + 配賦額合計¥6,000 = ¥56,000$

**4**

| 借 方 | | 貸 方 | |
|---|---|---|---|
| 第1製造部門費 | 128,000*1 | 動力部門費 | 140,000 |
| 第2製造部門費 | 92,000*2 | 工場事務部門費 | 80,000 |

**解説**

補助部門費の配賦計算をおこなう。

〔動力部門費〕 kW数×運転時間数を基準に配賦

$\begin{cases} ¥140,000 \times \dfrac{200kW \times 20時間}{(200kW \times 20時間) + (100kW \times 30時間)} = ¥80,000（第1製造部門費） \\[4mm] ¥140,000 \times \dfrac{3,000}{7,000} = ¥60,000（第2製造部門費） \end{cases}$

〔工場事務部門費〕 従業員数を基準に配賦

$\begin{cases} ¥80,000 \times \dfrac{30人}{30人 + 20人} = ¥48,000（第1製造部門費） \\[4mm] ¥80,000 \times \dfrac{20人}{50人} = ¥32,000（第2製造部門費） \end{cases}$

*1 第1製造部門費 $¥80,000 + ¥48,000 = ¥128,000$

*2 第2製造部門費 $¥60,000 + ¥32,000 = ¥92,000$

**5**

(1)

部 門 費 振 替 表

令和○年9月分

相互配賦法

| 部 門 費 | 配賦基準 | 金 額 | 製 造 部 門 | | 補 助 部 門 | | |
|---|---|---|---|---|---|---|---|
| | | | 第1部門 | 第2部門 | 動力部門 | 修繕部門 | 工場事務部門 |
| 部門費合計 | kW数×運転時間数 | 200,000 | 90,000 | 89,000 | 11,000 | 6,000 | 4,000 |
| 動力部門費 | | 11,000 | 6,000*1 | 4,000*2 | —— | 1,000*3 | |
| 修繕部門費 | 修繕回数 | 6,000 | 3,000*4 | 2,000*5 | 600*6 | —— | 400 |
| 工場事務部門費 | 従業員数 | 4,000 | 1,600*7 | 1,600*8 | 400*9 | 400 | —— |
| 第1次配賦額 | | 21,000 | 10,600 | 7,600 | 1,000 | 1,400 | 400 |
| 動力部門費 | 省略 | 1,000 | 600*10 | 400*11 | | | |
| 修繕部門費 | | 1,400 | 840*12 | 560*13 | | | |
| 工場事務部門費 | | 400 | 200*14 | 200*15 | | | |
| 第2次配賦額 | | 2,800 | 1,640 | 1,160 | | | |
| 製造部門費合計 | | 200,000 | 102,240 | 97,760 | | | |

(2)

| 借 方 | | 貸 方 | |
|---|---|---|---|
| 第1製造部門費 | 12,240 | 動力部門費 | 11,000 |
| 第2製造部門費 | 8,760 | 修繕部門費 | 6,000 |
| | | 工場事務部門費 | 4,000 |

**解説**

第1次配賦

〔動力部門費〕 動力部門と工場事務部門には配賦しないことに注意。

*1 $\ ¥11,000 \times \dfrac{100kW \times 30時間}{(100kW \times 30時間) + (100kW \times 20時間) + (50kW \times 10時間)} = ¥6,000$

*2 $\ ¥11,000 \times \dfrac{2,000}{5,500} = ¥4,000$

*3 $\ ¥11,000 \times \dfrac{500}{5,500} = ¥1,000$

〔修繕部門費〕 自部門には配賦しないことに注意。

*4　$¥6,000 × \dfrac{15回}{15回 + 10回 + 3回 + 2回} = ¥3,000$

*5　$¥6,000 × \dfrac{10回}{30回} = ¥2,000$

*6　$¥6,000 × \dfrac{3回}{30回} = ¥600$

〔工場事務部門費〕 自部門には配賦しないことに注意。

*7　$¥4,000 × \dfrac{20人}{20人 + 20人 + 5人 + 5人} = ¥1,600$

*8　$¥4,000 × \dfrac{20人}{50人} = ¥1,600$

*9　$¥4,000 × \dfrac{5人}{50人} = ¥400$

第2次配賦　製造部門のみに配賦。

〔動力部門費〕

*10　$¥1,000 × \dfrac{100kW × 30時間}{(100kW × 30時間) + (100kW × 20時間)} = ¥600$

*11　$¥1,000 × \dfrac{2,000}{5,000} = ¥400$

〔修繕部門費〕

*12　$¥1,400 × \dfrac{15回}{15回 + 10回} = ¥840$

*13　$¥1,400 × \dfrac{10回}{25回} = ¥560$

〔工場事務部門費〕

*14　$¥400 × \dfrac{20人}{20人 + 20人} = ¥200$

*15　$¥400 × \dfrac{20人}{40人} = ¥200$

■応用問題 （p.82）

1

(1)
相互配賦法

部　門　費　振　替　表
令和○年9月分

| 部　門　費 | 配賦基準 | 金　額 | 製　造　部　門 | | 補　助　部　門 | |
|---|---|---|---|---|---|---|
| | | | 第1部門 | 第2部門 | 修繕部門 | 工場事務部門 |
| 部門費合計 | | 1,200,000 | 600,000 | 500,000 | 60,000 | 40,000 |
| 修繕部門費 | 修繕回数 | 60,000 | 30,000 | 20,000 | —— | 10,000 |
| 工場事務部門費 | 従業員数 | 40,000 | 16,000 | 16,000 | 8,000 | —— |
| 第1次配賦額 | | 100,000 | 46,000 | 36,000 | 8,000 | 10,000 |
| 修繕部門費 | 省略 | 8,000 | 4,800 | 3,200 | | |
| 工場事務部門費 | | 10,000 | 5,000 | 5,000 | | |
| 第2次配賦額 | | 18,000 | 9,800 | 8,200 | | |
| 製造部門費合計 | | 1,200,000 | 655,800 | 544,200 | | |

(2)　第1製造部門費の配賦率　〔¥1,093〕

　　第2製造部門費の配賦率　〔¥1,814〕

(3)　製造指図書#1　　原　価　計　算　表

| 直接材料費 | 直接労務費 | 製　造　間　接　費 | | | | 集　　計 | |
|---|---|---|---|---|---|---|---|
| | | 部門 | 時間 | 配賦率 | 金　額 | 摘　要 | 金　額 |
| 120,000 | 180,000 | 第1 | 100 | 1,093 | 109,300 | 直接材料費 | 120,000 |
| | | 第2 | 50 | 1,814 | 90,700 | 直接労務費 | 180,000 |
| | | | | | 200,000 | 製造間接費 | 200,000 |
| | | | | | | 製造原価 | 500,000 |
| | | | | | | 完成品数量 | 200個 |
| | | | | | | 製品単価 | ¥　2,500 |

解説

(2)　第1製造部門費の配賦率　$\dfrac{¥655,800}{600時間} = @¥1,093$　　　第2製造部門費の配賦率　$\dfrac{¥544,200}{300時間} = @¥1,814$

41

■基本問題（p.84）

**1**

| | 借 方 | | 貸 方 | |
|---|---|---|---|---|
| (1) | 仕　掛　品 | 640,000 | 第1製造部門費 | 280,000*1 |
| | | | 第2製造部門費 | 360,000*2 |
| (2) | 第1製造部門費 | 220,000 | 製 造 間 接 費 | 650,000 |
| | 第2製造部門費 | 260,000 | | |
| | 動 力 部 門 費 | 80,000 | | |
| | 修 繕 部 門 費 | 50,000 | | |
| | 工場事務部門費 | 40,000 | | |
| (3) | 第1製造部門費 | 88,000*3 | 動 力 部 門 費 | 80,000 |
| | 第2製造部門費 | 82,000*4 | 修 繕 部 門 費 | 50,000 |
| | | | 工場事務部門費 | 40,000 |
| (4) | 製造部門費配賦差異 | 28,000 | 第1製造部門費 | 28,000 |
| | 第2製造部門費 | 18,000 | 製造部門費配賦差異 | 18,000 |

**解説**

*1　第1製造部門費予定配賦率 $\dfrac{¥3,200,000}{8,000時間}=@¥400$

　（#1）@¥400×300時間＝¥120,000

　（#2）@¥400×400時間＝¥160,000

　　¥120,000＋¥160,000＝¥280,000

*2　第2製造部門費予定配賦率 $\dfrac{¥2,700,000}{9,000時間}=@¥300$

　（#1）@¥300×500時間＝150,000

　（#2）@¥300×700時間＝210,000

　　　　¥150,000＋¥210,000＝¥360,000

動力部門費 $\begin{cases} ¥80,000×50\%=¥40,000（第1部門）\\ ¥80,000×50\%=¥40,000（第2部門）\end{cases}$

修繕部門費 $\begin{cases} ¥50,000×60\%=¥30,000（第1部門）\\ ¥50,000×40\%=¥20,000（第2部門）\end{cases}$

工場事務部門費 $\begin{cases} ¥40,000×45\%=¥18,000（第1部門）\\ ¥40,000×55\%=¥22,000（第2部門）\end{cases}$

*3　¥40,000＋¥30,000＋¥18,000＝¥88,000

*4　¥40,000＋¥20,000＋¥22,000＝¥82,000

**2**

| | 借 方 | | 貸 方 | |
|---|---|---|---|---|
| (1) | 仕　掛　品 | 1,310,000 | 第1製造部門費 | 630,000*1 |
| | | | 第2製造部門費 | 680,000*2 |
| (2) | 第1製造部門費 | 500,000 | 製 造 間 接 費 | 1,320,000 |
| | 第2製造部門費 | 550,000 | | |
| | 動 力 部 門 費 | 100,000 | | |
| | 修 繕 部 門 費 | 90,000 | | |
| | 工場事務部門費 | 80,000 | | |
| (3) | 第1製造部門費 | 121,000*3 | 動 力 部 門 費 | 100,000 |
| | 第2製造部門費 | 149,000*4 | 修 繕 部 門 費 | 90,000 |
| | | | 工場事務部門費 | 80,000 |
| (4) | 第1製造部門費 | 9,000 | 製造部門費配賦差異 | 9,000 |
| | 製造部門費配賦差異 | 19,000 | 第2製造部門費 | 19,000 |

|  第1製造部門費 |  |  |  |  |
| --- | --- | --- | --- | --- |
| (2)製造間接費 | *500,000* | (1)仕　掛　品 | *630,000* |  |
| (3)諸　　口 | *121,000* |  |  |  |
| (4)製造部門費配賦差異 | *9,000* |  |  |  |
|  | *630,000* |  | *630,000* |  |

|  第2製造部門費 |  |  |  |  |
| --- | --- | --- | --- | --- |
| (2)製造間接費 | *550,000* | (1)仕　掛　品 | *680,000* |  |
| (3)諸　　口 | *149,000* | (4)製造部門費配賦差異 | *19,000* |  |
|  | *699,000* |  | *699,000* |  |

|  工場事務部門費 |  |  |  |
| --- | --- | --- | --- |
| (2)製造間接費 | *80,000* | (3)諸　　口 | *80,000* |

|  製造部門費配賦差異 |  |  |  |
| --- | --- | --- | --- |
| (4)第2製造部門費 | *19,000* | (4)第1製造部門費 | *9,000* |

**解説**

*1　第1製造部門費予定配賦率　$\dfrac{¥7,000,000}{5,000時間}=@¥1,400$

　（#1）@¥1,400×250時間＝¥350,000

　（#2）@¥1,400×200時間＝¥280,000

　¥350,000＋¥280,000＝¥630,000

*2　第2製造部門費予定配賦率　$\dfrac{¥8,000,000}{4,000時間}=@¥2,000$

　（#1）@¥2,000×180時間＝¥360,000

　（#2）@¥2,000×160時間＝¥320,000

　¥360,000＋¥320,000＝¥680,000

動力部門費 $\begin{cases} ¥100,000×45\%＝¥45,000（第1部門）\\ ¥100,000×55\%＝¥55,000（第2部門） \end{cases}$

修繕部門費 $\begin{cases} ¥90,000×40\%＝¥36,000（第1部門）\\ ¥90,000×60\%＝¥54,000（第2部門） \end{cases}$

工場事務部門費 $\begin{cases} ¥80,000×50\%＝¥40,000（第1部門）\\ ¥80,000×50\%＝¥40,000（第2部門） \end{cases}$

*3　¥45,000＋¥36,000＋¥40,000＝¥121,000

*4　¥55,000＋¥54,000＋¥40,000＝¥149,000

**3**

(1)

部　門　費　振　替　表

直接配賦法　　　　　令和○年5月分

| 部　門　費 | 配賦基準 | 金　　額 | 製造部門 |  | 補助部門 |  |
| --- | --- | --- | --- | --- | --- | --- |
|  |  |  | 第1部門 | 第2部門 | 動力部門 | 工場事務部門 |
| 部門費合計 |  | *2,150,000* | *1,000,000* | *900,000* | *150,000* | *100,000* |
| 動力部門費 | kW数×運転時間数 | *150,000* | *90,000* | *60,000* |  |  |
| 工場事務部門費 | 従業員数 | *100,000* | *60,000* | *40,000* |  |  |
| 配賦額合計 |  | *250,000* | *150,000* | *100,000* |  |  |
| 製造部門費合計 |  | *2,150,000* | *1,150,000* | *1,000,000* |  |  |

(2)

製造指図書#1　　　　　原　価　計　算　表

| 直接材料費 | 直接労務費 | 製造間接費 |  |  |  | 集　　　計 |  |
| --- | --- | --- | --- | --- | --- | --- | --- |
|  |  | 部　門 | 時　間 | 配賦率 | 金　　額 | 摘　要 | 金　　額 |
| *350,000* | *780,000* | 第1 | *500* | *1,200* | *600,000**¹ | 直接材料費 | *350,000* |
|  |  | 第2 | *400* | *1,300* | *520,000**² | 直接労務費 | *780,000* |
|  |  |  |  |  | *1,120,000* | 製造間接費 | *1,120,000* |
|  |  |  |  |  |  | 製造原価 | *2,250,000* |
|  |  |  |  |  |  | 完成品数量 | 200個 |
|  |  |  |  |  |  | 製品単価　¥ | *11,250* |

(3)

| 借　　　方 | | 貸　　　方 | |
|---|---|---|---|
| 製造部門費配賦差異 | 190,000 [*3] | 第 1 製造部門費 | 190,000 |
| 第 2 製造部門費 | 170,000 | 製造部門費配賦差異 | 170,000 [*4] |

*1　第1製造部門費の予定配賦額

第1製造部門費予定配賦率　$\dfrac{¥9,000,000}{7,500時間}=@¥1,200$

（#1）@¥1,200×500時間＝¥600,000

（#2）@¥1,200×300時間＝¥360,000

*2　第2製造部門費の予定配賦額

第2製造部門費予定配賦率　$\dfrac{¥7,800,000}{6,000時間}=@¥1,300$

（#1）@¥1,300×400時間＝¥520,000

（#2）@¥1,300×500時間＝¥650,000

第1製造部門費

| 実際発生額 | 1,150,000 | 予定配賦額 | 960,000 |
|---|---|---|---|
| | | 配賦差異 | 190,000 |

第2製造部門費

| 実際発生額 | 1,000,000 | 予定配賦額 | 1,170,000 |
|---|---|---|---|
| 配賦差異 | 170,000 | | |

製造部門費配賦差異

| *3 | 過　小　190,000 | 過　大　170,000 | *4 |

**4**

| | 借　　　方 | | 貸　　　方 | |
|---|---|---|---|---|
| (1) | 仕　掛　品 | 910,000 | 第 1 製造部門費 | 520,000 |
| | | | 第 2 製造部門費 | 390,000 |
| (2) | 製造部門費配賦差異 | 13,000 | 第 1 製造部門費 | 13,000 |
| | 第 2 製造部門費 | 6,500 | 製造部門費配賦差異 | 6,500 |
| (3) | 売　上　原　価 | 7,200 | 製造部門費配賦差異 | 7,200 |

■応用問題（p.88）

**1**

(1)

| | 借　　　方 | | 貸　　　方 | |
|---|---|---|---|---|
| 1月8日 | 素　　　　　材 | 2,370,000 | 買　掛　金 | 2,490,000 |
| | 工　場　消　耗　品 | 120,000 | | |
| 12日 | 仕　掛　品 | 2,835,000 | 素　　　材 | 2,835,000 |
| 20日 | 電　力　料 | 264,000 | 当　座　預　金 | 436,000 |
| | 保　険　料 | 144,000 | | |
| | 雑　　　費 | 28,000 | | |
| 25日 | 賃　　　金 | 2,550,000 | 所得税預り金 | 153,000 |
| | | | 健康保険料預り金 | 112,000 |
| | | | 当　座　預　金 | 2,285,000 |

| | | 借　　　　方 | | 貸　　　　方 | |
|---|---|---|---|---|---|
| 31日 | ① | 製 造 間 接 費 | 147,000 | 工 場 消 耗 品 | 147,000 |
| | ② | 仕 掛 品 | 2,343,000 | 消 費 賃 金 | 2,475,000 |
| | | 製 造 間 接 費 | 132,000 | | |
| | ③ | 製 造 間 接 費 | 112,000 | 健 康 保 険 料 | 112,000 |
| | ④ | 製 造 間 接 費 | 502,000 | 電 力 料 | 269,000 |
| | | | | 保 険 料 | 24,000 |
| | | | | 減 価 償 却 費 | 180,000 |
| | | | | 雑 費 | 29,000 |
| | ⑤ | 仕 掛 品 | 892,000 | 第1製造部門費 | 531,000 |
| | | | | 第2製造部門費 | 361,000 |
| | ⑥ | 第1製造部門費 | 385,000 | 製 造 間 接 費 | 893,000 |
| | | 第2製造部門費 | 260,000 | | |
| | | 動 力 部 門 費 | 160,000 | | |
| | | 工 場 事 務 部 門 費 | 88,000 | | |
| | ⑦ | 第1製造部門費 | 144,000 | 動 力 部 門 費 | 160,000 |
| | | 第2製造部門費 | 104,000 | 工 場 事 務 部 門 費 | 88,000 |
| | ⑧ | 製 品 | 3,629,000 | 仕 掛 品 | 3,629,000 |
| | ⑨ | 消 費 賃 金 | 2,484,000 | 賃 金 | 2,484,000 |
| | ⑩ | 賃 率 差 異 | 9,000 | 消 費 賃 金 | 9,000 |
| | ⑪ | 第1製造部門費 | 2,000 | 製造部門費配賦差異 | 2,000 |
| | | 製造部門費配賦差異 | 3,000 | 第2製造部門費 | 3,000 |

(2)

**部 門 費 振 替 表**

直接配賦法　　　　　　　　　　令和○年1月分

| 部　門　費 | 配　賦　基　準 | 金　　額 | 製 造 部 門 | | 補 助 部 門 | |
|---|---|---|---|---|---|---|
| | | | 第1部門 | 第2部門 | 動 力 部 門 | 工場事務部門 |
| 部 門 費 合 計 | | 893,000 | 385,000 | 260,000 | 160,000 | 88,000 |
| 動 力 部 門 費 | kW数×運転時間数 | 160,000 | 96,000 | 64,000 | | |
| 工場事務部門費 | 従 業 員 数 | 88,000 | 48,000 | 40,000 | | |
| 配 賦 額 合 計 | | 248,000 | 144,000 | 104,000 | | |
| 製造部門費合計 | | 893,000 | 529,000 | 364,000 | | |

(3)

製造指図書＃1　　　　　　　　　　**原 価 計 算 表**

| 直接材料費 | 直接労務費 | 製 造 間 接 費 | | | | 集　　計 | |
|---|---|---|---|---|---|---|---|
| | | 部 門 | 時 間 | 配賦率 | 金　　額 | 摘　　要 | 金　　額 |
| 1,482,000 | 110,000 | 第1 | 100 | 450 | 45,000 | 直接材料費 | 1,482,000 |
| | 1,441,000 | 第1 | 760 | 450 | 342,000 | 直接労務費 | 1,551,000 |
| | 1,551,000 | 第2 | 550 | 380 | 209,000 | 製造間接費 | 596,000 |
| | | | | | 596,000 | 製造原価 | 3,629,000 |
| | | | | | | 完成品数量 | 95個 |
| | | | | | | 製品単価 ¥ | 38,200 |

(4)

| 月 末 仕 掛 品 原 価 | ¥ 4,078,000 |
|---|---|

(1)　31日の⑦については，(2)の部門費振替表を完成させてから仕訳をおこない，⑧の仕訳は，(3)の原価計算表（製造指図書#1）を完成させてから解答したほうが，効率がよい。

(4)　仕掛品勘定の借方には第1製造部門費・第2製造部門費の予定配賦額が記入され，第1製造部門費勘定・第2製造部門費勘定の借方に実際発生額が記入されることを確認する。これらの関係を図式化すると以下のようになる。

■検定問題（p.90）

**1**

(1)

| 借　　　　方 | 貸　　　　方 | |
|---|---|---|
| 仕　掛　品　*1,802,000* | 第1製造部門費 | *1,064,000*[*1] |
| | 第2製造部門費 | *738,000*[*2] |

(2)

部　門　費　振　替　表

相互配賦法　　　　　　　　　　　　令和○年6月分

| 部　門　費 | 配賦基準 | 金　　額 | 製造部門 | | 補助部門 | |
|---|---|---|---|---|---|---|
| | | | 第1部門 | 第2部門 | 動力部門 | 修繕部門 |
| 部 門 費 合 計 | | *1,800,000* | *911,000* | *622,000* | *147,000* | *120,000* |
| 動 力 部 門 費 | kW数×運転時間数 | *147,000* | *84,000*[*3] | *56,000* | —— | *7,000* |
| 修 繕 部 門 費 | 修 繕 回 数 | *120,000* | *60,000* | *45,000* | *15,000* | —— |
| 第 1 次 配 賦 額 | | *267,000* | *144,000* | *101,000* | *15,000* | *7,000* |
| 動 力 部 門 費 | kW数×運転時間数 | *15,000* | *9,000*[*4] | *6,000* | | |
| 修 繕 部 門 費 | 修 繕 回 数 | *7,000* | *4,000* | *3,000* | | |
| 第 2 次 配 賦 額 | | *22,000* | *13,000* | *9,000* | | |
| 製造部門費合計 | | *1,800,000* | *1,068,000* | *732,000* | | |

(3)

| 借　　　　方 | | 貸　　　　方 | |
|---|---|---|---|
| 製造部門費配賦差異 | 4,000 | 第 1 製造部門費 | 4,000<sup>*5</sup> |
| 第 2 製造部門費 | 6,000<sup>*5</sup> | 製造部門費配賦差異 | 6,000 |

(4)

製造指図書＃1　　　　　　　　　原　価　計　算　表

| 直接材料費 | 直接労務費 | 製造間接費 | | | | 集　　　計 | |
|---|---|---|---|---|---|---|---|
| | | 部　門 | 時　間 | 配賦率 | 金　額 | 摘　要 | 金　　　額 |
| 2,168,000 | 1,790,000<sup>*6</sup> | 第 1 | 950 | 760 | 722,000 | 直接材料費 | 2,168,000 |
| | | 第 2 | 840 | 600 | 504,000 | 直接労務費 | 1,790,000<sup>*6</sup> |
| | | | | | 1,226,000 | 製造間接費 | 1,226,000 |
| | | | | | | 製造原価 | 5,184,000 |
| | | | | | | 完成品数量 | 60個 |
| | | | | | | 製品単価 | ¥　86,400 |

**解説**

*1　第1製造部門費の予定配賦率　$\dfrac{¥12,844,000}{16,900時間}$＝@¥760

　　@¥760×（950時間＋450時間）＝¥1,064,000

*2　第2製造部門費の予定配賦率　$\dfrac{¥8,820,000}{14,700時間}$＝@¥600

　　@¥600×（840時間＋390時間）＝¥738,000

*3　$¥147,000×\dfrac{20kW×600時間}{（20kW×600時間＋16kW×500時間＋10kW×100時間）}＝¥84,000$

　　以下第2製造部門，修繕部門も同じように計算する。

*4　$¥15,000×\dfrac{20kW×600時間}{（20kW×600時間＋16kW×500時間）}＝¥9,000$

　　（借）　第 1 製造部門費　157,000　　（貸）　動 力 部 門 費　147,000
　　　　　　第 2 製造部門費　110,000　　　　　　　修 繕 部 門 費　120,000

*5

*6　@¥1,000×（950時間＋840時間）＝¥1,790,000

## 第3章　総合原価計算

### 1. 総合原価計算

### 2. 単純総合原価計算

■基本問題（p.94）

**1**

|  | 借　　　　方 |  | 貸　　　　方 |  |
|---|---|---|---|---|
| (1) | 仕　掛　品 | 770,000 | 素　　　　材 | 650,000 |
|  |  |  | 工 場 消 耗 品 | 120,000 |
| (2) | 仕　掛　品 | 150,000 | 給　　　料 | 150,000 |
| (3) | 仕　掛　品 | 80,000 | 健 康 保 険 料 | 80,000 |
| (4) | 仕　掛　品 | 98,000 | 電　力　料 | 73,000 |
|  |  |  | 減 価 償 却 費 | 25,000 |

解説

　単純総合原価計算は製品の種類が同じであるため，原価要素を直接費（仕掛品）と間接費（製造間接費）に分ける必要がない。

**2**

| (1) | 当月製造費用 | ￥ | 1,240,000 | (2) | 当月総製造費用 | ￥ | 1,450,000 |
|---|---|---|---|---|---|---|---|
| (3) | 完 成 品 原 価 | ￥ | 1,300,000 | (4) | 製 品 単 価 | ￥ | 650 |

解説

(1) 当月製造費用＝当月材料費＋当月労務費＋当月経費
(2) 当月総製造費用＝月初仕掛品原価＋当月製造費用
(3) 完成品原価＝当月総製造費用－月末仕掛品原価
(4) 製品単価＝完成品原価÷完成品数量

**3**

単 純 総 合 原 価 計 算 表

令和○年1月分

| 摘　　　要 | 素 材 費 | 加 工 費 | 合 計 |
|---|---|---|---|
| 材　料　費 | 812,000 | 55,000 | 867,000 |
| 労　務　費 | —— | 400,000 | 400,000 |
| 経　　　費 | —— | 188,000 | 188,000 |
| 計 | 812,000 | 643,000 | 1,455,000 |
| 月初仕掛品原価 | 160,000 | 86,000 | 246,000 |
| 計 | 972,000 | 729,000 | 1,701,000 |
| 月末仕掛品原価 | 162,000 | 54,000 | 216,000 |
| 完 成 品 原 価 | 810,000 | 675,000 | 1,485,000 |
| 完 成 品 数 量 | 1,500個 | 1,500個 | 1,500個 |
| 製 品 単 価 | ￥　540 | ￥　450 | ￥　990 |

| (1) | 月末仕掛品素材費 | 式 | $\dfrac{¥160,000 + ¥812,000}{1,500個 + 300個} \times 300個 = ¥162,000$ | ¥ | 162,000 |
|---|---|---|---|---|---|
| (2) | 月末仕掛品加工費 | 式 | $\dfrac{¥86,000 + ¥643,000}{1,500個 + (300個 \times 40\%)} \times (300個 \times 40\%) = ¥54,000$ | ¥ | 54,000 |
| (3) | 月末仕掛品原価 | 式 | $¥162,000 + ¥54,000 = ¥216,000$ | ¥ | 216,000 |
| (4) | 完成品原価 | 式 | $(¥1,455,000 + ¥246,000) - ¥216,000 = ¥1,485,000$ | ¥ | 1,485,000 |
| (5) | 製品単価 | 式 | $¥1,485,000 \div 1,500個 = ¥990$ | ¥ | 990 |

● 月末仕掛品原価の計算（平均法）

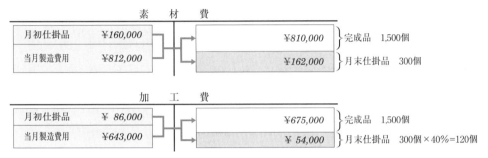

**4** 単純総合原価計算表

令和〇年10月分

| 摘　要 | 素　材　費 | 加　工　費 | 合　計 |
|---|---|---|---|
| 材　料　費 | 2,618,000 | 57,400 | 2,675,400 |
| 労　務　費 | —— | 917,000 | 917,000 |
| 経　　　費 | —— | 504,000 | 504,000 |
| 計 | 2,618,000 | 1,478,400 | 4,096,400 |
| 月初仕掛品原価 | 388,500 | 132,300 | 520,800 |
| 計 | 3,006,500 | 1,610,700 | 4,617,200 |
| 月末仕掛品原価 | 297,500 | 67,200 | 364,700 |
| 完成品原価 | 2,709,000 | 1,543,500 | 4,252,500 |
| 完成品数量 | 6,300個 | 6,300個 | 6,300個 |
| 製品単価 | ¥　　430 | ¥　　245 | ¥　　675 |

| (1) | 月末仕掛品素材費 | 式 | $\dfrac{¥2,618,000}{6,300個 - 840個 + 700個} \times 700個 = ¥297,500$ | ¥ | 297,500 |
|---|---|---|---|---|---|
| (2) | 月末仕掛品加工費 | 式 | $\dfrac{¥1,478,400}{6,300個 - (840個 \times 50\%) + (700個 \times 40\%)} \times (700個 \times 40\%) = ¥67,200$ | ¥ | 67,200 |
| (3) | 月末仕掛品原価 | 式 | $¥297,500 + ¥67,200 = ¥364,700$ | ¥ | 364,700 |
| (4) | 完成品原価 | 式 | $(¥520,800 + ¥4,096,400) - ¥364,700 = ¥4,252,500$ | ¥ | 4,252,500 |
| (5) | 製品単価 | 式 | $¥4,252,500 \div 6,300個 = ¥675$ | ¥ | 675 |

● 月末仕掛品原価の計算（先入先出法）

素　材　費

| 月初仕掛品 | 840個 | → | 840個 } | 完成品　6,300個 |
| 当月素材費 | ￥2,618,000 | → | 5,460個 } | |
| | | | ￥297,500 | 月末仕掛品　700個 |

加　工　費

| 840個×50%＝420個 | → | 420個 } | 完成品　6,300個 |
| 当月加工費 | ￥1,478,400 | → | 5,880個 } | |
| | | ￥67,200 | 月末仕掛品　700個×40%＝280個 |

■応用問題（p.96）

**1**

それぞれの原価要素の勘定から仕掛品勘定へ振り替える。

| | | 借 | 方 | | 貸 | 方 |
|---|---|---|---|---|---|---|
| (1) | 仕　掛　品 | | 640,000 | 素　　　材 | | 640,000 |
| (2) | 仕　掛　品 | | 43,000 | 工 場 消 耗 品 | | 43,000 |
| (3) | 仕　掛　品 | | 700,000 | 賃　　　金 | | 700,000 |
| (4) | 仕　掛　品 | | 71,200 | 電　力　料 | | 37,200 |
| | | | | 減 価 償 却 費 | | 34,000 |

**2**

(1)

単純総合原価計算表

| 摘　　要 | 素　材　費 | 加　工　費 | 合　　計 |
|---|---|---|---|
| 材　料　費 | 640,000 | 43,000 | 683,000 |
| 労　務　費 | —— | 700,000 | 700,000 |
| 経　　費 | —— | 71,200 | 71,200 |
| 計 | 640,000 | 814,200 | 1,454,200 |
| 月初仕掛品原価 | 80,000 | 25,800 | 105,800 |
| 計 | 720,000 | 840,000 | 1,560,000 |
| 月末仕掛品原価 | 96,000[*1] | 60,000[*2] | 156,000 |
| 完 成 品 原 価 | 624,000 | 780,000 | 1,404,000 |
| 完 成 品 数 量 | 2,600個 | 2,600個 | 2,600個 |
| 製 品 単 価 | ￥　　240 | ￥　　300 | ￥　　540 |

(2)

| | 借 | 方 | | 貸 | 方 |
|---|---|---|---|---|---|
| 製　　　品 | | 1,404,000 | 仕　掛　品 | | 1,404,000 |

工場消耗品の消費高は加工費として計算する。

*1　月末仕掛品素材費（平均法）

$$\frac{￥80,000+￥640,000}{2,600個+400個}×400個＝￥96,000$$

*2　月末仕掛品加工費（平均法）

$$\frac{￥25,800+￥43,000+￥700,000+￥71,200}{2,600個+（400個×50\%）}$$
$$×（400個×50\%）＝￥60,000$$

**3**

| 仕 掛 品 | | | |
|---|---|---|---|
| 前 月 繰 越 | 105,800 | 製　　　品 | 1,404,000 |
| 素　　　材 | 640,000 | 次 月 繰 越 | 156,000 |
| 工 場 消 耗 品 | 43,000 | | |
| 賃　　　金 | 700,000 | | |
| 諸　　　口 | 71,200 | | |
| | 1,560,000 | | 1,560,000 |

**解説** 貸方の完成品原価は製品勘定へ振り替え，月末仕掛品原価は次月繰越(朱記)となる。

電力料￥37,200と減価償却費￥34,000は，諸口として処理する。

**4**

(1)

単純総合原価計算表

令和○年8月分

| 摘　　　要 | 素　材　費 | 加　工　費 | 合　　　計 |
|---|---|---|---|
| 材　料　費 | 3,652,000 | 82,000 | 3,734,000 |
| 労　務　費 | —— | 1,310,000 | 1,310,000 |
| 経　　　費 | —— | 566,000 | 566,000 |
| 計 | 3,652,000 | 1,958,000 | 5,610,000 |
| 月初仕掛品原価 | 548,000 | 298,000 | 846,000 |
| 計 | 4,200,000 | 2,256,000 | 6,456,000 |
| 月末仕掛品原価 | 420,000*1 | 96,000*2 | 516,000 |
| 完成品原価 | 3,780,000 | 2,160,000 | 5,940,000 |
| 完成品数量 | 9,000個 | 9,000個 | 9,000個 |
| 製品単価 | ￥ 420 | ￥ 240 | ￥ 660 |

(2)

| 借　　　方 | | 貸　　　方 | |
|---|---|---|---|
| 製　　　品 | 5,940,000 | 仕　掛　品 | 5,940,000 |

(3)

| 先入先出法による月末仕掛品原価 | ￥ 504,000*3 |
|---|---|

**解説**

*1　平均法

月末仕掛品素材費(製造着手のときにすべて投入)

$$\frac{￥548,000 + ￥3,652,000}{9,000個 + 1,000個} \times 1,000個 = ￥420,000$$

*2　月末仕掛品加工費(進行の程度に応じて消費)

$$\frac{￥298,000 + ￥82,000 + ￥1,310,000 + ￥566,000}{9,000個 + (1,000個 \times 40\%)} \times (1,000個 \times 40\%)$$

$$= ￥96,000$$

*3　先入先出法

月末仕掛品素材費(製造着手のときにすべて投入)

$$\frac{￥3,652,000}{9,000個 - 1,200個 + 1,000個} \times 1,000個$$

$$= ￥415,000$$

月末仕掛品加工費(進行の程度に応じて消費)

$$\frac{￥82,000 + ￥1,310,000 + ￥566,000}{9,000個 - (1,200個 \times 50\%) + (1,000個 \times 40\%)}$$

$$\times (1,000個 \times 40\%) = ￥89,000$$

月末仕掛品原価

$$￥415,000 + ￥89,000 = ￥504,000$$

**5**

(1)

単純総合原価計算表

令和○年11月分

| 摘　　　　要 | 素　材　費 | 加　工　費 | 合　　　計 |
|---|---|---|---|
| 材　料　費 | 640,000 | 30,000 | 670,000 |
| 労　務　費 | —— | 480,000 | 480,000 |
| 経　　　費 | —— | 220,000 | 220,000 |
| 計 | 640,000 | 730,000 | 1,370,000 |
| 月初仕掛品原価 | 53,000 | 26,000 | 79,000 |
| 計 | 693,000 | 756,000 | 1,449,000 |
| 月末仕掛品原価 | 77,000*1 | 36,000*2 | 113,000 |
| 完 成 品 原 価 | 616,000 | 720,000 | 1,336,000 |
| 完 成 品 数 量 | 4,000個 | 4,000個 | 4,000個 |
| 製 品 単 価 | ￥　　154 | ￥　　180 | ￥　　334 |

(2)

単純総合原価計算表

令和○年11月分

| 摘　　　　要 | 素　材　費 | 加　工　費 | 合　　　計 |
|---|---|---|---|
| 材　料　費 | 640,000 | 30,000 | 670,000 |
| 労　務　費 | —— | 480,000 | 480,000 |
| 経　　　費 | —— | 220,000 | 220,000 |
| 計 | 640,000 | 730,000 | 1,370,000 |
| 月初仕掛品原価 | 53,000 | 26,000 | 79,000 |
| 計 | 693,000 | 756,000 | 1,449,000 |
| 月末仕掛品原価 | 33,000*4 | 36,000*5 | 69,000*3 |
| 完 成 品 原 価 | 660,000 | 720,000 | 1,380,000 |
| 完 成 品 数 量 | 4,000個 | 4,000個 | 4,000個 |
| 製 品 単 価 | ￥　　165 | ￥　　180 | ￥　　345 |

解説

*1　月末仕掛品素材費（平均法）

$$\frac{¥53,000+¥640,000}{4,000個+500個}×500個=¥77,000$$

*2　月末仕掛品加工費（平均法）

$$\frac{¥26,000+¥730,000}{4,000個+(500個×40\%)}×(500個×40\%)=¥36,000$$

*3　月末仕掛品原価（平均法）

$$\frac{¥53,000+¥26,000+¥640,000+¥730,000}{4,000個+(500個×40\%)}×(500個×40\%)$$

$$=¥69,000$$

前記の式を素材費と加工費に分けて考えてもよい。

*4　月末仕掛品素材費（進行の程度に応じて消費）

$$\frac{¥53,000+¥640,000}{4,000個+(500個×40\%)}×(500個×40\%)=¥33,000$$

*5　月末仕掛品加工費（進行の程度に応じて消費）

$$\frac{¥26,000+¥730,000}{4,000個+(500個×40\%)}×(500個×40\%)=¥36,000$$

**1**

| | 借　　　　方 | | 貸　　　　方 | |
|---|---|---|---|---|
| (1) | 仕　掛　品 | 530,000 | 従業員賞与手当 | 530,000 |
| (2) | 仕　掛　品 | 460,000 | 特許権使用料 | 270,000 |
| | | | 減 価 償 却 費 | 190,000 |
| (3) | 仕　掛　品 | 580,000 | 従業員賞与手当 | 580,000 |
| (4) | 仕　掛　品 | 400,000 | 特許権使用料 | 400,000 |
| (5) | 仕　掛　品 | 22,000 | 減 価 償 却 費 | 22,000 |
| (6) | 仕　掛　品 | 47,000 | 保 　険 　料 | 47,000 |
| (7) | 仕　掛　品 | 74,000 | 修 　繕 　料 | 74,000 |
| (8) | 仕　掛　品 | 225,000 | 特許権使用料 | 190,000 |
| | | | 保 　険 　料 | 35,000 |

 解説

(1) 従業員賞与手当¥3,180,000
　　÷6か月＝¥530,000
(2) 単純総合原価計算による処理なので，仕掛品勘定のみで集計する。
(7) 修繕料　¥72,000−¥4,000
　　＋¥6,000＝¥74,000

**2**

(1)

単 純 総 合 原 価 計 算 表

令和○年6月分

| 摘　　　　要 | 素　　材　　費 | 加　　工　　費 | 合　　　　計 |
|---|---|---|---|
| 材　　料　　費 | 6,350,000 | 561,000 | 6,911,000 |
| 労　　務　　費 | ———— | 2,333,000 | 2,333,000 |
| 経　　　　費 | ———— | 306,000 | 306,000 |
| 計 | 6,350,000 | 3,200,000 | 9,550,000 |
| 月 初 仕 掛 品 原 価 | 1,150,000 | 208,000 | 1,358,000 |
| 計 | 7,500,000 | 3,408,000 | 10,908,000 |
| 月 末 仕 掛 品 原 価 | 1,000,000 | 288,000 | 1,288,000 |
| 完 成 品 原 価 | 6,500,000 | 3,120,000 | 9,620,000 |
| 完 成 品 数 量 | 2,600個 | 2,600個 | 2,600個 |
| 製　品　単　価 | ¥　2,500 | ¥　1,200 | ¥　3,700 |

(2)

| 仕掛品勘定の電力料（ア）の金額 | ¥ 134,000 |
|---|---|

 解説

(1) 生産データをもとに，素材費と加工費とを分けてボックス図を書く。

月末仕掛品の素材費の計算（平均法）

| 月初仕掛品 ¥1,150,000 | 完 成 品 2,600個 |
|---|---|
| 当月製造費用 ¥6,350,000 | 月末仕掛品400個 ¥(1,000,000) |

$$\frac{¥1,150,000 + ¥6,350,000}{2,600個 + 400個} × 400個 = ¥1,000,000$$

月末仕掛品の加工費の計算（平均法）

| 月初仕掛品 ¥208,000 | 完 成 品 2,600個 |
|---|---|
| 当月製造費用 ¥3,200,000 | 月末仕掛品240個 ¥(288,000) |

※ 加工進捗度を掛けた数量

$$\frac{¥208,000 + ¥3,200,000}{2,600個 + 240個} × 240個 = ¥288,000$$

(2) 仕掛品の前月繰越には，月初仕掛品原価¥1,358,000　素材には当月製造費用から¥6,350,000　製品には完成品原価¥9,620,000　次月繰越には月末仕掛品原価¥1,288,000を記入し，貸借差額により電力料¥134,000を算定する。

(1)

単純総合原価計算表
令和○年6月分

| 摘　　　要 | 素　材　費 | 加　工　費 | 合　　　計 |
|---|---|---|---|
| 材　料　費 | 4,437,000 | 708,000 | 5,145,000 |
| 労　務　費 | —— | 2,390,000 | 2,390,000 |
| 経　　　費 | —— | 973,000 | 973,000 |
| 計 | 4,437,000 | 4,071,000 | 8,508,000 |
| 月初仕掛品原価 | 1,008,000 | 396,000 | 1,404,000 |
| 計 | 5,445,000 | 4,467,000 | 9,912,000 |
| 月末仕掛品原価 | 783,000 | 345,000 | 1,128,000 |
| 完成品原価 | 4,662,000 | 4,122,000 | 8,784,000 |
| 完成品数量 | 3,600個 | 3,600個 | 3,600個 |
| 製品単価 | ¥　　1,295 | ¥　　1,145 | ¥　　2,440 |

(2)

| 仕掛品勘定の保険料（ア）の金額 | ¥　98,000 |
|---|---|

**解説**

(1)　生産データをもとに，素材費と加工費とを分けてボックス図を書く。

月末仕掛品の素材費の計算（先入先出法）

月初仕掛品800個 ¥1,008,000
当月製造費用 3,400個 ¥4,437,000
完成品 3,600個
月末仕掛品600個 ¥(783,000)

$$\frac{¥4,437,000}{3,400個} \times 600個 = ¥783,000$$

月末仕掛品の加工費の計算（平均法）

月初仕掛品360個 ¥396,000
当月製造費用 3,540個 ¥4,071,000
完成品 3,600個
月末仕掛品300個 ¥(345,000)

※　加工進捗度を掛けた数量

$$\frac{¥4,071,000}{3,540個} \times 300個 = ¥345,000$$

(2)　仕掛品の前月繰越には，月初仕掛品原価¥1,404,000　素材には当月製造費用から¥4,437,000　製品には完成品原価¥8,784,000　次月繰越には月末仕掛品原価¥1,128,000を記入し，貸借差額により保険料¥98,000を算定する。

**4**

(1)

単 純 総 合 原 価 計 算 表
令和○年6月分

| 摘　　　　要 | 素 材 費 | 加 工 費 | 合 計 |
|---|---|---|---|
| 材　料　費 | 6,478,000 | 684,000 | 7,162,000 |
| 労　務　費 | ―― | 3,600,000 | 3,600,000 |
| 経　　　費 | ―― | 552,000 | 552,000 |
| 計 | 6,478,000 | 4,836,000 | 11,314,000 |
| 月初仕掛品原価 | 1,502,000 | 410,000 | 1,912,000 |
| 計 | 7,980,000 | 5,246,000 | 13,226,000 |
| 月末仕掛品原価 | 1,260,000 | 366,000 | 1,626,000 |
| 完 成 品 原 価 | 6,720,000 | 4,880,000 | 11,600,000 |
| 完 成 品 数 量 | 4,000個 | 4,000個 | 4,000個 |
| 製　品　単　価 | ¥ 1,680 | ¥ 1,220 | ¥ 2,900 |

(2)

| 仕掛品勘定の特許権使用料（ア）の金額 | ¥ 186,000 |
|---|---|

**解説**

(1) 生産データをもとに，素材費と加工費とを分けてボックス図を書く。

月末仕掛品の素材費の計算（平均法）

| 月初仕掛品<br>¥1,502,000 | 完　成　品<br>4,000個 |
|---|---|
| 当月製造費用<br>¥6,478,000 | 月末仕掛品750個<br>¥(1,260,000) |

$$\frac{¥1,502,000 + ¥6,478,000}{4,000個 + 750個} \times 750個 = ¥1,260,000$$

月末仕掛品の加工費の計算（平均法）

| 月初仕掛品<br>¥410,000 | 完　成　品<br>4,000個 |
|---|---|
| 当月製造費用<br>¥4,836,000 | 月末仕掛品300個<br>¥(366,000) |

※ 加工進捗度を掛けた数量

$$\frac{¥410,000 + ¥4,836,000}{4,000個 + 300個} \times 300個 = ¥366,000$$

(2) 仕掛品の前月繰越には，月初仕掛品原価¥1,912,000　素材には当月製造費用から¥6,478,000　製品には完成品原価¥11,600,000　次月繰越には月末仕掛品原価¥1,626,000を記入し，貸借差額により特許権使用料¥186,000を算定する。

5

## 単純総合原価計算表
### 令和○年6月分

| 摘　　　　　要 | 素　材　費 | 加　工　費 | 合　　　計 |
|---|---|---|---|
| 材　料　費 | 3,736,000 | 146,000 | 3,882,000 |
| 労　務　費 | —— | 3,057,000 | 3,057,000 |
| 経　　　費 | —— | 992,000 | 992,000 |
| 計 | 3,736,000 | 4,195,000 | 7,931,000 |
| 月初仕掛品原価 | 144,000 | 84,000 | 228,000 |
| 計 | 3,880,000 | 4,279,000 | 8,159,000 |
| 月末仕掛品原価 | 194,000 | 99,000 | 293,000 |
| 完　成　品　原　価 | 3,686,000 | 4,180,000 | 7,866,000 |
| 完　成　品　数　量 | 7,600個 | 7,600個 | 7,600個 |
| 製　　品　　単　　価 | ¥　　485 | ¥　　550 | ¥　　1,035 |

素材の予定消費高　¥400×9,340個＝¥3,736,000

賃金の予定消費高　¥1,050×2,800時間＝¥2,940,000

電力料は測定経費なので，測定高¥280,000が消費高として計上される。

保険料は月割経費なので，¥618,000÷6か月＝¥103,000を消費高として計上する。

減価償却費は月割経費なので，¥5,400,000÷12か月＝¥450,000を消費高として計上する。

修繕料は支払経費なので，¥125,000＋¥24,000＋¥10,000＝¥159,000を消費高として計上する。この結果，工場消耗品¥146,000や健康保険料¥117,000などとあわせて加工費の合計は，¥4,195,000となる。

さらに生産データをもとにボックス図を書いて計算すると，次のようになる。

月末仕掛品の素材費の計算（平均法）

| 月初仕掛品 ¥144,000 | 完　成　品 7,600個 ¥(3,686,000) |
|---|---|
| 当月製造費用 ¥3,736,000 | 月末仕掛品400個 ¥(194,000) |

$$\frac{¥144,000＋¥3,736,000}{7,600個＋400個}×400個＝¥194,000$$

月末仕掛品の加工費の計算（平均法）

| 月初仕掛品 ¥84,000 | 完　成　品 7,600個 ¥(4,180,000) |
|---|---|
| 当月製造費用 ¥4,195,000 | 月末仕掛品180個 ¥(99,000) |

※　加工進捗度を掛けた数量

$$\frac{¥84,000＋¥4,195,000}{7,600個＋180個}×180個＝¥99,000$$

**6**

仕　掛　品

| 前 月 繰 越 | ( *972,000* ) | 製　　品 | ( *11,260,000* ) |
|---|---|---|---|
| 素　　材 | ( *6,300,000* ) | 次 月 繰 越 | ( *1,290,000* ) |
| 工 場 消 耗 品 | ( *441,000* ) | | |
| 賃　　金 | ( *3,402,000* ) | | |
| 健 康 保 険 料 | ( *159,000* ) | | |
| 諸　　口 | ( *1,276,000* ) | | |
| | ( *12,550,000* ) | | ( *12,550,000* ) |

**解説**

　資料より次の仕訳がおこなわれていることがわかる。なお，九州工業株式会社は単純総合原価計算を採用しているので，各原価要素の消費高はすべて仕掛品勘定の借方に振り替えられる。また，仕掛品勘定の前月繰越高として月初仕掛品原価¥*972,000*を記入する。

| | | | | | |
|---|---|---|---|---|---|
| ① | 仕　掛　品 | *6,300,000* | 素　　　材 | *6,300,000* |
| | 仕　掛　品 | *441,000* | 工 場 消 耗 品 | *441,000* |
| ② | 仕　掛　品 | *3,402,000* | 賃　　　金 | *3,402,000* |
| | 仕　掛　品 | *159,000* | 健 康 保 険 料 | *159,000* |
| ③ | 仕　掛　品 | *1,276,000* | 電　力　料 | *269,000* |
| | | | 保　険　料 | *76,000* |
| | | | 減 価 償 却 費 | *931,000* |

　また，生産データを分析してボックス図を作成すると，次のようになる。

月末仕掛品の素材費の計算（先入先出法）

月初仕掛品200個
¥*600,000*

当月製造費用
2,100個
¥*6,300,000*

完　成　品
2,000個

月末仕掛品300個
¥( *900,000* )

$$\frac{¥6,300,000}{2,100個} \times 300個 = ¥900,000$$

月末仕掛品の加工費の計算（平均法）

月初仕掛品120個
¥*372,000*

当月製造費用
2,030個
¥*5,278,000*

完　成　品
2,000個

月末仕掛品150個
¥( *390,000* )

※　加工進捗度を掛けた数量

$$\frac{¥5,278,000}{2,030個} \times 150個 = ¥390,000$$

　完成品原価は¥*11,260,000*（¥*6,000,000*＋¥*5,260,000*）　月末仕掛品原価は¥*1,290,000*となり，完成品原価は製品勘定に振り替え，月末仕掛品原価¥*1,290,000*は次月繰越とする。

■基本問題（p.107）

**1**

(1)

等級別総合原価計算表

| 等級別製品 | 重 量 | 等価係数 | 完成品数量 | 積 数 | 等級別製造原価 | 製 品 単 価 |
|---|---|---|---|---|---|---|
| 1 級製品 | 200kg | 5 | 6,000個 | 30,000 | 900,000 | ¥ 150 |
| 2 級製品 | 160kg | 4 | 8,000個 | 32,000 | 960,000 | ¥ 120 |
| 3 級製品 | 120kg | 3 | 4,000個 | 12,000 | 360,000 | ¥ 90 |
|  |  |  |  | 74,000 | 2,220,000 |  |

(2)

| 借 方 | | 貸 方 | |
|---|---|---|---|
| 1 級 製 品 | 900,000 | 仕 掛 品 | 2,220,000 |
| 2 級 製 品 | 960,000 | | |
| 3 級 製 品 | 360,000 | | |

【解説】

① 等価係数を計算する。

200kg：160kg：120kg＝5：4：3

② 積数（＝等価係数×完成品数量）を計算する。

5 ×6,000個＝30,000

4 ×8,000個＝32,000

3 ×4,000個＝12,000

当月完成品総合原価を計算する。

月初仕掛品原価　　材料費　　　労務費
¥425,300＋（¥1,076,000＋¥448,000

経費　　　　月末仕掛品原価　当月完成品総合原価
＋¥575,700）－¥305,000＝¥2,220,000

③ 当月完成品総合原価を積数の比で按分し，等級別製造原価を計算する。

1 級製品　¥2,220,000× $\frac{30,000}{74,000}$ ＝¥900,000

2 級製品　¥2,220,000× $\frac{32,000}{74,000}$ ＝¥960,000

3 級製品　¥2,220,000× $\frac{12,000}{74,000}$ ＝¥360,000

④ 製品単価（＝等級別製造原価÷完成品数量）を計算する。

¥900,000÷6,000個＝¥150

¥960,000÷8,000個＝¥120

¥360,000÷4,000個＝¥90

**2**

等級別総合原価計算表

| 等級別製品 | 重 量 | 等価係数 | 完成品数量 | 積 数 | 等級別製造原価 | 製 品 単 価 |
|---|---|---|---|---|---|---|
| 1 級製品 | 120kg | 6 | 140個 | 840 | 319,200 | ¥ 2,280 |
| 2 級製品 | 100kg | 5 | 260個 | 1,300 | 494,000 | ¥ 1,900 |
| 3 級製品 | 60kg | 3 | 320個 | 960 | 364,800 | ¥ 1,140 |
|  |  |  |  | 3,100 | 1,178,000 |  |

【解説】

当月完成品総合原価　¥350,000＋（¥378,000＋¥542,000＋¥284,000）－¥376,000＝¥1,178,000

**1**

(1)

等級別総合原価計算表

| 等級別製品 | 容　　積 | 等 価 係 数 | 完成品数量 | 積　　数 | 等級別製造原価 | 製 品 単 価 |
|---|---|---|---|---|---|---|
| 1 級 製 品 | 24㎥ | **6** | **600個** | **3,600** | **180,000** | ¥　　　**300** |
| 2 級 製 品 | 20㎥ | **5** | **700個** | **3,500** | **175,000** | ¥　　　**250** |
| 3 級 製 品 | 16㎥ | **4** | **800個** | **3,200** | **160,000** | ¥　　　**200** |
| | | | | **10,300** | **515,000** | |

(2)

| 借　　　方 | | 貸　　　方 | |
|---|---|---|---|
| 1　級　製　品 | **180,000** | 仕　　掛　　品 | **515,000** |
| 2　級　製　品 | **175,000** | | |
| 3　級　製　品 | **160,000** | | |

解説

① 等価係数　容積　24㎥：20㎥：16㎥＝6：5：4

② 等級別製造原価

1級製品　¥515,000×$\dfrac{3,600}{10,300}$＝¥180,000

2級製品　¥515,000×$\dfrac{3,500}{10,300}$＝¥175,000

3級製品　¥515,000×$\dfrac{3,200}{10,300}$＝¥160,000

③　製品単価

1級製品　¥180,000÷600個＝¥300

2級製品　¥175,000÷700個＝¥250

3級製品　¥160,000÷800個＝¥200

**2**

(1)

等級別総合原価計算表

| 等級別製品 | 容　　積 | 等 価 係 数 | 完成品数量 | 積　　数 | 等級別製造原価 | 製 品 単 価 |
|---|---|---|---|---|---|---|
| 1 級 製 品 | **27㎥** | **3** | **2,000個** | **6,000** | **446,400** | ¥　　　**223.2** |
| 2 級 製 品 | **18㎥** | **2** | **4,000個** | **8,000** | **595,200** | ¥　　　**148.8** |
| | | | | **14,000** | **1,041,600** | |

(2)

| 仕　　掛　　品 | | | |
|---|---|---|---|
| 前 月 繰 越 | *28,800* | (諸　　口) | (*1,041,600*) |
| 素　　材 | *517,200* | 次 月 繰 越 | *32,400* |
| 賃　　金 | *344,400* | | |
| 諸　　口 | *183,600* | | |
| | (*1,074,000*) | | (*1,074,000*) |

| 1　級　製　品 | |
|---|---|
| (仕 掛 品)　(　**446,400**) | |

| 2　級　製　品 | |
|---|---|
| (仕 掛 品)　(　**595,200**) | |

(3)

| 借　　　方 | | 貸　　　方 | |
|---|---|---|---|
| 1　級　製　品 | **446,400** | 仕　　掛　　品 | **1,041,600** |
| 2　級　製　品 | **595,200** | | |

 等価係数

容積　27㎥：18㎥＝3：2

3

(1)

| 完成品の総合原価 | ￥ *5,412,000* |
|---|---|

(2)

### 等級別総合原価計算表
#### 令和○年1月分

| 等級別製品 | 重　　量 | 等価係数 | 完成品数量 | 積　　数 | 等級別製造原価 | 製品単価 | |
|---|---|---|---|---|---|---|---|
| 1 級 製 品 | 300g | 5 | 1,650個 | 8,250 | 3,630,000 | ￥ | 2,200 |
| 2 級 製 品 | 180g | 3 | 1,350個 | 4,050 | 1,782,000 | ￥ | 1,320 |
| | | | | 12,300 | 5,412,000 | | |

素材費（加工費）

| 月初仕掛品<br>600（360）個 | 当月完成品<br>3,000個 |
|---|---|
| 3,150<br>（2,940）個 | 月末仕掛品<br>750（300）個 |

------( )内は加工費の数量<br>を表す

600個×60%　　750個×40%

月末仕掛品原価を計算する（先入先出法）

素材費　$\dfrac{￥2,740,500}{3,150個}×750個=￥652,500$

加工費　$\dfrac{￥2,793,000}{2,940個}×300個=￥285,000$

総合原価（￥2,740,500＋￥492,000－￥652,500）

　　　　＋（￥2,793,000＋￥324,000－￥285,000）＝￥5,412,000

■検定問題（p.110）

1

| | 借　　　　方 | | 貸　　　　方 | |
|---|---|---|---|---|
| (1) | 1 級 製 品 | 630,000 | 仕　　掛　　品 | 1,170,000 |
| | 2 級 製 品 | 540,000 | | |
| (2) | 仕　　掛　　品 | 78,000 | 減 価 償 却 費 | 78,000 |
| (3) | 1 級 製 品 | 1,200,000 | 仕　　掛　　品 | 2,100,000 |
| | 2 級 製 品 | 900,000 | | |
| (4) | 仕　　掛　　品 | 380,000 | 退 職 給 付 費 用 | 380,000 |
| (5) | 1 級 製 品 | 1,584,000 | 仕　　掛　　品 | 4,026,000 |
| | 2 級 製 品 | 1,650,000 | | |
| | 3 級 製 品 | 792,000 | | |
| (6) | 1 級 製 品 | 2,880,000 | 仕　　掛　　品 | 4,800,000 |
| | 2 級 製 品 | 1,920,000 | | |
| (7) | 仕　　掛　　品 | 70,000 | 修　　繕　　料 | 70,000 |

(1) 等級別総合原価計算では，等価係数を用いて完成品総合原価を按分計算する。次のような等級別総合原価計算表を完成することにより求めることができる。

60

## 等級別総合原価計算表

| 等級別製品 | 重　　　　量 | 等価係数 | 完成品数量 | 積　　　数 | 等級別製造原価 | 製品単価 |
|---|---|---|---|---|---|---|
| 1 級 製 品 | 450g | 3 | 700個 | 2,100 | 630,000 | ¥ 900 |
| 2 級 製 品 | 300g | 2 | 900個 | 1,800 | 540,000 | ¥ 600 |
|  |  |  |  | 3,900 | 1,170,000 |  |

1級製品

$$¥1,170,000 \times \frac{2,100}{2,100+1,800} = ¥630,000$$

2級製品

$$¥1,170,000 \times \frac{1,800}{2,100+1,800} = ¥540,000$$

(2) 製造のために要したすべての原価は，単純総合原価計算に準じて仕掛品勘定に計上される。

減価償却費　¥936,000÷12か月＝¥78,000

(3)

## 等級別総合原価計算表

| 等級別製品 | 重　　　　量 | 等価係数 | 完成品数量 | 積　　　数 | 等級別製造原価 | 製品単価 |
|---|---|---|---|---|---|---|
| 1 級 製 品 | 300g | 2 | 2,000個 | 4,000 | 1,200,000 | ¥ 600 |
| 2 級 製 品 | 150g | 1 | 3,000個 | 3,000 | 900,000 | ¥ 300 |
|  |  |  |  | 7,000 | 2,100,000 |  |

(4) 製造のために要したすべての原価は，単純総合原価計算に準じて仕掛品勘定に計上される。

(5) 等級別総合原価計算表に等級別製造原価が示されており，1級製品¥1,584,000　2級製品¥1,650,000

3級製品¥792,000をそれぞれ仕掛品勘定から1級製品勘定・2級製品勘定・3級製品勘定へ振り替える。

(6) 次のような等級別総合原価計算表を作成して，等級別製造原価を計算する。

## 等級別総合原価計算表

| 等級別製品 | 重　　　　量 | 等価係数 | 完成品数量 | 積　　　数 | 等級別製造原価 | 製品単価 |
|---|---|---|---|---|---|---|
| 1 級 製 品 | 300g | 5 | 4,800個 | 24,000 | 2,880,000 | ¥ 600 |
| 2 級 製 品 | 240g | 4 | 4,000個 | 16,000 | 1,920,000 | ¥ 480 |
|  |  |  |  | 40,000 | 4,800,000 |  |

(7) 修繕料は支払経費なので，見越し・繰り延べを考慮して当月分の消費高を計算する。

```
         修　　繕　　料
┌──────────────┬──────────────┐
│              │ 前月未払高    │
│ 当月支払高    │  ¥2,000      │
│  ¥68,000     ├──────────────┤
│              │ 当月消費高    │
├──────────────┤  ¥70,000     │
│ 当月未払高    │              │
│  ¥4,000      │              │
└──────────────┴──────────────┘
```

**2**

| a | 当 月 の 製 造 費 用 | ¥ 6,870,000 | b | 当月の1級製品の製造原価 | ¥ 2,700,000 |
|---|---|---|---|---|---|
| c | 当月の2級製品の売上原価 | ¥ 2,834,000 | d | 当月の3級製品の月末棚卸高 | ¥ 219,600 |

**解説**

a．当月の製造費用＝完成品総合原価＋月末仕掛品原価－月初仕掛品原価

b.
### 等級別総合原価計算表

| 等級別製品 | 重 量 | 等価係数 | 完成品数量 | 積 数 | 等級別製造原価 | 製品単価 |
|---|---|---|---|---|---|---|
| 1 級製品 | 750g | 5 | 1,500個 | 7,500 | *2,700,000* | ¥ *1,800* |
| 2 級製品 | 600g | 4 | 2,000個 | 8,000 | *2,880,000* | ¥ *1,440* |
| 3 級製品 | 300g | 2 | 1,900個 | 3,800 | *1,368,000* | ¥ *720* |
| | | | | 19,300 | *6,948,000* | |

c.

売上原価 @¥*1,400*× 250個 = ¥ *350,000*

@¥*1,440*×1,725個 = ¥*2,484,000*

合計 ¥*2,834,000*

d.

月末棚卸高 @¥*720*×305個 = ¥*219,600*

**3**

| a | 1 級 製 品 の 製 造 原 価 | ¥ *1,840,000* |
|---|---|---|
| b | 3 級 製 品 の 製 品 単 価 | ¥ *160* |

資料をもとに次のような等級別総合原価計算表を作成する。

### 等級別総合原価計算表

| 等級別製品 | 重 量 | 等価係数 | 完成品数量 | 積 数 | 等級別製造原価 | 製品単価 |
|---|---|---|---|---|---|---|
| 1 級製品 | 700g | 10 | 4,600個 | 46,000 | *1,840,000* | ¥ *400* |
| 2 級製品 | 490g | 7 | 3,500個 | 24,500 | *980,000* | ¥ *280* |
| 3 級製品 | 280g | 4 | 2,100個 | 8,400 | *336,000* | ¥ *160* |
| | | | | 78,900 | *3,156,000* | |

等級別製造原価を完成品数量で割って製品単価を求めることに注意する。

**4**

| アの金額 | ¥ *360* |
|---|---|

等級別総合原価計算表
令和○年1月分

| 等級別製品 | 重　　量 | 等 価 係 数 | 完成品数量 | 積　　数 | 等級別製造原価 | 製 品 単 価 |
|---|---|---|---|---|---|---|
| 1 級 製 品 | 950g | 1.0 | 2,400個 | (2,400) | (1,440,000) | ¥　　(600) |
| 2 級 製 品 | 760g | 0.8 | 3,600個 | (2,880) | (1,728,000) | ¥　　(480) |
| 3 級 製 品 | 570g | (0.6) | 5,000個 | (3,000) | (1,800,000) | ¥ （ア 360) |
| | | | | (8,280) | 4,968,000 | |

　950gの等価係数が「1.0」なので，570gを950gで割ると，3級製品の等価係数は0.6と計算できる。等価係数と完成品数量を掛けて積数を求め，等級別製造原価の合計¥4,968,000を積数の合計8,280で割ると¥600が計算できる。それぞれの等級別製造原価を完成品数量で割ると，3級製品の製品単価¥360（＝¥1,800,000÷5,000個）が計算できる。

**5**

| 2 級製品の製品単価 | ¥ *1,600* |
|---|---|

資料より，等級別総合原価計算表を作成すると次のようになる。

等級別総合原価計算表

| 等級別製品 | 重　　量 | 等 価 係 数 | 完成品数量 | 積　　数 | 等級別製造原価 | 製 品 単 価 |
|---|---|---|---|---|---|---|
| 1 級 製 品 | 150g | 5 | 3,000個 | 15,000 | 6,000,000 | ¥　2,000 |
| 2 級 製 品 | 120g | 4 | 2,050個 | 8,200 | 3,280,000 | ¥　1,600 |
| | | | | 23,200 | 9,280,000 | |

完成品原価を1級製品と2級製品に按分するので，ボックス図を書くと次のようになる。

仕　　　掛　　　品

| 月初仕掛品 | 1 級製品<br>¥6,000,000 |
|---|---|
| 当月製造費用 | 2 級製品<br>¥3,280,000 |
| | 月末仕掛品 |

**6**

| a | 当月の2級製品の製造原価 | ¥ **840,000** | b | 当月の1級製品の製品単価（単位原価） | ¥ **900** |
|---|---|---|---|---|---|
| c | 当月の3級製品の売上原価 | ¥ **418,650** | d | 当月の2級製品の月末棚卸高 | ¥ **97,500** |

解説

c.

（先入先出法）　3　級　製　品

売上原価　@¥480× 80個 = ¥ *38,400*

@¥450×845個 = ¥*380,250*

合計 ¥*418,650*

d.

（先入先出法）　2　級　製　品

月末棚卸高　@¥750×130個 = ¥*97,500*

**7**

| a | 当月の1級製品の製造原価 | ¥ **840,000** | b | 当月の2級製品の製品単価（単位原価） | ¥ **315** |
|---|---|---|---|---|---|
| c | 当月の2級製品の売上原価 | ¥ **795,000** | | | |

解説

c.

（先入先出法）　2　級　製　品

売上原価　@¥330× 500個 = ¥*165,000*

@¥315×2,000個 = ¥*630,000*

合計 ¥*795,000*

| ア | ¥ | *600* | イ | ¥ | *810,000* |
|---|---|---|---|---|---|

解説

### 等級別総合原価計算表
#### 令和○年6月分

| 等級別製品 | 重　　　量 | 等 価 係 数 | 完成品数量 | 積　　　数 | 等級別製造原価 | 製 品 単 価 |
|---|---|---|---|---|---|---|
| 1 級 製 品 | 280 g | 4*¹ | 1,500個*³ | 6,000*² | *900,000*⁴ | ¥　*600*⁵ |
| 2 級 製 品 | 210 g | 3*¹ | 1,800個 | 5,400*² | *810,000*⁴ | ¥　*450*⁵ |
| 3 級 製 品 | 140 g | 2 | 2,400個 | 4,800*² | *720,000*⁴ | ¥　*300* |
| | | | | 16,200 | *2,430,000* | |

＊1　等 価 係 数

　　280 g：210 g：140 g = 4：3：2

＊2　積　　　　　数

　　2級製品　3×1,800個 = 5,400

　　3級製品　2×2,400個 = 4,800

　　1級製品　16,200 −（5,400 + 4,800）= 6,000

＊3　完 成 品 数 量

　　1級製品　6,000 ÷ 4 = 1,500個

＊4　等級別製造原価

　　1級製品　¥*2,430,000* × $\frac{6,000}{16,200}$ = ¥*900,000*

　　2級製品　¥*2,430,000* × $\frac{5,400}{16,200}$ = ¥*810,000*

　　3級製品　¥*2,430,000* × $\frac{4,800}{16,200}$ = ¥*720,000*

＊5　製 品 単 価

　　1級製品　¥*900,000* ÷ 1,500個 = @¥*600*

　　2級製品　¥*810,000* ÷ 1,800個 = @¥*450*

■基本問題（p.115）

**1**

|     | 借 方 |     | 貸 方 |     |
|-----|-------|-----|-------|-----|
| (1) | A 組 仕 掛 品 | 730,000 | 素　　　　　材 | 1,320,000 |
|     | B 組 仕 掛 品 | 565,000 |  |  |
|     | 組 間 接 費 | 25,000 |  |  |
| (2) | A 組 仕 掛 品 | 150,000 | 組 間 接 費 | 250,000 |
|     | B 組 仕 掛 品 | 100,000 |  |  |
| (3) | B 組 製 品 | 1,800,000 | B 組 仕 掛 品 | 1,800,000 |
| (4) | 売 上 原 価 | 4,100,000 | A 組 製 品 | 2,300,000 |
|     |  |  | B 組 製 品 | 1,800,000 |

**2**

組 別 総 合 原 価 計 算 表
令和○年9月分

| 摘　　要 |  | A 組 | B 組 | 合 計 |
|---------|---|-----|-----|------|
| 組 直 接 費 | 素材費 | 1,146,000 | 375,000 | 1,521,000 |
|  | 加工費 | 380,000 | 220,000 | 600,000 |
| 組 間 接 費 | 加工費 | 231,000 *1 | 189,000 *1 | 420,000 |
| 当 月 製 造 費 用 |  | 1,757,000 | 784,000 | 2,541,000 |
| 月初仕掛品原価 | 素材費 | 168,000 | 150,000 | 318,000 |
|  | 加工費 | 145,000 | 51,000 | 196,000 |
| 計 |  | 2,070,000 | 985,000 | 3,055,000 |
| 月末仕掛品原価 | 素材費 | 146,000 *2 | 105,000 *4 | 251,000 |
|  | 加工費 | 36,000 *3 | 60,000 *5 | 96,000 |
| 完 成 品 原 価 |  | 1,888,000 | 820,000 | 2,708,000 |
| 完 成 品 数 量 |  | 4,000個 | 1,000個 | ―― |
| 製 品 単 価 |  | ¥　472 | ¥　820 |  |

解説

＊1　組間接費の計算

　　A組　¥420,000×55％＝¥231,000

　　B組　¥420,000×45％＝¥189,000

＊2　月末仕掛品A組素材費（平均法）

$$\frac{¥1,146,000 + ¥168,000}{4,000個 + 500個} \times 500個 = ¥146,000$$

＊3　月末仕掛品A組加工費（平均法）

$$\frac{¥380,000 + ¥231,000 + ¥145,000}{4,000個 + (500個 \times 40\%)}$$

$$\times (500個 \times 40\%) = ¥36,000$$

＊4　月末仕掛品B組素材費（平均法）

$$\frac{¥375,000 + ¥150,000}{1,000個 + 250個} \times 250個 = ¥105,000$$

＊5　月末仕掛品B組加工費（平均法）

$$\frac{¥220,000 + ¥189,000 + ¥51,000}{1,000個 + (250個 \times 60\%)}$$

$$\times (250個 \times 60\%) = ¥60,000$$

■

| | 借 | 方 | 貸 | 方 |
|---|---|---|---|---|
| (1) | A 組 仕 掛 品 | 330,000 | 素　　　　　材 | 580,000 |
| | B 組 仕 掛 品 | 250,000 | | |
| (2) | A 組 仕 掛 品 | 72,000 | 組 間 接 費 | 180,000 |
| | B 組 仕 掛 品 | 108,000 | | |
| (3) | A 組 製 品 | 950,000 | A 組 仕 掛 品 | 950,000 |
| (4) | 売 上 原 価 | 670,000 | B 組 製 品 | 670,000 |

解説

仕掛品勘定，製品勘定はそれぞれ組ごとに設けられ，組間接費は一定の基準で各組仕掛品勘定へ振り替える。

■

### 組 別 総 合 原 価 計 算 表
### 令和○年8月分

| 摘　　　　　要 | A　　　　　組 | B　　　　　組 |
|---|---|---|
| 組 直 接 費　素材費 | 2,583,000 | 1,386,000 |
| 加工費 | 2,278,500 | 1,000,500 |
| 組 間 接 費　加工費 | 450,000 | 300,000 |
| 当 月 製 造 費 用 | 5,311,500 | 2,686,500 |
| 月 初 仕 掛 品 原 価　素材費 | 480,000 | 246,000 |
| 加工費 | 198,000 | 126,000 |
| 計 | 5,989,500 | 3,058,500 |
| 月 末 仕 掛 品 原 価　素材費 | 615,000 | 378,000 *2 |
| 加工費 | 382,500 *1 | 153,000 |
| 完 成 品 原 価 | 4,992,000 | 2,527,500 |
| 完 成 品 数 量 | 3,000個 | 1,500個 |
| 製 品 単 価 | ¥　1,664 | ¥　1,685 |

解説

組間接費のA組配賦額

$(¥259,500 + ¥490,500) × 60\% = ¥450,000$

＊1　月末仕掛品A組加工費（先入先出法）

$$\frac{¥2,250,000 + ¥28,500 + ¥450,000}{3,210個} × 450個 = ¥382,500$$

＊2　月末仕掛品B組素材費（先入先出法）

$$\frac{¥1,386,000}{1,650個} × 450個 = ¥378,000$$

### A 組 加 工 費

| 月初仕掛品 | 240個 | 当月完成品 | 3,000個 |
|---|---|---|---|
| | 3,210個 | 月末仕掛品 | 450個 |

### B 組 素 材 費

| 月初仕掛品 | 300個 | 当月完成品 | 1,500個 |
|---|---|---|---|
| | 1,650個 | 月末仕掛品 | 450個 |

3

(1)

### 組 間 接 費

| 賃　　　金 | 58,000 | （諸　　　口） | (150,000) |
|---|---|---|---|
| 電　力　料 | 73,000 | | |
| 減価償却費 | 14,000 | | |
| 雑　　　費 | 5,000 | | |
| | (150,000) | | (150,000) |

### A 組 仕 掛 品

| 前 月 繰 越 | 120,000 | （A 組製品） | (928,000) |
|---|---|---|---|
| 素　　　材 | 328,000 | 次 月 繰 越 | (87,200) |
| 賃　　　金 | 490,200 | | |
| 特許権使用料 | 9,500 | | |
| （組 間 接 費） | (67,500) *1 | | |
| | (1,015,200) | | (1,015,200) |

(2)

### 組 別 総 合 原 価 計 算 表
### 令和○年8月分

| 摘　　　　　要 | | A　　組 | B　　組 |
|---|---|---|---|
| 組 直 接 費 | 素 材 費 | 328,000 | 656,000 |
| | 加 工 費 | 499,700 | 530,500 |
| 組 間 接 費 | 加 工 費 | 67,500 *1 | 82,500 *1 |
| 当 月 製 造 費 用 | | 895,200 | 1,269,000 |
| 月 初 仕 掛 品 原 価 | 素 材 費 | 68,000 | 72,000 *2 |
| | 加 工 費 | 52,000 *2 | 63,000 |
| 計 | | 1,015,200 | 1,404,000 |
| 月 末 仕 掛 品 原 価 | 素 材 費 | 44,000 *3 | 104,000 *5 |
| | 加 工 費 | 43,200 *4 | 52,000 *6 |
| 完 成 品 原 価 | | 928,000 | 1,248,000 |
| 完 成 品 数 量 | | 3,200個 | 4,800個 |
| 製 品 単 価 | | ¥　290 | ¥　260 |

### 解説

*1　組間接費配賦の計算

A組仕掛品　（¥58,000＋¥73,000＋¥14,000＋

¥5,000）×45％＝¥67,500

B組仕掛品　（¥58,000＋¥73,000＋¥14,000＋

¥5,000）×55％＝¥82,500

●組間接費¥150,000をA組製品に45％，B組製品に

55％の割合で配賦した仕訳

（借）A組仕掛品　67,500　（貸）組間接費　150,000

B組仕掛品　82,500

*2　A組月初仕掛品加工費

A組仕掛品の前月繰越¥120,000－A組素材費の月

初仕掛品¥68,000＝¥52,000

B組月初仕掛品素材費

B組仕掛品の前月繰越¥135,000－B組加工費の月

初仕掛品¥63,000＝¥72,000

*3　A組月末仕掛品素材費（平均法）

$$\frac{¥68,000＋¥328,000}{3,200個＋400個}×400個＝¥44,000$$

*4　A組月末仕掛品加工費（平均法）

$$\frac{¥52,000＋¥499,700＋¥67,500}{3,200個＋（400個×60％）}×（400個×60％）＝¥43,200$$

*5　B組月末仕掛品素材費（平均法）

$$\frac{¥72,000＋¥656,000}{4,800個＋800個}×800個＝¥104,000$$

*6　B組月末仕掛品加工費（平均法）

$$\frac{¥63,000＋¥530,500＋¥82,500}{4,800個＋（800個×50％）}×（800個×50％）＝¥52,000$$

●A組製品およびB組製品が完成したときの仕訳

（借）A組製品　928,000　（貸）A組仕掛品　928,000

B組製品　1,248,000　　　B組仕掛品　1,248,000

**1**

|  | 借　　　　　方 |  | 貸　　　　　方 |  |
|---|---|---|---|---|
| (1) | Ａ　組　仕　掛　品 | 180,000 | 外　注　加　工　賃 | 180,000 |
|  | 組　　間　　接　　費 | 117,000 | 修　　　繕　　　料 | 95,000 |
|  |  |  | 電　　　力　　　料 | 22,000 |
| (2) | Ａ　組　仕　掛　品 | 200,000 | 外　注　加　工　賃 | 200,000 |
|  | 組　　間　　接　　費 | 163,000 | 修　　　繕　　　料 | 145,000 |
|  |  |  | 保　　　険　　　料 | 18,000 |
| (3) | Ａ　組　仕　掛　品 | 2,275,000 | 組　　間　　接　　費 | 3,500,000 |
|  | Ｂ　組　仕　掛　品 | 1,225,000 |  |  |
| (4) | Ａ　組　仕　掛　品 | 500,000 | 特　許　権　使　用　料 | 500,000 |
| (5) | Ａ　組　仕　掛　品 | 493,000 | 外　注　加　工　賃 | 493,000 |
| (6) | Ａ　組　仕　掛　品 | 559,000 | 組　　間　　接　　費 | 860,000 |
|  | Ｂ　組　仕　掛　品 | 301,000 |  |  |
| (7) | 組　　間　　接　　費 | 345,000 | 電　　　力　　　料 | 345,000 |

解説

(1) 組直接費については，組別の各仕掛品勘定に振り替えるが，各組共通で消費した組間接費については組間接費勘定に振り替える。

(2) 組直接費である外注加工賃についてはA組仕掛品勘定に振り替え，各組共通で消費した組間接費については組間接費勘定に振り替える。

(3) 組間接費については一定の基準にもとづいてA組とB組に配賦する。この問題ではA組直接費¥9,100,000とB組直接費¥4,900,000にもとづいて配賦する。

A組　$¥3,500,000 × \dfrac{¥9,100,000}{¥9,100,000 + ¥4,900,000} = ¥2,275,000$

B組　$¥3,500,000 × \dfrac{¥4,900,000}{¥9,100,000 + ¥4,900,000} = ¥1,225,000$

(4) 特許権使用料はA組の直接経費となるので，A組仕掛品勘定に振り替える。

(5) 外注加工賃はA組の直接経費となるので，A組仕掛品勘定に振り替える。また，外注加工賃は支払経費なので，支払額をもとに見越し・繰り延べを考慮して消費額を計算する。

外　注　加　工　賃

| 前月前払高<br>¥15,000 | 当月消費高<br>¥493,000 |
|---|---|
| 当月支払高<br>¥490,000 | 当月前払高<br>¥12,000 |

(6) 機械運転時間を配賦基準としているので，配賦率は次の式で計算する。

配賦率　$\dfrac{¥860,000}{3,250時間 + 1,750時間} = ¥172$

A組　$¥172 × 3,250時間 = ¥559,000$

B組　$¥172 × 1,750時間 = ¥301,000$

(7) 電力料は測定経費なので，支払高ではなく，測定高¥345,000を消費額として計上する。

組 別 総 合 原 価 計 算 表
令和○年6月分

| 摘　　　要 | | A　　組 | B　　組 |
|---|---|---:|---:|
| 組　直　接　費 | 素　材　費 | 4,050,000 | 1,955,000 |
| | 加　工　費 | 3,470,000 | 1,292,000 |
| 組　間　接　費 | 加　工　費 | 630,000 | 270,000 |
| 当　月　製　造　費　用 | | 8,150,000 | 3,517,000 |
| 月　初　仕　掛　品　原　価 | 素　材　費 | 955,000 | 411,000 |
| | 加　工　費 | 477,000 | 183,000 |
| 計 | | 9,582,000 | 4,111,000 |
| 月　末　仕　掛　品　原　価 | 素　材　費 | 1,350,000 | 510,000 |
| | 加　工　費 | 600,000 | 213,000 |
| 完　成　品　原　価 | | 7,632,000 | 3,388,000 |
| 完　成　品　数　量 | | 4,000個 | 2,200個 |
| 製　品　単　価 | | ¥　　1,908 | ¥　　1,540 |

解説

組間接費の配賦額の計算

　配賦率…(¥229,000 + ¥559,000 + ¥112,000) ÷ (¥2,520,000 + ¥1,080,000) = 25%

　　　　A組への配賦額…¥2,520,000 × 25% = ¥630,000

　　　　B組への配賦額…¥1,080,000 × 25% = ¥270,000

A組の月末仕掛品の素材費の計算（先入先出法）

$\dfrac{¥4,050,000}{4,500個} × 1,500個 = ¥1,350,000$

B組の月末仕掛品の加工費の計算（先入先出法）

※　加工進捗度を掛けた数量

$\dfrac{¥1,562,000}{2,200個} × 300個 = ¥213,000$

70

**3**

(1)

**A 組 仕 掛 品**

| | | | |
|---|---|---|---|
| 前 月 繰 越 | ( **636,000**) | A組製品 | (**7,956,000**) |
| 素　　　材 | 5,684,000 | **次 月 繰 越** | ( **794,000**) |
| 労　務　費 | (**1,710,000**)<sup>*1</sup> | | |
| 経　　　費 | 207,000 | | |
| (**組 間 接 費**) | ( **513,000**) | | |
| | (**8,750,000**) | | (**8,750,000**) |

(2)

組 別 総 合 原 価 計 算 表
令和〇年1月分

| 摘　　　要 | | A　　　　組 | B　　　　組 |
|---|---|---|---|
| 組 直 接 費 | 素 材 費 | **5,684,000** | **5,206,000** |
| | 加 工 費 | **1,917,000**<sup>*2</sup> | **3,070,000**<sup>*2</sup> |
| 組 間 接 費 | 加 工 費 | **513,000**<sup>*3</sup> | **837,000**<sup>*3</sup> |
| 当 月 製 造 費 用 | | **8,114,000** | **9,113,000** |
| 月 初 仕 掛 品 原 価 | 素 材 費 | 510,000 | 284,000 |
| | 加 工 費 | 126,000 | 104,000 |
| 計 | | **8,750,000** | **9,501,000** |
| 月 末 仕 掛 品 原 価 | 素 材 費 | **652,000**<sup>*4</sup> | 549,000 |
| | 加 工 費 | 142,000 | **231,000**<sup>*4</sup> |
| 完 成 品 原 価 | | **7,956,000** | **8,721,000** |
| 完 成 品 数 量 | | 3,400個 | 1,800個 |
| 製 品 単 価 | | ¥ **2,340** | ¥ **4,845** |

 解説

*1　労務費

A　組　@¥1,500×1,140時間＝¥1,710,000

B　組　@¥1,500×1,860時間＝¥2,790,000

組間接費　@¥1,500× 600時間＝¥ 900,000

*2　当月加工費(組直接費)

A　組　¥1,710,000＋¥207,000＝¥1,917,000

B　組　¥2,790,000＋¥280,000＝¥3,070,000

*3　組間接費　¥900,000＋¥450,000＝¥1,350,000

直接作業時間を基準に配賦

　　　　　　　　　A組　　　B組
配賦率　¥1,350,000÷(1,140時間＋1,860時間)
　　　　　　　　　　　＝@¥450

配賦額　A組　@¥450×1,140時間＝¥513,000

　　　　　B組　@¥450×1,860時間＝¥837,000

*4　月末仕掛品原価(平均法)

A組素材費

$$\frac{¥6,194,000}{3,400個＋400個}×400個＝¥652,000$$

B組加工費

$$\frac{¥4,011,000}{1,800個＋110個}×110個＝¥231,000$$

できれば割り算で計算するより分数で計算した方が間違いが少ない。また，例えば23.999999…といった数値は，無限小数なので24と考えなくてはならないんだよ。

**4**

(1)

A 組 仕 掛 品

| | | | |
|---|---|---|---|
| 前 月 繰 越 | 822,000 | (A 組 製 品) | ( 6,030,000) |
| 素 材 | 2,172,000 | 次 月 繰 越 | ( 567,000) |
| 労 務 費 | 1,925,000 | | |
| 経 費 | 138,000 | | |
| (組 間 接 費) | ( 1,540,000) | | |
| | ( 6,597,000) | | ( 6,597,000) |

(2)

| 借 方 | | 貸 方 | |
|---|---|---|---|
| A 組 製 品 | 6,030,000 | A 組 仕 掛 品 | 6,030,000 |
| B 組 製 品 | 6,160,000 | B 組 仕 掛 品 | 6,160,000 |

解説

(1) 組間接費を配賦して，配賦額をA組仕掛品勘定とB組仕掛品勘定に記入する。

　組間接費の配賦額の計算

　　　配賦率…(¥524,000＋¥1,645,000＋¥631,000)÷(¥1,925,000＋¥1,575,000)＝80%

　　　　A組への配賦額…¥1,925,000×80%＝¥1,540,000

　　　　B組への配賦額…¥1,575,000×80%＝¥1,260,000

A組月末仕掛品の素材費の計算（平均法）

$$\frac{¥450,000＋¥2,172,000}{3,000個＋450個}×450個＝¥342,000$$

A組月末仕掛品の加工費の計算（平均法）

※　加工進捗度を掛けた数量

$$\frac{¥372,000＋¥3,603,000}{3,000個＋180個}×180個＝¥225,000$$

　A組月末仕掛品原価　¥342,000＋¥225,000＝¥567,000

　A組月末仕掛品原価¥567,000についてはA組仕掛品勘定では次月繰越として記入する。

(2) (1)でA組製品の完成品原価¥6,030,000は計算できているので，B組製品の完成品原価を計算する。

B組月末仕掛品の素材費の計算（平均法）

| 月初仕掛品1,000個<br>¥710,000 | 完 成 品<br>4,000個 |
| 当月製造費用<br>2,850個<br>¥2,746,000 | 月末仕掛品800個<br>¥(342,000) |

$\dfrac{¥710,000 + ¥2,746,000}{4,000個 + 800個} \times 800個 = ¥576,000$

B組月末仕掛品の加工費の計算（平均法）

| 月初仕掛品600個<br>¥489,000 | 完 成 品<br>4,000個 |
| 当月製造費用<br>3,800個<br>¥3,119,000 | 月末仕掛品400個<br>¥(328,000) |

※ 加工進捗度を掛けた数量

$\dfrac{¥489,000 + ¥3,119,000}{4,000個 + 400個} \times 400個 = ¥328,000$

B組月末仕掛品原価　¥576,000 + ¥328,000 = ¥904,000

B組の完成品原価　（¥710,000 + ¥489,000 + ¥2,746,000 + ¥1,575,000 + ¥284,000 + ¥1,260,000）− ¥904,000
　　　　　　　　= ¥6,160,000

参考までに組別総合原価計算表を作成すると，次のようになる。

組別総合原価計算表

| 摘　　　　要 | A　　組 | B　　組 |
|---|---|---|
| 組　直　接　費　　素材費 | 2,172,000 | 2,746,000 |
| 　　　　　　　　　加工費 | 2,063,000 | 1,859,000 |
| 組　間　接　費　　加工費 | 1,540,000 | 1,260,000 |
| 当　月　製　造　費　用 | 5,775,000 | 5,865,000 |
| 月初仕掛品原価　　素材費 | 450,000 | 710,000 |
| 　　　　　　　　　加工費 | 372,000 | 489,000 |
| 計 | 6,597,000 | 7,064,000 |
| 月末仕掛品原価　　素材費 | 342,000 | 576,000 |
| 　　　　　　　　　加工費 | 225,000 | 328,000 |
| 完　成　品　原　価 | 6,030,000 | 6,160,000 |
| 完　成　品　数　量 | 3,000個 | 4,000個 |
| 製　品　単　価 | ¥　　　2,010 | ¥　　　1,540 |

また，B組仕掛品勘定の記入状況は次のようになる。

B　組　仕　掛　品

| 前 月 繰 越 | 1,199,000 | B組製品 | 6,160,000 |
| 素　　　材 | 2,746,000 | 次 月 繰 越 | 904,000 |
| 労　務　費 | 1,575,000 | | |
| 経　　　費 | 284,000 | | |
| 組 間 接 費 | 1,260,000 | | |
| | 7,064,000 | | 7,064,000 |

| a | ¥ | *4,002,000* | b | ¥ | *1,160,000* |
|---|---|------------|---|---|------------|

解説

組間接費の配賦額の計算

配賦率…¥6,670,000÷（¥8,700,000＋¥5,800,000）＝46%

A組への配賦額…¥8,700,000×46%＝¥4,002,000

B組への配賦額…¥5,800,000×46%＝¥2,668,000

B組の月末仕掛品原価に含まれる素材費

B組月末仕掛品の素材費の計算（平均法）

$$\frac{¥1,392,000＋¥5,800,000}{2,600個＋500個}×500個＝¥1,160,000$$

参考までに組別総合原価計算表を作成すると，次のようになる。

組別総合原価計算表

| 摘　　要 | | A　組 | B　組 |
|---|---|---|---|
| 組　直　接　費 | 素材費 | 8,700,000 | 5,800,000 |
| | 加工費 | 4,776,000 | 3,029,000 |
| 組　間　接　費 | 加工費 | 4,002,000 | 2,668,000 |
| 当　月　製　造　費　用 | | 17,478,000 | 11,497,000 |
| 月初仕掛品原価 | 素材費 | 1,520,000 | 1,392,000 |
| | 加工費 | 870,000 | 654,000 |
| 計 | | 19,868,000 | 13,543,000 |
| 月末仕掛品原価 | 素材費 | 876,000 | 1,160,000 |
| | 加工費 | 432,000 | 657,000 |
| 完　成　品　原　価 | | 18,560,000 | 11,726,000 |
| 完　成　品　数　量 | | 3,200個 | 2,600個 |
| 製　品　単　価 | | ¥　5,800 | ¥　4,510 |

## 5．工程別総合原価計算

基本問題（p.124）

**1**

|  | 借　　　方 |  | 貸　　　方 |  |
|---|---|---|---|---|
| (1) | 第1工程仕掛品 | *880,000* | 素　　　　　材 | *850,000* |
|  | 第2工程仕掛品 | *600,000* | 賃　　　　　金 | *700,000* |
|  | 動 力 部 門 費 | *320,000* | 減 価 償 却 費 | *180,000* |
|  |  |  | 電　 力　 料 | *70,000* |
| (2) | 第1工程仕掛品 | *140,000* | 保　 険　 料 | *360,000* |
|  | 第2工程仕掛品 | *100,000* |  |  |
|  | 動 力 部 門 費 | *120,000* |  |  |
| (3) | 第1工程仕掛品 | *264,000* | 動 力 部 門 費 | *440,000* |
|  | 第2工程仕掛品 | *176,000* |  |  |
| (4) | 第1工程半製品 | *1,100,000* | 第1工程仕掛品 | *1,100,000* |
| (5) | 第2工程仕掛品 | *900,000* | 第1工程半製品 | *900,000* |
| (6) | 製　　　　　品 | *1,700,000* | 第2工程仕掛品 | *1,700,000* |

**解説**

(1) 素材¥850,000　賃金¥700,000　減価償却費¥180,000　電力料¥70,000（資料の横の合計金額）を第一工程に¥880,000　第2工程に¥600,000　動力部門に¥320,000に消費した（資料の縦の合計金額）と考える。

(2) 工程個別費と補助部門個別費をそれぞれの工程および補助部門に賦課した後に，部門共通費を配賦する。

(3) 補助部門個別費と部門共通費を集計した後に，補助部門費¥440,000を各工程に配賦する。

(4) 第1工程の完成品原価¥1,100,000をすべて第1工程半製品勘定に振り替えたとあるので，第1工程仕掛品勘定から第1工程半製品勘定に振り替える。

(5) 倉庫から第2工程に投入した完成品原価は¥900,000とあるので，第1工程半製品勘定から第2工程仕掛品勘定へ振り替える。

(6) 第2工程は最終工程なので，その完成品原価¥1,700,000については，第2工程仕掛品勘定から製品勘定へ振り替える。

75

**2**

(1)

工程別総合原価計算表
令和○年1月分

| 摘 要 | 第 1 工 程 | 第 2 工 程 |
|---|---|---|
| 工程個別費 素 材 費 | 2,565,000 | ―― |
| 前 工 程 費 | ―― | 4,050,000 |
| 労 務 費 | 798,000 | 762,000 |
| 経 費 | 143,000 | 209,000 |
| 部 門 共 通 費 配 賦 額 | 330,000 | 231,000 |
| 補 助 部 門 費 配 賦 額 | 396,000 | 324,000 |
| 当 月 製 造 費 用 | 4,232,000 | 5,576,000 |
| 月 初 仕 掛 品 原 価 | 558,000 | 873,000 |
| 計 | 4,790,000 | 6,449,000 |
| 月 末 仕 掛 品 原 価 | 500,000 | 1,074,000 |
| 工 程 完 成 品 原 価 | 4,290,000 | 5,375,000 |
| 工 程 完 成 品 数 量 | 2,750個 | 2,500個 |
| 工 程 単 価 | ¥ 1,560 | ¥ 2,150 |

(2)

第 1 工 程 半 製 品

| 前 月 繰 越 | 306,000 | （第2工程仕掛品） | （ 4,050,000 ） |
|---|---|---|---|
| （第1工程仕掛品） | （ 4,290,000 ） | 次 月 繰 越 | （ 546,000 ） |
| | （ 4,596,000 ） | | （ 4,596,000 ） |

解説

次の補助部門費を第1工程に55％，第2工程に45％の割合で配賦する。

¥351,000（労務費）＋¥270,000（経費）＋¥99,000（部門共通費配賦額）＝¥720,000

第1工程の月末仕掛品原価の計算（平均法）

$$\frac{¥396,000 + ¥2,565,000}{2,750個 + 400個} \times 400個 = ¥376,000$$

$$\frac{¥162,000 + ¥1,667,000}{2,750個 + 200個} \times 200個 = ¥124,000$$

当月製造費用¥4,790,000から月末仕掛品原価¥500,000を差し引いて第1工程の完成品原価¥4,290,000を求め，第1工程仕掛品勘定から第一工程半製品勘定へ振り替える。また，第1工程半製品勘定から第2工程仕掛品へは，¥4,050,000（＝¥1,500×2,700個）を振り替える。

第2工程の月末仕掛品の前工程費

$$\frac{¥755,000 + ¥4,050,000}{2,500個 + 600個} \times 600個 = ¥930,000$$

第2工程の月末仕掛品の加工費

$$\frac{¥118,000 + ¥1,526,000}{2,500個 + 240個} \times 240個 = ¥144,000$$

1

第 1 工程半製品

| | | | |
|---|---|---|---|
| 前 月 繰 越 | 1,320,000 | （第2工程仕掛品） | （ 5,544,000 ） |
| （第1工程仕掛品） | （ 5,456,000 ） | 売 上 原 価 | （ 132,000 ） |
| | | 次 月 繰 越 | （ 1,100,000 ） |
| | （ 6,776,000 ） | | （ 6,776,000 ） |

第 2 工程仕掛品

| | | | |
|---|---|---|---|
| 前 月 繰 越 | 1,260,000 | （製 品） | （ 7,224,000 ） |
| 労 務 費 | 1,387,000 | 次 月 繰 越 | （ 1,704,000 ） |
| 経 費 | 380,000 | | |
| 部 門 共 通 費 | 161,000 | | |
| 補 助 部 門 費 | （ 196,000 ） | | |
| （第1工程半製品） | （ 5,544,000 ） | | |
| | （ 8,928,000 ） | | （ 8,928,000 ） |

**解説**

次の補助部門費を第1工程に65％，第2工程に35％の割合で配賦する。

¥135,000（労務費）＋¥310,000（経費）＋¥115,000（部門共通費配賦額）＝¥560,000

第1工程の月末仕掛品の素材費

$$\frac{¥500,000+¥2,200,000}{4,400個+600個}×600個=¥324,000$$

第1工程の月末仕掛品の加工費

$$\frac{¥350,000+¥2,982,000}{4,400個+360個}×360個=¥252,000$$

第2工程の月末仕掛品の前工程費

$$\frac{¥1,044,000+¥5,544,000}{4,200個+1,200個}×1,200個=¥1,464,000$$

第2工程の月末仕掛品の加工費

$$\frac{¥216,000+¥2,124,000}{4,200個+480個}×480個=¥240,000$$

また，第1工程半製品を売却した場合には，次の仕訳がおこなわれている。

（借）売 上 原 価 132,000 （貸）第1工程半製品 132,000

2

| | | | | | | |
|---|---|---|---|---|---|---|
| (1) | 第1工程の月末仕掛品原価 | ¥ | 918,000 | (2) | 第2工程の完成品原価 | ¥ 12,801,000 |

(3)

第 1 工程半製品

| | | | |
|---|---|---|---|
| 前 月 繰 越 | 1,590,000 | （第2工程仕掛品） | （ 8,268,000 ） |
| （第1工程仕掛品） | （ 9,600,000 ） | 売 上 原 価 | （ 954,000 ） |
| | | 次 月 繰 越 | （ 1,968,000 ） |
| | （11,190,000） | | （11,190,000） |

次の補助部門費を第1工程に¥409,500，第2工程にその残額を配賦する。

¥354,000(労務費)＋¥280,500(経費)＋¥48,000(部門共通費配賦額)＝¥682,500

(1)

第1工程の月末仕掛品の素材費

$$\frac{¥384,000＋¥4,071,000}{6,000個＋750個}×750個＝¥495,000$$

第1工程の月末仕掛品の加工費

$$\frac{¥228,000＋¥5,835,000}{6,000個＋450個}×450個＝¥423,000$$

(2)

第2工程の完成品の前工程費

$$\frac{¥1,242,000＋¥8,268,000}{5,100個＋900個}×5,100個＝¥8,083,500$$

第2工程の完成品の加工費

$$\frac{¥360,000＋¥4,690,500}{5,100個＋360個}×5,100個＝¥4,717,500$$

(3)

第1工程半製品5,200個を次工程に渡したとあるので，¥1,590×5,200個＝¥8,268,000を第2工程仕掛品勘定に振り替える。また，外部に販売した600個については，¥1,590×600個＝¥954,000を売上原価勘定へ振り替える。

**3**

| (1) | 第1工程の完成品原価 | ¥ 7,200,000 | (2) | 第2工程の完成品原価 | ¥ 10,080,000 |
|---|---|---|---|---|---|

(3)

第 1 工程半製品

| | | | |
|---|---|---|---|
| 前 月 繰 越 | 1,850,000 | (第2工程仕掛品) | ( 6,290,000) |
| (第1工程仕掛品) | ( 7,200,000) | 売 上 原 価 | ( 370,000) |
| | | **次 月 繰 越** | ( 2,390,000) |
| | ( 9,050,000) | | ( 9,050,000) |

(2) 次の補助部門費を第1工程に55%，第2工程に45%の割合で配賦する。

¥286,000(労務費)＋¥82,000(経費)＋¥32,000(部門共通費配賦額)＝¥400,000

第2工程の完成品の前工程費

$$\frac{¥6,290,000}{3,400個}×2,400個＋¥2,364,000＝¥6,804,000$$

第2工程の完成品の加工費

$$\frac{¥3,150,000}{3,500個}×3,000個＋¥576,000＝¥3,276,000$$

第2工程の完成品原価　¥6,804,000＋¥3,276,000＝¥10,080,000

**1**

|  | 借　　　方 |  | 貸　　　方 |  |
|---|---|---|---|---|
| (1) | 第2工程仕掛品 | 4,350,000 | 第1工程仕掛品 | 4,350,000 |
|  | 製　　　品 | 6,410,000 | 第2工程仕掛品 | 6,410,000 |
| (2) | 第1工程半製品 | 4,570,000 | 第1工程仕掛品 | 4,570,000 |
|  | 第2工程仕掛品 | 2,180,000 | 第1工程半製品 | 2,180,000 |
|  | 製　　　品 | 3,290,000 | 第2工程仕掛品 | 3,290,000 |
| (3) | 第2工程仕掛品 | 3,500,000 | 第1工程仕掛品 | 3,500,000 |
|  | 製　　　品 | 5,200,000 | 第2工程仕掛品 | 5,200,000 |
| (4) | 第1工程半製品 | 2,670,000 | 第1工程仕掛品 | 2,670,000 |
|  | 第2工程仕掛品 | 1,945,000 | 第1工程半製品 | 1,945,000 |
|  | 製　　　品 | 3,180,000 | 第2工程仕掛品 | 3,180,000 |
| (5) | 製　　　品 | 1,500,000 | 第3工程仕掛品 | 1,500,000 |

**解説**

(1) 「第1工程の完成品はすべて第2工程（最終工程）に投入している」という問題文により，第1工程の完成品原価については，第1工程仕掛品勘定から第2工程仕掛品勘定に振り替える。

各工程の完成品原価の流れは次のような流れとなる。

(2) 各工程の完成品原価の流れは次のような流れとなる。

(3) 工程別総合原価計算表より，第1工程の完成品原価は¥3,500,000であることがわかる。問題文より，第1工程の完成品原価については，第1工程仕掛品勘定から第2工程仕掛品勘定へ振り替える。

(4) 第1工程の完成品原価はすべて第1工程半製品勘定へ振り替えているので，第1工程の完成品原価¥2,670,000については，第1工程仕掛品勘定から第1工程半製品勘定へ振り替える。

(5) 第3工程は最終工程なので，第3工程の完成品原価¥1,500,000については第3工程仕掛品勘定から製品勘定へ振り替える。

**2**

(1)

| 第2工程の完成品原価 | ¥ | *15,200,000* |
|---|---|---|

(2)

第 1 工程半製品

| 前 月 繰 越 | *1,680,000* | (第2工程仕掛品) | ( *8,280,000* ) |
|---|---|---|---|
| (第1工程仕掛品) | ( *9,360,000* ) | 売 上 原 価 | ( *920,000* ) |
| | | 次 月 繰 越 | ( *1,840,000* ) |
| | ( *11,040,000* ) | | ( *11,040,000* ) |

**解説**

次の補助部門費を第1工程に40%，第2工程に60%の割合で配賦する。

¥869,000（労務費）＋¥76,000（経費）＋¥95,000（部門共通費配賦額）＝¥1,040,000

第1工程の完成品原価の計算（平均法）

素材費

| 月初仕掛品 ¥1,050,000 | 完 成 品 2,000個 |
|---|---|
| 当月製造費用 ¥5,250,000 | 月末仕掛品500個 ¥(1,260,000) |

加工費（数量は加工進捗度を掛けた個数）

| 月初仕掛品 ¥452,000 | 完 成 品 2,000個 |
|---|---|
| 当月製造費用 ¥4,300,000 | 月末仕掛品200個 ¥(432,000) |

$$\frac{¥1,050,000+¥5,250,000}{2,000個+500個}×2,000個=¥5,040,000 \qquad \frac{¥452,000+¥4,300,000}{2,000個+200個}×2,000個=¥4,320,000$$

この第1工程の完成品原価¥9,360,000は第1工程仕掛品勘定から第1工程半製品勘定に振り替えられる。

第1工程半製品のうち，1,800個は第2工程へ，200個は外部へ販売されたので，次の仕訳がおこなわれる。

（借）第2工程仕掛品 　8,280,000 　　（貸）第1工程半製品 　8,280,000

（借）売 上 原 価 　920,000 　　（貸）第1工程半製品 　920,000

さらに第2工程の完成品原価を計算すると次のようになる。

第2工程の完成品原価の計算（平均法）

前工程費

| 月初仕掛品 ¥2,568,000 | 完 成 品 1,900個 ¥(8,588,000) |
|---|---|
| 当月製造費用 ¥8,280,000 | 月末仕掛品500個 ¥(2,260,000) |

加工費（数量は加工進捗度を掛けた個数）

| 月初仕掛品 ¥930,000 | 完 成 品 1,900個 ¥(6,612,000) |
|---|---|
| 当月製造費用 ¥6,552,000 | 月末仕掛品250個 ¥(870,000) |

第2工程の完成品の前工程費

$$\frac{¥2,568,000+¥8,280,000}{1,900個+500個}×1,900個=¥8,588,000$$

第2工程の月末仕掛品の加工費

$$\frac{¥930,000+¥6,552,000}{1,900個+250個}×1,900個=¥6,612,000$$

**3**

工程別総合原価計算表

(1) 令和○年1月分

| 摘　　要 | | 第 1 工 程 | 第 2 工 程 |
|---|---|---|---|
| 工程個別費 | 材 料 費 | *1,806,000* | ——— |
| | 前 工 程 費 | ——— | *3,150,000* |
| | 労 務 費 | *1,683,000* | *1,831,000* |
| | 経 費 | *76,000* | *96,000* |
| 部 門 共 通 費 配 賦 額 | | *420,000*\*1 | *525,000*\*1 |
| 補 助 部 門 費 配 賦 額 | | *291,000*\*2 | *291,000*\*2 |
| 当 月 製 造 費 用 | | *4,276,000* | *5,893,000* |
| 月 初 仕 掛 品 原 価 | | *221,000* | *565,000* |
| 計 | | *4,497,000* | *6,458,000* |
| 月 末 仕 掛 品 原 価 | | *297,000* | *314,000* |
| 工 程 完 成 品 原 価 | | *4,200,000* | *6,144,000* |
| 工 程 完 成 品 数 量 | | 2,000個 | 1,600個 |
| 工 程 単 価 | | ¥ *2,100* | ¥ *3,840* |

(2)

第 2 工程仕掛品

| 前 月 繰 越 | *565,000* | (製　　　品) | ( *6,144,000* ) |
|---|---|---|---|
| 労 務 費 | *1,831,000* | **次 月 繰 越** | ( *314,000* ) |
| 経 費 | *96,000* | | |
| 部 門 共 通 費 | ( *525,000* ) | | |
| 補 助 部 門 費 | ( *291,000* ) | | |
| (第1工程半製品) | ( *3,150,000* ) | | |
| | ( *6,458,000* ) | | ( *6,458,000* ) |

**解説**

\*1　部門共通費配賦額

第1工程　(¥270,000 + ¥780,000) × 40% = ¥420,000

第2工程　(¥270,000 + ¥780,000) × 50% = ¥525,000

補助部門　(¥270,000 + ¥780,000) × 10% = ¥105,000

\*2　補助部門費配賦額

第1工程　(¥388,000 + ¥89,000 + ¥105,000) × 50% = ¥291,000

第2工程　(¥388,000 + ¥89,000 + ¥105,000) × 50% = ¥291,000

■基本問題（p.133）

**1**

| | 借 方 | | 貸 方 | |
|---|---|---|---|---|
| (1) | 製　　　　品 | 760,000 | 仕　掛　品 | 800,000 |
| | 副　産　物 | 40,000 | | |
| (2) | 現　　　　金 | 40,000 | 副　産　物 | 40,000 |
| (3) | 副　産　物 | 55,000 | 仕　掛　品 | 55,000 |

解説

(2)　かりに，副産物を売却して利益が出た場合には，副産物の評価額と売却額との差額は，副産物売却益勘定で処理する。

(3)　¥60,000－¥5,000が評価額となる。

■応用問題（p.133）

**1**

| | 借 方 | | 貸 方 | |
|---|---|---|---|---|
| (1) | 製　　　　品 | 950,000 | 仕　掛　品 | 1,000,000 |
| | 副　産　物 | 50,000 | | |
| (2) | 1　級　製　品 | 1,200,000 | 仕　掛　品 | 2,000,000 |
| | 2　級　製　品 | 480,000 | | |
| | 副　産　物 | 320,000 | | |
| (3) | 1　級　製　品 | 1,700,000 | 仕　掛　品 | 3,954,000 |
| | 2　級　製　品 | 1,950,000 | | |
| | 副　産　物 | 304,000 | | |

解説

(2)

等級別総合原価計算表

| 等級別製品 | 重　　量 | 等 価 係 数 | 完成品数量 | 積　　数 | 等級別製造原価 | 製 品 単 価 |
|---|---|---|---|---|---|---|
| 1 級 製 品 | 150g | 3[*1] | 500個 | 1,500[*2] | 1,200,000[*3] | ¥　2,400 |
| 2 級 製 品 | 100g | 2[*1] | 300個 | 600[*2] | 480,000[*3] | ¥　1,600 |
| | | | | 2,100 | 1,680,000 | |

*1　等 価 係 数　150g：100g＝3：2

*2　積　　　　数　1級製品　3×500個＝1,500

　　　　　　　　　2級製品　2×300個＝600

*3　等級別製造原価　1級製品　$(¥2,000,000 - ¥320,000) \times \dfrac{1,500}{1,500 + 600} = ¥1,200,000$

　　　　　　　　　　2級製品　$(¥2,000,000 - ¥320,000) \times \dfrac{600}{1,500 + 600} = ¥480,000$

**1**

|     |                    | 借        方         |                | 貸        方         |
| --- | ------------------ | ------------------- | -------------- | ------------------- |
| (1) | 1 級 製 品          | 2,400,000           | 仕 掛 品        | 4,780,000           |
|     | 2 級 製 品          | 2,000,000           |                |                     |
|     | 副 産 物            | 380,000             |                |                     |
| (2) | 1 級 製 品          | 1,080,000           | 仕 掛 品        | 1,920,000           |
|     | 2 級 製 品          | 675,000             |                |                     |
|     | 副 産 物            | 165,000             |                |                     |
| (3) | 製 品              | 2,435,000           | 仕 掛 品        | 2,684,000           |
|     | 副 産 物            | 249,000             |                |                     |
| (4) | 第 2 工程仕掛品      | 3,900,000           | 第 1 工程仕掛品 | 3,900,000           |
|     | 製 品              | 6,050,000           | 第 2 工程仕掛品 | 6,800,000           |
|     | 副 産 物            | 750,000             |                |                     |
| (5) | 副 産 物            | 2,400               | 雑 益          | 2,400               |
| (6) | 1 級 製 品          | 850,000             | 仕 掛 品        | 1,977,000           |
|     | 2 級 製 品          | 975,000             |                |                     |
|     | 副 産 物            | 152,000             |                |                     |

**解説**

(1) 副産物が発生したので，総合原価から副産物の評価額を差し引いた¥4,400,000を各等級製品に按分する。

等級別総合原価計算表

| 等級別製品 | 重 量 | 等 価 係 数 | 完成品数量 | 積 数 | 等級別製造原価 | 製 品 単 価 |
| ---------- | ----- | ----------- | ---------- | ----- | -------------- | ----------- |
| 1 級 製 品 | 150g  | 3           | 400個      | 1,200 | ¥ 2,400,000    | ¥ 6,000     |
| 2 級 製 品 | 100g  | 2           | 500個      | 1,000 | ¥ 2,000,000    | ¥ 4,000     |
|            |       |             |            | 2,200 | ¥ 4,400,000    |             |

(2) 副産物が発生したので，総合原価から副産物の評価額を差し引いた¥1,755,000を各等級製品に按分する。

等級別総合原価計算表

| 等級別製品 | 重 量 | 等 価 係 数 | 完成品数量 | 積 数   | 等級別製造原価 | 製 品 単 価 |
| ---------- | ----- | ----------- | ---------- | ------- | -------------- | ----------- |
| 1 級 製 品 | 800g  | 8           | 900個      | 7,200   | ¥ 1,080,000    | ¥ 1,200     |
| 2 級 製 品 | 300g  | 3           | 1,500個    | 4,500   | ¥ 675,000      | ¥ 450       |
|            |       |             |            | 11,700  | ¥ 1,755,000    |             |

(3) 完成品原価は総合原価から副産物の評価額を差し引いた¥2,435,000となる。

(4) 第2工程仕掛品勘定に集計された総合原価から副産物の評価額¥750,000を差し引いた金額を製品勘定へ振り替える。

(5) 間違った仕訳の反対仕訳をおこなったうえで，正しい仕訳をおこなう。

（借）副 産 物 *2,400* （貸）現 金 *2,400* …間違った仕訳の反対仕訳（①）

（借）現 金 *2,400* （貸）雑 益 *2,400* …正しい仕訳（②）

①と②の仕訳を合わせれば訂正仕訳となる。

(6) 総合原価から副産物の評価額￥*152,000* を差し引いて，各等級製品に按分する。

等級別総合原価計算表

| 等級別製品 | 重　　　量 | 等価係数 | 完成品数量 | 積　　数 | 等級別製造原価 | 製品単価 | |
|---|---|---|---|---|---|---|---|
| 1 級 製 品 | 400g | 4 | 850個 | 3,400 | 850,000 | ￥ | 1,000 |
| 2 級 製 品 | 300g | 3 | 1,300個 | 3,900 | 975,000 | ￥ | 750 |
| | | | | 7,300 | 1,825,000 | | |

## 7．総合原価計算における減損および仕損

■基本問題（p.136）

**1**

| (1) | 完 成 品 原 価 | ￥ | *1,440,000* | 月末仕掛品原価 | ￥ | *260,000* |
|---|---|---|---|---|---|---|
| (2) | 完 成 品 原 価 | ￥ | *1,485,000* | 月末仕掛品原価 | ￥ | *215,000* |

解説

　減損は工程の終点で発生しているため，平均法であっても先入先出法であっても減損費は完成品のみが負担することに注意する。完成品のみが減損費を負担する場合は，原価の配分を「完成品の数量＋減損の数量」と「月末仕掛品の数量」に分けておこなう。

(1) 平均法で計算する場合

月末仕掛品の素材費

$$(￥170,000 + ￥630,000) \times \frac{200kg}{700kg + 100kg + 200kg} = ￥160,000$$

月末仕掛品の加工費

$$(￥255,000 + ￥645,000) \times \frac{100kg}{700kg + 100kg + 100kg} = ￥100,000$$

月末仕掛品原価

￥*160,000* ＋￥*100,000* ＝￥*260,000*

完成品の素材費

$$(￥170,000 + ￥630,000) \times \frac{700kg + 100kg}{700kg + 100kg + 200kg} = ￥640,000$$

完成品の加工費

$$(￥255,000 + ￥645,000) \times \frac{700kg + 100kg}{700kg + 100kg + 100kg} = ￥800,000$$

完成品原価

￥*640,000* ＋￥*800,000* ＝￥*1,440,000*

(2)　先入先出法で計算する場合

月初仕掛品の加工進捗度に関わりなく，減損は当月投入量から発生したものとみなして計算をおこなう。

月末仕掛品の素材費

$¥630,000 × \dfrac{200kg}{900kg} = ¥140,000$

月末仕掛品の加工費

$¥645,000 × \dfrac{100kg}{860kg} = ¥75,000$

月末仕掛品原価

$¥140,000 + ¥75,000 = ¥215,000$

完成品の素材費

$(¥170,000 + ¥630,000) - ¥140,000 = ¥660,000$

完成品の加工費

$(¥255,000 + ¥645,000) - ¥75,000 = ¥825,000$

完成品原価

$¥660,000 + ¥825,000 = ¥1,485,000$

**2**

|     | 完成品原価 | ¥ | 月末仕掛品原価 | ¥ |
|-----|-----------|-----------|-----------|-----------|
| (1) | 完 成 品 原 価 | ¥　　1,680,000 | 月末仕掛品原価 | ¥　　　365,000 |
| (2) | 完 成 品 原 価 | ¥　　1,760,000 | 月末仕掛品原価 | ¥　　　285,000 |

解説

　工程の始点で減損が発生した場合には，減損費は完成品と月末仕掛品の両方で負担する。このとき，正常減損については最初から投入していなかったものとして計算する。

(1)　平均法で計算する場合

月末仕掛品の素材費

$(¥325,000 + ¥800,000) × \dfrac{200kg}{700kg + 200kg} = ¥250,000$

月末仕掛品の加工費

$(¥274,000 + ¥646,000) × \dfrac{100kg}{700kg + 100kg} = ¥115,000$

月末仕掛品原価

$¥250,000 + ¥115,000 = ¥365,000$

85

完成品の素材費

$$(¥325,000 + ¥800,000) \times \frac{700\text{kg}}{700\text{kg} + 200\text{kg}} = ¥875,000$$

完成品の加工費

$$(¥274,000 + ¥646,000) \times \frac{700\text{kg}}{700\text{kg} + 100\text{kg}} = ¥805,000$$

完成品原価

$$¥875,000 + ¥805,000 = ¥1,680,000$$

(2) 先入先出法で計算する場合

月末仕掛品の素材費

$$¥800,000 \times \frac{200\text{kg}}{800\text{kg}} = ¥200,000$$

月末仕掛品の加工費

$$¥646,000 \times \frac{100\text{kg}}{760\text{kg}} = ¥85,000$$

月末仕掛品原価

$$¥200,000 + ¥85,000 = ¥285,000$$

完成品の素材費

$$(¥325,000 + ¥800,000) - ¥200,000 = ¥925,000$$

完成品の加工費

$$(¥274,000 + ¥646,000) - ¥85,000 = ¥835,000$$

完成品原価

$$¥925,000 + ¥835,000 = ¥1,760,000$$

**3**

| | | | | | |
|---|---|---|---|---|---|
| (1) | 完 成 品 原 価 | ¥ | **1,430,000** | 月末仕掛品原価 ¥ | **260,000** |
| (2) | 完 成 品 原 価 | ¥ | **1,475,000** | 月末仕掛品原価 ¥ | **215,000** |

**解説**

仕損が工程の終点で発生した場合の問題である。このとき仕損費は完成品のみが負担する。減損が工程の終点で発生した場合と計算方法は同じだが，仕損の場合には仕損品評価額を考慮する点に注意すること。

| 仕　　掛　　品 |
|---|
| 月初仕掛品 100個(40個) \| 完成品 700個 |
| 当月投入量 900個 (860個) \| 正常仕損 100個(100個) \| 月末仕掛品 200個(100個) |

(1) 平均法で計算する場合

月末仕掛品の素材費

$$(¥170,000 + ¥630,000) \times \frac{200\text{個}}{700\text{個} + 100\text{個} + 200\text{個}} = ¥160,000$$

月末仕掛品の加工費

$$(¥255,000 + ¥645,000) \times \frac{100\text{個}}{700\text{個} + 100\text{個} + 100\text{個}} = ¥100,000$$

月末仕掛品原価

¥160,000 + ¥100,000 = ¥260,000

完成品の素材費

$$(¥170,000 + ¥630,000) \times \frac{700個 + 100個}{700個 + 100個 + 200個} = ¥640,000$$

¥640,000 − ¥10,000 = ¥630,000

完成品の加工費

$$(¥255,000 + ¥645,000) \times \frac{700個 + 100個}{700個 + 100個 + 100個} = ¥800,000$$

完成品原価

¥630,000 + ¥800,000 = ¥1,430,000

⑵　先入先出法で計算する場合

月末仕掛品の素材費

$$¥630,000 \times \frac{200個}{900個} = ¥140,000$$

月末仕掛品の加工費

$$¥645,000 \times \frac{100個}{860個} = ¥75,000$$

月末仕掛品原価

¥140,000 + ¥75,000 = ¥215,000

完成品の素材費

(¥170,000 + ¥630,000) − ¥140,000 = ¥660,000

¥660,000 − ¥10,000 = ¥650,000

完成品の加工費

(¥255,000 + ¥645,000) − ¥75,000 = ¥825,000

完成品原価

¥650,000 + ¥825,000 = ¥1,475,000

| | | | | | | | |
|---|---|---|---|---|---|---|---|
| (1) | 完 成 品 原 価 | ¥ | **1,645,000** | 月末仕掛品原価 | ¥ | | **355,000** |
| (2) | 完 成 品 原 価 | ¥ | **1,715,000** | 月末仕掛品原価 | ¥ | | **285,000** |

**解説**

　仕損が工程の始点で発生した場合の問題である。このとき仕損費は完成品と月末仕掛品の両方で負担する。また，完成品と月末仕掛品の両方で負担する仕損費は，仕損品評価額を差し引いたものであることに注意する。

```
         仕    掛    品
┌────────────┬────────────┐
│ 月初仕掛品   │  完成品     │
│ 100個(40個) │  700個     │
├────────────┼────────────┤
│             │  正常仕損   │
│ 当月投入量   │  100個(0個) │
│ 800個      ├────────────┤
│ (760個)    │  月末仕掛品  │
│             │  200個(100個)│
└────────────┴────────────┘
```

(1) 平均法で計算する場合

　月末仕掛品の素材費

$$(¥280,000+¥845,000-¥45,000)\times\frac{200個}{700個+200個}=¥240,000$$

　月末仕掛品の加工費

$$(¥274,000+¥646,000)\times\frac{100個}{700個+100個}=¥115,000$$

月末仕掛品原価

¥240,000＋¥115,000＝¥355,000

完成品の素材費

$$(¥280,000+¥845,000-¥45,000)\times\frac{700個}{700個+200個}=¥840,000$$

完成品の加工費

$$(¥274,000+¥646,000)\times\frac{700個}{700個+100個}=¥805,000$$

完成品原価

¥840,000＋¥805,000＝¥1,645,000

(2) 先入先出法で計算する場合

　月末仕掛品の素材費

$$(¥845,000-¥45,000)\times\frac{200個}{800個}=¥200,000$$

　月末仕掛品の加工費

$$¥646,000\times\frac{100個}{760個}=¥85,000$$

月末仕掛品原価

¥200,000＋¥85,000＝¥285,000

完成品の素材費

(¥280,000＋¥845,000－¥45,000)－¥200,000＝¥880,000

完成品の加工費

(¥274,000＋¥646,000)－¥85,000＝¥835,000

完成品原価

¥880,000＋¥835,000＝¥1,715,000

■応用問題（p.138）

**1**

| 完 成 品 原 価 | ￥ *4,164,000* |
|---|---|

【解説】

　工程の終点で減損が発生しているので，減損費は完成品のみが負担する。先入先出法の場合には，減損は当月投入量から発生したものとして計算し，原価は，完成品と正常減損の数量を合算した数量と月末仕掛品の数量で按分する。

| 仕　　掛　　品 | |
|---|---|
| 月初仕掛品<br>750kg（300kg） | 完成品<br>6,000kg |
| 当月投入量<br>6,000kg<br>（6,150kg） | 正常減損<br>150kg（150kg） |
| | 月末仕掛品<br>600kg（300kg） |

月末仕掛品の素材費

$$￥1,500,000 \times \frac{600\text{kg}}{6,000\text{kg}} = ￥150,000$$

月末仕掛品の加工費

$$￥2,460,000 \times \frac{300\text{kg}}{6,150\text{kg}} = ￥120,000$$

完成品の素材費

（￥360,000＋￥1,500,000）－￥150,000＝￥1,710,000

完成品の加工費

（￥114,000＋￥2,460,000）－￥120,000＝￥2,454,000

単 純 総 合 原 価 計 算 表

令和○年×月分

| 摘　　　　　要 | 素　材　費 | 加　工　費 | 合　　　計 |
|---|---|---|---|
| 材　　料　　費 | 1,500,000 | ——— | ——— |
| 労　　務　　費 | ——— | ——— | ——— |
| 経　　　　　費 | ——— | ——— | ——— |
| 計 | 1,500,000 | 2,460,000 | 3,960,000 |
| 月 初 仕 掛 品 原 価 | 360,000 | 114,000 | 474,000 |
| 計 | 1,860,000 | 2,574,000 | 4,434,000 |
| 月 末 仕 掛 品 原 価 | 150,000 | 120,000 | 270,000 |
| 完 成 品 原 価 | 1,710,000 | 2,454,000 | 4,164,000 |
| 完 成 品 数 量 | 6,000 kg | 6,000 kg | 6,000 kg |
| 製品1kgあたりの原価 | ￥　　　285 | ￥　　　409 | ￥　　　694 |

**2** | 月末仕掛品原価 | ¥ *240,000* |

解説

　工程の始点で減損が発生しているので，減損費は完成品と月末仕掛品の両方で負担する。このとき減損については当初から発生していなかったものとして計算する。

月末仕掛品の素材費

$$(¥90,000 + ¥830,000) \times \frac{600\text{kg}}{4,000\text{kg} + 600\text{kg}} = ¥120,000$$

月末仕掛品の加工費

$$(¥160,000 + ¥1,560,000) \times \frac{300\text{kg}}{4,000\text{kg} + 300\text{kg}} = ¥120,000$$

完成品の素材費

$$(¥90,000 + ¥830,000) \times \frac{4,000\text{kg}}{4,000\text{kg} + 600\text{kg}} = ¥800,000$$

完成品の加工費

$$(¥160,000 + ¥1,560,000) \times \frac{4,000\text{kg}}{4,000\text{kg} + 300\text{kg}} = ¥1,600,000$$

### 単純総合原価計算表
#### 令和〇年×月分

| 摘　　　　　要 | 素　材　費 | 加　工　費 | 合　　　計 |
|---|---|---|---|
| 材　　料　　費 | 830,000 | —— | —— |
| 労　　務　　費 | —— | —— | —— |
| 経　　　　　費 | —— | —— | —— |
| 計 | 830,000 | 1,560,000 | 2,390,000 |
| 月 初 仕 掛 品 原 価 | 90,000 | 160,000 | 250,000 |
| 計 | 920,000 | 1,720,000 | 2,640,000 |
| 月 末 仕 掛 品 原 価 | 120,000 | 120,000 | 240,000 |
| 完 成 品 原 価 | 800,000 | 1,600,000 | 2,400,000 |
| 完 成 品 数 量 | 4,000 kg | 4,000 kg | 4,000 kg |
| 製品1kgあたりの原価 | ¥　　200 | ¥　　400 | ¥　　600 |

**4** | 完 成 品 原 価 | ¥ *370,000* |
---|---|---

解説

　仕損は工程の始点で発生しているので，完成品と月末仕掛品の両方で仕損費を負担する。このとき両者負担なので，仕損品評価額は原価配分をおこなう前に素材費から差し引いて計算することに注意する。

月末仕掛品の素材費

$$（¥1,280,000 - ¥70,000） \times \frac{200個}{1,100個} = ¥220,000$$

月末仕掛品の加工費

$$¥1,590,000 \times \frac{100個}{1,060個} = ¥150,000$$

完成品の素材費

$$（¥220,000 + ¥1,280,000 - ¥70,000） - ¥220,000 = ¥1,210,000$$

完成品の加工費

$$（¥480,000 + ¥1,590,000） - ¥150,000 = ¥1,920,000$$

### 単純総合原価計算表
令和○年×月分

| 摘　　　　　要 | 素　材　費 | 加　工　費 | 合　　　計 |
|---|---|---|---|
| 材　　料　　費 | 1,280,000 | —— | —— |
| 労　　務　　費 | —— | —— | —— |
| 経　　　　　費 | —— | —— | —— |
| 　　　計 | 1,280,000 | 1,590,000 | 2,870,000 |
| 月 初 仕 掛 品 原 価 | 220,000 | 480,000 | 700,000 |
| 　　　計 | 1,500,000 | 2,070,000 | 3,570,000 |
| 仕 損 品 評 価 額 | 70,000 | —— | 70,000 |
| 月 末 仕 掛 品 原 価 | 220,000 | 150,000 | 370,000 |
| 完 成 品 原 価 | 1,210,000 | 1,920,000 | 3,130,000 |
| 完 成 品 数 量 | 1,000 個 | 1,000 個 | 1,000 個 |
| 製 品 単 価 | ¥　　1,210 | ¥　　1,920 | ¥　　3,130 |

**5**

(1)
### 単純総合原価計算表
#### 令和○年×月分

| 摘　　　　　要 | 素　材　費 | 加　工　費 | 合　　　計 |
|---|---|---|---|
| 材　　料　　費 | 2,576,000 | 129,000 | 2,705,000 |
| 労　　務　　費 | —— | 930,000 | 930,000 |
| 経　　　　　費 | —— | 495,000 | 495,000 |
| 計 | 2,576,000 | 1,554,000 | 4,130,000 |
| 月 初 仕 掛 品 原 価 | 220,000 | 480,000 | 700,000 |
| 計 | 2,796,000 | 2,034,000 | 4,830,000 |
| 仕 損 品 評 価 額 | 15,000 | —— | 15,000 |
| 月 末 仕 掛 品 原 価 | 448,000 | 140,000 | 588,000 |
| 完 成 品 原 価 | 2,333,000 | 1,894,000 | 4,227,000 |
| 完 成 品 数 量 | 1,000 個 | 1,000 個 | 1,000 個 |
| 製 品 単 価 | ￥　　2,333 | ￥　　1,894 | ￥　　4,227 |

(2)
### 仕　掛　品

| 前 月 繰 越 | ( 700,000) | (製　　　品) | ( 4,227,000) |
|---|---|---|---|
| 材　料　費 | ( 2,705,000) | 仕　損　品 | ( 15,000) |
| 労　務　費 | ( 930,000) | 次 月 繰 越 | ( 588,000) |
| 経　　　費 | ( 495,000) |  |  |
|  | ( 4,830,000) |  | ( 4,830,000) |

---

**解説**

　工程の終点で仕損が発生しているので完成品のみが仕損費を負担する。このとき，仕損の数量を完成品数量に加えて計算する。計算方法は減損の場合と同様だが，完成品の素材費を算定する段階で，仕損品評価額￥15,000を差し引くことに注意する。

月末仕掛品の素材費

$$¥2,576,000 \times \frac{200個}{1,150個} = ¥448,000$$

月末仕掛品の加工費

$$¥1,554,000 \times \frac{100個}{1,110個} = ¥140,000$$

完成品の素材費
（￥220,000＋￥2,576,000）－￥448,000－￥15,000＝￥2,333,000
完成品の加工費
（￥480,000＋￥1,554,000）－￥140,000＝￥1,894,000

**1**

(1)

単 純 総 合 原 価 計 算 表
令和○年1月分

| 摘　　　　　要 | 素　材　費 | 加　工　費 | 合　　　計 |
|---|---|---|---|
| 材　　料　　費 | 3,075,000 | 615,000 | 3,690,000 |
| 労　　務　　費 | —— | 6,145,000 | 6,145,000 |
| 経　　　　　費 | —— | 1,539,000 | 1,539,000 |
| 計 | 3,075,000 | 8,299,000 | 11,374,000 |
| 月 初 仕 掛 品 原 価 | 801,000 | 819,000 | 1,620,000 |
| 計 | 3,876,000 | 9,118,000 | 12,994,000 |
| 月 末 仕 掛 品 原 価 | 608,000 | 776,000 | 1,384,000 |
| 完　成　品　原　価 | 3,268,000 | 8,342,000 | 11,610,000 |
| 完　成　品　数　量 | 2,000 kg | 2,000 kg | 2,000 kg |
| 製品1kgあたりの原価 | ¥　　1,634 | ¥　　4,171 | ¥　　5,805 |

(2)

| 仕掛品勘定の減価償却費 | ¥ 240,000 |
|---|---|

解説

(1)

| 仕　　掛　　品 | |
|---|---|
| 月初仕掛品<br>500kg<br>(200kg) | 完成品<br>2,000kg |
| 当月製造費用<br>2,050kg<br>(2,150kg) | 正常減損<br>150kg<br>(150kg) |
| | 月末仕掛品<br>400kg<br>(200kg) |

正常減損費は完成品のみが負担するので，完成品2,000kgと正常減損150kgをあわせて計算する。

完成品の素材費

$$(¥801,000 + ¥3,075,000) \times \frac{2,000kg \times 150kg}{2,000kg + 150kg + 400kg} = ¥3,268,000$$

完成品の加工費

$$(¥819,000 + ¥8,299,000) \times \frac{2,000kg \times 150kg}{2,000kg + 150kg + 200kg} = ¥8,342,000$$

月末仕掛品の素材費

$$(¥801,000 + ¥3,075,000) \times \frac{400kg}{2,000kg + 150kg + 400kg} = ¥608,000$$

月末仕掛品の加工費

$$(¥819,000 + ¥8,299,000) \times \frac{200kg}{2,000kg + 150kg + 200kg} = ¥776,000$$

(2) 仕掛品勘定の貸方には完成品原価¥11,610,000と月末仕掛品原価¥1,384,000が次月繰越として記入される。仕掛品勘定の借方には月初仕掛品原価¥1,620,000と当月の素材費¥3,075,000が記入されるので，貸借差額によって減価償却費の金額（アの金額）を計算する。

**2**

(1)

| B組の完成品原価 | ￥ *8,178,000* |
|---|---|

(2)

A 組 仕 掛 品

| 前 月 繰 越 | 1,275,000 | （A 組 製 品） | ( 7,260,000 ) |
|---|---|---|---|
| 素　　　材 | 3,965,000 | 次 月 繰 越 | ( 1,940,000 ) |
| 労　務　費 | 3,040,000 | | |
| 経　　　費 | 540,000 | | |
| （組 間 接 費） | ( 380,000 ) | | |
| | ( 9,200,000 ) | | ( 9,200,000 ) |

**解説**

(1) 仕損費は完成品のみに負担させるので，完成品数量と仕損の数量をあわせて計算する。なお，組間接費￥800,000を直接作業時間に応じて配賦することに留意する。

組間接費のA組への配賦額　　$（￥120,000＋￥680,000）\times\dfrac{1,900時間}{1,900時間＋2,100時間}＝￥380,000（A組仕掛勘定に記入）$

組間接費のB組への配賦額　　$（￥120,000＋￥680,000）\times\dfrac{2,100時間}{1,900時間＋2,100時間}＝￥420,000$

B組の月末仕掛品原価の計算（先入先出法）

素材費

| 月初仕掛品600個<br>￥417,000 | 完　成　品<br>5,800個 |
|---|---|
| 当月製造費用<br>6,150個<br>￥4,305,000 | 仕　　　損<br>50個 |
| | 月末仕掛品900個<br>￥(630,000) |

加工費（数量は加工進捗度を掛けた個数）

| 月初仕掛品300個<br>￥201,000 | 完　成　品<br>5,800個 |
|---|---|
| 当月製造費用<br>5,910個<br>￥4,137,000 | 仕　　　損<br>50個 |
| | 月末仕掛品360個<br>￥(252,000) |

$\dfrac{￥4,305,000}{6,150個}\times900個＝￥630,000$　　　　$\dfrac{￥4,137,000}{5,910個}\times360個＝￥252,000$

したがって，完成品原価は￥417,000＋￥4,305,000＋￥201,000＋￥4,137,000－￥882,000＝￥8,178,000となる。

(2) A組仕掛品勘定の空欄に記入するためには，A組の完成品原価と月末仕掛品原価を計算しなければならない。

A組の月末仕掛品原価の計算（先入先出法）

素材費

| 月初仕掛品1,500個<br>￥903,000 | 完　成　品<br>6,000個 |
|---|---|
| 当月製造費用<br>6,500個<br>￥3,965,000 | 月末仕掛品2,000個<br>￥(1,220,000) |

加工費（数量は加工進捗度を掛けた個数）

| 月初仕掛品600個<br>￥372,000 | 完　成　品<br>6,000個 |
|---|---|
| 当月製造費用<br>6,600個<br>￥3,960,000 | 月末仕掛品1,200個<br>￥(720,000) |

$\dfrac{￥3,965,000}{6,500個}\times2,000個＝￥1,220,000$　　　　$\dfrac{￥3,960,000}{6,600個}\times1,200個＝￥720,000$

(1)

### 単 純 総 合 原 価 計 算 表
#### 令和○年1月分

| 摘　　　　要 | 素　材　費 | 加　工　費 | 合　　　計 |
|---|---|---|---|
| 材　料　費 | 11,856,000 | 554,000 | 12,410,000 |
| 労　務　費 | —— | 5,713,000 | 5,713,000 |
| 経　費 | —— | 597,000 | 597,000 |
| 計 | 11,856,000 | 6,864,000 | 18,720,000 |
| 月初仕掛品原価 | 1,848,000 | 540,000 | 2,388,000 |
| 計 | 13,704,000 | 7,404,000 | 21,108,000 |
| 月末仕掛品原価 | 1,248,000 | 352,000 | 1,600,000 |
| 完成品原価 | 12,456,000 | 7,052,000 | 19,508,000 |
| 完成品数量 | 4,000 kg | 4,000 kg | 4,000 kg |
| 製品1kgあたりの原価 | ¥　3,114 | ¥　1,763 | ¥　4,877 |

(2)

| 仕掛品勘定の退職給付費用 | ¥ 960,000 |
|---|---|

解説

(1)

| 仕 掛 品 | |
|---|---|
| 月初仕掛品 600kg (300kg) | 完成品 4,000kg |
| 当月製造費用 3,800kg (3,900kg) | 正常減損 100kg (0kg) |
| | 月末仕掛品 400kg (200kg) |

正常減損費は完成品と月末仕掛品が負担するので，正常減損が存在していないかのように考えて原価を計算する。

完成品の素材費

$$¥11,856,000 \times \frac{3,400\text{kg}}{3,800\text{kg}} + ¥1,848,000 = ¥12,456,000$$

完成品の加工費

$$¥6,864,000 \times \frac{3,700\text{kg}}{3,900\text{kg}} + ¥540,000 = ¥7,052,000$$

月末仕掛品の素材費

$$¥11,856,000 \times \frac{400\text{kg}}{3,800\text{kg}} = ¥1,248,000$$

月末仕掛品の加工費

$$¥6,864,000 \times \frac{200\text{kg}}{3,900\text{kg}} = ¥352,000$$

(2) 仕掛品勘定から製品勘定へ完成品原価¥19,508,000を振り替え，月末仕掛品原価¥1,600,000は次月へ繰り越す。また，月初仕掛品原価は前月繰越として記入され，当月消費された素材費は資料より¥11,856,000と判明しているので，貸借差額により退職給付費用（アの金額）を貸借差額によって計算する。

# Ⅳ 製品の完成と販売

## 第1章 製品の完成と販売

■基本問題（p.144）

**1**

| | 借 方 | | 貸 方 | |
|---|---|---|---|---|
| (1) | 製　　　　品 | 860,000 | 仕　掛　品 | 860,000 |
| (2) | 売　掛　金 | 1,600,000 | 売　　　　上 | 1,600,000 |
| | 売　上　原　価 | 1,200,000 | 製　　　　品 | 1,200,000 |

■応用問題（p.145）

**1**

| | 借 方 | | 貸 方 | |
|---|---|---|---|---|
| (1) | 製　　　　品 | 810,000 | 仕　掛　品 | 810,000 |
| (2) | 売　掛　金 | 1,215,000 | 売　　　　上 | 1,215,000 |
| | 売　上　原　価 | 810,000 | 製　　　　品 | 810,000 |
| (3) | 売　　　　上 | 480,000 | 売　掛　金 | 480,000 |
| | 製　　　　品 | 320,000 | 売　上　原　価 | 320,000 |

**2**

| | 借 方 | | 貸 方 | |
|---|---|---|---|---|
| (1) | 売　掛　金 | 780,000 | 売　　　　上 | 780,000 |
| | 売　上　原　価 | 645,000 | 製　　　　品 | 645,000 |
| (2) | 売　掛　金 | 2,630,000 | 売　　　　上 | 2,630,000 |
| | 売　上　原　価 | 1,600,500 | 製　　　　品 | 1,600,500 |
| (3) | 売　　　　上 | 220,000 | 製　　　　品 | 80,000 |
| | | | 売　上　原　価 | 140,000 |
| | （別解） | | | |
| | 売　掛　金 | 220,000 | 製　　　　品 | 220,000 |
| | 売　　　　上 | 220,000 | 売　掛　金 | 220,000 |
| | 製　　　　品 | 140,000 | 売　上　原　価 | 140,000 |

**解説**

(2) 仕訳にあたって，個別原価計算を採用していることに注意する。
　　売上原価はA製品の製造原価＋B製品の製造原価の合計額となる。

(3) 訂正仕訳は，間違っておこなった仕訳の貸借を逆に仕訳して取り
　　消した後，正しい仕訳をおこなうと考える。

**1**

| | 借 | 方 | 貸 | 方 |
|---|---|---|---|---|
| (1) | 売　掛　金 | 1,391,000 | 売　　　　　上 | 1,391,000 |
| | 売　上　原　価 | 843,000 | 製　　　　　品 | 843,000 |
| (2) | 売　掛　金 | 1,680,000 | 売　　　　　上 | 1,680,000 |
| | 売　上　原　価 | 1,176,000 | 1　級　製　品 | 756,000 |
| | | | 2　級　製　品 | 420,000 |
| (3) | 売　掛　金 | 2,160,000 | 売　　　　　上 | 2,160,000 |
| | 売　上　原　価 | 1,800,000 | 第1工程半製品 | 1,800,000 |
| (4) | 売　掛　金 | 7,910,000 | 売　　　　　上 | 7,910,000 |
| | 売　上　原　価 | 4,746,000 | 製　　　　　品 | 4,746,000 |
| (5) | 売　　　　　上 | 30,000 | 売　掛　金 | 30,000 |
| | 製　　　　　品 | 21,000 | 売　上　原　価 | 21,000 |
| (6) | 売　掛　金 | 1,170,000 | 売　　　　　上 | 1,170,000 |
| | 売　上　原　価 | 819,000 | A　組　製　品 | 294,000 |
| | | | B　組　製　品 | 525,000 |

解説

(1) 売上高　￥763,000＋￥628,000＝￥1,391,000
売上原価　￥452,000＋￥391,000＝￥843,000

(2) 売上高　￥1,080,000＋￥600,000＝￥1,680,000
単純総合原価計算とはことなり，製品は1級製品と
2級製品に区分されていることに注意する。

(4) 売上高　￥7,500,000＋￥410,000＝￥7,910,000
売上原価　￥4,500,000＋￥246,000＝￥4,746,000

(5) 売上高の修正　＠￥600×50個＝￥30,000
売上原価の修正　＠￥420×50個＝￥21,000

(6) 売上高　￥420,000＋￥750,000＝￥1,170,000
売上原価　￥294,000＋￥525,000＝￥819,000

## 第2章　工場会計の独立

■基本問題（p.148）

**1**

〈工場会計が独立していないときの仕訳〉

| 借 | 方 | 貸 | 方 |
|---|---|---|---|
| 素　　　　材 | 200,000 | 買　掛　金 | 200,000 |

〈工場会計が独立しているときの仕訳〉

| | 借 | 方 | 貸 | 方 |
|---|---|---|---|---|
| 本社 | 工　　　　場 | 200,000 | 買　掛　金 | 200,000 |
| 工場 | 素　　　　材 | 200,000 | 本　　　　社 | 200,000 |

| | | 借 方 | | 貸 方 | |
|---|---|---|---|---|---|
| (1) | 本社 | 現　　　　金 | 100,000 | 売　掛　金 | 100,000 |
| (2) | 工場 | 製　　　　品 | 450,000 | 仕　掛　品 | 450,000 |
| (3) | 本社 | 売　上　原　価 | 350,000 | 工　　　　場 | 350,000 |
| | 工場 | 本　　　　社 | 350,000 | 製　　　　品 | 350,000 |

3

| | | 借 方 | | 貸 方 | |
|---|---|---|---|---|---|
| (1) | 本社 | 工　　　　場 | 800,000 | 買　掛　金 | 800,000 |
| | 工場 | 素　　　　材 | 800,000 | 本　　　　社 | 800,000 |
| (2) | 本社 | 工　　　　場 | 45,000 | 当　座　預　金 | 45,000 |
| | 工場 | 電　力　料 | 45,000 | 本　　　　社 | 45,000 |

■応用問題（p.149）

1

| | 本 社 | | | | 工 場 | | | |
|---|---|---|---|---|---|---|---|---|
| | 借 方 | | 貸 方 | | 借 方 | | 貸 方 | |
| (1) | 工　　　場 | 367,000 | 買　掛　金 | 350,000 | 素　　　材 | 367,000 | 本　　社 | 367,000 |
| | | | 当　座　預　金 | 17,000 | | | | |
| (2) | 工　　　場 | 850,000 | 所得税預り金 | 60,000 | 賃　　　金 | 850,000 | 本　　社 | 850,000 |
| | | | 健康保険料預り金 | 42,000 | | | | |
| | | | 現　　　　金 | 748,000 | | | | |
| (3) | 仕訳なし | | | | 仕　掛　品 | 890,000 | 素　　材 | 950,000 |
| | | | | | 製　造　間　接　費 | 60,000 | | |
| (4) | 保　険　料 | 21,600 | 現　　　　金 | 72,000 | 保　険　料 | 50,400 | 本　　社 | 50,400 |
| | 工　　　場 | 50,400 | | | | | | |
| (5) | 売　掛　金 | 320,000 | 売　　　　上 | 320,000 | 本　　　社 | 240,000 | 製　　品 | 240,000 |
| | 売　上　原　価 | 240,000 | 工　　　　場 | 240,000 | | | | |
| (6) | 売　　　　上 | 64,000 | 売　掛　金 | 64,000 | 製　　　品 | 48,000 | 本　　社 | 48,000 |
| | 工　　　場 | 48,000 | 売　上　原　価 | 48,000 | | | | |
| (7) | 工　　　場 | 250,000 | 機械装置減価償却累計額 | 250,000 | 減　価　償　却　費 | 250,000 | 本　　社 | 250,000 |

| 工場勘定と本社勘定の残高の一致額　¥1,325,400 |
|---|

解説

(4) 保険料

$¥72,000 × \dfrac{3}{10} = ¥21,600$ は本社分で，販売費およ

び一般管理費となる。

$¥72,000 × \dfrac{7}{10} = ¥50,400$ は工場分で，経費の一部

となる。

工場勘定と本社勘定の残高の一致額

| （工場元帳） | 本　　社 | | |
|---|---|---|---|
| (5) | 240,000 | (1) | 367,000 |
| | | (2) | 850,000 |
| | | (4) | 50,400 |
| | | (6) | 48,000 |
| | | (7) | 250,000 |
| （残高）¥1,325,400 | | | |

| （本社元帳） | 工　　　場 | | |
|---|---|---|---|
| (1) | 367,000 | (5) | 240,000 |
| (2) | 850,000 | | |
| (4) | 50,400 | | |
| (6) | 48,000 | | |
| (7) | 250,000 | | |
| | | （残高）¥1,325,400 | |

◀━━━（一致）━━━▶

**2**

| | 借 | 方 | | 貸 | 方 | |
|---|---|---|---|---|---|---|
| (1) | 本 社 | 80,000 | 燃 | 料 | | 80,000 |
| (2) | 保 険 料 | 80,000 | 当 座 預 金 | | | 150,000 |
| | 工 場 | 70,000 | | | | |
| (3) | 売 掛 金 | 3,200,000 | 売 | 上 | | 3,200,000 |
| | 売 上 原 価 | 2,500,000 | 工 | 場 | | 2,500,000 |
| (4) | 本 社 | 200,000 | 製 | 品 | | 200,000 |
| (5) | 製 品 | 480,000 | 本 | 社 | | 480,000 |
| (6) | 買 掛 金 | 90,000 | 工 | 場 | | 90,000 |
| (7) | 工 場 | 6,000,000 | 当 座 預 金 | | | 6,000,000 |
| (8) | 工 場 | 3,100,000 | 所 得 税 預 り 金 | | | 170,000 |
| | | | 健 康 保 険 料 預 り 金 | | | 130,000 |
| | | | 現 金 | | | 2,800,000 |

解説

(1) 本社側では，（借）買掛金など 80,000 （貸）工 場 80,000となる。

(2) 工場分の保険料は，工場勘定に振り替える。よって本社が保険料勘定で仕訳するのは

¥150,000 − ¥70,000 ＝ ¥80,000

工場側では，（借）保 険 料 70,000 （貸）本 社 70,000となる。

(3) 本社には製品勘定を設けていないので，工場勘定で処理する。

工場側では，（借）本 社 2,500,000 （貸）製 品 2,500,000となる。

(4) 本社側では，（借）売 上 原 価 200,000 （貸）工 場 200,000となる。

■検定問題（p.151）

**1**

| | 借 | 方 | | 貸 | 方 | |
|---|---|---|---|---|---|---|
| (1) | 工 場 | 381,000 | 当 座 預 金 | | | 762,000 |
| | 健康保険料預り金 | 381,000 | | | | |
| (2) | 減 価 償 却 費 | 1,040,000 | 建物減価償却累計額 | | | 2,300,000 |
| | 工 場 | 1,260,000 | | | | |
| (3) | 工 場 | 131,000 | 買 掛 金 | | | 131,000 |
| (4) | 売 掛 金 | 5,250,000 | 売 | 上 | | 5,250,000 |
| | 売 上 原 価 | 3,675,000 | 工 | 場 | | 3,675,000 |
| (5) | 売 上 原 価 | 1,300,000 | 工 | 場 | | 1,300,000 |
| (6) | 減 価 償 却 費 | 504,000 | 建物減価償却累計額 | | | 954,000 |
| | 工 場 | 450,000 | | | | |
| (7) | 工 場 | 840,000 | 買 掛 金 | | | 840,000 |
| (8) | 健 康 保 険 料 | 240,000 | 本 社 | | | 240,000 |

# Ⅴ 決 算

## 第1章 決 算

■基本問題（p.154）

**1**

| (1) | | (2) | |
|---|---|---|---|
| ア | イ | ウ | エ |
| 1 | 3 | 7 | 5 |

**2**

| | 借 方 | | 貸 方 | |
|---|---|---|---|---|
| (1) | 月 次 損 益 | 600,000 | 売 上 原 価 | 560,000 |
| | | | 販売費及び一般管理費 | 40,000 |
| | 売 上 | 800,000 | 月 次 損 益 | 800,000 |
| (2) | 月 次 損 益 | 200,000 | 年 次 損 益 | 200,000 |

(3)

```
            売  上  原  価
            560,000  4/30 月次損益 560,000


          販売費及び一般管理費
            40,000  4/30 月次損益  40,000


            売            上
4/30 月次損益 800,000        800,000
```

```
              月  次  損  益
4/30 売上原価  560,000  4/30 売   上 800,000
  〃  販売費及び
      一般管理費  40,000
  〃  年次損益  200,000
              800,000           800,000


            年  次  損  益
                  4/30 月次損益 200,000
```

**解説**

p.152「1.月次決算と年次決算」参照。

**3**

```
                年  次  損  益
3/31  有価証券売却損   40,000  月次損益からの振替高(4月～3月) 4,000,000
  〃   支 払 利 息   30,000  3/31 受 取 利 息      50,000
  〃   繰越利益剰余金  3,980,000
                 4,050,000               4,050,000
```

**解説**

　年次損益勘定で計算された当期純利益は，個人企業の場合は資本金勘定に振り替えるが，この問題は株式会社の場合なので，繰越利益剰余金勘定に振り替える。

4

製 造 原 価 報 告 書

令和〇年4月1日から　令和△年3月31日まで　　　（単位：円）

Ⅰ　材　料　費
1. 期首材料棚卸高　　（　　**150,000**）
2. 当期材料仕入高　　（　　**2,000,000**）
　　　合　　　計　　（　　**2,150,000**）
3. （**期末材料棚卸高**）（　　**100,000**）
　　　当 期 材 料 費　　　　　　（　　**2,050,000**）

Ⅱ　労　務　費
1. 賃　　　　　金　　（　　**1,200,000**）
2. 給　　　　　料　　（　　**900,000**）
　　　当 期 労 務 費　　　　　　（　　**2,100,000**）

Ⅲ　経　　　費
1. 電　力　料　　（　　**131,000**）*1
2. 修　繕　料　　（　　**62,000**）*2
3. 減 価 償 却 費　　　98,000
4. 雑　　　　費　　　　11,000
　　　当 期 経 費　　　　　　　（　　**302,000**）
　　　当 期 製 造 費 用　　　　　　　　　（　　**4,452,000**）
　　（**期首仕掛品棚卸高**）　　　　　　　（　　**250,000**）
　　　　合　　　計　　　　　　　　　　　（　　**4,702,000**）
　　　期末仕掛品棚卸高　　　　　　　　　（　　**200,000**）
　　　当期製品製造原価　　　　　　　　　（　　**4,502,000**）

解説

*1　電力料
　　電力料は測定経費なので，測定高¥*131,000*が当期
の消費高となる。

*2　修繕料
　　当期支払高　前期未払高　当期未払高
　　¥*68,000* － ¥*12,000* ＋ ¥*6,000* ＝ ¥*62,000*

5

| (1) | 当期材料費 | ¥ **2,380,000** | (2) | 当期労務費 | ¥ **2,330,000** |
|---|---|---|---|---|---|

解説

(1)　当期材料費
　　材料費は素材と工場消耗品を合算して求める。
　　期首棚卸高　当期仕入高　期末棚卸高　素材消費高
　　¥*260,000* ＋ ¥*2,150,000* － ¥*310,000* ＝ ¥*2,100,000*
　　　素　材　　工場消耗品　当期材料費
　　¥*2,100,000* ＋ ¥*280,000* ＝ ¥*2,380,000*

(2)　当期労務費
　　労務費は賃金に給料と従業員賞与手当の消費高を加
えて求める。
　　当期支払高　前期未払高　当期未払高　賃金消費高
　　¥*1,620,000* － ¥*170,000* ＋ ¥*190,000* ＝ ¥*1,640,000*
　　　賃　金　　給　料　従業員賞与手当　当期労務費
　　¥*1,640,000* ＋ ¥*470,000* ＋ ¥*220,000* ＝ ¥*2,330,000*

**1**

| (1) | 当 期 材 料 費 | ¥*3,437,000* | (2) | 当 期 労 務 費 | ¥*3,135,000* |
|---|---|---|---|---|---|
| (3) | 外 注 加 工 賃 | ¥ *211,000* | (4) | 当 期 経 費 | ¥ *687,000* |
| (5) | 当期製品製造原価 | ¥*7,301,000* | (6) | 売 上 原 価 | ¥*7,348,000* |

解説

(1) 当期材料費

　素材と工場消耗品を合算して求めるが，素材については予定価格法を採用しているので，当期予定消費高を素材の消費高とする。なお，予定価格と実際価格との差額（材料消費価格差異）については，売上原価に振り替える。

　　素　　　材　¥*3,061,000*

　　工場消耗品
　　　　　　　期首棚卸高　　当期仕入高　　期末棚卸高
　　　　　　　¥*68,000* + ¥*379,000* − ¥*71,000*
　　　　　　　= ¥*376,000*

　　当期材料費
　　　　　　　当期予定消費高　工場消耗品
　　　　　　　¥*3,061,000* + ¥*376,000*
　　　　　　　= ¥*3,437,000*

---

**材料消費価格差異の計算**

　素材実際消費高
　　期首棚卸高　　当期仕入高　　期末棚卸高
　　¥*185,000* + ¥*3,090,000* − ¥*222,000*
　　= ¥*3,053,000*

予定消費高と実際消費高の関係を消費材料勘定を使って示すと次のようになる。なお，材料消費価格差異は売上原価に振り替える。

**消　費　材　料**

| 実際消費高 | 3,053,000 | 予定消費高 | 3,061,000 |
|---|---|---|---|
| 材料消費<br>価格差異 | 8,000 | | |

**材料消費価格差異**

| | | 消費材料 | 8,000 |
|---|---|---|---|

---

(2) 当期労務費

　賃金に給料と健康保険料事業主負担分を加えて求める。

　　　　　　　当期支払高　　前期未払高　　当期未払高
　　賃　　金　¥*2,340,000* − ¥*113,000* + ¥*142,000*
　　　　　　　= ¥*2,369,000*

　　　　　　　　　賃金　　　　給料　　　健康保険料
　　当期労務費　¥*2,369,000* + ¥*650,000* + ¥*116,000*
　　　　　　　　= ¥*3,135,000*

(3) 外注加工賃

　当期支払高　前期前払高　当期未払高　　外注加工賃
　¥*173,000* + ¥*20,000* + ¥*18,000* = ¥*211,000*

(4) 当期経費

　外注加工賃　電力料(測定高)　減価償却費　　当期経費
　¥*211,000* + ¥*266,000* + ¥*210,000* = ¥*687,000*

(5) 当期製品製造原価

**仕　　掛　　品**

| 期首棚卸高 | 312,000 | 当期製品製造原価 | (7,301,000) |
|---|---|---|---|
| 当期製造費用 | | | |
| 　材料費 | 3,437,000 | | |
| 　労務費 | 3,135,000 | 期末棚卸高 | 270,000 |
| 　経　費 | 687,000 | | |

(6) 売上原価

**製　　　品**

| 期首棚卸高 | 450,000 | 売上原価 | (7,356,000) |
|---|---|---|---|
| 当期製品製造原価 | | | |
| | 7,301,000 | 期末棚卸高 | 395,000 |

**売　上　原　価**

| | | 材料消費価格差異 | 8,000 |
|---|---|---|---|
| 製　　品 | 7,356,000 | 当期売上原価 | (7,348,000) |

> この場合，予定よりも実際の方が少なかったのだから，材料消費価格差異は有利差異。有利な差異なのだから，売上原価を減少させるように仕訳をすればいいんだね。

<u>製 造 原 価 報 告 書</u>

令和○年4月1日から　令和△年3月31日まで　　（単位：円）

I 材 料 費

  1.（期首材料棚卸高）（　　　103,000）*1

  2. 当期材料仕入高（　　　742,000）*2

     合　　計（　　　845,000）

  3.（期末材料棚卸高）（　　　105,000）*3

    当 期 材 料 費　　　　　　（　　　740,000）

II 労 務 費

  1. 賃　　　　金（　　　516,000）

  2. 給　　　　料（　　　109,000）

  3. 従業員賞与手当（　　　76,000）

    当 期 労 務 費　　　　　　（　　　701,000）

III 経　　費

  1. 外 注 加 工 賃（　　　45,000）*4

  2. 電　力　料（　　　222,000）

  3. 減 価 償 却 費（　　　86,000）

  4. 修　繕　料（　　　23,000）

  5. 保　険　料（　　　30,000）

  6.（棚 卸 減 耗 損）*5　　8,000

  7. 雑　　　費（　　　11,000）

    当 期 経 費　　　　　（　　　425,000）

    当 期 製 造 費 用　　　　　　　　（　　1,866,000）

    期首仕掛品棚卸高　　　　　　　　（　　　89,000）

    合　　計　　　　　　　　（　　1,955,000）

    （期末仕掛品棚卸高）　　　　　　（　　　102,000）

    （当期製品製造原価）　　　　　　（　　1,853,000）

<u>損 益 計 算 書</u>　　（単位：円）

令和○年4月1日から　令和△年3月31日まで

I 売 上 高　　　　　　　　　　2,635,000

II 売 上 原 価

  1. 期首製品棚卸高（　　182,000）

  2. 当期製品製造原価（　1,853,000）

    合　　計（　2,035,000）

  3. 期末製品棚卸高（　　208,000）（　1,827,000）

    売 上 総 利 益　　　　　（　　808,000）

**解説**

材料費は素材と工場消耗品を合算して記入する。

*1　¥90,000 + ¥13,000 = ¥103,000

*2　¥610,000 + ¥132,000 = ¥742,000

*3　*¥84,000 + ¥21,000 = ¥105,000

  *　素材の期末棚卸高は，期首棚卸高¥90,000と当期仕入高¥610,000の合計から素材の消費高¥616,000を差し引いて求める。なお，期末棚卸高¥84,000のうち¥8,000は棚卸減耗損（月割経費）へ振り替える。

*4　外注加工賃は直接経費なので，仕掛品勘定の借方の金額を記入する。

*5　棚卸減耗損（月割経費）を記入する。

■検定問題（p.158）

**1**

| ア | ¥ | 1,370,000 | イ | ¥ | 6,145,000 | ウ | ¥ | 2,646,000 |

ア．製造原価報告書の労務費¥2,480,000が仕掛品勘定の賃金と製造間接費勘定の賃金¥510,000・給料¥430,000・健康保険料¥170,000の合計額であることから，¥1,370,000と計算する。

イ．次のように製造原価報告書を完成させる。

製造原価報告書

| Ⅰ 材 料 費 | (1,885,000) | ← 仕掛品勘定の素材・買入部品と製造間接費勘定の工場消耗品の合計 |
| Ⅱ 労 務 費 | 2,480,000 | |
| Ⅲ 経 費 | 1,897,000 | ← 仕掛品勘定の外注加工賃と製造間接費勘定の減価償却費から雑費までの合計 |
| 当 期 製 造 費 用 | (6,262,000) | |
| 期首仕掛品棚卸高 | 425,000 | ← 仕掛品勘定の前期繰越の金額 |
| 合　　　　計 | (6,687,000) | |
| 期末仕掛品棚卸高 | 542,000 | ← 仕掛品勘定の次期繰越の金額 |
| 当期製品製造原価 | (6,145,000) | ← 仕掛品勘定から製品勘定に振り替えられる金額 |

ウ．貸借対照表・製品勘定・損益計算書の関係から売上総利益を算出する。

製　　　　品

| 前 期 繰 越 | ( 785,000) | (売 上 原 価) | ( 6,174,000) | ← 損益計算書の売上原価に表示 |
| 仕 　掛　 品 | ( 6,145,000) | 次 期 繰 越 | ( 756,000) | |
| | 6,930,000 | | 6,930,000 | |

　製品勘定の記入状況から，売上原価は¥6,174,000なので，売上総利益は¥2,646,000（＝¥8,820,000－¥6,174,000）と計算できる。

**2**

| ア | ¥ | 3,952,000 | イ | ¥ | 4,028,000 |
| ウ | ¥ | 8,815,000 | エ | ¥ | 3,680,000 |

ア. 材 料 費　　期首棚卸高　当期仕入高　　　期末棚卸高（貸借対照表の材料）

素　　材　￥640,000＋￥3,091,000 － ￥780,000 ＝￥3,952,000（材料費）

工場消耗品　￥208,000＋￥793,000

イ. 労 務 費

賃　　金　　当期支払高　前期未払高　当期未払高（貸借対照表の未払賃金）
　　　　　　￥3,314,000 － ￥129,000 ＋ ￥121,000 ＝ ￥3,306,000

　　　　　　　賃 金　　　給 料　　　労務費
　　　　　　￥3,306,000 ＋ ￥722,000 ＝ ￥4,028,000

ウ. 当期製品製造原価　当期製造費用と期首仕掛品棚卸高の合計￥10,151,000が製造原価報告書に掲載されているの

で，この金額から期末仕掛品棚卸高￥1,336,000（貸借対照表の仕掛品）を差し引く。

　　￥10,151,000 － ￥1,336,000 ＝ ￥8,815,000（当期製品製造原価）

エ. 売上総利益

売 上 原 価　　期首製品棚卸高　当期完成高　期末製品棚卸高（貸借対照表の製品）
　　　　　　　￥1,264,000 ＋ ￥8,815,000 － ￥1,059,000 ＝ ￥9,020,000

　　　　　　　　売上高　　　売上原価　　売上総利益
　　　　　　　￥12,700,000 － ￥9,020,000 ＝ ￥3,680,000

**3**

| a | ￥ | 2,488,000 | b | ￥ | 2,808,000 | c | ￥ | 5,748,000 |

a. 当期材料費…素材・工場消耗品・消耗工器具備品の消費額の合計を計上する。

素　　材　￥277,000＋￥1,962,000－￥283,000＝￥1,956,000

工場消耗品　￥58,000＋￥342,000－￥60,000＝￥340,000

消耗工器具備品　￥192,000

b. 当期労務費…賃金・給料・健康保険料の消費額の合計を計上する。

賃　　金　￥1,723,000－￥251,000＋￥247,000＝￥1,719,000

給　　料　￥953,000

健康保険料　￥136,000

c. 当期製品製造原価

当期経費…水道料と減価償却費の合計額　￥466,000

水 道 料　￥18,000＋2,100㎥×￥130＝￥291,000

仕　　掛　　品

| 月初仕掛品 ￥594,000 | 完 成 品 ￥(5,748,000) |
| 当月製造費用 材　料 ￥2,488,000 労務費 ￥2,808,000 経　費 ￥ 466,000 | 月末仕掛品 ￥(608,000) |

製品勘定へ振り替える。

106

# Ⅵ 原価情報の活用

## 第1章　標準原価計算

### ■基本問題（p.165）

**1**

| (1) | | (2) | |
|---|---|---|---|
| ア | イ | ウ | エ |
| 2 | 8 | 3 | 4 |

(1) p.160「1．標準原価計算の意味・目的」参照。

(2) p.162「④原価差異の有利・不利」参照。

**2**

| (1) | 完成品の標準原価　￥ | *3,600,000* | (2) | 月末仕掛品の標準原価　￥ | *140,000* |
|---|---|---|---|---|---|
| (3) | 直接材料費の当月投入量 | **740**個 | (4) | 加工費の当月投入量(換算数量) | **780**個 |

(1) 完成品の標準原価

標準原価(製品1個あたり)　完成品数量
　　@￥4,500　　　×　800個　=￥3,600,000

(2) 月末仕掛品の標準原価

加工費(直接労務費・製造間接費)は製造の進行に応じて消費されるので，月末仕掛品数量を完成品数量に換算する必要がある。

直接材料費　@￥2,500×40個=￥100,000
直接労務費　@￥1,200×20個=￥24,000
製造間接費　@￥　800×20個=￥16,000
　　　　　　　　　　　　　　￥140,000

(3) 直接材料費の当月投入量

| 仕 掛 品 | | | |
|---|---|---|---|
| 月初仕掛品 | 100個 | 完成品 | 800個 |
| 当月投入量 | 740個 | 月末仕掛品 | 40個 |

(4) 加工費の当月投入量(換算数量)

| 仕 掛 品 | | | |
|---|---|---|---|
| 月初仕掛品 100個×0.4=40個 | | 完成品 | 800個 |
| 当月投入量 | 780個 | 月末仕掛品　40個×0.5=20個 | |

**3**

| 直接材料費差異 | ￥ **1,820**(不利) | 価 格 差 異 | ￥ **620**(不利) | 数 量 差 異 | ￥ **1,200**(不利) |
|---|---|---|---|---|---|

直接材料費差異

(@￥120×300個) - (@￥122×310個) = -￥1,820

**4**

| 直接労務費差異 | ￥ **8,700**(不利) | 賃 率 差 異 | ￥ **7,100**(不利) | 作 業 時 間 差 異 | ￥ **1,600**(不利) |
|---|---|---|---|---|---|

解説

直接労務費差異

$(@¥80×1,400時間)-(@¥85×1,420時間)=-¥8,700$

5

| 製 造 間 接 費 差 異 | ¥ **41,000**(不利) | 予　算　差　異 | ¥ **13,000**(不利) |
|---|---|---|---|
| 操 業 度 差 異 | ¥ **10,000**(不利) | 能　率　差　異 | ¥ **18,000**(不利) |

解説

製造間接費差異　標準配賦額　実際発生額
$¥684,000-¥725,000=-¥41,000$
（不利差異）

6

| | 借　　　　　方 | | 貸　　　　　方 | |
|---|---|---|---|---|
| (1) | (製　　　　　　　品) | ( **600,000**) | (仕　掛　品) | ( **600,000**) |
| | (材料消費価格差異) | ( **21,500**) | 仕　掛　品 | ( **42,500**) |
| | 材料消費数量差異 | ( **4,500**) | | |
| | 賃　率　差　異 | **10,500** | | |
| (2) | 作 業 時 間 差 異 | **2,000** | | |
| | 予　算　差　異 | **2,500** | | |
| | 操 業 度 差 異 | **500** | | |
| | 能　率　差　異 | **1,000** | | |

**解説**

(1) 完成品原価は標準原価で仕掛品勘定から製品勘定へ
振り替える。

標準原価(製品1個あたり)　完成品数量
@¥1,200　　　×　　500個　＝¥600,000

(2)

材料消費価格差異
(@¥150－@¥160)×2,150kg＝－¥21,500

実際単価 @¥160

標準単価 @¥150

標準消費数量 2,120kg

数量差異
@¥150×
(2,120kg－2,150kg)
＝－¥4,500

実際消費数量 2,150kg

---

**7**

| (1) | (2) | | |
|---|---|---|---|
| 予算差異 | ① | ② | ③ |
| (不利)¥50,000 | ¥59,400,000 | ¥　365,000 | ¥　3,535,000 |

**解説**

予算差異　@¥500×2,800時間＋¥1,500,000－¥2,950,000＝－¥50,000

当期製品製造原価　@¥66,000×900個＝¥59,400,000

直接材料費差異　@¥7,200×5,000kg－@¥7,250×5,020kg＝－¥395,000

直接労務費差異　@¥9,000×2,790時間－@¥8,900×2,800時間＝¥190,000

製造間接費差異　@¥1,000×2,790時間－¥2,950,000＝－¥160,000

原価差異　－¥395,000＋¥190,000－¥160,000＝－¥365,000

---

**8**

| 製　造　間　接　費 | | | |
|---|---|---|---|
| 素　　　材 | 890,000 | (仕 掛 品) | (2,790,000) |
| 工場消耗品 | 130,000 | 能 率 差 異 | (10,000) |
| 賃　　　金 | 340,000 | 操業度差異 | (100,000) |
| 諸　　　口 | 1,590,000 | 予 算 差 異 | (50,000) |
| | 2,950,000 | | 2,950,000 |

| 仕　　　掛　　　品 | | | |
|---|---|---|---|
| 前 月 繰 越 | (5,100,000) | (製　　品) | (59,400,000) |
| 素　　　材 | (36,000,000) | 次 月 繰 越 | (9,600,000) |
| 賃　　　金 | (25,110,000) | | |
| (製造間接費) | (2,790,000) | | |
| | (69,000,000) | | (69,000,000) |

**解説**

シングルプランで記帳されているので，原価差異は各原価要素の勘定科目に記入されることに注意する。製造間接費
の差異分析をおこなうと次のようになる。製造間接費の差異分析を図解すると次のようになる。

仕掛品勘定には標準原価で記入される。

前月繰越　¥36,000×　100個＋(¥27,000＋¥3,000)×50個＝¥5,100,000

素　　材　¥36,000×1,000個＝¥36,000,000

賃　　金　¥27,000×　930個＝¥25,110,000

次月繰越　¥36,000×　200個＋(¥27,000＋¥3,000)×80個＝¥9,600,000

**109**

⑨

仕　掛　品

| 前 月 繰 越 | ( 1,280,000 ) | (製　　　品) | ( 9,000,000 ) |
|---|---|---|---|
| 直 接 材 料 費 | ( 2,652,000 ) | 作 業 時 間 差 異 | ( 120,000 ) |
| 直 接 労 務 費 | ( 3,724,000 ) | 能 率 差 異 | ( 96,000 ) |
| (製 造 間 接 費) | ( 3,160,000 ) | 操 業 度 差 異 | ( 160,000 ) |
| 材料消費価格差異 | ( 68,000 ) | 次 月 繰 越 | ( 1,704,000 ) |
| 材料消費数量差異 | ( 80,000 ) |  |  |
| 賃 率 差 異 | ( 76,000 ) |  |  |
| 予 算 差 異 | ( 40,000 ) |  |  |
|  | ( 11,080,000 ) |  | ( 11,080,000 ) |

問題に「基準操業度において定めた予算額をそのまま実際操業度における予算額として，製造間接費を予算管理している」とあることから，固定予算制度を採用していることがわかる。固定予算制度を採用している場合には，左のような図を書く。

■応用問題（p.170）

①

| (1) | 直接材料費差異 | ¥ | 31,800 | （有利） | (2) | 材料消費価格差異 | ¥ | 16,200 | （不利） |
|---|---|---|---|---|---|---|---|---|---|
| (3) | 材料消費数量差異 | ¥ | 48,000 | （有利） | (4) | 直接労務費差異 | ¥ | 6,000 | （不利） |
| (5) | 賃 率 差 異 | ¥ | 50,000 | （有利） | (6) | 作 業 時 間 差 異 | ¥ | 56,000 | （不利） |

標準原価を計算するために,まず当月投入量を計算する。

仕掛品(材料)

| 月初仕掛品数量 250個 | 完成品数量 1,600個 |
|---|---|
| 当月投入量 1,650個 | 月末仕掛品数量 300個 |

仕掛品(加工費)

| 月初仕掛品完成品換算数量 100個 | 完成品数量 1,600個 |
|---|---|
| 当月投入量 1,620個 | 月末仕掛品完成品換算数量 120個 |

└ 250個×0.4　　└ 300個×0.4

標準消費数量
2 kg×1,650個=3,300kg

標準直接作業時間
3 時間×1,620個=4,860時間

実際単価
@¥805

| 材料消費価格差異 (@¥800 - @¥805)×3,240kg = -¥16,200 | |
|---|---|
| 標準単価　@¥800 標準消費数量　3,300kg | 材料消費数量差異 @¥800× (3,300個-3,240個) = +¥48,000 |

実際消費数量　3,240kg

直接材料費差異
(@¥800×3,300kg) - (@¥805×3,240kg) = +¥31,800
(有利差異)

実際賃率
@¥390

| 賃率差異 (@¥400 - @¥390)×5,000時間 = +¥50,000 | |
|---|---|
| 標準賃率　@¥400 標準直接作業時間 4,860時間 | 作業時間差異 @¥400×(4,860時間 -5,000 時間) = -¥56,000 |

実際直接作業時間 5,000時間

直接労務費差異
(@¥400×4,860時間) - (@¥390×5,000時間)
= -¥6,000
(不利差異)

操業度差異については,基準操業度まで,機械などを利用すべきだったのに,そこまで利用できなかった場合は不利差異,基準操業度以上に稼働した場合は有利差異と考えるんだ。

2

| (1) | 製造間接費差異 | ¥ | **13,500** | (不利) | (2) | 予　算　差　異 | ¥ | **4,000** | (有利) |
|---|---|---|---|---|---|---|---|---|---|
| (3) | 操 業 度 差 異 | ¥ | **5,000** | (有利) | (4) | 能　率　差　異 | ¥ | **22,500** | (不利) |

製造間接費差異　標準配賦額　実際発生額
¥1,336,500 - ¥1,350,000 = -¥13,500
(不利差異)

**3**

| | 仕　掛　品 | | |
|---|---|---|---|
| *3 前 月 繰 越（**432,000**） | 製　　　品（**5,880,000**）*1 |
| 直接材料費（**2,829,000**） | 諸　　　口（**146,500**） |
| 直接労務費（**1,367,100**） | 次 月 繰 越（**310,000**）*2 |
| 製造間接費（**1,680,500**） | |
| 賃 率 差 異（**27,900**） | |
| （**6,336,500**） | （**6,336,500**） |

| | 製　　　　　品 |
|---|---|
| 前 月 繰 越　　**420,000** | |
| 仕 掛 品（**5,880,000**） | |

| | 材料消費価格差異 |
|---|---|
| 仕 掛 品（**69,000**） | |

| | 材料消費数量差異 |
|---|---|
| 仕 掛 品（**60,000**） | |

| | 賃　率　差　異 |
|---|---|
| | 仕 掛 品（**27,900**） |

| | 作 業 時 間 差 異 |
|---|---|
| 仕 掛 品（**5,000**） | |

| | 予　算　差　異 |
|---|---|
| 仕 掛 品（**3,000**） | |

| | 操 業 度 差 異 |
|---|---|
| 仕 掛 品（**3,500**） | |

| | 能　率　差　異 |
|---|---|
| 仕 掛 品（**6,000**） | |

解説

*1　@¥4,200×1,400個＝¥5,880,000

*2　直接材料費　@¥2,000×100個＝¥200,000
　　直接労務費　@¥1,000×　50個＝¥　50,000
　　製造間接費　@¥1,200×　50個＝¥　60,000
　　　　　　　　　　　　　　　　　¥310,000

*3　直接材料費　@¥2,000×150個＝¥300,000
　　直接労務費　@¥1,000×　60個＝¥　60,000
　　製造間接費　@¥1,200×　60個＝¥　72,000
　　　　　　　　　　　　　　　　　¥432,000

仕掛品（材料）

| 月初仕掛品<br>数量 150個 | 完成品数量<br>1,400個 |
|---|---|
| 当月投入量<br>1,350個 | 月末仕掛品<br>数量 100個 |

仕掛品（加工費）

| 月初仕掛品完成換算<br>数量 60個 | 完成品数量<br>1,400個 |
|---|---|
| 当月投入量<br>1,390個 | 月末仕掛品完成換算<br>数量 50個 |

150個×0.4　　　100個×0.5

標準消費数量
10kg×1,350個＝13,500kg

標準直接作業時間
2 時間×1,390個＝2,780時間

実際<br>単価<br>@¥205

材料消費価格差異
（@¥200－@¥205）×13,800kg＝－¥69,000

| 標準単価　@¥200 | 材料消費数量差異<br>@¥200×<br>（13,500kg－13,800kg）<br>＝－¥60,000 |
|---|---|
| 標準消費数量　13,500kg | |

実際消費数量　13,800kg

実際<br>賃率<br>@¥490

賃率差異
（@¥500－@¥490）×2,790時間＝＋¥27,900

| 標準賃率　@¥500 | 作業時間差異<br>@¥500×<br>（2,780時間－2,790時間）<br>＝－¥5,000 |
|---|---|
| 標準直接作業時間<br>2,780時間 | |

実際直接作業時間　2,790時間

| ① | ¥ **20,000,000** |
|---|---|
| ② | ¥ **12,000,000** |
| ③ | ¥ **3,000,000** |
| ④ | ¥ **756,000** |
| ⑤ | ¥ **4,244,000** |

**解説** 売　　上　　高　@¥20,000×1,000個＝¥20,000,000
当期製品製造原価　@¥15,000×（1,000個＋200個－400個）＝¥12,000,000
直接材料費差異　@¥600×4,500kg－@¥620×4,300kg＝＋¥34,000
直接労務費差異　@¥500×6,800時間－@¥510×7,000時間＝－¥170,000
製造間接費差異　@¥1,000×6,800時間－¥7,420,000＝－¥620,000
原価差異　¥34,000－¥170,000－¥620,000＝－¥756,000

■検定問題 （p.173）

**1**

| a | ¥ **6,432,000** | b | ¥ **101,000** | c | ¥ **9,000** |
|---|---|---|---|---|---|

a．¥6,700×960個＝¥6,432,000

b．（¥380－¥400）×5,050kg＝－¥101,000

c．¥900×（2,940時間－2,950時間）＝－¥9,000

**2**

| a | 完成品の標準原価 | ¥ **9,625,000** | b | 月末仕掛品の標準原価 | ¥ **575,000** |
|---|---|---|---|---|---|

a．@¥3,500（1個あたりの標準原価）×2,750個（完成品
　数量）＝¥9,625,000

b．直接材料は製造着手のときにすべて投入される。これ
　に対して，加工費は製造の進行に応じて消費されるの
　で，直接材料費と加工費（労務費・製造間接費）に分

けて標準原価を計算する。

直接材料費　@¥1,500×250個　　　＝¥375,000
直接労務費　@¥1,600×250個×0.4＝¥160,000
製造間接費　@¥　400×250個×0.4＝¥ 40,000
　　　　　　　　　　　　　　　　　¥575,000

**3**

(1)

| a | ¥ **5,700,000** | b | ¥ **22,000**（不利） | c | ¥ **45,000**（不利） |
|---|---|---|---|---|---|

**解説**

a．¥7,600×750個＝¥5,700,000

b．¥2,000×850個－¥1,722,000＝－¥22,000

c．¥1,500×（2時間×810個－1,650時間）＝－¥45,000

(2)

| a | 仕掛品勘定の労務費 | ¥ **2,332,000** | b | 仕掛品勘定の次月繰越 | ¥ **1,710,000** |
|---|---|---|---|---|---|
| c | 予　算　差　異 | ¥ **18,000**(不利) | | | |

## 解説

| 仕掛品(材料) | | 仕掛品(加工費) | |
|---|---|---|---|
| 月初仕掛品 200個 | 完成品数量 700個 | 月初仕掛品完成品 換算数量 120個 | 完成品数量 700個 |
| 当月投入量 800個 | 月末仕掛品 300個 | 当月投入量 730個 | 月末仕掛品完成品 換算数量 150個 |

└── 200個×0.6          300個×0.5

仕掛品勘定の労務費(実際直接労務費) @¥1,060×2,200時間＝¥2,332,000

仕掛品勘定の次月繰越　直接材料費　@¥2,400×300個＝¥ 720,000

直接労務費　@¥3,000×150個＝¥ 450,000

製造間接費　@¥3,600×150個＝¥ 540,000

¥1,710,000

予算差異　（¥1,610,000＋@¥500×2,200時間）−¥2,728,000＝−¥18,000

---

## 第2章　直接原価計算

■基本問題（p.179）

**1**

| (1) | | (2) | |
|---|---|---|---|
| ア | イ | ウ | エ |
| 2 | 8 | 3 | 5 |

解説　p.175「1.直接原価計算の意味」参照。

**2**

(1) 全部原価計算による損益計算書

| 損益計算書 | （単位：円） |
|---|---|
| Ⅰ　売　上　高 | ( **2,000,000** ) |
| Ⅱ　売　上　原　価 | ( **1,100,000** )*1 |
| 　　売上総利益 | ( **900,000** ) |
| Ⅲ　販売費及び一般管理費 | ( **400,000** )*2 |
| 　　営　業　利　益 | ( **500,000** ) |

解説

*1　変動売上原価　固定製造間接費
　　¥900×1,000個＋¥200,000＝¥1,100,000

*2　変動販売費　固定販売費及び一般管理費
　　¥100×1,000個＋¥300,000＝¥400,000

(2) 直接原価計算による損益計算書

| 損益計算書 | （単位：円） |
|---|---|
| Ⅰ　売　　　上　　　高 | ( **2,000,000** ) |
| Ⅱ　変　動　売　上　原　価 | ( **900,000** ) |
| 　　変　動　製　造　マージン | ( **1,100,000** ) |
| Ⅲ　変　動　販　売　費 | ( **100,000** ) |
| 　　貢　　献　　利　　益 | ( **1,000,000** ) |
| Ⅳ　固　定　製　造　間　接　費 ( **200,000** ) | |
| 　　固定販売費及び一般管理費 ( **300,000** ) ( **500,000** ) | |
| 　　営　　業　　利　　益 | ( **500,000** ) |

> 直接原価計算の最大の利点は，CVP分析によって利益計画を立案し，目標営業利益を達成するためには，どれだけの売上高が必要か，経営者にとっては予想がつくところなんだ。だから，利益管理に役立つんだね。

**3**

| (1) | ¥ **3,000,000** | (2) | ¥ **3,000,000** |
|---|---|---|---|
| (3) | ¥ **6,000,000** | (4) | **1,200** 個 |
| (5) | ¥ **2,400,000** | | |

(2) ¥1,200,000 ÷ 0.4 = ¥3,000,000

(3) (¥1,200,000 + ¥1,200,000) ÷ 0.4 = ¥6,000,000

(4) ¥6,000,000 ÷ ¥5,000 = 1,200個

(5) ¥9,000,000 × 0.4 − ¥1,200,000 = ¥2,400,000

**4**

| a | ¥ | 300,000 | b | ¥ | 1,500,000 | c | 2,250 | 個 |
|---|---|---|---|---|---|---|---|---|

営業利益 　$\overset{\text{売上高}}{(@¥1,000 × 2,000個)} − \overset{\text{変動費}}{¥800,000} − \overset{\text{固定費}}{¥900,000} = ¥300,000$

変動費率 　$\dfrac{¥800,000（変動費）}{@¥1,000 × 2,000個（売上高）} = 0.4$

貢献利益率 　1 − 0.4 = 0.6

損益分岐点の売上高 　$\dfrac{¥900,000（固定費） + ¥0（営業利益）}{0.6（貢献利益率）} = ¥1,500,000$

また，目標営業利益¥450,000を達成するための販売数量は，

$\dfrac{¥900,000（固定費） + ¥450,000（目標営業利益）}{0.6（貢献利益率）} = ¥2,250,000$（目標営業利益を達成するための売上高）

¥2,250,000 ÷ @¥1,000（販売単価）= 2,250個

**5**

| a | ¥ | 1,800,000 | b | 1,590 | 個 |
|---|---|---|---|---|---|

a．（¥2,000 − ¥600 − ¥200）÷ ¥2,000 = 0.6

　¥1,080,000 ÷ 0.6 = ¥1,800,000

b．（¥1,080,000 + ¥828,000）÷ 0.6 = ¥3,180,000

　¥3,180,000 ÷ ¥2,000 = 1,590個

■応用問題（p.181）

**1**

| a | ¥ | 1,350,000 | b | 1,150 | 個 | c | 4 | % |
|---|---|---|---|---|---|---|---|---|

a．（¥5,000 − ¥2,000）÷ ¥5,000 = 0.6

　¥5,000 × 1,600個 × 0.6 − ¥3,450,000 = ¥1,350,000

b．¥3,450,000 ÷ 0.6 = ¥5,750,000

　¥5,750,000 ÷ ¥5,000 = 1,150個

c．（¥5,000 − ¥2,090）÷ ¥5,000 = 0.582

　¥5,000 × 1,600個 × 0.582 − X = ¥1,344,000

　X = ¥3,312,000

　（¥3,312,000 − ¥3,450,000）÷ ¥3,450,000 = 4%

2

| a | ¥ | 385,000 | b | ¥ | 4,200,000 | c | | 7,800 | 個 |
| --- | --- | --- | --- | --- | --- | --- | --- | --- | --- |

a. （¥1,400 − ¥450 − ¥180）÷ ¥1,400 = 0.55

　¥1,400 × 3,500個 × 0.55 − ¥1,600,000 − ¥710,000 = ¥385,000

b. （¥1,600,000 + ¥710,000）÷ 0.55 = ¥4,200,000

c. （¥1,600,000 + ¥710,000 + ¥3,696,000）÷ 0.55 = ¥10,920,000

　¥10,920,000 ÷ ¥1,400 = 7,800個

3

| 4 |
| --- |

解説

　売上高から変動費を差し引いて，売上高に比例する貢献利益または限界利益を計算する。さらに貢献利益から固定費を差し引くと営業利益を計算することができる。

■検定問題（p.182）

1

| a | ¥ | 1,550,000 | b | | 1,100 | 個 | c | | 930 | 個 |
| --- | --- | --- | --- | --- | --- | --- | --- | --- | --- | --- |

解説

a. （¥2,500 − ¥800 − ¥200）÷ ¥2,500 = 0.6

　（¥550,000 + ¥380,000）÷ 0.6 = ¥1,550,000

b. （¥550,000 + ¥380,000 + ¥720,000）÷ 0.6 = ¥2,750,000

　¥2,750,000 ÷ ¥2,500 = 1,100個

c. （¥2,500 × 0.8 − ¥800 − ¥200）÷ ¥2,500 × 0.8 = 0.5

　（¥550,000 + ¥380,000）÷ 0.5 = ¥1,860,000

　¥1,860,000 ÷（¥2,500 × 0.8）= 930個

2

| a | ¥ | 6,160,000 | b | ¥ | 8,400,000 | c | | 7,800 | 個 |
| --- | --- | --- | --- | --- | --- | --- | --- | --- | --- |

解説

a. （¥2,800 − ¥900 − ¥360）÷ ¥2,800 = 0.55

　¥2,800 × 7,000個 × 0.55 − ¥4,620,000 = ¥6,160,000

b. ¥4,620,000 ÷ 0.55 = ¥8,400,000

c. （¥4,620,000 + ¥7,392,000）÷ 0.55 = ¥21,840,000

　¥21,840,000 ÷ ¥2,800 = 7,800個

3

| a | ¥ | 7,200,000 | b | | 3,640 | 個 | c | ¥ | 7,350,000 |
| --- | --- | --- | --- | --- | --- | --- | --- | --- | --- |

解説

　数式で考えるのが苦手な場合には，次のように直接原価計算ベースの損益計算書を作成して，貢献利益率49%と営業利益¥4,312,000を算出する。

| | 〈3,200個〉 | 損益分岐点 | （3,640個） |
|---|---|---|---|
| 売上高(@¥5,000) | 16,000,000 | (7,200,000) ← | (18,200,000) ← |
| 変動費(@¥2,550) | 8,160,000 (×49%) | ÷49% | ÷49% |
| 貢献利益 | 7,840,000 ← | (3,528,000) | (8,918,000) |
| 固定費 | 3,528,000 | 3,528,000 | 3,528,000 |
| 営業利益 | 4,312,000 | 0 | →(5,390,000) |

×125%

当月の営業利益は¥4,312,000なので，目標営業利益はその125%に相当する¥5,390,000となる。

c. 変動製造費が1個あたり¥50増加して¥2,600になった場合の直接原価計算ベースの損益計算書を，仮に3,200個で作成して算出した貢献利益率48%を用いて損益分岐点を求める。

| | 〈3,200個〉 | 損益分岐点 |
|---|---|---|
| 売上高(@¥5,000) | 16,000,000 | (7,350,000) ← |
| 変動費(@¥2,600) | 8,320,000 (×48%) | ÷48% |
| 貢献利益 | 7,680,000 ← | (3,528,000) |
| 固定費 | 3,528,000 | 3,528,000 |
| 営業利益 | 4,152,000 | 0 |

**4**

| a | ¥ 4,800,000 | b | 3,600 個 | c | ¥ 3,210,000 |
|---|---|---|---|---|---|

**解説**

直接原価計算ベースの損益計算書を作成して，貢献利益率38%と3,000個製造・販売したときの営業利益¥456,000を計算する。

| | 当月 〈3,000個〉 | 損益分岐点 | （3,600個） |
|---|---|---|---|
| 売上高(@¥2,000) | 6,000,000 | (4,800,000) ← | (7,200,000) ← |
| 変動費(@¥1,240) | (3,720,000) (×38%) | ÷38% | ÷38% |
| 貢献利益 | 2,280,000 ← | (1,824,000) | (2,736,000) |
| 固定費 | 1,824,000 | 1,824,000 | 1,824,000 |
| 営業利益 | 456,000 | 0 | → 912,000 |

2倍

これにより損益分岐点の売上高は¥4,800,000　営業利益を2倍の¥912,000にしたときの売上高¥7,200,000を計算することができる。売上高¥7,200,000のときの販売数量は，3,600個（＝¥7,200,000÷¥2,000）である。

また，全部原価計算による損益計算書の売上原価¥4,310,000から固定製造間接費¥1,520,000を差し引くと変動売上原価¥2,790,000を計算できる。これを直接原価計算による損益計算書の変動売上原価に代入すると，変動製造マージンは¥3,210,000と計算できる。

**5**

| a | 当月の営業利益 | ¥ | 270,000 |
|---|---|---|---|
| b | 損益分岐点の売上高 | ¥ | 360,000 |
| c | 目標営業利益¥324,000を達成するための販売数量 | | 1,120 個 |

**解説**

a. 問題の資料をもとに直接原価計算ベースの損益計算書を作成すると次のようになる。

| | 当期 〈1,000個〉 | 損益分岐点 | （1,120個） |
|---|---|---|---|
| 売上高(@¥900) | 900,000 | (360,000) ← | (1,008,000) ← |
| 変動費(@¥450) | 450,000 (×50%) | ÷50% | ÷50% |
| 貢献利益 | 450,000 ← | (180,000) | (504,000) |
| 固定費 | 180,000 | 180,000 | 180,000 |
| 営業利益 | 270,000 | 0 | 324,000 |

## 第1章 仕訳問題 (p.184)

**1**

|       | 借　　　　方 |             | 貸　　　　方 |             |
|-------|-------------|------------:|-------------|------------:|
| (1)   | 製造間接費配賦差異 | 16,000 | 売 上 原 価 | 16,000 |
| (2)   | 棚 卸 減 耗 損 | 162,000 | 買 入 部 品 | 162,000 |
| (3)   | A 組 製 品 | 9,000,000 | A 組 仕 掛 品 | 9,000,000 |
|       | B 組 製 品 | 1,948,000 | B 組 仕 掛 品 | 1,948,000 |
| (4)   | 製　　　　品 | 3,846,000 | 仕 掛 品 | 4,056,000 |
|       | 副 産 物 | 210,000 |  |  |
| (5)   | 減 価 償 却 費 | 660,000 | 建物減価償却累計額 | 1,150,000 |
|       | 工　　　　場 | 490,000 |  |  |
| (6)   | 仕 掛 品 | 120,000 | 特 許 権 使 用 料 | 120,000 |

(1) 製造間接費配賦差異勘定をボックス図で示すと次のようになる。

(2) 1,300個+2,600個−3,040個＝860個（帳簿棚卸数量）であるが，実際には800個しかないため，60個分の棚卸減耗損を計上する。総平均法が採用されているので，払出単価は（¥3,250,000＋¥7,280,000）÷（1,300個＋2,600個）＝¥2,700となる。

(5) 工場の仕訳は次のようになる。

(借) 減価償却費 490,000 （貸）本　　社 490,000

(6) ¥1,440,000÷12か月＝¥120,000

**2**

|       | 借　　　　方 |             | 貸　　　　方 |             |
|-------|-------------|------------:|-------------|------------:|
| (1)   | 仕 損 費 | 79,000 | 素　　　　材 | 30,000 |
|       |  |  | 賃　　　　金 | 49,000 |
| (2)   | 仕 掛 品 | 190,000 | 従 業 員 賞 与 手 当 | 190,000 |
| (3)   | 売 掛 金 | 2,349,000 | 売　　　　上 | 2,349,000 |
|       | 売 上 原 価 | 1,165,000 | 1 級 製 品 | 844,000 |
|       |  |  | 2 級 製 品 | 321,000 |
| (4)   | 棚 卸 減 耗 損 | 147,000 | 素　　　　材 | 147,000 |
| (5)   | 売 掛 金 | 10,500,000 | 売　　　　上 | 10,500,000 |
|       | 売 上 原 価 | 7,350,000 | 工　　　　場 | 7,350,000 |
| (6)   | 賃　　　　金 | 2,430,000 | 所 得 税 預 り 金 | 135,000 |
|       | 従 業 員 賞 与 手 当 | 497,000 | 健 康 保 険 料 預 り 金 | 89,000 |
|       |  |  | 当 座 預 金 | 2,703,000 |
| (7)   | 仕 損 費 | 210,000 | 仕 掛 品 | 210,000 |

(1) 一部仕損の場合なので，新しい補修指図書に集計された原価¥79,000を仕損費として処理する。

(4) 素材の受け入れと払い出しについて，次のようなボックス図を書いて分析する。

| 前月繰越<br>1,200kg | 払い出し<br>1,600kg |
|---|---|
| 受け入れ<br>1,000kg | |
| | 払い出し<br>1,520kg |
| 受け入れ<br>1,400kg | 帳簿棚卸数量<br>480kg |

棚卸減耗費は21日に受け入れた素材から発生しているので，¥3,675×40kg＝¥147,000と計算できる。

(5) 工場では次の仕訳がおこなわれている。

（借）本　　社　7,350,000

（貸）製　　品　7,350,000

(7) 全部仕損の場合には，旧製造指図書に集計された原価を仕損費として処理する。この問題では製造指図書#9に集計した¥210,000が該当する。

**3**

| | 借　　方 | | 貸　　方 | |
|---|---|---|---|---|
| (1) | 作 業 く ず | 47,000 | 仕 掛 品 | 47,000 |
| (2) | 製 造 間 接 費 | 170,000 | 減 価 償 却 費 | 170,000 |
| (3) | 本　　　　社 | 2,250,000 | 製　　　　品 | 2,250,000 |
| (4) | 第 1 工程半製品 | 1,980,000 | 第 1 工程仕掛品 | 1,980,000 |
| | 第 2 工程仕掛品 | 2,680,000 | 第 1 工程半製品 | 2,680,000 |
| | 製　　　　品 | 3,120,000 | 第 2 工程仕掛品 | 3,120,000 |
| (5) | 賃　　　　金 | 1,450,000 | 所 得 税 預 り 金 | 111,000 |
| | 従業員賞与手当 | 243,000 | 健康保険料預り金 | 62,000 |
| | | | 当 座 預 金 | 1,520,000 |
| (6) | 仕 掛 品 | 1,400,000 | 第 1 製造部門費 | 880,000 |
| | | | 第 2 製造部門費 | 520,000 |
| (7) | 売 掛 金 | 300,000 | 売　　　　上 | 300,000 |
| | 売 上 原 価 | 140,000 | 工　　　　場 | 140,000 |

(3) 本社の仕訳を示すと次のようになる。

（借）売上原価　2,250,000

（貸）工　場　2,250,000

(6) 第1製造部門の配賦率は¥550　第2製造部門の配賦率は¥400なので，それぞれを当月の実際直接作業時間に掛けて計算する。

第1製造部門費　¥550×1,600時間＝¥880,000

第2製造部門費　¥400×1,300時間＝¥520,000

(7) 工場の仕訳を示すと次のようになる。

（借）本　　社　140,000

（貸）製　品　140,000

**4**

| | 借　　　方 | | 貸　　　方 | |
|---|---|---|---|---|
| (1) | 1　級　製　品 | 1,344,000 | 仕　　掛　　品 | 4,080,000 |
| | 2　級　製　品 | 1,440,000 | | |
| | 3　級　製　品 | 1,296,000 | | |
| (2) | 仕　　損　　品 | 70,000 | 仕　　掛　　品 | 980,000 |
| | 仕　　損　　費 | 910,000 | | |
| (3) | 第1製造部門費 | 131,000 | 動　力　部　門　費 | 135,000 |
| | 第2製造部門費 | 94,000 | 修　繕　部　門　費 | 90,000 |
| (4) | A　組　仕　掛　品 | 4,550,000 | 組　　間　　接　　費 | 7,000,000 |
| | B　組　仕　掛　品 | 2,450,000 | | |
| (5) | 健　康　保　険　料 | 62,000 | 本　　　　　社 | 62,000 |
| (6) | 仕　　掛　　品 | 301,000 | 仕　　損　　費 | 301,000 |
| (7) | 売　上　原　価 | 5,000 | 材料消費価格差異 | 5,000 |

不利差異は企業にとって不利な差異なんだから，売上原価に賦課しなくちゃならない。

解説

(3) 直接配賦法であることに注意する。

動力部門費¥135,000の配賦

第1製造部門への配賦額 $¥135,000 \times \dfrac{15\mathrm{kW} \times 300時間}{15\mathrm{kW} \times 300時間 + 12\mathrm{W} \times 250時間} = ¥81,000$

第2製造部門への配賦額 $¥135,000 \times \dfrac{12\mathrm{kW} \times 250時間}{15\mathrm{kW} \times 300時間 + 12\mathrm{W} \times 250時間} = ¥54,000$

修繕部門費¥90,000の配賦

第1製造部門への配賦額 $¥90,000 \times \dfrac{5回}{5回 + 4回} = ¥50,000$

第2製造部門への配賦額 $¥90,000 \times \dfrac{5回}{5回 + 4回} = ¥40,000$

## 第2章　総合原価計算の問題 (p.188)

**1**

(1)

A 組 仕 掛 品

| 前 月 繰 越 | 413,000 | (A 組 製 品) | ( 4,242,000) |
|---|---|---|---|
| 素　　　　材 | ( 2,080,000) | 次 月 繰 越 | ( 864,000) |
| 労　　務　　費 | ( 1,512,000) | | |
| 外 注 加 工 賃 | ( 255,000) | | |
| (組 間 接 費) | ( 846,000) | | |
| | ( 5,106,000) | | ( 5,106,000) |

(2)

| B組製品の月末仕掛品原価 | ¥ 345,000 |
|---|---|

120

(2)

B組月末仕掛品の素材費の計算（平均法）

| 月初仕掛品500個<br>￥116,000 | 完　成　品<br>3,800個 |
| 当月製造費用<br>￥1,314,000 | 月末仕掛品600個<br>￥（195,000） |

$$\frac{￥116,000 + ￥1,314,000}{3,800個 + 600個} \times 600個 = ￥195,000$$

B組月末仕掛品の加工費の計算（平均法）

| 月初仕掛品300個<br>￥137,000 | 完　成　品<br>3,800個 |
| 当月製造費用<br>￥2,388,000 | 月末仕掛品240個<br>￥（150,000） |

※　加工進捗度を掛けた数量

$$\frac{￥137,000 + ￥2,388,000}{3,800個 + 240個} \times 240個 = ￥150,000$$

B組月末仕掛品原価　￥195,000 ＋ ￥150,000 ＝ ￥345,000

**2**

単純総合原価計算表

令和○年7月分

平均法

| 摘　　　　　要 | 素　材　費 | 加　工　費 | 合　　　計 |
|---|---|---|---|
| 材　料　費 | 2,750,000*1 | 154,000 | 2,904,000 |
| 労　務　費 | —— | 1,797,000 | 1,797,000 |
| 経　　　費 | —— | 391,000 | 391,000 |
| 計 | 2,750,000 | 2,342,000 | 5,092,000 |
| 月　初　仕　掛　品　原　価 | 240,000 | 258,000 | 498,000 |
| 計 | 2,990,000 | 2,600,000 | 5,590,000 |
| 月　末　仕　掛　品　原　価 | 230,000*2 | 200,000 | 430,000 |
| 完　成　品　原　価 | 2,760,000 | 2,400,000 | 5,160,000 |

等級別総合原価計算表

令和○年7月分

| 等級別製品 | 重　　量 | 等価係数 | 完成品数量 | 積　　数 | 等級別製造原価 | 製品単価 |
|---|---|---|---|---|---|---|
| 1 級 製 品 | 60kg | 6 | 900個 | 5,400 | 2,160,000 | ￥　2,400 |
| 2 級 製 品 | 50kg | 5 | 1,500個 | 7,500 | 3,000,000 | ￥　2,000 |
|  |  |  |  | 12,900 | 5,160,000*3 |  |

*1 　素材費は予定消費高が当月の消費高になる。
　　 ＠¥1,100×2,500個＝¥2,750,000

*2 　月末仕掛品原価の計算（平均法）
　　 素材・加工費とも製造の進行に応じて消費される
　　ことになっているので，素材も加工費も月末仕掛品
　　は完成品に換算する。

仕掛品（素材費）

| 月初仕掛品 ¥240,000 | | 完成品 2,400個 |
| 当月素材費 ¥2,750,000 | ¥2,760,000 | |
| | ¥230,000 | 月末仕掛品 200個 （400個×0.5） |

$$\frac{¥2,990,000}{2,400個 + 200個} \times 200個 = ¥230,000$$

*3 　単純総合原価計算表で算出された完成品原価を移す。

**3**

(1)

A 組 仕 掛 品

| 前 月 繰 越 | 428,000 | （A 組 製 品） | ( 3,404,000 ) |
| 素　　　　材 | ( 1,800,000 ) | 次 月 繰 越 | ( 248,000 ) |
| 労　務　費 | ( 646,000 ) | | |
| 経　　　　費 | ( 292,000 ) | | |
| （組 間 接 費） | ( 486,000 ) | | |
| | ( 3,652,000 ) | | ( 3,652,000 ) |

(2)

| B組製品の完成品原価 | ¥ 4,300,000 |

　組間接費を配賦して，配賦額をA組仕掛品勘定とB組仕掛品勘定に記入する。

組間接費の配賦額の計算

　　配賦率…（¥630,000＋¥504,000）÷（2,160時間＋2,880時間）＝¥225

　　　　A組への配賦額…¥225×2,160時間＝¥486,000

　　　　B組への配賦額…¥225×2,880時間＝¥648,000

B組月末仕掛品の素材費の計算（先入先出法）

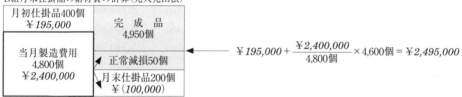

| 月初仕掛品400個 ¥195,000 | 完 成 品 4,950個 |
| 当月製造費用 4,800個 ¥2,400,000 | 正常減損50個 |
| | 月末仕掛品200個 ¥(100,000) |

$$¥195,000 + \frac{¥2,400,000}{4,800個} \times 4,600個 = ¥2,495,000$$

B組月末仕掛品の加工費の計算（先入先出法）

| 月初仕掛品120個 ¥23,800 | 完 成 品 4,950個 |
| 当月製造費用 5,000個 ¥1,825,000 | 正常減損50個 |
| | 月末仕掛品120個 ¥(43,800) |

※　加工進捗度を掛けた数量

$$¥23,800 + \frac{¥1,825,000}{5,000個} \times 4,880個 = ¥1,805,000$$

B組製品の完成品原価　¥2,495,000＋¥1,805,000＝¥4,300,000

4

(1)

第1工程仕掛品

| 前 月 繰 越 | 334,000 | （第1工程半製品） | （2,546,000） |
|---|---|---|---|
| 素 材 | 1,250,000 | 次 月 繰 越 | （172,000） |
| 労 務 費 | 678,000 | | |
| 経 費 | 72,000 | | |
| 部 門 共 通 費 | （216,000） | | |
| 補 助 部 門 費 | （168,000） | | |
| | （2,718,000） | | （2,718,000） |

(2)

| B組製品の完成品原価 | ¥ 3,612,000 |
|---|---|

 解説

次の補助部門費を第1工程に60％，第2工程に40％の割合で配賦する。

¥92,000（労務費）＋¥80,000（経費）＋¥108,000（部門共通費配賦額）＝¥280,000

第1工程の月末仕掛品原価の計算（平均法）

素材費

| 月初仕掛品 ¥220,000 | 完 成 品 1,900個 |
|---|---|
| 当月製造費用 ¥1,250,000 | 月末仕掛品200個 ¥（140,000） |

加工費（数量は加工進捗度を掛けた個数）

| 月初仕掛品 ¥114,000 | 完 成 品 1,900個 |
|---|---|
| 当月製造費用 ¥1,134,000 | 月末仕掛品50個 ¥（32,000） |

$$\frac{¥220,000 + ¥1,250,000}{1,900個 + 200個} \times 200個 = ¥140,000$$

$$\frac{¥114,000 + ¥1,134,000}{1,900個 + 50個} \times 50個 = ¥32,000$$

月初仕掛品原価¥334,000と当月製造費用¥2,384,000の合計から月末仕掛品原価¥172,000を差し引いて第1工程の完成品原価¥2,546,000を求め，第1工程仕掛品勘定から第1工程半製品勘定へ振り替える。また，第1工程半製品勘定から第2工程仕掛品へは，¥2,412,000を振り替える。

第2工程の月末仕掛品原価の計算（平均法）

素材費

| 月初仕掛品 ¥276,000 | 完 成 品 1,400個 |
|---|---|
| 当月製造費用 ¥2,412,000 | 月末仕掛品200個 ¥（336,000） |

加工費（数量は加工進捗度を掛けた個数）

| 月初仕掛品 ¥174,000 | 完 成 品 1,400個 |
|---|---|
| 当月製造費用 ¥1,158,000 | 月末仕掛品80個 ¥（72,000） |

第2工程の月末仕掛品の前工程費

$$\frac{¥276,000 + ¥2,412,000}{1,400個 + 200個} \times 200個 = ¥336,000$$

第2工程の月末仕掛品の加工費

$$\frac{¥174,000 + ¥1,158,000}{1,400個 + 80個} \times 80個 = ¥72,000$$

月初仕掛品原価¥450,000と当月製造費用¥3,570,000の合計から月末仕掛品原価¥408,000を差し引いて第2工程の完成原価¥3,612,000を求める。完成品原価¥3,612,000は第2工程仕掛品原価勘定から製品勘定へ振り替えられる。

## 単純総合原価計算表

### 令和○年1月分

(1)

| 摘 要 | 素 材 費 | 加 工 費 | 合 計 |
|---|---|---|---|
| 材 料 費 | 4,305,000 | 861,000 | 5,166,000 |
| 労 務 費 | —— | 8,603,000 *1 | 8,603,000 |
| 経 費 | —— | 2,154,600 *2 | 2,154,600 |
| 計 | 4,305,000 | 11,618,600 | 15,923,600 |
| 月 初 仕 掛 品 原 価 | 1,121,400 | 1,146,600 | 2,268,000 |
| 計 | 5,426,400 | 12,765,200 | 18,191,600 |
| 月 末 仕 掛 品 原 価 | 851,200 *3 | 1,086,400 *5 | 1,937,600 |
| 完 成 品 原 価 | 4,575,200 *4 | 11,678,800 *6 | 16,254,000 |
| 完 成 品 数 量 | 4,000kg | 4,000kg | 4,000kg |
| 製品1kgあたりの原価 | ¥ 1,143.8 | ¥ 2,919.7 | ¥ 4,063.5 |

(2)

| 仕掛品勘定の減価償却費 （ ア の 金 額 ） | ¥ 336,000 |
|---|---|

**解説**

(1)

* 1　賃金　退職給付費用　健康保険料　労務費
　　¥7,588,000 + ¥912,000 + ¥103,000 = ¥8,603,000

* 2　当月製造費用(加工費)　工場消耗品　労務費　経費
　　¥11,618,600 − (¥861,000 + ¥8,603,000) = ¥2,154,600

* 3　$(¥1,121,400 + ¥4,305,000) \times \dfrac{800kg}{4,000kg + 300kg + 800kg} = ¥851,200$

* 4　$(¥1,121,400 + ¥4,305,000) \times \dfrac{4,000kg + 300kg}{4,000kg + 300kg + 800kg} = ¥4,575,200$

* 5　$(¥1,146,600 + ¥11,618,600) \times \dfrac{400kg}{4,000kg + 300kg + 400kg} = ¥1,086,400$

* 6　$(¥1,146,600 + ¥11,618,600) \times \dfrac{4,000kg + 300kg}{4,000kg + 300kg + 400kg} = ¥11,678,800$

(2)

　　　経費　　　電力料　　雑費　　減価償却費
¥2,154,600 − (¥1,274,000 + ¥544,600) = ¥336,000

### 仕 掛 品

| 月初仕掛品 1,000kg(400kg) | 完成品 4,000kg |
|---|---|
| 当月投入量 4,100kg (4,300kg) | 正常減損 300kg(300kg) |
| | 月末仕掛品 800kg(400kg) |

**6** 　　　　　　　　　　　単純総合原価計算表
(1)　　　　　　　　　　　　令和○年1月分

| 摘　　　　　　要 | 素　材　費 | 加　工　費 | 合　　　計 |
|---|---|---|---|
| 材　　料　　費 | 4,380,000 | 420,000 | 4,800,000 |
| 労　　務　　費 | —— | 1,143,000 *2 | 1,143,000 |
| 経　　　　　費 | —— | 2,475,000 *1 | 2,475,000 |
| 　　　　計 | 4,380,000 | 4,038,000 | 8,418,000 |
| 月 初 仕 掛 品 原 価 | 534,000 | 246,000 | 780,000 |
| 　　　　計 | 4,914,000 | 4,284,000 | 9,198,000 |
| 月 末 仕 掛 品 原 価 | 819,000 *3 | 459,000 *5 | 1,278,000 |
| 完 成 品 原 価 | 4,095,000 *4 | 3,825,000 *6 | 7,920,000 |
| 完 成 品 数 量 | 4,500kg | 4,500kg | 4,500kg |
| 製品1kgあたりの原価 | ¥ 910 | ¥ 850 | ¥ 1,760 |

(2)

| 仕掛品勘定の退職給付費用 | ¥ 230,000 |
|---|---|
| （ ア の 金 額 ） | |

**解説**

(1)

　　　　　減価償却費　　電力料　　　雑費　　　　経費
*1　¥115,000 + ¥1,640,000 + ¥720,000 = ¥2,475,000

　　　当月製造費用(加工費)　工場消耗品　　経費　　　労務費
*2　¥4,038,000 − (¥420,000 + ¥2,475,000) = ¥1,143,000

*3　(¥534,000 + ¥4,380,000) × $\dfrac{900\text{kg}}{4,500\text{kg} + 900\text{kg}}$ = ¥819,000

*4　(¥534,000 + ¥4,380,000) × $\dfrac{4,500\text{kg}}{4,500\text{kg} + 900\text{kg}}$ = ¥4,095,000

*5　(¥246,000 + ¥4,038,000) × $\dfrac{540\text{kg}}{4,500\text{kg} + 540\text{kg}}$ = ¥459,000

*6　(¥246,000 + ¥4,038,000) × $\dfrac{4,500\text{kg}}{4,500\text{kg} + 540\text{kg}}$ = ¥3,825,000

仕　掛　品

| 月初仕掛品 600kg(300kg) | 完成品 4,500kg |
|---|---|
| 当月投入量 4,800kg (4,740kg) | 正常減損 60kg(0kg) |
| | 月末仕掛品 900kg(540kg) |

(2)

　　労務費　　　　　賃金　　健康保険料　退職給付費用
¥1,143,000 − (¥840,000 + ¥73,000) = ¥230,000

125

## 第3章　適語選択 (p.194)

**1**

| (1) | | (2) | |
|---|---|---|---|
| ア | イ | ウ | エ |
| 1 | 6 | 8 | 3 |

**2**

| (1) | | (2) | |
|---|---|---|---|
| ア | イ | ウ | エ |
| 8 | 5 | 4 | 1 |

**3**

| (1) | | (2) | |
|---|---|---|---|
| ア | イ | ウ | エ |
| 2 | 5 | 8 | 7 |

**4**

| (1) | | (2) | |
|---|---|---|---|
| ア | イ | ウ | エ |
| 6 | 4 | 7 | 8 |

**5**

| (1) | | (2) | |
|---|---|---|---|
| ア | イ | ウ | エ |
| 8 | 5 | 4 | 3 |

**6**

| (1) | | (2) | |
|---|---|---|---|
| ア | イ | ウ | エ |
| 4 | 7 | 6 | 5 |

## 第4章　計算問題 (p.196)

**1**

| a | ¥ | 3,698,000 | b | ¥ | 2,309,000 | c | ¥ | 10,109,000 |
|---|---|---|---|---|---|---|---|---|

**解説**

(1)　a．材料の実際消費高…素材と工場消耗品の合計額

素　　　材　¥680,000＋¥3,400,000－¥620,000＝¥3,460,000

工場消耗品　¥31,000＋¥245,000－¥38,000＝¥238,000

b．間接労務費の実際発生額…間接労務費の賃金・給料・退職給付費用・健康保険料の合計

賃　　　金 直接労務費（仕　掛　品）¥800×4,000時間＝¥3,200,000

間接労務費（製造間接費）¥800×450時間＝¥360,000

製造間接費勘定の借方に記入されている給料¥1,420,000　退職給付費用¥405,000　健康保険料¥124,000と賃金¥360,000を合計すると，¥2,309,000となる。

c．売上原価

水道料の消費高は，¥120×4,500㎥＋¥12,000＝¥552,000と計算され，製造間接費の実際発生高は¥3,609,000となる。製造間接費の予定配賦額は，¥900×4,000時間＝¥3,600,000なので，製造間接費配賦差異は¥9,000である。

したがって，売上原価は，¥900,000＋¥10,000,000－¥800,000＋¥9,000＝¥10,109,000となる。

**2**

| | | | | | | | | |
|---|---|---|---|---|---|---|---|---|
| (1) | 当 期 労 務 費 | ￥ | **695,000** | (2) | 当 期 経 費 | ￥ | **108,000** |
| (3) | 当期製品製造原価 | ￥ | **1,582,000** | (4) | 売 上 原 価 | ￥ | **1,596,000** |

解説

(1) 賃金消費高

    ￥574,000（当期支払高）－￥12,000（前期未払高）

        ＋￥14,000（当期未払高）＝￥576,000

    ￥576,000（賃金消費高）＋￥119,000（給料消費高）

        ＝￥695,000

(2) ￥44,000（外注加工賃）＋￥24,000（減価償却費）

      ＋￥40,000（電力料）＝￥108,000

(3) 材料については予定価格法を採用しているので，予定消費高￥801,000が当期の素材消費高になる。

**材料消費価格差異の計算**

  実際消費高

    ￥32,000＋￥781,000－￥29,000＝￥784,000

    ￥801,000－￥784,000＝￥17,000（有利差異）

(4)

**仕 掛 品**

| | | | |
|---|---|---|---|
| 期首仕掛品 | 109,000 | 当期製品製造原価<br>（完成品原価） | (1,582,000) |
| 材 料 費 | 801,000 | | |
| 労 務 費 | 695,000 | | |
| 経 費 | 108,000 | | |
| | | 期末仕掛品 | 131,000 |

**素 材**

| | | | |
|---|---|---|---|
| 実際消費高 | 784,000 | 予定消費高 | 801,000 |
| 材料消費価格差異 | 17,000 | | |

**材料消費価格差異**

| | | | |
|---|---|---|---|
| 売 上 原 価 | 17,000 | 素 材 | 17,000 |

**製 品**

| | | | |
|---|---|---|---|
| 前期繰越 | 213,000 | 売 上 原 価 | (1,613,000) |
| 当期製品製造原価 | 1,582,000 | | |
| | | 次 期 繰 越 | 182,000 |

**売 上 原 価**

| | | | |
|---|---|---|---|
| | | 材料消費価格差異 | 17,000 |
| 製 品 | 1,613,000 | 当期売上原価 | (1,596,000) |

127

| (1) | 当 期 材 料 費 ￥ | *998,000* | (2) | 当 期 労 務 費 ￥ | *848,000* |
|-----|----------|-----------|-----|----------|-----------|
| (3) | 当期製品製造原価 ￥ | *2,010,000* | (4) | 売 上 原 価 ￥ | *2,280,000* |

解説

(1) 素　　　材

　　￥224,000 + ￥990,000 − ￥326,000 = ￥888,000

　　当期材料費

　　￥888,000（素材）+ ￥110,000（燃料）= ￥998,000

(2) 賃　　金

　　￥705,000 − ￥40,000 + ￥30,000 = ￥695,000

　　当期労務費

　　￥695,000（賃金）+ ￥123,000（給料）+

　　　　　　　　￥30,000（健康保険料）= ￥848,000

(3)

仕　掛　品

| 前 期 繰 越 | 221,000 | 製　　　品 | ( 2,010,000 ) |
|------|---------|------|---------|
| 素　　　材 | 876,000 | 次 期 繰 越 | ( 304,000 ) |
| 賃　　　金 | ( 695,000 ) | | |
| 外注加工賃 | 60,000 | | |
| 製造間接費 | ( 462,000 ) | | |
| | ( 2,314,000 ) | | ( 2,314,000 ) |

(4)

製　　　品

| 前 期 繰 越 | 470,000 | 売 上 原 価 | 2,280,000 |
|------|---------|------|---------|
| 製　　　造 | 2,010,000 | 次 期 繰 越 | 200,000 |
| | 2,480,000 | | 2,480,000 |

事業主負担の健康保険料は，間接労務費だよ。

| a | ￥ *2,648,000* | b | ￥ *2,387,000* | c | ￥ *5,383,000* |
|---|---------------|---|---------------|---|---------------|

解説

a．当期材料費…素材・工場消耗品・消耗工具器具備品の合計額

　　素　　　材　￥300,000 + ￥2,130,000 − ￥270,000 = ￥2,160,000

　　工場消耗品　￥60,000 + ￥351,000 − ￥63,000 = ￥348,000

　　消耗工具器具備品　￥140,000

b．当期労務費…賃金・給料・健康保険料の合計額

　　賃　　　金　￥1,650,000 − ￥253,000 + ￥60,000 = ￥1,457,000

　　給　　　料　￥800,000

　　健康保険料　￥130,000

c．当期製品製造原価

　　当期経費…水道料と減価償却費の合計額

　　水　道　料　￥110×2,000㎥ + ￥15,000 = ￥235,000

　　減価償却費　￥143,000

　　当期製造費用　￥2,648,000 + ￥2,387,000 + ￥378,000 = ￥5,413,000

　　当期製品製造原価　￥590,000 + ￥5,413,000 − ￥620,000 = ￥5,383,000

| a | ¥ | **3,100,000** | b | | **1,100** | 個 | c | | **930** | 個 |
|---|---|---|---|---|---|---|---|---|---|---|

**解説**

a．（¥1,100,000＋¥760,000）÷0.6＝¥3,100,000

b．（¥1,100,000＋¥760,000＋¥1,440,000）÷0.6＝¥5,500,000

　　¥5,500,000÷¥5,000＝1,100個

c．（¥5,000×0.8－¥1,600－¥400）÷¥5,000×0.8＝0.5

　　（¥1,100,000＋¥760,000）÷0.5÷¥4,000＝930個

| a | ¥ | **630,000** | b | ¥ | **5,600,000** | c | | **3,200** | 個 |
|---|---|---|---|---|---|---|---|---|---|

**解説**

a．¥2,800×3,000個－¥6,510,000－¥1,260,000＝¥630,000

b．¥1,260,000÷0.225＝¥5,600,000

c．（¥1,260,000＋¥756,000）÷0.225＝¥8,960,000

　　¥8,960,000÷¥2,800＝3,200個

| (1) | 当 月 売 上 高 | ¥ **960,000** | (2) | 貢 献 利 益 | ¥ **288,000** |
|---|---|---|---|---|---|
| (3) | 損益分岐点の売上高 | ¥ **700,000** | (4) | 目標営業利益¥150,000を達成するために必要な売上高 | ¥ **1,200,000** |

**解説**

(1) ＠¥600×1,600個（販売数量）＝¥960,000

(2)

| 損 益 計 算 書 | （単位：円） |
|---|---|
| Ⅰ　売　　上　　高 | 960,000 |
| Ⅱ　変 動 売 上 原 価 | 592,000 |
| 　　変 動 製 造 マージン | 368,000 |
| Ⅲ　変 動 販 売 費 | 80,000 |
| 　　貢 献 利 益 | 288,000 |
| Ⅳ　固 定 製 造 間 接 費　　120,000 | |
| 　　固定販売費及び一般管理費　　90,000 | 210,000 |
| 　　営 業 利 益 | 78,000 |

(3) 左記の損益計算書から貢献利益率を求める。

　　¥288,000（貢献利益）÷¥960,000（売上高）

　　　　　　　　　　　　＝0.3（貢献利益率）

$$\frac{¥210,000（固定費）＋¥0（営業利益）}{0.3}＝¥700,000$$

(4)

$$\frac{¥210,000＋¥150,000}{0.3}＝¥1,200,000$$

**129**

**8**

| | | | | | |
|---|---|---|---|---|---|
| (1) | 材料消費価格差異 | ¥**75,400**（不利） | (2) | 材料消費数量差異 | ¥**20,000**（不利） |
| (3) | 賃　率　差　異 | ¥**70,500**（不利） | (4) | 作業時間差異 | ¥**80,000**（有利） |

解説

実際消費数量　7,540kg　　　　　　　　　　　実際直接作業時間　14,100時間

**9**

| | | | | | |
|---|---|---|---|---|---|
| (1) | 製造間接費差異 | ¥**400,000**（不利） | (2) | 予　算　差　異 | ¥**100,000**（有利） |
| (3) | 操　業　度　差　異 | ¥**180,000**（不利） | (4) | 能　率　差　異 | ¥**320,000**（不利） |

解説

製造間接費差異　　（@¥1,600×5,600時間）－¥9,360,000＝－¥400,000

* 1　¥4,200,000÷6,000時間＝@¥700　　　　　* 3　2,760個＋360個－320個＝2,800個（当月投入量）

* 2　¥5,400,000÷6,000時間＝@¥900　　　　　　　　2時間×2,800個＝5,600時間

**1**

(1)

| | 借　　　　　方 | | 貸　　　　　方 | |
|---|---|---|---|---|
| 7月31日① | 製 造 間 接 費 | 182,000 | 工 場 消 耗 品 | 182,000 |

(2)

賃　　　金

| 7/25 諸　　口 | 2,275,000 | 7/1 前月繰越 | 116,000 |
|---|---|---|---|
| 31 次月繰越 | 118,000 | 31 仕 掛 品 | 2,272,000 |
| | | 〃 賃率差異 | 5,000 |
| | 2,393,000 | | 2,393,000 |

製 造 間 接 費

| 7/12 素　　材 | 40,400 | 7/31 諸　口 | 624,000 |
|---|---|---|---|
| 31 工場消耗品 | 182,000 | | |
| 〃 健康保険料 | 124,000 | | |
| 〃 諸　　口 | 277,600 | | |
| | 624,000 | | 624,000 |

仕　　掛　　品

| 7/1 前月繰越 | 1,943,500 | 7/31 製　　品 | 2,940,000 |
|---|---|---|---|
| 12 素　　材 | 1,858,400 | 〃 次月繰越 | 3,754,400 |
| 31 賃　　金 | 2,272,000 | | |
| 〃 諸　　口 | 620,500 | | |
| | 6,694,400 | | 6,694,400 |

(3)

部 門 費 振 替 表

直接配賦法　　　　　　　　　令和○年7月分

| 部 門 費 | 配賦基準 | 金　　額 | 製 造 部 門 | | 補 助 部 門 | |
|---|---|---|---|---|---|---|
| | | | 第1部門 | 第2部門 | 動力部門 | 工場事務部門 |
| 部 門 費 合 計 | | 624,000 | 337,500 | 174,000 | 85,500 | 27,000 |
| 動 力 部 門 費 | kW数×運転時間数 | 85,500 | 54,000 | 31,500 | | |
| 工 場 事 務 部 門 費 | 従 業 員 数 | 27,000 | 16,500 | 10,500 | | |
| 配 賦 額 合 計 | | 112,500 | 70,500 | 42,000 | | |
| 製 造 部 門 費 合 計 | | 624,000 | 408,000 | 216,000 | | |

(4) 製造指図書#1

原 価 計 算 表

| 直接材料費 | 直接労務費 | 製 造 間 接 費 | | | | 集　　　　　計 | |
|---|---|---|---|---|---|---|---|
| | | 部 門 | 時 間 | 配賦率 | 金 額 | 摘 要 | 金 額 |
| 1,485,500 | 320,000 | 第1 | 600 | 230 | 138,000 | 直接材料費 | 1,485,500 |
| ―― | 784,000 | 第1 | 550 | 230 | 126,500 | 直接労務費 | 1,104,000 |
| 1,485,500 | 1,104,000 | 第2 | 430 | 200 | 86,000 | 製造間接費 | 350,500 |
| | | | | | 350,500 | 製造原価 | 2,940,000 |
| | | | | | | 完成品数量 | 1,200個 |
| | | | | | | 製品単価 | ¥　2,450 |

| | | 借 | 方 | | 貸 | 方 | |
|---|---|---|---|---|---|---|---|
| 7月5日 | | 素　　　　　材 | 1,600,000 | 買　　掛　　金 | | 1,766,400 | |
| | | 工 場 消 耗 品 | 166,400 | | | | |
| 12日 | | 仕　　掛　　品 | 1,858,400 | 素　　　　　材 | | 1,898,800 | *1 |
| | | 製 造 間 接 費 | 40,400 | | | | |
| 20日 | | 電　　力　　料 | 212,000 | 当 座 預 金 | | 212,000 | |
| 25日 | | 賃　　　　　金 | 2,275,000 | 所 得 税 預 り 金 | | 218,000 | |
| | | | | 健 康 保 険 料 預 り 金 | | 124,000 | |
| | | | | 当 座 預 金 | | 1,933,000 | |
| 31日 | ① | 製 造 間 接 費 | 182,000 | 工 場 消 耗 品 | | 182,000 | *2 |
| | ② | 仕　　掛　　品 | 2,272,000 | 賃　　　　　金 | | 2,272,000 | |
| | ③ | 製 造 間 接 費 | 124,000 | 健 康 保 険 料 | | 124,000 | |
| | ④ | 製 造 間 接 費 | 277,600 | 電　　力　　料 | | 213,600 | |
| | | | | 減 価 償 却 費 | | 64,000 | |
| | ⑤ | 仕　　掛　　品 | 620,500 | 第 1 製 造 部 門 費 | | 402,500 | *3 |
| | | | | 第 2 製 造 部 門 費 | | 218,000 | *3 |
| | ⑥ | 第 1 製 造 部 門 費 | 337,500 | 製 造 間 接 費 | | 624,000 | |
| | | 第 2 製 造 部 門 費 | 174,000 | | | | |
| | | 動 力 部 門 費 | 85,500 | | | | |
| | | 工 場 事 務 部 門 費 | 27,000 | | | | |
| | ⑦ | 第 1 製 造 部 門 費 | 70,500 | 動 力 部 門 費 | | 85,500 | |
| | | 第 2 製 造 部 門 費 | 42,000 | 工 場 事 務 部 門 費 | | 27,000 | |
| | ⑧ | 製　　　　　品 | 2,940,000 | 仕　　掛　　品 | | 2,940,000 | |
| | ⑨ | 賃 率 差 異 | 5,000 | 賃　　　　　金 | | 5,000 | *4 |
| | ⑩ | 製造部門費配賦差異 | 5,500 | 第 1 製 造 部 門 費 | | 5,500 | *5 |
| | | 第 2 製 造 部 門 費 | 2,000 | 製造部門費配賦差異 | | 2,000 | *5 |

*1 素材の消費高の計算は移動平均法。

$$\frac{¥420,000+¥1,600,000}{500個+2,000個}=@¥808$$

@¥808×(2,300個+50個)＝¥1,898,800

*2 210個(前月繰越)＋640個(7/5買い入れ)
 －150個(月末棚卸)＝700個(消費数量)

 @¥260×700個＝¥182,000

*3 第1製造部門予定配賦率　¥4,968,000÷21,600時間＝@¥230
 第2製造部門予定配賦率　¥2,400,000÷12,000時間＝@¥200

 第1製造部門予定配賦額@¥230×(550時間+1,200時間)＝¥402,500
 第2製造部門予定配賦額@¥200×(430時間+660時間)＝¥218,000

*4 実際消費高
　　¥2,275,000－¥116,000＋¥118,000
　　　＝¥2,277,000

賃　　　　金

| 実際消費高 2,277,000 | 31 製　　造 2,272,000 予定消費高 |
|---|---|
| | 〃 賃率差異 5,000 |

*5 第1製造部門費

| 実際発生額 408,000 | 予定配賦額 402,500 |
|---|---|
| | 製造部門費配賦差異 5,500 |

第2製造部門費

| 実際発生額 216,000 | 予定配賦額 218,000 |
|---|---|
| 製造部門費配賦差異 2,000 | |

**2**

(1)

| | 借　　　　方 | 貸　　　　方 |
|---|---|---|
| 9月10日 | 仕　掛　品　　987,000 | 素　　　　材　　987,000 |

(2)

**素　　材**

| | | | | | |
|---|---|---|---|---|---|
| 9/1 | 前月繰越 | 212,500 | 9/10 | 仕 掛 品 | 987,000 |
| 4 | 買 掛 金 | 1,100,000 | 30 | 次月繰越 | 325,500 |
| | | 1,312,500 | | | 1,312,500 |

**製造部門費配賦差異**

| | | | | | |
|---|---|---|---|---|---|
| 9/1 | 前月繰越 | 2,300 | 9/30 | 第1製造部門費 | 1,400 |
| 30 | 第2製造部門費 | 5,300 | 〃 | 次月繰越 | 6,200 |
| | | 7,600 | | | 7,600 |

**製 造 間 接 費**

| | | | | | |
|---|---|---|---|---|---|
| 9/30 | 消耗工具器具備品 | 120,000 | 9/30 | 諸　　口 | 630,000 |
| 〃 | 消費賃金 | 90,000 | | | |
| 〃 | 健康保険料 | 86,000 | | | |
| 〃 | 諸　　口 | 334,000 | | | |
| | | 630,000 | | | 630,000 |

(3)

**部 門 費 振 替 表**

相互配賦法　　　　　　　　　　　令和○年9月分

| 部 門 費 | 配 賦 基 準 | 金 額 | 製 造 部 門 | | 補 助 部 門 | |
|---|---|---|---|---|---|---|
| | | | 第1部門 | 第2部門 | 動力部門 | 修繕部門 |
| 部門費合計 | | 630,000 | 322,000 | 226,600 | 45,000 | 36,400 |
| 動力部門費 | kW数×運転時間数 | 45,000 | 21,000 | 18,000 | ——— | 6,000 |
| 修繕部門費 | 修 繕 回 数 | 36,400 | 20,800 | 10,400 | 5,200 | ——— |
| 第1次配賦額 | | 81,400 | 41,800 | 28,400 | 5,200 | 6,000 |
| 動力部門費 | kW数×運転時間数 | 5,200 | 2,800 | 2,400 | | |
| 修繕部門費 | 修 繕 回 数 | 6,000 | 4,000 | 2,000 | | |
| 第2次配賦額 | | 11,200 | 6,800 | 4,400 | | |
| 製造部門費合計 | | 630,000 | 370,600*6 | 259,400*6 | | |

(4)

製造指図書#1　　　　　　　　**原 価 計 算 表**

| 直接材料費 | 直接労務費 | 製 造 間 接 費 | | | | 集 計 | |
|---|---|---|---|---|---|---|---|
| | | 部 門 | 時 間 | 配賦率 | 金 額 | 摘 要 | 金 額 |
| 326,900 | 268,000 | 第1 | 160 | 400 | 64,000 | 直接材料費 | 935,900 |
| 609,000*7 | 945,000*8 | 第1 | 580 | 400 | 232,000 | 直接労務費 | 1,213,000 |
| 935,900 | 1,213,000 | 第2 | 470 | 330 | 155,100 | 製造間接費 | 451,100 |
| | | | | | 451,100 | 製造原価 | 2,600,000 |
| | | | | | | 完成品数量 | 500個 |
| | | | | | | 製品単価 | ￥　5,200 |

解説

| | | 借 方 | | 貸 方 | | |
|---|---|---|---|---|---|---|
| 9月4日 | | 素 材 | 1,100,000 | 買 掛 金 | 1,100,000 | |
| 10日 | | 仕 掛 品 | 987,000 | 素 材 | 987,000 | *1 |
| 19日 | | 電 力 料 | 212,000 | 当 座 預 金 | 231,000 | |
| | | 雑 費 | 19,000 | | | |
| 25日 | | 賃 金 | 1,450,000 | 所 得 税 預 り 金 | 108,000 | |
| | | | | 健康保険料預り金 | 86,000 | |
| | | | | 当 座 預 金 | 1,256,000 | |
| 30日 | ① | 製 造 間 接 費 | 120,000 | 消耗工具器具備品 | 120,000 | |
| | ② | 仕 掛 品 | 1,530,000 | 消 費 賃 金 | 1,620,000 | |
| | | 製 造 間 接 費 | 90,000 | | | |
| | ③ | 製 造 間 接 費 | 86,000 | 健 康 保 険 料 | 86,000 | |
| | ④ | 製 造 間 接 費 | 334,000 | 電 力 料 | 221,000 | |
| | | | | 減 価 償 却 費 | 100,000 | |
| | | | | 雑 費 | 13,000 | |
| | ⑤ | 仕 掛 品 | 626,100 | 第 1 製 造 部 門 費 | 372,000 | *2 |
| | | | | 第 2 製 造 部 門 費 | 254,100 | *2 |
| | ⑥ | 第 1 製 造 部 門 費 | 322,000 | 製 造 間 接 費 | 630,000 | |
| | | 第 2 製 造 部 門 費 | 226,600 | | | |
| | | 動 力 部 門 費 | 45,000 | | | |
| | | 工 場 事 務 部 門 費 | 36,400 | | | |
| | ⑦ | 第 1 製 造 部 門 費 | 48,600 | 動 力 部 門 費 | 45,000 | |
| | | 第 2 製 造 部 門 費 | 32,800 | 工 場 事 務 部 門 費 | 36,400 | |
| | ⑧ | 製 品 | 2,600,000 | 仕 掛 品 | 2,600,000 | |
| | ⑨ | 消 費 賃 金 | 1,629,000 | 賃 金 | 1,629,000 | *3 |
| | ⑩ | 賃 率 差 異 | 9,000 | 賃 金 | 9,000 | *4 |
| | ⑪ | 製造部門費配賦差異 | 1,400 | 第 1 製 造 部 門 費 | 1,400 | *5 |
| | | 第 2 製 造 部 門 費 | 5,300 | 製造部門費配賦差異 | 5,300 | *5 |

*1 素材の消費高の計算は移動平均法。

素 材

9/1 前月繰越 250個 @¥850
4 買い入れ 1,000個 @¥1,100
製造指図書#1 @¥1,050×580個
製造指図書#2 @¥1,050×360個
月末棚卸高 @¥1,050×310個
消費

*2 第1製造部門予定配賦額 @¥400×(580時間＋350時間)＝¥372,000
第2製造部門予定配賦額 @¥330×(470時間＋300時間)＝¥254,100

*3 実際消費高 @¥905×1,800時間＝¥1,629,000

*4 消費賃金

| 実際消費高 1,629,000 | 予定消費高 1,620,000 |
|---|---|
| | 賃率差異 9,000 |

*5 第1製造部門費

| 実際発生額 370,600 | 予定配賦額 372,000 |
|---|---|
| 製造部門費配賦差異 1,400 | |

第2製造部門費

| 実際発生額 259,400 | 予定配賦額 254,100 |
|---|---|
| | 製造部門費配賦差異 5,300 |

*6 製造部門費合計

部門費合計 第1次配賦額 第2次配賦額
第1製造部門 ¥322,000＋¥41,800＋¥6,800＝¥370,600
第2製造部門 ¥226,600＋¥28,400＋¥4,400＝¥259,400

*7 9月10日に580個消費。
@¥1,050×580個＝¥609,000

*8 @¥900×1,050時間＝¥945,000

**3**

(1)

| | 借 方 | | 貸 方 | |
|---|---|---|---|---|
| 1月31日① | 製 造 間 接 費 | 168,000 | 工 場 消 耗 品 | 168,000 |
| 31日⑦ | 第 1 製 造 部 門 費 | 192,000 | 動 力 部 門 費 | 175,000 |
| | 第 2 製 造 部 門 費 | 79,000 | 修 繕 部 門 費 | 96,000 |

(2)

消 費 賃 金

| 1/31 賃 金 | 2,940,000 | 1/31 諸 口 | 2,891,000 |
|---|---|---|---|
| | | 〃 賃率差異 | 49,000 |
| | 2,940,000 | | 2,940,000 |

製 造 間 接 費

| 1/31 工場消耗品 | 168,000 | 1/31 諸 口 | 1,032,000 |
|---|---|---|---|
| 〃 消費賃金 | 236,000 | | |
| 〃 健康保険料 | 117,000 | | |
| 〃 諸 口 | 511,000 | | |
| | 1,032,000 | | 1,032,000 |

第 1 製 造 部 門 費

| 1/31 製造間接費 | 467,000 | 1/31 仕 掛 品 | 650,000 |
|---|---|---|---|
| 〃 諸 口 | 192,000 | 〃 製造部門費配賦差異 | 9,000 |
| | 659,000 | | 659,000 |

(3)

製造指図書# 1

原 価 計 算 表

| 直接材料費 | 直接労務費 | 製 造 間 接 費 | | | | 集 計 | |
|---|---|---|---|---|---|---|---|
| | | 部 門 | 時 間 | 配賦率 | 金 額 | 摘 要 | 金 額 |
| 2,132,000 | 413,000 | 第1 | 350 | 520 | 182,000 | 直接材料費 | 2,132,000 |
| | 1,416,000 | 第1 | 400 | 520 | 208,000 | 直接労務費 | 1,829,000 |
| | 1,829,000 | 第2 | 800 | 380 | 304,000 | 製造間接費 | 694,000 |
| | | | | | 694,000 | 製造原価 | 4,655,000 |
| | | | | | | 完成品数量 | 50個 |
| | | | | | | 製品単価 | ¥ 93,100 |

製造指図書# 2

原 価 計 算 表

| 直接材料費 | 直接労務費 | 製 造 間 接 費 | | | | 集 計 | |
|---|---|---|---|---|---|---|---|
| | | 部 門 | 時 間 | 配賦率 | 金 額 | 摘 要 | 金 額 |
| 1,215,000 | 1,239,000 | 第1 | 850 | 520 | 442,000 | 直接材料費 | |
| | | 第2 | 200 | 380 | 76,000 | 直接労務費 | |

一般的に，材料消費価格差異や賃率差異は，企業外部の物価変動による影響が大きい。

1月中の仕訳は次のようになる。

| | | 借　　　　　方 | | 貸　　　　　方 | |
|---|---|---|---|---|---|
| 1月 7日 | | 素　　　　　　材 | 966,000 | 現　　　　　　金 | 1,126,000 |
| | | 工　場　消　耗　品 | 160,000 | | |
| 12日 | | 仕　　掛　　品 | 1,215,000 | 素　　　　　　材 | 1,215,000 |
| 23日 | | 賃　　　　　　金 | 2,925,000 | 所　得　税　預　り　金 | 234,000 |
| | | | | 健康保険料預り金 | 117,000 |
| | | | | 当　座　預　金 | 2,574,000 |
| 31日 | ① | 製　造　間　接　費 | 168,000 | 工　場　消　耗　品 | 168,000 |
| | ② | 仕　　掛　　品 | 2,655,000 | 消　費　賃　金 | 2,891,000 |
| | | 製　造　間　接　費 | 236,000 | | |
| | ③ | 製　造　間　接　費 | 117,000 | 健　康　保　険　料 | 117,000 |
| | ④ | 製　造　間　接　費 | 511,000 | 電　　力　　料 | 194,000 |
| | | | | 保　　険　　料 | 58,000 |
| | | | | 減　価　償　却　費 | 247,000 |
| | | | | 雑　　　　　費 | 12,000 |
| | ⑤ | 仕　　掛　　品 | 1,030,000 | 第 1 製 造 部 門 費 | 650,000 |
| | | | | 第 2 製 造 部 門 費 | 380,000 |
| | ⑥ | 第 1 製 造 部 門 費 | 467,000 | 製　造　間　接　費 | 1,032,000 |
| | | 第 2 製 造 部 門 費 | 294,000 | | |
| | | 動　力　部　門　費 | 175,000 | | |
| | | 修　繕　部　門　費 | 96,000 | | |
| | ⑦ | 第 1 製 造 部 門 費 | 192,000 | 動　力　部　門　費 | 175,000 |
| | | 第 2 製 造 部 門 費 | 79,000 | 修　繕　部　門　費 | 96,000 |
| | ⑧ | 製　　　　品 | 4,655,000 | 仕　　掛　　品 | 4,655,000 |
| | ⑨ | 消　費　賃　金 | 2,940,000 | 賃　　　　　金 | 2,940,000 |
| | ⑩ | 賃　率　差　異 | 49,000 | 消　費　賃　金 | 49,000 |
| | ⑪ | 製造部門費配賦差異 | 9,000 | 第 1 製 造 部 門 費 | 9,000 |
| | | 第 2 製 造 部 門 費 | 7,000 | 製造部門費配賦差異 | 7,000 |

1/12　素材　$\dfrac{¥492,000（前月）+ ¥966,000（当月）}{600個（前月）+ 1,200個（当月）} = @¥810$

　　　　　　@¥810 × 1,500個（消費量）= ¥1,215,000

1/31①　工場消耗品　@¥80 × （450個 ＋ 2,000個 − 350個）= ¥168,000
　　　　　　　　　　　　　　前月　　当月　　月末

1/31②　製造指図書＃1　@¥1,180 × 1,200時間 ＝ ¥1,416,000

　　　　　製造指図書＃2　@¥1,180 × 1,050時間 ＝ ¥1,239,000

　　　　　合　　　　計　¥1,416,000 ＋ ¥1,239,000 ＝ ¥2,655,000

　　　　　間　接　作　業　@¥1,180 × 200時間 ＝ ¥236,000

1/31⑤　予定配賦率（年間製造間接費予定額÷年間予定直接作業時間）

　　　　　第 1 製造部門　¥5,200,000 ÷ 10,000時間 ＝ @¥520

　　　　　第 2 製造部門　¥4,332,000 ÷ 11,400時間 ＝ @¥380

よって，第1製造部門　#1　@¥520×400時間＝¥208,000

#2　@¥520×850時間＝¥442,000

合計　¥208,000＋¥442,000＝¥650,000

第2製造部門　#1　@¥380×800時間＝¥304,000

#2　@¥380×200時間＝¥76,000

合計　¥304,000＋¥76,000＝¥380,000

1/31⑦　動力部門費の配賦額

第1製造部門　$¥175,000×\dfrac{30\mathrm{kW}×800時間}{(30\mathrm{kW}×800時間)＋(20\mathrm{kW}×550時間)}＝¥120,000$

第2製造部門　$¥175,000×\dfrac{20\mathrm{kW}×550時間}{(30\mathrm{kW}×800時間)＋(20\mathrm{kW}×550時間)}＝¥55,000$

修繕部門費の配賦額

第1製造部門　$¥96,000×\dfrac{6回}{6回＋2回}＝¥72,000$

第2製造部門　$¥96,000×\dfrac{2回}{6回＋2回}＝¥24,000$

よって，第1製造部門　¥120,000＋¥72,000＝¥192,000

第2製造部門　¥55,000＋¥24,000＝¥79,000

1/31⑧　製造指図書#1の原価計算表を集計して完成品原価を求める。

1/31⑩　賃金予定消費高　賃金実際消費高　賃率差異
　　　　¥2,891,000－¥2,940,000＝－¥49,000（不利差異）

1/31⑪　第1製造部門　予定配賦額　実際発生額　配賦差異
　　　　¥650,000－（¥467,000＋¥192,000）＝－¥9,000（不利差異）

第2製造部門　予定配賦額　実際発生額　配賦差異
　　　　¥380,000－（¥294,000＋¥79,000）＝＋¥7,000（有利差異）

**4**

(1)

| | 借　　　方 | 貸　　　方 |
|---|---|---|
| 6月30日① | 製 造 間 接 費　196,000 | 消耗工具器具備品　196,000 |

(2)

(3) 製造指図書# 1

原　価　計　算　表

| 直接材料費 | 直接労務費 | 製　造　間　接　費 | | | | 集　　　計 | |
|---|---|---|---|---|---|---|---|
| | | 部　門 | 時　間 | 配賦率 | 金　額 | 摘　要 | 金　額 |
| 1,596,000 | 252,000 | 第1 | 200 | 450 | 90,000 | 直接材料費 | 1,596,000 |
| | 1,512,000 | 第1 | 400 | 450 | 180,000 | 直接労務費 | 1,764,000 |
| | 1,764,000 | 第2 | 800 | 360 | 288,000 | 製造間接費 | 558,000 |
| | | | | | 558,000 | 製造原価 | 3,918,000 |
| | | | | | | 完成品数量 | 50個 |
| | | | | | | 製品単価 | ￥　78,360 |

製造指図書# 2

原　価　計　算　表

| 直接材料費 | 直接労務費 | 製　造　間　接　費 | | | | 集　　　計 | |
|---|---|---|---|---|---|---|---|
| | | 部　門 | 時　間 | 配賦率 | 金　額 | 摘　要 | 金　額 |
| 1,591,000 | 1,134,000 | 第1 | 700 | 450 | 315,000 | 直接材料費 | |
| | | 第2 | 200 | 360 | 72,000 | 直接労務費 | |

この問題集を完全にマスターできたら，次は模擬試験問題集に挑戦してみよう。ミスはメモなどに記録しておくと，自分がわかっていない所がわかるんだ。

解説

6月中の仕訳は次のようになる。

| | | 借 方 | | 貸 方 | |
|---|---|---|---|---|---|
| 6月 8日 | | 素 材 | 2,120,000 | 現 金 | 2,120,000 |
| 12日 | | 仕 掛 品 | 1,591,000 | 素 材 | 1,591,000 |
| 25日 | | 賃 金 | 2,893,000 | 所 得 税 預 り 金 | 231,000 |
| | | | | 健 康 保 険 料 預 り 金 | 97,000 |
| | | | | 当 座 預 金 | 2,565,000 |
| 28日 | | 製 品 | 3,918,000 | 仕 掛 品 | 3,918,000 |
| 30日 | ① | 製 造 間 接 費 | 196,000 | 消 耗 工 具 器 具 備 品 | 196,000 |
| | ② | 仕 掛 品 | 2,646,000 | 消 費 賃 金 | 2,835,000 |
| | | 製 造 間 接 費 | 189,000 | | |
| | ③ | 仕 掛 品 | 855,000 | 第 1 製 造 部 門 費 | 495,000 |
| | | | | 第 2 製 造 部 門 費 | 360,000 |
| | ④ | 製 造 間 接 費 | 97,000 | 健 康 保 険 料 | 97,000 |
| | ⑤ | 製 造 間 接 費 | 374,000 | 電 力 料 | 130,000 |
| | | | | 保 険 料 | 44,000 |
| | | | | 減 価 償 却 費 | 200,000 |
| | ⑥ | 第 1 製 造 部 門 費 | 403,000 | 製 造 間 接 費 | 856,000 |
| | | 第 2 製 造 部 門 費 | 293,000 | | |
| | | 動 力 部 門 費 | 90,000 | | |
| | | 修 繕 部 門 費 | 70,000 | | |
| | ⑦ | 第 1 製 造 部 門 費 | 95,000 | 動 力 部 門 費 | 90,000 |
| | | 第 2 製 造 部 門 費 | 65,000 | 工 場 事 務 部 門 費 | 70,000 |
| | ⑧ | 消 費 賃 金 | 2,880,000 | 賃 金 | 2,880,000 |
| | ⑨ | 賃 率 差 異 | 45,000 | 消 費 賃 金 | 45,000 |
| | ⑩ | 製 造 部 門 費 配 賦 差 異 | 3,000 | 第 1 製 造 部 門 費 | 3,000 |
| | ⑪ | 第 2 製 造 部 門 費 | 2,000 | 製 造 部 門 費 配 賦 差 異 | 2,000 |

6/12　素材　(@¥2,660×100個)＋(@¥2,650×500個)＝¥1,591,000

6/28　製造指図書＃1の作業時間をもとに，賃金の予定消費高と第1製造部門費・第2製造部門費の予定配賦高を求め，製造指図書＃1の原価計算表に記入・集計して完成品原価を求める。ただし，予定消費高・予定配賦高の仕訳は問題に「月末におこなっている」とあるのでおこなわない。

　　　　賃　　金　　¥1,260×1,200時間＝¥1,512,000
　　　　第1製造部門費　¥　450×400時間＝¥180,000
　　　　第2製造部門費　¥　360×800時間＝¥288,000

6/30②　製造指図書＃1　@¥1,260×1,200時間＝¥1,512,000
　　　　製造指図書＃2　@¥1,260×900時間＝¥1,134,000
　　　　合　　　計　　¥1,512,000＋¥1,134,000＝¥2,646,000
　　　　間　接　作　業　@¥1,260×150時間＝¥189,000

6/30③　予定配賦率（年間製造間接費予定額÷年間予定直接作業時間）

第1製造部門　￥4,500,000÷10,000時間＝@￥450

第2製造部門　￥4,320,000÷12,000時間＝@￥360

よって，第1製造部門　　#1　@￥450×400時間＝￥180,000

　　　　　　　　　　　　#2　@￥450×700時間＝￥315,000

　　　　　　　　　　　合計　￥180,000＋￥315,000＝￥495,000

　　　　　第2製造部門　#1　@￥360×800時間＝￥288,000

　　　　　　　　　　　　#2　@￥360×200時間＝￥72,000

　　　　　　　　　　　合計　￥288,000＋￥72,000＝￥360,000

6/30⑦　動力部門費の配賦額

第1製造部門　$￥90,000×\dfrac{20\mathrm{kW}×300時間}{(20\mathrm{kW}×300時間)+(10\mathrm{kW}×300時間)}=￥60,000$

第2製造部門　$￥90,000×\dfrac{10\mathrm{kW}×300時間}{(20\mathrm{kW}×300時間)+(10\mathrm{kW}×300時間)}=￥30,000$

修繕部門費の配賦額

第1製造部門　$￥70,000×\dfrac{2回}{2回+2回}=￥35,000$

第2製造部門　$￥70,000×\dfrac{2回}{2回+2回}=￥35,000$

よって，第1製造部門　￥60,000＋￥35,000＝￥95,000

　　　　　第2製造部門　￥30,000＋￥35,000＝￥65,000

6/30⑧　賃金実際消費高　　#1　　#2　　間接作業
　　　　@￥1,280×(1,200時間＋900時間＋150時間)＝￥2,880,000

6/30⑨　賃金予定消費高　賃金実際消費高　賃率差異
　　　　￥2,835,000－￥2,880,000＝－￥45,000（不利差異）

6/30⑩　第1製造部門　予定配賦額　実際発生額　配賦差異
　　　　￥495,000－（￥403,000＋￥95,000）＝－￥3,000（不利差異）

6/30⑪　第2製造部門　予定配賦額　実際発生額　配賦差異
　　　　￥360,000－（￥293,000＋￥65,000）＝＋￥2,000（有利差異）

**140**

A1WKO